Vía rápida

Competencias y estrategias –
Con dinámica

Vía rápida

Competencias y estrategias – Con dinámica

Autorinnen
María Cecilia Ainciburu
Virtudes González Rodríguez
Alejandra Navas Méndez
Elisabeth Tayefeh
Graciela Vázquez

Beratung und Bearbeitung
María Cerrato, Emilia Conejo, Valentín Cózar, Sabine Segoviano (deutsche Bearbeitung), Carmen Person (Vokabular)

Zu diesem buch gibt es Audiodateien, die mit der Klett-Augmented-App geladen und abgespielt werden können.

Klett-Augmented-App kostenlos downloaden und öffnen

Bilderkennung starten und **Seiten mit Audios** scannen

Audios laden, direkt nutzen oder speichern

1. Auflage 1 3 2 1 | 2019 18 17

Internetadresse: www.klett-sprachen.de

Redaktion Lucía Borrero, Carolina Domínguez, Cristina Palaoro, Laia Sant, Sabine Segoviano, Mónica Cociña
Layout Guillermo Bejarano, Vassiliki Tona (Umschlag)
Illustrationen Pablo Moreno, Marlene Pohle
Reproduktion Meyle + Müller, Medien-Management, Pforzheim
Druck Print Consult GmbH, München

ISBN 978-3-12-515129-8

9 783125 151291

MIX
Papier aus verantwortungsvollen Quellen
FSC
www.fsc.org
FSC® C084279

Audios
Tonstudio Tonstudio Bauer GmbH, Ludwigsburg und Difusión
Sprecher(innen) Julio Aramburu, Carlos Arizala, Magali Armengaud, Óscar Barrientos, Claudia Bathelt, Antonio Béjar, Luciana Bernardelli, Esther Borja Moreno, Iñaki Calvo, Cristina Carrasco, Cristina Collado, Sebastian Cramer, Friso de Jong, Javier de la Torre, Carmen de las Peñas, Josefa Díaz, Eva Díaz Gutiérrez, Carolina Domínguez, Julia Eden, Ottmar Ette, Anne-Sophie Fauvel, Miguel Freire Gómez, Luis García Márquez, Agustín Garmendia, Pablo Garrido, Helma Gómez, Ana González Belda, Virtudes González Rodríguez, Rosmira González, Matilde Guzmán, Laura Heinz, Mónica Hoffmann, Judith Benítez, Karles Hoffmann, Miguel Jaraba, Gemma Linares, Regina Lino, Eva Llorens, Claudia Muñoz, Alejandra Navas Méndez, Edith Moreno, Ernesto Palaoro, Fernando Pardo, Claudia Pareja, Eduardo Petrini, Veronika Plainer, Ingrid Promnitz, Pilar Rolfs, Patricio Rother, Patricia Sánchez, Eduard Sancho, Laia Sant, Fabiola Trasobares, Sergio Troitiño, Graciela Vázquez, Ileana Wilkendorf, Claudia Zoldán
Soundeffekte Cbakos, Transitking, NoiseCollector (thefreesoundproject)
Lied © The New Raemon/Bcore DIsc

Spanisch A1/A2/B1+
Lehrbuch mit Audios

Vía rápida

Competencias y estrategias – Con dinámica

María Cecilia Ainciburu
Virtudes González Rodríguez
Alejandra Navas Méndez
Elisabeth Tayefeh
Graciela Vázquez

Ernst Klett Sprachen
Stuttgart

Portadilla

Eine Doppelseite, die sich an die Lehrenden und die Lernenden richtet. Durch den Titel, die Fotos und eine Übung, gestattet sie einen ersten Zugang zum Inhalt der Lerneinheit. Sie stellt die Redemittel und die grammatikalischen Strukturen vor, so dass sie gelesen und gemeinsam besprochen werden können. Durch diese Auseinandersetzung mit den Lernzielen gewinnt der Lernprozess an Transparenz.

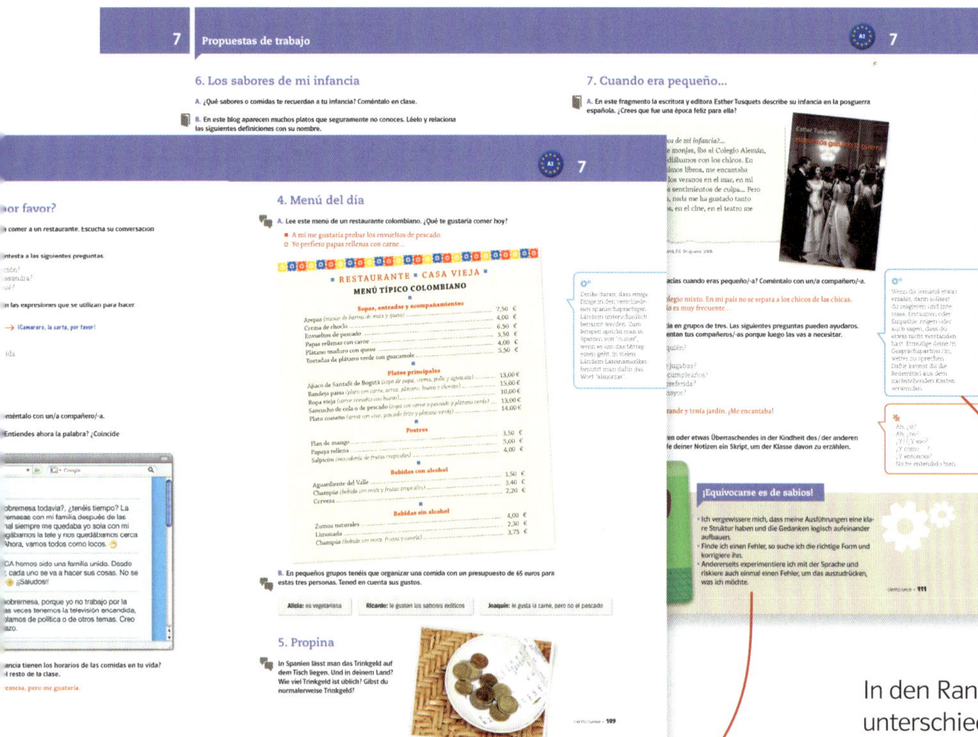

Propuestas de trabajo

Dieser Teil stellt die neuen Strukturen und das Vokabular mithilfe verschiedener Textsorten und abwechslungsreichen Übungen vor. Die Vorschläge dienen der Entwicklung der mündlichen und schriftlichen Ausdrucksfähigkeit und tragen durch die Arbeit mit den Lernstrategien zu einer wachsenden Autonomie der Lernenden bei.

In den Randspalten finden die Lernenden zwei unterschiedliche Kästchen: In den Kästchen mit den **Recursos lingüísticos** helfen Wörter und Ausdrücke, die vorgeschlagenen Übungen durchzuführen. Die Kästchen mit den **Estrategias** unterstützen bei den Übungen und bieten Strategien an, auf die die Lernenden später in ähnlichen Situationen zurückgreifen können.

Dieser kleine Abschnitt bietet Strategien an, die den Lernenden dabei helfen werden, ihre schriftlichen Arbeiten anzugehen und eingenständig zu korrigieren.

Comprensión auditiva

In diesem Teil werden Übungen und Strategien zur Entwicklung des Hörverstehens angeboten. Es wird empfohlen, zuerst die **Propuestas de trabajo** abzuschließen und dann diesen Teil zu bearbeiten. Auf die in den Übungen angewandten Strategien wird eingegangen und auf bereits vorgestellte wird immer wieder hingewiesen.

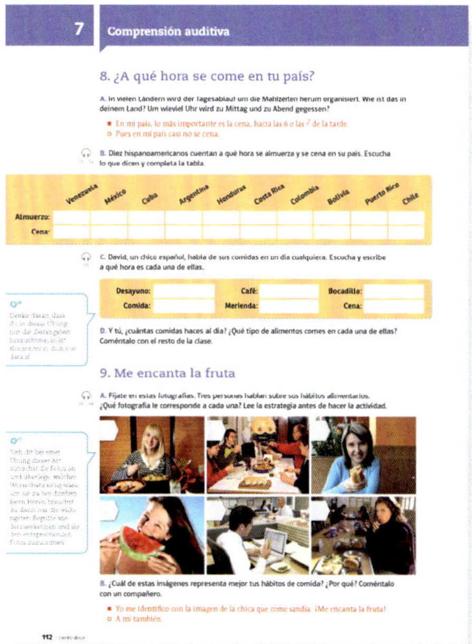
7 Comprensión auditiva

8. ¿A qué hora se come en tu país?

9. Me encanta la fruta

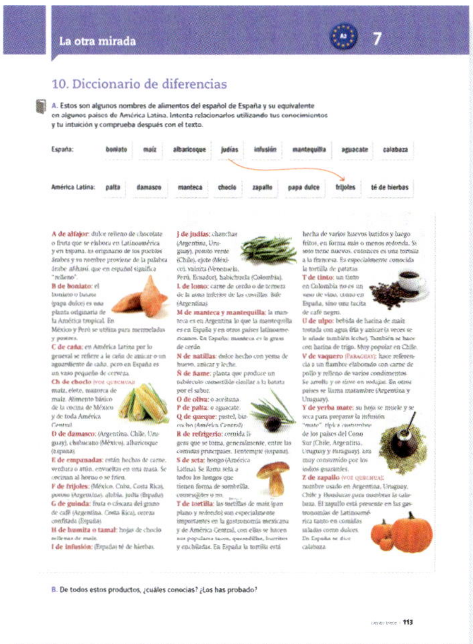
La otra mirada 7

10. Diccionario de diferencias

La otra mirada

Diese Seite bietet Text- und Bilddokumente, die die kulturelle Vielfalt der spanischsprachigen Welt zeigen. Diese Ausgangsbasis für interkulturelle Reflektion kann den Lernenden dabei helfen, sich auf einen zeitweiligen Aufenthalt in spanischsprachigen Ländern vorzubereiten.

Para leer

Dieser Abschnitt bietet verschiedene Textsorten zur Entwicklung des Leseverstehens an. Die Festigung von Lesestrategien soll den schnellen und effektiven Zugang zum geschriebenen Wort ermöglichen.

7 Para leer 7

11. Comida rápida

GENERACIÓN XXL

Cada vez más comida rápida

¿Cómo funciona **Vía rápida**?

Tus palabras

Dieser Abschnitt dient dem Zweck, das erarbeitete Vokabular zu festigen. Er liefert Übungen zur Festigung des neuen Wortschatzes.

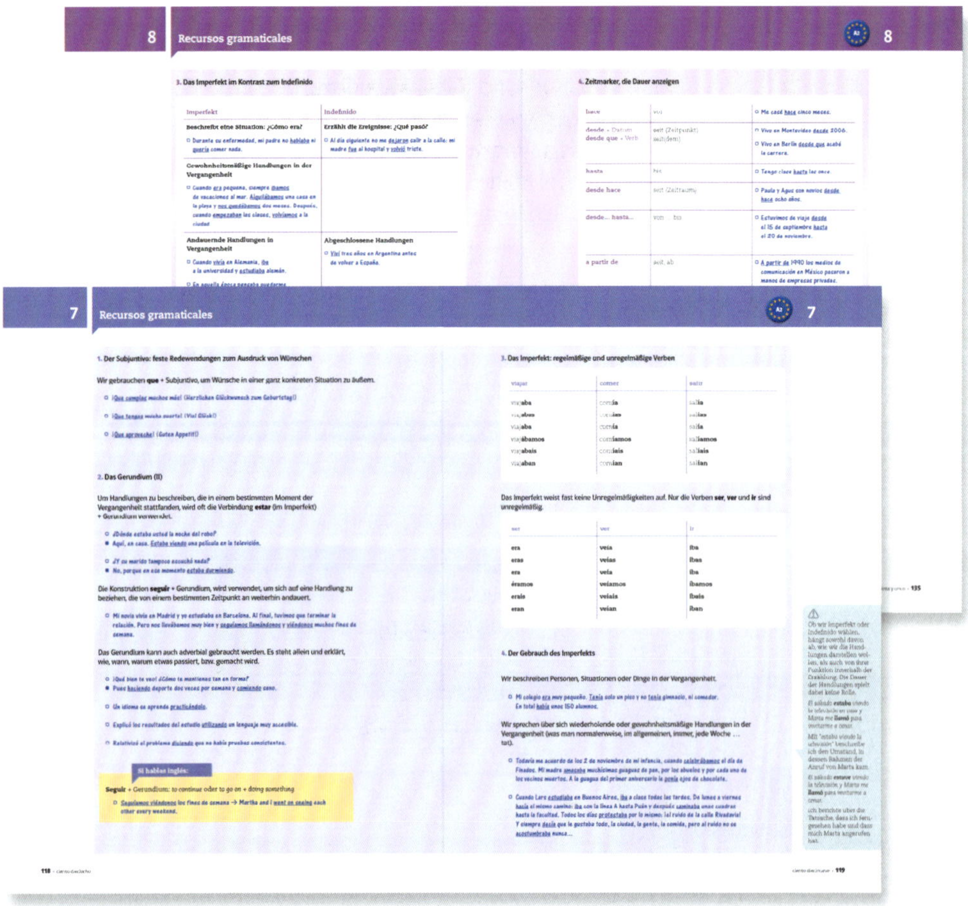

Recursos gramaticales

Auf den letzten Seiten einer jeden Lerneinheit wird die neu gelernte Grammatik noch einmal zusammengefasst.

Símbolos:

Mündlicher Ausdruck

Mündliche Interaktion

Hörverstehen:
3-5 Audiodateien mit Tracknummern

Schriftlicher Ausdruck

Leseverstehen

¿Cómo se pronuncia? ¿Cómo se escribe?

Dieser Abschnitt schlägt Übungen zur Aussprache und Intonation sowie zu den Grundregeln der spanischen Rechtschreibung vor.

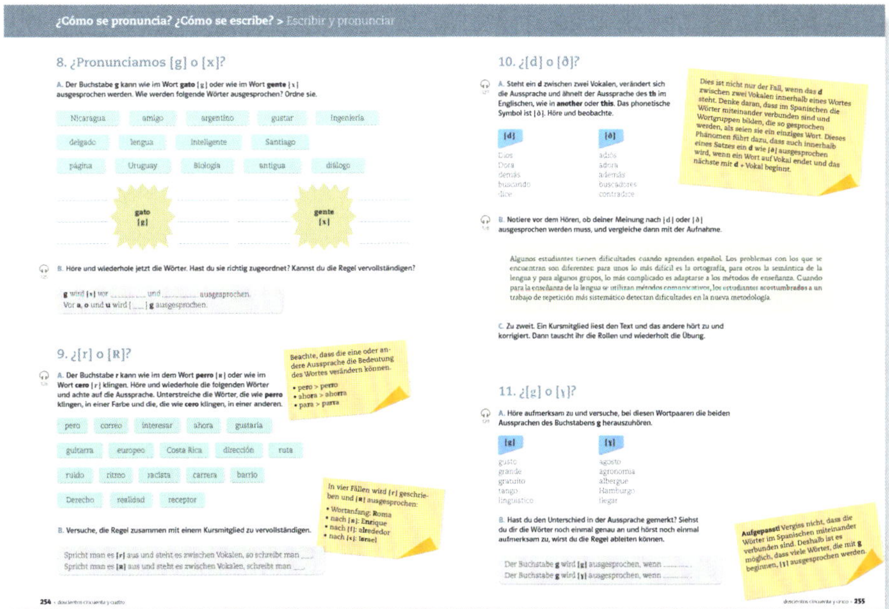

El juego de *Vía rápida*

Ein Gesellschaftsspiel dient in diesem Abschnitt dazu, auf spielerische Weise die im Kurs erarbeiteten Inhalte zu wiederholen.

Mapas

Bei Bedarf kann man auf den letzten Seiten die Landkarten von Lateinamerika und Spanien zu Rate ziehen.

9. Haciendo memoria

B1 136

Hör- und Leseverstehen
- Erzählungen aus der Vergangenheit verstehen.
- Biografische Texte verstehen.
- Auszüge aus historischen und sozialgeschichtlichen Romanen verstehen.
- Einem Radio- oder Zeitungsinterview wichtige Information entnehmen.

Produktion (mündlich und schriftlich) und mündliche Interaktion
- Über historische Ereignisse sprechen.
- Über Umstände und Handlungen sprechen, die vor einem Ereignis in der Vergangenheit stattfanden.
- Zeigen, dass man einer Erzählung mit Interesse folgt.
- Den Charakter einer Person beschreiben.
- Die Biografie eines Schriftstellers schreiben.
- Eine vergangene Epoche beschreiben.
- ein Akrostichon schreiben.

Wortschatz und Grammatik
- Das Präsens des Subjuntivo: Formen und Gebrauch.
- Das Plusquamperfekt: Formen und Gebrauch.
- Bewertung und Meinung ausdrücken: **Me parece absurdo que...**, **No es normal que...**, etc.
- Einen Wunsch äußern: **Quiero que...**
- Notwendigkeit ausdrücken: **Necesito que...**
- Zweifel, Ungewissheit, Möglichkeit, Wahrscheinlichkeit ausdürcken: **Quizás**, **Tal vez**, **Seguramente**, etc.
- Eine Erzählung mithilfe von Konnektoren zeitlich strukturieren: **entonces**, **después**, **luego...**

10. La felicidad

B1 150

Hör- und Leseverstehen
- Unterschiedliche Meinungen zu einem Thema verstehen.
- Ein Diagramm auswerten.
- Bekannte Texte mithilfe eines Schemas zusammenfassen.
- Die wesentlichen Elemente eines Vortrags über ein mir bekanntes Thema verstehen.

Produktion (mündlich und schriftlich) und mündliche Interaktion
- Einen Ratschlag geben oder einen Vorschlag machen.
- In der Gruppe über ein Thema diskutieren, um Erklärungen bitten und sich auf das Gesagte beziehen.
- Die persönliche Auslegung eines Gedankens erklären.
- Einen Text und die Meinung einer anderen Person kommentieren.
- Ein Thema vorstellen und eine Quelle nennen.
- Sich auf den Autor und die Information eines Textes beziehen.
- Über Gewohnheiten, Bräuche und das Glück sprechen.
- Überraschung ausdrücken: **¡Qué extraño!**, **¿De verdad?...**

Wortschatz und Grammatik
- Die adverbial bestimmten Nebensätze.
- Der Subjuntivo bei Meinungsäußerung: **Me resulta extraño que...**, **Es interesante que...**, etc.
- Der Subjuntivo bei Empfehlungen: **Es mejor que...**, **Es conveniente que...**, **Es fundamental que...**
- Die indirekte Rede.

11. Piensa globalmente, actúa localmente

B1 164

Hör- und Leseverstehen
- Das Wesentliche aus Texten über die Umwelt verstehen.
- Angebote für Freiwilligeneinsätze verstehen.
- Aussagen über kulturelle Missverständnisse verstehen.

Produktion (mündlich und schriftlich) und mündliche Interaktion
- Über Veränderungen sprechen, die an einem Ort stattgefunden haben.
- Einen formellen Brief schreiben.
- Ursache, Wirkung und Ziel formulieren.
- Über den Begriff "Zeit" in der eigenen und anderen Kultur sprechen.
- Über Umweltthemen sprechen.

Wortschatz und Grammatik
- Das Futur: regelmäßige und unregelmäßige Verben.
- Der Konditional.
- Konditionalsätze mit **si** im Präsens.
- Zeitangaben für Vergangenheit, Gegenwart und Zukunft.
- **Ya no** / **Todavía**.

12. ¿A qué dedicas el tiempo libre?

B1 180

Hör- und Leseverstehen
- In einem Radioprogramm Vorschläge für die Freizeit verstehen.
- Einfache mündliche Anweisungen verstehen.
- Bei authentischen Texten das Wichtigste verstehen.
- Ein Interview über Jugend und Freizeit verstehen.
- Unterschiedliche Freizeitverhalten verstehen.
- Einen Artikel über die Karibik verstehen.

Produktion (mündlich und schriftlich) und mündliche Interaktion
- Über Vorlieben bei der Freizeitgestaltung sprechen.
- Vorschläge während einer Unterhaltung machen, annehmen und ablehnen.
- Den Inhalt eines Films wiedergeben.
- Um Wiederholungen und Erklärungen bitten.
- Anweisungen geben.
- Den Inhalt einer Unterhaltung wiedergeben.

Wortschatz und Grammatik
- Die indirekte Rede (II).
- Verbalperiphrasen: **seguir** + Gerundium, **ponerse a** + Infinitiv, **volver a** + Infinitiv, **dejar de** + Infinitiv ...
- Wortschatz zum Thema Freizeitbeschäftigung.
- Gleichlautende Wörter (Homofone).

Tu primera clase

A. Lies die folgenden Dialoge. Verstehst du alles?

B. Sprich mit den anderen Kursmitgliedern und benutze dabei die Ausdrücke.

¿Cómo se dice... en español?

1

El primer día de clase

In dieser Lektion lerne ich …

Hör- und Leseverstehen

- einfache, langsam und deutlich gesprochene Sätze zu verstehen, die sich auf meine Person beziehen.
- einer Unterhaltung zu folgen, wenn es sich um ein mir bekanntes Thema handelt und langsam gesprochen wird.

Produktion (mündlich und schriftlich) und mündliche Interaktion

- über meine Interessen und Hobbys zu sprechen.
- mich und andere Personen vorzustellen.
- auszudrücken, was mir gefällt und was nicht.
- ein Formular mit meinen Daten auszufüllen.
- einen einfachen Forumsbeitrag zu schreiben.

Außerdem kann ich lernen…

Wortschatz und Grammatik

- die Substantive: Genus und Numerus.
- die bestimmten und unbestimmten Artikel.
- die Subjektpronomen.
- das Präsens: regelmäßige Verben.
- die Verben **ser** und **llamarse**.
- die Adjektive: Genus und Numerus.
- die Übereinstimmung von Substantiv und Adjektiv.

1

2

3

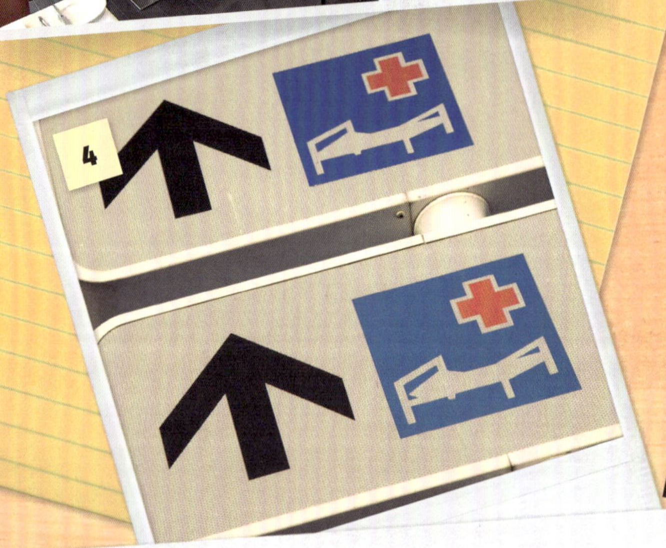
4

5

6

7

8

9

10

Propuestas de trabajo

A1

1. Primeras palabras

A. Ordne diese Wörter den Fotos der Auftaktseite zu. Kennst du ihre Bedeutung?

☐ pasaporte ☐ universidad

☐ radio ☐ restaurante

☐ hospital ☐ taxi

☐ hotel ☐ concierto

☐ chocolate ☐ teatro

1

B. Achte darauf, wie diese Wörter auf Spanisch ausgesprochen werden. Wie lauten sie in anderen Sprachen? Berate dich mit einem Kursmitglied.

■ "Concierto" en inglés se dice "concert".
□ Y en italiano, "concerto", creo.

Wie du siehst, gleichen sich viele Wörter in vielen Sprachen. Daher kannst du deine Sprachkenntnisse dazu einsetzen, die Bedeutung neuer spanischer Wörter abzuleiten.

C. Kennst du noch weitere spanische Wörter? Bring sie in die Gruppe ein und tauscht euch aus.

2. Cuatro estudiantes

A. Vier Studenten stellen sich in einem Forum vor. Lies die Texte und unterstreiche die Information, die auch auf dich zutrifft. Tausche dich anschließend mit einem Kursmitglied aus.

Sich vorstellen:
- Soy (+ Eigennamen)
- Me llamo…
- Soy de (+ Stadt, Land)
- Vivo en…
- Estudio…
- Tengo … años.

Hola, me llamo Luisa Rodríguez Morales, tengo 23 años. Soy de Arequipa, en Perú. Estudio Biología, ¡una carrera muy interesante! Hablo español e inglés. ¡Hasta luego!

¿Qué tal? Soy Fernando Otonello. Soy de Córdoba, Argentina. Estudio Diseño Industrial. Hablo inglés bastante bien, pero quiero aprender árabe y chino: son las lenguas del futuro. ¡Ah! Tengo 22 años.

¡Hola! Me llamo Lorena Sánchez Prieto y tengo 20 años. Soy mexicana, de Zacatecas, pero ahora vivo en Guadalajara. Estudio Ciencias Económicas. En mi tiempo libre estudio alemán, ¡pero es muy difícil!

¿Qué hay? Soy Jorge Varela Martín, de Madrid. Estudio Historia del Arte en la Universidad Carlos III. Tengo 21 años y hablo español, italiano y un poco de ruso.

- Yo estudio Biología, como Luisa.
- Yo hablo italiano, como Jorge.

B. Schreibe jetzt deinen eigenen Text, um dich im Forum vorzustellen.

¡Hola! Me llamo…

C. Lies die Texte noch einmal und vervollständige jeden einzelnen Ausweis. Verstehst du alle Wörter?

Nombre: Luisa
Apellidos:
País de origen:
Lugar de residencia:
Edad:
Carrera universitaria:
Lenguas que habla:

Nombre:
Apellidos: Ottonello
País de origen:
Lugar de residencia:
Edad:
Carrera universitaria:
Lenguas que habla:

Nombre:
Apellidos:
País de origen: México
Lugar de residencia:
Edad:
Carrera universitaria:
Lenguas que habla:

Nombre:
Apellidos:
País de origen:
Lugar de residencia:
Edad: 21 años
Carrera universitaria:
Lenguas que habla:

D. Höre zu, wie sich die beiden Studenten vorstellen. Kannst du ihre Ausweise ausfüllen?

2-3

2

NOMBRE:

APELLIDOS:

PAÍS DE ORIGEN:

LUGAR DE RESIDENCIA:

EDAD:

CARRERA UNIVERSITARIA:

LENGUAS QUE HABLA:

1

NOMBRE:

APELLIDOS:

PAÍS DE ORIGEN:

LUGAR DE RESIDENCIA:

EDAD:

CARRERA UNIVERSITARIA:

LENGUAS QUE HABLA:

0	cero
1	uno
2	dos
3	tres
4	cuatro
5	cinco
6	seis
7	siete
8	ocho
9	nueve
10	diez
11	once
12	doce
13	trece
14	catorce
15	quince
16	dieciséis
17	diecisiete
18	dieciocho
19	diecinueve
20	veinte
21	veintiuno
22	veintidós
23	veintitrés
...	
30	treinta
31	treinta y uno
32	treinta y dos
...	
40	cuarenta
50	cincuenta
60	sesenta
70	setenta
80	ochenta
90	noventa
100	cien

E. Fülle anschließend den Ausweis eines Kursmitglieds aus. Dazu musst du ihm / ihr einige Fragen stellen. Verbinde zunächst jede Frage mit der entsprechenden Information.

NOMBRE: Giovanni

APELLIDOS:

PAÍS DE ORIGEN:

LUGAR DE RESIDENCIA:

EDAD:

CARRERA UNIVERSITARIA:

LENGUAS QUE HABLA:

- ¿Cuántos años tienes?
- ¿Cómo te llamas?
- ¿Qué estudias?
- ¿De dónde eres?
- ¿Y de apellido?
- ¿Qué lenguas hablas?
- ¿Dónde vives?

■ ¿Cómo te llamas?
□ Giovanni.
■ ¿Y de apellido?
□ Baggio.

F. Stelle das Kursmitglied nun der Gruppe vor. Die Angaben aus der vorherigen Übung helfen dir dabei.

■ Mi compañero se llama Giovanni Baggio y es de Roma...

3. Tiempo libre

- yo voy
- tú vas
- él/ella/usted va
- nosotros/nosotras vamos
- vosotros/vosotras vais
- ellos/ellas/ustedes van

A. Die Menschen auf den Fotos genießen gerade ihre Freizeit. Was machen sie? Verbinde jedes Bild mit einer Handlung.

1. ir al gimnasio | *2. escuchar música* | *3. ir al cine* | *4. ir de excursión* | *5. quedar con amigos* | *6. leer* | *7. aprender una lengua* | *8. tocar un instrumento*

B. Und was machst du in deiner Freizeit? Tausche dich mit anderen Kursmitgliedern aus.

■ En mi tiempo libre toco la guitarra, ¿y tú?
□ Yo voy al gimnasio.

4. ¿Para qué?

- Vivo **en** Madrid.
- Soy **de** Jalisco.
- Vivo **con** mi familia.
- Estudio **en** la Universidad de Barcelona.
- Estudio... para + Infinitiv

A. Mehrere Studenten sagen, was und weshalb sie studieren. Kannst du Sätze bilden, indem du Teile der beiden Spalten zusammenfügst?

Estudio Ciencias Económicas...	...para trabajar con animales.
Estudio Sociología...	...para ser actor.
Estudio Arte Dramático...	...para viajar a Latinoamérica.
Estudio Veterinaria...	...para trabajar en una empresa internacional.
Estudio español...	...para comprender la sociedad y el mundo.

B. Und wozu studierst du? Wozu lernst du Spanisch? Tausche dich in der Gruppe darüber aus.

5. Cuatro universidades

4-7

A. Vier Studenten sprechen über ihre Universitäten. Höre, was sie sagen und notiere, in welcher Reihenfolge sie sie nennen.

Universidad Carlos III

Universidad de Guadalajara

Escuela Internacional de Cine y Televisión

Universidad Nacional de Córdoba

B. Lies jetzt die Texte und ergänze die Tabelle mit den Angaben jeder Universität.

Yo estudio en la Universidad Nacional de Córdoba, en Argentina. Es una universidad muy antigua, de 1613. La facultad de Lenguas ofrece cursos de Español para Extranjeros. ¡Son muy buenos!

Mi universidad, la Universidad de Guadalajara, es muy grande y moderna. En los centros universitarios puedes estudiar todas las carreras: Arte, Arquitectura y Diseño, Ciencias Económicas y Administrativas, Ciencias Exactas e Ingenierías, Medicina y Ciencias Sociales.

¿Sabes cómo se llama esta universidad? Es la Escuela Internacional de Cine y Televisión. Está en San Antonio de los Baños, a unos 35 km de La Habana.

La Universidad Carlos III. No es muy antigua, tiene menos de 20 años, pero es muy buena. Tiene tres campus diferentes. Yo estudio en el norte de Madrid, en el campus de Colmenarejo.

Universidad	¿Cómo es? ¿Dónde está?
Universidad Nacional de Córdoba	*Es muy antigua. Está en...*

- Es una universidad pública.
- Es muy... interesante/antigua/moderna/pequeña/prestigiosa.
- Es una universidad moderna.
- Tiene facultades antiguas.
- **No es** muy antigua, **pero es** muy buena.

C. Und wie ist eure Universität? Schreibe zusammen mit einem Kursmitglied einen kurzen Text über sie.

6. En la academia

8

Heike möchte einen Spanischkurs in einer Sprachenschule belegen. Die Sekretärin stellt einige Fragen, um die Karteikarte anzulegen. Höre den Dialog und und fülle die Karte aus.

@ arroba
_ guion bajo
. punto
- guion (medio)
/ barra

NOMBRE Y APELLIDOS: ______

FECHA DE NACIMIENTO: ______

EDAD: ______

DIRECCIÓN DE CORREO ELECTRÓNICO: ______

NÚMERO DE TELÉFONO: ______

enero
febrero
marzo
abril
mayo
junio
julio
agosto
septiembre
octubre
noviembre
diciembre

7. El número de teléfono

9 – 12

A. Diese jungen Männer tauschen ihre Telefonnummern aus. Kannst du sie aufschreiben?

a. ______ b. ______

c. ______ d. ______

Verstehst du etwas nicht, so bitte zu wiederholen oder langsamer zu sprechen.

B. Frage jetzt drei Kursmitglieder nach deren Telefonnummern. Bei Bedarf kannst du auf die Redemittel aus dem Kasten zurückgreifen.

- ¿Qué número de teléfono tienes?
- El 675 87 90 20.

· ¿Cómo?
· ¿Perdón?
· ¿Puedes repetir, por favor?
· Más despacio, por favor.

¡Equivocarse es de sabios!

- Wenn ich einen Text schreibe, dann lese ich ihn mehrmals, um mich zu vergewissern, dass Verb und Subjekt übereinstimmen.
- Wenn ich einen Text schreibe, vergewissere ich mich, dass die Substantive mit den Adjektiven und den Artikeln übereinstimmen.

8. Vosotros, ustedes

A. In all diesen Ländern spricht man Spanisch. Weißt du wo jedes Land liegt? Trage sie in die Landkarte ein.

1. Chile
2. Guatemala
3. Guinea Ecuatorial
4. Uruguay
5. Argentina
6. México
7. Bolivia
8. Venezuela
9. Puerto Rico
10. República Dominicana
11. Cuba
12. Paraguay
13. Honduras
14. Nicaragua
15. Panamá
16. El Salvador
17. Perú
18. Ecuador
19. Costa Rica
20. Colombia

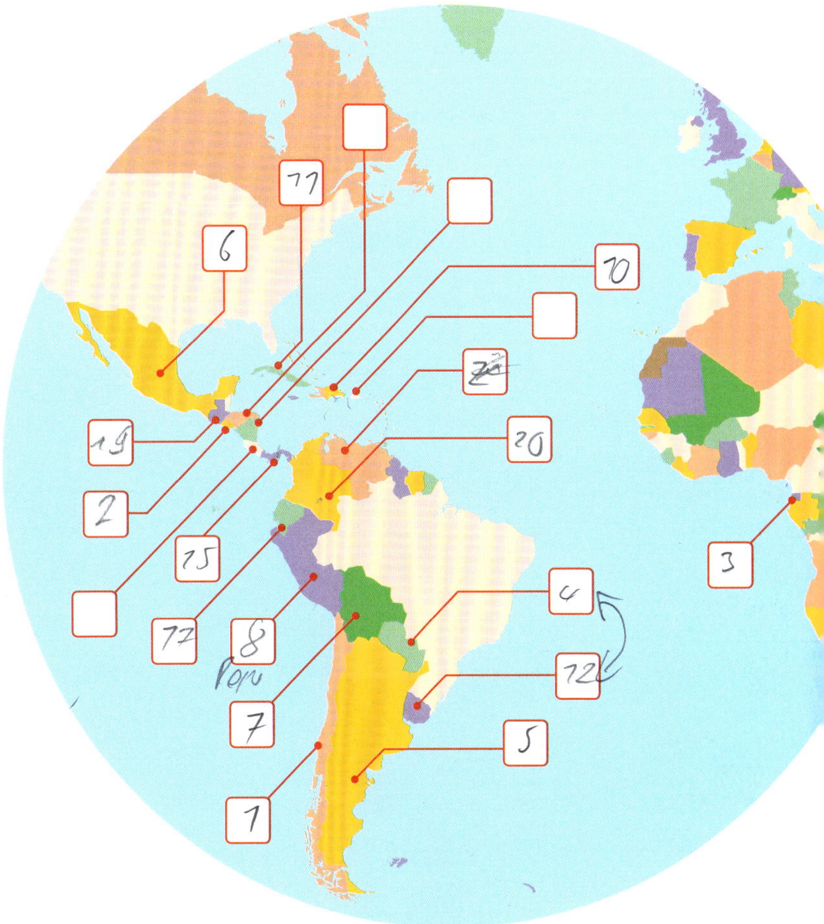

13–14 **B.** Spanisch wird nicht in allen Ländern gleich gesprochen. Höre die beiden Dialoge. Fallen dir Unterschiede auf? Tauscht euch in der Gruppe darüber aus.

9. Carlos García Robledo

A. Sieh dir diese Studentenausweise an und unterstreiche die Vor- und Nachnamen. Kennst du den Grund für die zwei Nachnamen und weißt du, woher sie jeweils kommen? Tausche dich mit den anderen Kursmitgliedern aus. Euer/e Dozent/in wird euch helfen.

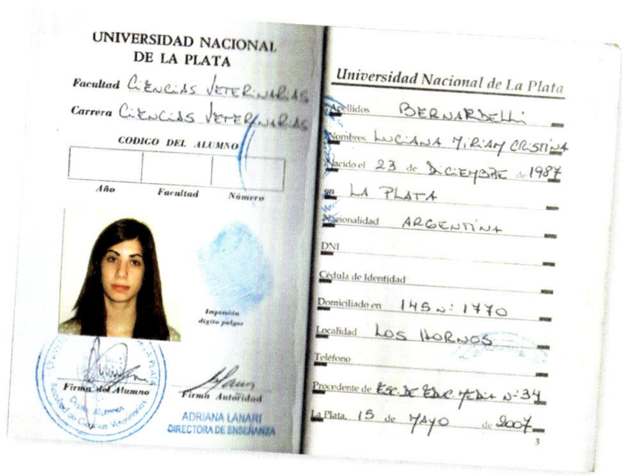

B. Wie heißen die Kinder von Carmen del Campo Rodríguez und Miguel Santos Ridruejo mit Nachnamen?

C. Kennst du die gebräuchlichsten spanischen Nachnamen?

D. Vergleiche diese Ausweise mit dem deiner Universität. Welche Daten stimmen überein?

10. ¿El o la?

> Auch wenn du ein Wort nicht kennst, kannst du dessen Geschlecht an der Endung erkennen. Wörter, die auf Konsonant oder **-e** enden, können sowohl männlich als auch weiblich sein. Lerne jedes Wort von Anfang an mit seinem Artikel.

A. Schreibe vor jedes Wort den entsprechenden Artikel. Vergiss nicht, dass bei einigen Wörtern auch zwei Artikel möglich sind.

_____ *universidad*

_____ *estudiante*

_____ *ciudad*

_____ *carné*

_____ *lengua*

_____ *nombre*

_____ *empresa*

_____ *teatro*

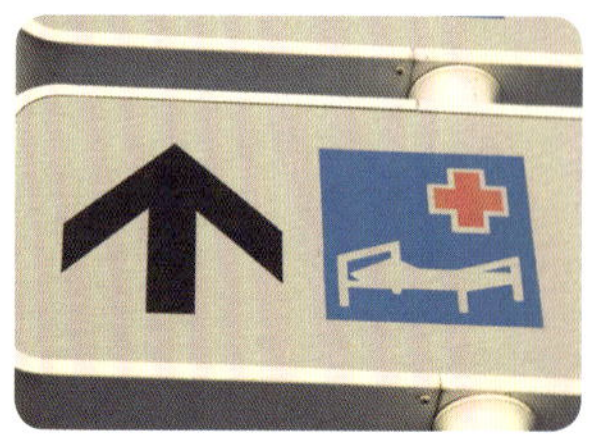

_____ *hospital*

> Statt einzelne Wörter oder die Beispiele aus dem Buch zu lernen ist es besser, Sätze zu bilden, die für dich eine Bedeutung haben. Neue Wörter kannst du aufschreiben, lesen und mit Wörtern in deiner eigenen Sprache vergleichen. Finde heraus, auf welche Art du neue Wörter am besten behalten kannst und wende diese Methode immer an.

B. Weißt du, wie der Plural dieser Wörter gebildet wird? Arbeitet zu zweit und tragt die Pluralformen in die Tabelle ein.

los	las

C. Zu zweit. Sucht weitere Wörter aus dieser Lektion, überlegt, mit welchem Artikel sie stehen und wie der Plural gebildet wird, und tragt sie in die Tabelle ein.

D. Bilde jetzt mit jedem Wort einen Satz, der für dich eine Bedeutung hat. Achte auf die Übereinstimmung von Substantiv und Adjektiv.

Mis lengu<u>as</u> favorit<u>as</u> son el chino y el portugués.

11. ¿Tiempo libre o estudio?

A. Verbinde die Ausdrücke der linken Spalte mit denen der rechten. Es gibt mehrere Lösungsmöglichkeiten.

hablar	al cine
navegar	chino
ir	un mail
ir	Matemáticas
aprender	en internet
participar	español
escribir	con amigos
estudiar	en un grupo de teatro
hacer	de excursión
chatear	deporte

Statt einzelner Wörter ist es manchmal nützlich, Wendungen zu lernen. Lege dafür ein Heft an, damit du sie wiederholen oder bei Bedarf nachschlagen kannst.

B. Was kann man sonst noch lernen, sprechen, schreiben, etc.? Überlege dir andere Ausdrücke, die du schon kennst.

C. Was macht man in der Freizeit, was für die Universität? Vervollständige die Tabelle.

tiempo libre	universidad

D. Zu zweit. Und welche dieser Aktivitäten macht ihr? Findet drei heraus, die ihr beide macht und berichtet dann der Gruppe davon.

- ¿Estudias chino?
- No, pero estudio español.
- Yo también.

1. Substantive, die auf Vokal enden: Genus und Numerus

	Endung	Singular		Plural	
maskulin	-o	el barr**io**		los barrio**s**	
	-i	el tax**i**		los taxi**s**	
	-ú	el men**ú**		los menú**s**	
	-aje	el pais**aje**		los paisaje**s**	
	-ama	el progr**ama**		los programa**s**	
	-ema	el probl**ema**		los problema**s**	
feminin	-a	la amig**a**		las amiga**s**	
maskulin und feminin	-ista	el tur**ista**	la tur**ista**	los turista**s**	las turista**s**
	-ante	el estudi**ante**	la estudi**ante**	los estudiante**s**	las estudiante**s**
	-e	el semestr**e**	la tard**e**	los semestre**s**	las tarde**s**

Ausnahmen sind: *la moto, la mano, el mapa...*

Die weiblichen Substantive, die auf betontem **a**- oder **ha**- beginnen, haben aus phonetischen Gründen im Singular den Artikel **el**: **el a**rte , **el ha**mbre. Adjektiv- und Pluralformen ändern sich aber nicht: much**a ha**mbre, **las á**guilas reales, **las** Bell**as** Artes.

2. Substantive, die auf Konsonant enden: Genus und Numerus

	Endung	Singular		Plural	
maskulin	-or	el col**or**		los color**es**	
	-ón	el coraz**ón**		los corazon**es**	
feminin	-ción	la informa**ción**		las informacion**es**	
	-sión	la excur**sión**		las excursion**es**	
	-dad	la ciu**dad**		las ciudad**es**	
	-tad	la facul**tad**		las facultad**es**	
	-sis	la cri**sis**		las cri**sis**	
maskulin und feminin	-l	el móvi**l**	la capita**l**	los móvil**es**	las capital**es**
	-n	el exame**n**	la image**n**	los exámen**es**	las imágen**es**
	-z	el andalu**z**	la ve**z**	los andaluc**es**	las vec**es**
	-s	el autobú**s**	la to**s**	los autobus**es**	las tos**es**

Beachte die orthographischen Veränderungen bei den Wörtern, die auf **-z** enden.

Si sabes hablar otras lenguas extranjeras

- Wenn du andere romanische Sprachen beherrschst, ist die Übereinstimmung in Genus und Numerus bestimmt kein Problem für dich. Wenn nicht, musst du bestimmte Regeln lernen, die du mit der Zeit automatisch anwendest.
- Zuerst solltest du das Genus des Substantivs lernen, insbesondere von Substantiven, die auf **-e** enden, wie **el coche** oder **la clase**.
- Zweitens musst du wissen, dass die Adjektive (und alle anderen Wörter, die wie Adjektive funktionieren) in Genus und Numerus immer mit ihren Bezugswörtern übereinstimmen.

□ *Los hermanos de Alberto son muy simpáticos.*

3. Der bestimmte Artikel

	maskulin	feminin
Singular	**el** barrio	**la** amiga
Plural	**los** barrios	**las** amigas

Wir gebrauchen den bestimmten Artikel, wenn wir von etwas sprechen, das existiert, einmalig ist oder schon erwähnt wurde.

- *La novia de Juan es muy simpática.*
- *La universidad de Palermo se llama Università Degli Studi Di Palermo.*

Er steht nicht bei Personennamen, Kontinenten, Ländern und Städten, außer er ist Teil des Namens (**La Habana**). Manche Ländernamen stehen mit oder ohne Artikel: (**El Perú** / **Perú**).

Er steht, wenn wir uns auf einen Aspekt oder einen Teil eines Landes / einer Region beziehen: **la España mediterránea**, **la Inglaterra industrial**, **la Barcelona modernista**.

In der Anrede und bei Titeln steht immer der Artikel, es sei denn, wir wenden uns direkt an unser Gegenüber.

- *La señora Gurruchaga es mi profesora de español.*
- *Señora Gurruchaga, ¿cómo se pronuncia "zapato"?*

Vor Kategorien oder nicht zählbaren Substantiven steht kein Artikel.

- *¿Tienes coche?*
- *¿Quieres agua?*

Der bestimmte Artikel weist darauf hin, dass man vorher schon über etwas gesprochen hat.

- *Tengo libros de la biblioteca. (ich informiere über das, was ich habe)*
- *¿Llevas los libros a la biblioteca? (wir haben über die Bücher schon gesprochen)*

4. Der unbestimmte Artikel

	maskulin	feminin
Singular	**un** barrio	**una** amiga
Plural	**unos** barrios	**unas** amigas

Wir benutzen **un**, **una**, **unos**, **unas**, wenn wir etwas erstmals nennen, nicht wissen, ob es existiert oder, um uns auf ein Einzelnes aus einer Gruppe zu beziehen.

- *David estudia en una universidad de Berlín.*
- *Tengo un gato blanco.*

Bei Berufen oder Nationalität steht kein unbestimmter Artikel. Identifizieren wir jemanden über seinen Beruf oder bewerten wir, dann steht der unbestimmte Artikel.

- *Soy profesora. / ~~Soy una profesora.~~*
- *Pau Gasol es un jugador de baloncesto, ¿no?*
- *Gabriel García Márquez es un escritor muy bueno.*

Die unbestimmten Artikel stehen nie vor **otro/-a**, **otros/-as**, **medio**, **cien/to**, **mil**.

- *Vamos al cine ~~un~~ otro día, pero a ~~una~~ otra hora.*

5. Die Subjektpronomen

Person	Pronomen	Beispiel
1. Person Singular	yo	○ <u>Yo</u> soy de Brasil. ¿Y tú?
2. Person Singular	tú	○ ¿<u>Tú</u> eres Diego?
3. Person Singular	él / ella	○ <u>Él</u> estudia Derecho y <u>ella</u> Medicina.
1. Person Plural	nosotros / nosotras	○ <u>Nosotros</u> somos argentinos.
2. Person Plural	vosotros / vosotras	○ ¿<u>Vosotras</u> de dónde sois?
3. Person Plural	ellos / ellas	○ <u>Ellas</u> son muy amigas.

⚠ In Lateinamerika benutzt man ***ustedes*** statt der zweiten Person Plural ***vosotros/-as***. In einigen Teilen Lateinamerikas (Uruguay, Argentinien und Teilen von Paraguay, Kolumbien und Mittelamerika) benutzt man statt der zweiten Person Singular ***tú*** das ***vos***.

Die Subjektpronomen werden im Spanischen nur zur Hervorhebung verwendet oder um Verwechslungen zu vermeiden.

Usted und **ustedes** sind Höflichkeitsformen. Man benutzt sie normalerweise im Umgang mit älteren, fremden oder höhergestellten Personen.

Die weiblichen Formen des Plurals (**nosotras**, **vosotras**, **ellas**) nimmt man nur, wenn alle Personen weiblich sind. Bei gemischten Gruppen benutzt man die männliche Form.

6. Das Präsens (I): regelmäßige Verben

	trabajar	aprender	vivir
(yo)	trabaj**o**	aprend**o**	viv**o**
(tú)	trabaj**as**	aprend**es**	viv**es**
(él / ella / usted)	trabaj**a**	aprend**e**	viv**e**
(nosotros / nosotras)	trabaj**amos**	aprend**emos**	viv**imos**
(vosotros / vosotras)	trabaj**áis**	aprend**éis**	viv**ís**
(ellos / ellas / ustedes)	trabaj**an**	aprend**en**	viv**en**

Die 1. Person ist in den drei Konjugationsgruppen gleich und endet auf **-o**.
Außer in der 1. und 2. Person Plural ist die Konjugation der Verben auf **-er** und **-ir** gleich.

7. Das Präsens (II): die Verben **ser**, **ir**, **tener**, **hacer** und **llamarse**

ser	ir	tener	hacer	llamarse
soy	voy	tengo	hago	**me** llam**o**
eres	vas	tienes	haces	**te** llam**as**
es	va	tiene	hace	**se** llam**a**
somos	vamos	tenemos	hacemos	**nos** llam**amos**
sois	vais	tenéis	hacéis	**os** llam**áis**
son	van	tienen	hacen	**se** llam**an**

8. Die Adjektive: Genus und Numerus

Endung	maskulin Singular	feminin Singular	maskulin Plural	feminin Plural
-o, -a	un chico simpátic**o**	una chica simpátic**a**	unos chicos simpátic**os**	unas chicas simpátic**as**
-e	un señor amabl**e**	una señora amabl**e**	unos señores amable**s**	unas señoras amable**s**
Konsonant	un abuelo jove**n**	una abuela jove**n**	unos abuelos jóvene**s**	unas abuelas jóvene**s**
-ista	un partido social**ista**	una idea social**ista**	unos partidos socialista**s**	unas ideas socialista**s**
Nationalitäts-bezeichnung	un amigo mexican**o**	una amiga mexican**a**	unos amigos mexican**os**	unas amigas mexican**as**

Bei Nationalitätsbezeichnungen bildet man die weibliche Form auf **-a**, auch wenn sie auf Konsonant enden.

- *Él es francés.*
- *Ella es francesa.*

Einige Nationalitätsbezeichnungen sind in der maskulinen und femininen Form gleich: **belga, nicaragüense...**

Adjektive die auf **-ista** enden, sind in der maskulinen und femininen Form gleich.

Vorsicht mit der Tilde (grafischer Akzent): *inglés / ingleses...*

9. Die Verneinung

Im Spanischen wird zur Verneinung das Adverb **no** benutzt.

- *¿Estudias francés?*
- *No, estudio español.*

Es steht immer vor dem Verb.

- *No estudio francés, sino español*

Manchmal findest du auch zwei **no** in einem Satz: das erste ist die Antwort auf die vorherige Frage, das zweite verneint das darauf folgende Verb.

- *¿Estudias francés?*
- *No, no estudio francés, sino español.*

Nada, **nadie**, **ningún(o)/-a/-os/-as** und **nunca** können vor oder hinter dem Verb stehen. Stehen sie dahinter, muss man **no** auch vor dem Verb benutzen.

- *¿Nunca haces deporte? / ¿No haces deporte nunca?*
- *Nadie quiere café. / No quiere café nadie.*

2

Mi ciudad ideal

In dieser Lektion lerne ich …

Hör- und Leseverstehen

- einfache Texte über Städte und Universitäten zu verstehen.
- Information über Vorlieben und Fähigkeiten anderer Personen zu verstehen.
- Information über die Pläne und Vorhaben anderer Personen zu verstehen.

Produktion (mündlich und schriftlich) und mündliche Interaktion

- meine Vorlieben und Fähigkeiten auszudrücken.
- über Pläne und Projekte zu sprechen.
- Städte zu beschreiben.
- meine eigene und andere Familien zu beschreiben.
- eine einfache E-Mail auf Spanisch zu schreiben.

Außerdem kann ich lernen …

Wortschatz und Grammatik

- die Demonstrativbegleiter.
- das Präsens: unregelmäßige Verben.
- den Gebrauch von **hay** und **estar**.
- die Verben **gustar**, **interesar**, **parecer** und **encantar**.
- die Konnektoren: **y, también, ni, tampoco, o, porque, pero, sino, además, por eso**.
- die Indefinitpronomen.
- Verbalperiphrasen mit Infinitiv.
- die Possessivbegleiter.

1. Ciudades que no te puedes perder

A. Sieh dir diese Orte an. Kennst du sie? Weißt du etwas über sie? Tausche dich mit einem Kursmitglied aus.

- Cusco es una ciudad de Perú, ¿no?
- Sí, es muy antigua y creo que…

B. Lies die Texte. Um welche Stadt geht es jeweils? Verbinde jeden Text mit dem passenden Foto.

1. Esta ciudad de artistas es la segunda más grande de Chile. Un lugar pintoresco que no te puedes perder.

2. Mar y montaña en el norte de España. Si quieres descansar, disfrutar y comer bien en una ciudad pequeña, esta es tu ciudad.

3. ¡Y olé! Visitar la ciudad durante la feria es disfrutar de sus luces, sus colores, la música, el flamenco y la simpatía de su gente. ¡Te esperamos!

4. Antigua capital del Imperio inca, sede de la famosa ciudadela de Machu Picchu. Historia, naturaleza y aventura. Todo en un lugar.

5. Ciudad colonial declarada Patrimonio Histórico de la Humanidad. Una visita inolvidable.

6. Una de las ciudades más cosmopolitas del mundo. Famosa por sus teatros, sus cafés-concierto, el tango y su vida cultural. ¡Turismo cultural de primera clase!

2. Los jóvenes y la ciudad

A. In einer Zeitschrift äußern sich drei junge Leute zu ihren Ansichten über die Stadt. Wessen Meinung teilst du? In welchen Punkten?

- A mí también
- A mí no
- A mí sí
- A mí tampoco

	Laura, la intelectual	**Carlos, el tranquilo**	**Juanjo, el marchoso**
vida cultural	¡Me encanta el cine! Sobre todo en versión original.	Me aburren mucho los museos. No voy nunca.	¡¡Me fascinan los conciertos de rock!!
vida nocturna	No me interesa mucho la vida nocturna. Me gusta estar en casa con amigos, charlar y cenar juntos.	Me gustan los conciertos de música clásica, pero son caros.	Me gusta ir de bares... ¡si la música es buena!
infraestructuras	Me gusta caminar por una ciudad antigua y prefiero ir en coche a hacer la compra.	Prefiero una ciudad moderna y práctica.	Yo quiero tener todo muy cerca, en el barrio, y poder ir a pie.
naturaleza	¡Necesito el mar! En verano, en invierno... es mi medicina.	Me encanta la montaña. No puedo vivir sin ella.	No me interesa la naturaleza. ¡Soy urbanita 100%!

■ A mí también me encanta el cine.
□ Yo prefiero el teatro.

- Me gusta…
- Me encanta…
- Me fascina…
- Me interesa…
- A Marie le gusta…
- A nosotros nos gusta…

B. Trage deine Vorlieben in die Tabelle ein und finde ein passendes Adjektiv für dich.

	vida cultural	vida nocturna	infraestructuras	naturaleza
Yo, el/la...				

C. Zeige diese Tabelle einem Kursmitglied, das der Gruppe von deinen Vorlieben berichten wird.

■ A Marie le encantan las ciudades grandes…

3. Anuncios

A. Lies die Anzeigen einer Internet-Interessenbörse aufmerksam durch. Wer passt zu wem? Beratet euch zu zweit.

1. Hola, me llamo Celia. Soy sociable y optimista. Sé hablar inglés y francés. Vivo en Madrid. Ahora estudio italiano y busco amiga en el norte de Italia. Quiero hacer un intercambio español-italiano por correo electrónico. En las vacaciones podemos visitarnos. Mi ciudad es muy interesante. celialopez@heatmail.com

2. Estudiante de Ciencias del Medioambiente, activo en Greenpeace, busco contacto con organización en Andalucía. Quiero hacer unas prácticas en un proyecto ecológico. Sé tocar la guitarra. Me gustan las personas tolerantes y activas y me encanta leer, viajar y practicar deporte. Hablo inglés y español. Tengo 24 años y soy de Almería. Antonio23@yuhu.com

3. Soy Laura, argentina, y vivo en Buenos Aires. ¿Sabes bailar tango? ¿No? ¿Quieres aprender? Tengo 23 años y me encanta bailar. Busco una persona para hacer un intercambio: yo te enseño a bailar y tú me das clases de gramática alemana. Mi dirección es vidatango@difumail.com

4. ¿Te gusta la naturaleza? ¿Te interesan el medioambiente y la ecología? ¿Eres estudiante? En Tierranuestra, ONG de Huelva, buscamos voluntarios para un proyecto en el Parque Nacional de Doñana. Puedes escribirnos a info@tierranuestra.org

5. Hola, soy Chiara, tengo 22 años y estudio Ciencias de la Información. Este año estudio como Erasmus en Madrid y no conozco a mucha gente. Quiero conocer a alguien para hacer un intercambio italiano-español. ¿Te interesa? Mi dirección es chiaragio@yuhu.it

6. Roberto, 23 años, activo y amable. Estudio Filología Alemana. Me gusta bailar, pero bailo muy mal. También me gusta leer, escuchar música e ir al cine. Además, sé jugar al ajedrez. Me interesan los ritmos latinoamericanos, especialmente el tango. Busco profesor o profesora de baile. Mi dirección es bobby321@heatmeal.com

B. Unterstreiche die Ausdrücke, die man benutzt, um sich vorzustellen, und um über Vorlieben, Interessen, Fähigkeiten, Bedürfnisse und Wünsche zu sprechen. Trage sie dann in die Tabelle ein.

presentarse	hablar de gustos e intereses	hablar de habilidades	hablar de necesidades y deseos

C. Unterstreiche die Verben und schreibe ihren Infinitiv auf. Sind auch unregelmäßige Verben darunter? Tausche dich mit anderen Kursmitgliedern aus.

D. Schreibe einen ähnlichen Text und tausche ihn mit dem eines Kursmitglieds. Jede/r von euch antwortet schriftlich darauf und dann entscheidet ihr, ob ihr euch für einen Austausch treffen möchtet.

4. ¿Qué ciudad es?

A. Lies die Namen der folgenden Städte. Was weißt du über sie?

La Habana 4 | Mar del Plata 3 | Lima 2 | México D.F. 1

B. Sieh dir jetzt die Fotos an. Welches Foto zeigt welche Stadt? Tausche dich mit einem Kursmitglied aus. Dazu kannst du die Ausdrücke aus dem Kästchen benutzen.

- Estos edificios pueden ser de...
- Esta arquitectura es típica de...
- Yo creo que esta ciudad es...

~~La~~ Habana

La Haba

C. Lies folgende Mail. In welcher der abgebildeten Städte ist Carlos gerade?

Hola, María:

¡Por fin aquí! La ciudad **es maravillosa**. **Es la capital** del país, y *por eso* **es muy moderna** y cosmopolita. ¡**Es enorme**!, ¡tiene 9 millones de habitantes! *Además*, la gente aquí **es muy amable** y ya tengo algunos amigos. *Pero* **no hay mar**; **es una lástima** *porque* a mí me encanta el agua, ya sabes, pero la semana que viene voy a Veracruz, **que está en la costa** del Caribe, al este del país, y creo que allí **hay playas** bonitas. ¡Quiero ver el mar! ¡Anímate!

Un beso,
Carlos

D. Sieh dir die fett gedruckten Textstellen genau an. Hast du verstanden, wie die Verben **ser**, **estar** und **haber** gebraucht werden? Beratet euch zu zweit und teilt eure Schlussfolgerung dem Dozenten / der Dozentin mit. Er / Sie wird euch helfen.

E. Schreibe einem Freund eine E-Mail und erzähle ihm, wie deine Stadt ist, was es dort gibt, wo sich was befindet, etc. Du kannst die kursiv gedrucken Ausdrücke benutzen. Bitte dann ein Kursmitglied, deinen Text zu lesen und die gefundenen Fehler zu markieren. Versuche nun, diese zu korrigieren.

5. La ciudad ideal

A. Was gibt es in deiner Traumstadt? Schreibe deine Vorlieben in die Tabelle. Vergleicht dann zu zweit eure Antworten.

	ninguno/ninguna	uno/una	algunos/algunas	muchos/muchas
cines		X	X	
bares				X
parques				X
ríos o lagos			X	
centros comerciales		X		
calles antiguas	X		X	
universidades		X		
polideportivos			X	
escuelas			X	
...				

- En mi ciudad ideal hay muchos centros comerciales. Pero todos están en las afueras.
- Pues en mi ciudad ideal no hay ninguno.

· No hay ningún cine.
· Hay algunas universidades.
· Hay muchos parques.
· Todos están en el centro.
Aufgepasst!
· No hay ~~ningún~~ mar. > No hay mar.

B. Zu viert. Beschließt, wie die ideale Stadt sein soll und stellt der Gruppe dann eure Ergebnisse vor.

Dazu sprecht über:
- die Größe
- das kulturelle Leben, das Nachtleben, etc.
- die Infrastruktur
- die Lage
- was es in der Stadt gibt

· Nuestra ciudad ideal se llama...
· Está en...
· Es...
· Tiene...
· Hay muchos...

¡Equivocarse es de sabios!

- Um meine Fehler zu korrigieren ist es wichtig, dass man mich auf sie hinweist. Aber ich möchte sie selbst korrigieren.

Die Angleichung:

Person<u>as</u> simpátic<u>as</u>
Una chic<u>a</u> aleman<u>a</u>
Un intercambio alemá<u>n</u>-italian<u>o</u>

6. Erasmus

A. Kennst du das Erasmus-Programm für studentische Mobilität? Notiere in einer Minute alle Wörter, die dir zum Thema einfallen.

15 **B.** Höre nun diesen Studenten, der über das Programm spricht, und mache dir zu seinen Plänen Notizen. Vergleiche diese mit der Transkription unter **C.**

C. Lies den Text noch einmal und achte auf die fett gedruckten Ausdrücke. Zu zweit. Sprecht über eure Pläne und benutzt dafür diese neuen Ausdrücke.

Me encanta el programa Erasmus porque puedes viajar por Europa. Yo **pienso ir** a Irlanda porque estudio Filología Inglesa y porque me fascina la cultura irlandesa. **Quiero mejorar** mi inglés, conocer gente y viajar por todo el país. **Me gustaría** mucho **ir** al Trinity College, de Dublín, que es una universidad muy antigua y reconocida.
Por eso este año **voy a estudiar** para tener buenas notas y conseguir la beca.

· pienso + Infinitiv
· quiero + Infinitiv
· voy a + Infinitiv

- *planes con respecto al programa Erasmus u otros similares*
- *planes para este fin de semana*
- *planes para tus próximas vacaciones*
- *otros planes*

■ Me gustaría participar en el programa y viajar a Italia.
□ Sí, a mí también. Yo pienso viajar el año próximo a Alemania.

7. Salamanca, una ciudad para estudiar y vivir

In manchen Situationen kommt es nur auf punktuelle Informationen an. Konzentriere dich beim Hören nur auf diese.

Überlege dir schon vor dem Hören, welches Vokabular du zum Thema bereits kennst. Dann wirst du während des Hörens mehr Wörter wiedererkennen.

A. Was weißt du über Salamanca? Kreuze die Aussagen an, die du für richtig hältst.

	sí	no
Salamanca tiene más de 1 000 000 de habitantes.		X
Salamanca es una ciudad cómoda para vivir.	X	
En Salamanca hay muchos edificios antiguos.	X	
Salamanca está a cinco horas de Madrid.		X
En Salamanca hay dos universidades.	X	

16 **B.** Höre jetzt das Interview mit der Leiterin des Tourismusbüros von Salamanca und überprüfe deine Hypothesen.

8. El correo

A. **Sieh dir die Briefe an und unterstreiche die Abkürzungen. Schreibe dann jede Abkürzung neben das entsprechende Wort.**

1. calle ________
2. planta baja ________
3. departamento ________
4. tercera puerta, letra G ________
5. plaza ________
6. interior ________
7. cuarto piso, segunda puerta ________
8. señora ________
9. señor ________
10. avenida ________

B. **Werden die Adressen in deinem Land auch so geschrieben?**

primero-primera
segundo-segunda
tercero-tercera
cuarto-cuarta
quinto-quinta
sexto-sexta
séptimo-séptima
octavo-octava
noveno-novena
décimo-décima

9. Saludos y despedidas

A. **Lies beide Postkarten und achte dabei auf die Gruß- und die Abschiedsformeln. Wie ist das in deinem Land?**

Querida Sara:

Buenos Aires es maravillosa. Hay mucha vida cultural y muy buen ambiente, y a la gente le encanta conversar de todo. La universidad es fantástica y estoy aprendiendo tango.

Un beso,
Germán

¡Hola, Diego!

¡Hoy es tu cumpleaños! ¡Felicidades! Ahora estoy en Polonia, en Cracovia, que es una ciudad preciosa. El mes que viene voy a Praga. ¡Nos vemos pronto!

Un abrazo fuerte,
Pilar

B. **Entscheide, ob die folgenden Ausdrücke Gruß- oder Abschiedsformeln sind.**

Buenos días | ¡Nos vemos! | ¡Chao! | ¿Qué tal? | ¡Hasta pronto!

¡Saludos! | ¿Qué hubo? | ¿Qué onda? | ¡Adiós!

saludos	despedidas

10. Movilidad estudiantil

A. Welches, glaubst du, sind die Lieblingsziele für ein Auslandsstudium? Berate dich mit einem Kursmitglied und nennt die vier Länder, die eurer Meinung nach am meisten besucht werden.

- Muchos estudiantes viajan a Estados Unidos, ¿no?
- Sí, y también a...

B. Lies den Text über die studentische Mobilität. Stimmt er mit eurer Vermutung überein?

¿Dónde quieres estudiar?

Estudiar en otro país es muy interesante. Significa conocer otras culturas y aprender otras lenguas, y esto es esencial en la actualidad. Pero no todos los estudiantes quieren ir a los mismos países.

Según la UNESCO, cerca de 2 500 000 jóvenes estudian cada año en otro país. El 70% se concentra en el oeste de Europa y en América del Norte. A Latinoamérica van solo unos 36 000 estudiantes al año, y el 66% de ellos son latinoamericanos.

"los estudiantes que más viajan a otro país para estudiar son los chinos"

Los países que reciben más estudiantes son: primero Estados Unidos, el 23,3%; en segundo lugar, el Reino Unido (12,2%); el tercero es Alemania (10,6%) y el cuarto, Francia (9,7%). Los estudiantes que más viajan a otro país para estudiar son los chinos (14%), después los indios (5%), y en tercer lugar los coreanos (3,9%), seguidos de los japoneses (2,5%) y los alemanes (2,3%).

En cuanto a las preferencias, los estudiantes africanos viajan a las antiguas capitales europeas (Londres, París...); los de Europa del Este prefieren Alemania; los de Corea, China y la India van a los Estados Unidos, y los estudiantes de Asia Central, a Rusia.

C. Lies den Text noch einmal und markiere mit Pfeilen auf der Weltkarte aus welchen Ländern die Studierenden kommen und in welche Länder sie gehen.

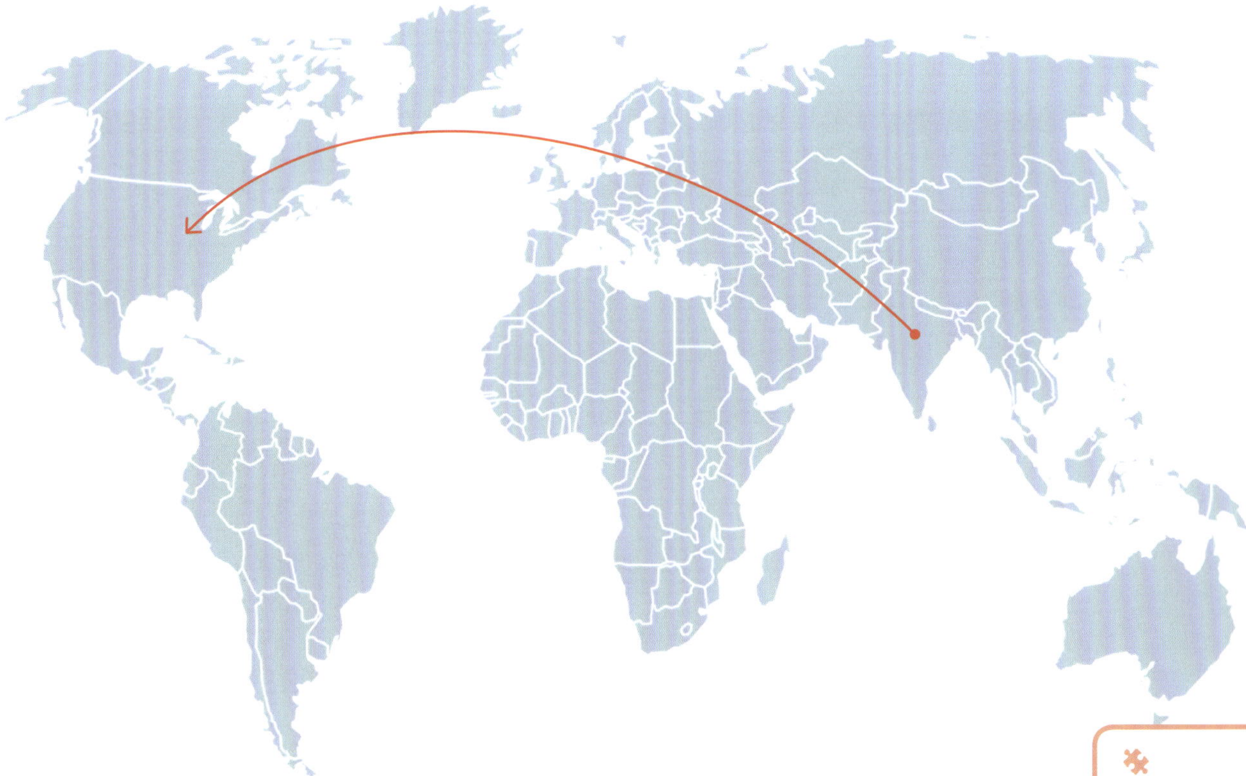

D. Zu viert. Erstellt eine Liste mit den Ländern, in denen ihr studieren möchtet. Anschließend macht ihr eine Liste der gesamten Gruppe.

- A mí me gustaría ir a Argentina porque me encanta el tango.
- A mí, a China, para aprender chino.

- ¿Por qué quieres ir a China?
- Porque me interesa su cultura.
- Por su historia.
- ¿Para qué quieres ir a Argentina?
- Para aprender español.

E. Hier siehst du einige Städte der spanischsprachigen Welt, in denen du studieren kannst. Zu zweit. Sucht im Internet nach Information und entscheidet, wo ihr gerne studieren würdet. Stellt die Stadt vor und begründet eure Wahl. Die Stichpunkte helfen euch bei der Gliederung der Information.

Colombia: Bogotá

Costa Rica: San José

Uruguay: Montevideo

Venezuela: Caracas

País:
Habitantes:
Lengua oficial:
Universidad:
Carreras universitarias:
Situación geográfica:
Lugares de interés:
Otros datos:

11. Tres personas

Sieh dir diese Personen genau an. Wie stellst du sie dir vor? Entscheidet zu zweit, was sie mögen und schreibt für jede/n einen Vorstellungseintrag für ein Forum.

Wie lernst du neues Vokabular? Musst du ein Wort gesehen oder gehört haben? Wenn du ein visuelles Gedächtnis hast, dann solltest du immer ein Vokabelheft bei dir tragen und du solltest Wörter im Kontext wiederholen. Wenn du eher über den Klang und das Hören lernst, dann nimm neue Wörter auf dein Handy auf und höre sie mehrmals am Tag ab.

Cristina

Mario

Rosario

- A esta chica le gustan los animales.
- Sí, eso parece. Y a este señor le gusta...

este señor / estos señores
esta chica / estas chicas
ese señor / esos señores
esa chica / esas chicas
aquel señor / aquellos señores
aquella chica / aquellas chicas

12. Los países, sus habitantes y sus lenguas

Weißt du, wie die Einwohner der folgenden Länder heißen? Und welche Sprache/n sie sprechen? Vervollständige die Tabelle und erweitere sie in deinem Heft, indem du weitere Länder hinzufügst.

país	habitantes	lengua/s
Alemania	alemán/alemana/alemanes/alemanas	alemán
Francia		
Holanda		neerlandés
Bélgica	belga/belgas	
Italia		
Austria		
Portugal		
Grecia	griego/griega/griegos/griegas	
Polonia		
República Checa		
Canadá		inglés y francés
...		

13. Mi familia

A. Das ist der Stammbaum von Manuel. Vervollständige ihn.

hermano | nieto | abuela | padre | hija

B. Manuel spricht über seine Familie. Ergänze die Sätze mithilfe des Stammbaums und dem Kästchen am Rand.

1. Miguel y Elena son ______________ abuelos.
2. ______________ es mi padre.
3. ______________ es mi hermana.
4. María es ______________ madre.

mi padre / madre
mis abuelos / abuelas
tu nieto/-a
tus hermanos/-as
su marido / mujer
sus hijos/-as

C. Zeichne deinen eigenen Stammbaum und stelle ihn einem Kursmitglied vor. Dann tauscht ihr die Rollen.

14. Asociograma

Zu zweit. Erweitert das Wortnetz mit den Wörtern der Lektion, die ihr behalten habt.

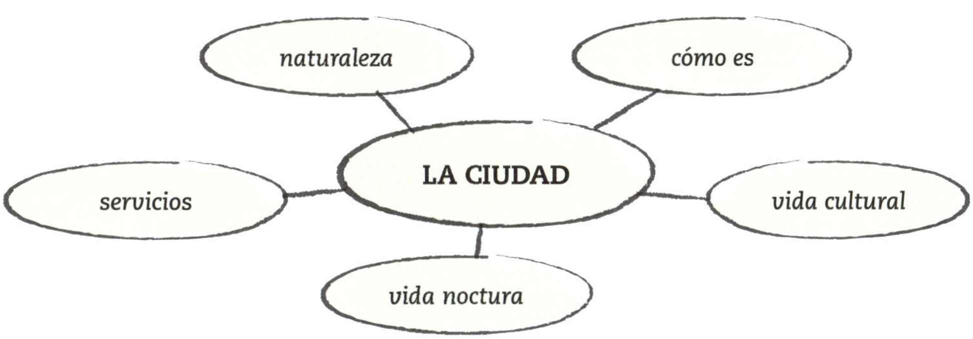

Wortnetze oder Mindmaps sind Mittel der grafischen Darstellung von Wörtern. Sie helfen dir dabei, Wörter eines Themas zu wiederholen und Wörter durch ihre Verbindung untereinander zu lernen. Du kannst sie als Wiederholungstechnik am Ende einer jeden Lektion einsetzen und sie im Laufe des Kurses durch neu gelerntes Vokabular erweitern.

1. Die Demonstrativbegleiter

Lage des Gegenstandes oder der Person	maskulin	feminin
aquí, acá: in der Nähe der sprechenden Person	**este** móvil **estos** móviles	**esta** billetera **estas** billeteras
ahí: von der sprechenden Person etwas entfernt, jedoch in der Nähe der angesprochenen Person	**ese** móvil **esos** móviles	**esa** billetera **esas** billeteras
allí, allá: von der sprechenden und der angesprochenen Person weiter entfernt	**aquel** móvil **aquellos** móviles	**aquella** billetera **aquellas** billeteras

Mit dem Demonstrativbegleiter beziehen wir uns auf Gegenstände oder Personen, die sich in unterschiedlichen Entfernungen zur sprechenden oder angesprochenen Person befinden.

2. Das Präsens (III): Verben mit Vokalwechsel e → ie und o → ue

e → ie			o → ue	
entender	**querer**	**preferir**	**poder**	**volver**
ent**ie**ndo	qu**ie**ro	pref**ie**ro	p**ue**do	v**ue**lvo
ent**ie**ndes	qu**ie**res	pref**ie**res	p**ue**des	v**ue**lves
ent**ie**nde	qu**ie**re	pref**ie**re	p**ue**de	v**ue**lve
entendemos	queremos	preferimos	podemos	volvemos
entendéis	queréis	preferís	podéis	volvéis
ent**ie**nden	qu**ie**ren	pref**ie**ren	p**ue**den	v**ue**lven

Der Vokalwechsel fällt nur auf die betonte Silbe und gilt für alle Personen außer der ersten und zweiten Person Plural.

3. Das Präsens (IV): Verben mit Vokalwechsel e → i

pedir	decir	elegir	corregir	seguir
p**i**do	d**i**go	el**i**jo	corr**i**jo	s**i**go
p**i**des	d**i**ces	el**i**ges	corr**i**ges	s**i**gues
p**i**de	d**i**ce	el**i**ge	corr**i**ge	s**i**gue
pedimos	decimos	elegimos	corregimos	seguimos
pedís	decís	elegís	corregís	seguís
p**i**den	d**i**cen	el**i**gen	corr**i**gen	s**i**guen

⚠ Achte auf die Verben, die auf **-ger** und **-gir** enden und wende beim Schreiben die Rechtschreibregeln an.

4. Das Präsens (V): Das Verb **ir** und Verben mit unregelmäßiger 1. Person Singular

ir	estar	saber	conocer	hacer	tener	salir
voy	**estoy**	**sé**	**conozco**	**hago**	**tengo**	**salgo**
vas	estás	sabes	conoces	haces	tienes	sales
va	está	sabe	conoce	hace	tiene	sale
vamos	estamos	sabemos	conocemos	hacemos	tenemos	salimos
vais	estáis	sabéis	conocéis	hacéis	tenéis	salís
van	están	saben	conocen	hacen	tienen	salen

Das Verb **tener** hat eine unregelmäßige 1. Person und eine Vokalveränderung in den betonten Silben.

5. Der Gebrauch von **hay** und **estar**

hay + unbestimmter Begriff	está(n) + bestimmter Begriff
○ *¿Hay un cine por aquí cerca?* ● *Sí, en la calle Mallorca hay uno. Es el cine Monumental.* ○ *Mira, hay una persona que quiere hablar contigo.* ● *¿Sabes quién es?*	○ *¿Sabes dónde está el teatro Coliseo?* ● *¡Claro! Está en la calle Rivadavia.* ○ *¿Por qué te gusta Barcelona?* ● *Porque los Pirineos están cerca... ¡Y el mar está en la ciudad!*

Mit **hay** drücken wir die Existenz von etwas aus.
Mit **está/n** drücken wir aus, wo sich eine bestimmte Person oder Sache befindet.

⚠ **Hay** un cine en la calle Rivadavia.
~~**Está** un cine en la calle Rivadavia.~~

6. Die Verben **gustar, interesar, parecer, encantar**

Dativpronomen	DP	Verb	Subjekt
A mí A ti A él / ella / usted A nosotros / nosotras A vosotros / vosotras A ellos / ellas / ustedes	me te le nos os les	**gusta** / **interesa** / **encanta** / **parece** interesante	mi universidad. la biblioteca. vivir en una ciudad pequeña.
		gustan / **interesan** / **encantan** / **parecen** interesantes	las ciudades grandes. los espacios verdes.

gustar, interesar, encantar + Infinitiv

○ *Me gusta vivir en una ciudad pequeña.*

gustar, interesar, encantar + bestimmter Artikel

○ *A mí me interesa la oferta cultural de las ciudades grandes.*

parecer + Bewertung

○ *Me parece bien / mal / interesante vivir en esta ciudad.*

⚠ Diese Verben werden meistens in der 3. Person gebraucht und stehen immer mit dem Dativpronomen.

7. Die Konnektoren

Konnektor		Beispiel
y	und	▢ ¿Estudias portugués y francés?
también	auch, ebenfalls	▢ Estudio portugués y francés. También estudio alemán. ▢ A Marta le gusta bailar. Y a Ana también.
ni... ni **no... ni**	weder ... noch kein ... auch nicht; weder ... noch	▢ Ni Marcos ni Lucía van a la fiesta. ▢ No habla español ni griego.
tampoco	auch nicht	▢ No me gusta la música electrónica. Tampoco me gusta la música clásica. ▢ Sergio no habla inglés y Diana tampoco.
o	oder	▢ ¿Quién es tu hermano? ¿Andrés o Roberto?
porque	weil	▢ Estudio español porque quiero viajar a Chile.
pero	aber	▢ No hablo portugués, pero lo entiendo.
sino	sondern	▢ Navidad no es el 24 de diciembre, sino el 25.
además	außerdem	▢ Roberto es simpático y guapo. Además, tiene 23 años, igual que yo.
por eso	deshalb	▢ Mañana tengo un examen. Por eso no voy a la fiesta.

⚠ Vor Wörtern, die mit **i-** oder **hi-** beginnen, wird das **y** zu **e**.
*Comparto piso con Marta **e** Inés.*

Vor Wörtern, die mit **o-** oder **ho-** beginnen, wird das **o** zu **u**.
*Necesito siete **u** ocho bolígrafos.*

8. Die Indefinitpronomen

algunos/algunas	▢ En la parte antigua de la ciudad hay algunos teatros.
un/una	▢ En Salamanca hay una plaza de toros a la entrada de la ciudad.
ningún/ninguna	▢ En la facultad no hay ninguna sala de estudio.
muchos/muchas	▢ En mi ciudad ideal hay muchos centros comerciales.

Wir benutzen die Indefinitpronomen, um die Menge und die Intensität abzustufen.
Ist das Substantiv maskulin, werden **alguno** und **ninguno** zu **algún** und **ningún**, es sei denn, das Substantiv wird weggelassen.

▢ En la biblioteca hay algún diccionario, pero en casa no tengo ninguno.

9. Das Präsens zum Ausdruck der Zukunft

Um zu erzählen, was man für die Zukunft plant, kann man das Präsens mit Adverbien oder adverbialen Zeitangaben benutzen: **mañana**, **la semana que viene**, etc.

- En mi facultad hay muchos estudiantes que estudian español y el semestre que viene van a Bolivia y a Perú para aprender aymara y quechua.

10. Die Verbalperiphrasen: **pensar** + Infinitiv, **querer** + Infinitiv, **me gustaría** + Infinitiv, **ir a** + Infinitiv

pensar + Infinitiv	querer + Infinitiv	me gustaría + Infinitiv	ir a + Infinitiv
¿Qué piensas hacer el fin de semana?	Quiero viajar por Sudamérica.	Me gustaría estudiar Medicina.	El martes voy a quedar con un amigo.

11. Die Possessivbegleiter

	Singular	Plural
yo	**mi** teléfono	**mis** teléfonos
tú	**tu** mochila	**tus** mochilas
él / ella / usted	**su** bicicleta	**sus** bicicletas
nosotros / nosotras	**nuestro** profesor **nuestra** profesora	**nuestros** profesores **nuestras** profesoras
vosotros / vosotras	**vuestro** amigo **vuestra** amiga	**vuestros** amigos **vuestras** amigas
ellos / ellas / ustedes	**su** libro	**sus** libros

Die Possessivbegleiter stehen vor dem Substantiv und richten sich nach dem Besitztum, nicht nach dem Besitzer. Außer in der 1. und 2. Person Plural sind die männlichen und weiblichen Formen gleich.

3

Aprender una lengua es...

In dieser Lektion lerne ich ...

Hör- und Leseverstehen

- Zeitungsartikel zu verstehen, wenn ich die Themen kenne.
- ein Telefongespräch zu verstehen, wenn ich das Thema kenne und langsam gesprochen wird.

Produktion (mündlich und schriftlich) und mündliche Interaktion

- meine Lernziele schriftlich zu formulieren.
- meinen Lernstil zu beschreiben.
- über Spanischkurse zu informieren.
- meine Meinung zu äußern.
- meinen Wochenablauf zu beschreiben und eine Entscheidung zu begründen.
- meine Lernziele für das Portfolio zu definieren.
- über die unterschiedlichen Möglichkeiten des Fremdsprachenerwerbs zu sprechen.
- Vergleiche und Bewertungen auszudrücken.

Außerdem kann ich lernen ...

Wortschatz und Grammatik

- das Gerundium.
- den Vergleich von Eigenschaften und Mengen.
- den Superlativ.
- Häufigkeitsadverbien und Zeitangaben.
- **Qué**, **cuál** / **cuáles**.
- den Gebrauch der Präposition **de**.

☐ LAURA: es extrovertida y le gusta hablar; cuando aprende un idioma prefiere practicar entre amigos, en la calle… y no hacer actividades artificiales.

Propuestas de trabajo

A1

1. Formas de aprender

A. Marisol, Sebastián, Laura und Leandro gehen beim Sprachenlernen unterschiedlich vor. Lies ihre Profile. Mit welcher Person identifizierst du dich am ehesten? Sprich mit anderen Kursmitgliedern darüber.

- Yo quizá con Marisol.
- Pues yo no, a mí no me gusta nada estudiar sola, ...

17 - 20 **B.** Höre, was sie sagen, und notiere in den Kästchen die Reihenfolge, in der sie sprechen.

☐ LEANDRO: es disciplinado, le gusta ir a clase y comprender cómo funciona la gramática. Para eso, le ayudan mucho las explicaciones del profesor y los libros de gramática.

☐ MARISOL: es autodidacta: aprende mejor cuando organiza su propio programa y puede decidir qué hacer en cada momento. Es muy disciplinada y le gusta leer y usar el diccionario.

☐ SEBASTIÁN: le divierten las clases prácticas en las que puede hablar con sus compañeros. No le gusta aprender con teoría; la gramática, la aprende siempre con ejemplos.

2. Mi estilo de aprendizaje

- · (A mí) me gusta aprender + …
- · Aprender a + Infinitiv/ Gerundium
- · Aprender + Gerundium
- · Aprender + (Präposition) Substantiv
- · Aprender + si/ cuando + Indikativ Präsens
- · (Para mí) es mejor / (más) fácil / (más) interesante + Infinitiv
- · Me parece fácil / difícil + Infinitiv

A. **Wie würdest du deinen Lernstil beschreiben? Kreuze alle auf dich zutreffenden Aussagen an und entscheide, welches Profil deinem Lernstil am ehesten entspricht.**

PERFIL 1: el conversador

- ☐ Aprendo mucho escuchando a personas nativas.
- ☐ Aprendo a hablar viajando.
- ☐ Me gusta aprender con un compañero de intercambio.
- ☐ Aprendo si practico mucho, pero no solo en clase.
- ☐ Aprendo cuando escucho el idioma.
- ☐ Me gusta grabarme para escuchar mis errores y corregirlos.

PERFIL 2: el lector

- ☐ Para mí son importantes las explicaciones del profesor.
- ☐ Aprendo escribiendo mucho.
- ☐ Me parece interesante aprender con el periódico.
- ☐ Me gusta aprender leyendo novelas.
- ☐ Aprendo una regla gramatical cuando veo un ejemplo.
- ☐ Para mí es mejor trabajar en internet.

PERFIL 3: el gramático

- ☐ Me gusta aprender las reglas gramaticales.
- ☐ Es más interesante aprender con un libro de texto.
- ☐ Aprendo más solo que en grupo.
- ☐ Aprendo más si descubro mis errores y me corrijo.
- ☐ Aprendo más si tengo una gramática en mi lengua nativa.
- ☐ Aprendo menos con un diccionario monolingüe que con uno bilingüe.

PERFIL 4: el lúdico

- ☐ Me gusta aprender haciendo pasatiempos: crucigramas, sopas de letras…
- ☐ Me parece fácil aprender viendo películas.
- ☐ Lo más divertido es aprender con juegos y concursos.
- ☐ Me gusta buscar ejercicios divertidos en internet.
- ☐ Aprendo mucho escuchando la radio.
- ☐ Me gusta hacer teatro o grabarme en vídeo para aprender.

- · pero
- · no…, sino
- · también
- · además
- · porque
- · por eso

B. **Vergleiche dein Profil mit dem der restlichen Gruppe. Habt ihr denselben Lernstil? Begründet es.**

- ■ Yo tengo el perfil de "el gramático", porque es donde tengo más marcas.
- □ Pues yo no lo sé: me gustan los juegos, pero también aprendo leyendo…

3. Mis objetivos de aprendizaje

A. **Welche Lernziele und Erwartungen hast du als Spanischstudent/in? Beantworte die Fragen, um das herauszufinden. Die Information auf den Karten kann dir dabei helfen.**

Finalidad
- Estudiar
- Viajar
- Trabajar
- Hablar con amigos
- Hacer un trabajo voluntario o unas prácticas
- ...

Niveles del Marco Común Europeo de Referencia para las Lenguas

A1
A2
B1
B2
C1
C2

Motivación
- Es una lengua importante para el trabajo.
- Tengo amigas que hablan español.
- Me gusta cómo suena.
- Me interesa la cultura.
- Es un valor añadido a mi currículum.
- ...

Tiempo de estudio
- En un año
- En... cursos
- En... semestres
- ...

Método
- Estudiar solo
- Hacer un curso
- Hacer un intercambio lingüístico
- Viajar a un país hispanohablante
- ...

Damit du deine Motivation während des Lernprozesses behältst, ist es wichtig, dass du dir deiner Ziele und Erwartungen bezüglich des Spanischen bewusst bist.

- ¿Por qué (razón) aprendo español?
- ¿Con qué objetivo aprendo español?
- ¿Qué nivel quiero lograr?
- ¿En cuánto tiempo quiero lograr mis objetivos?
- ¿Qué es más importante?
- ¿Cómo lo quiero hacer?

B. **Schreibe einen kurzen Text über deine Ziele und Erwartungen in Bezug auf das Spanischlernen. Deine Antworten unter Aufgabe A können dir dabei helfen. Lege den Text dann in deinem Dossier ab.**

Quiero aprender español porque me gusta la cultura española y tengo amigos que hablan español. Me gustaría lograr un nivel B1 porque...

C. **Zu zweit. Vergleicht eure Texte. Gibt es Übereinstimmungen?**

Das Sprachenportfolio ist ein Dokument des Europarates, das deine Fremdsprachenkenntnisse und Lernfortschritte nach europäischem Standard evaluiert und zertifiziert. Wenn du deine wichtigsten Arbeiten in einem Dossier oder einer Mappe aufbewahrst, kannst du später sehen, was du in diesem Kurs gelernt hast.

¡Equivocarse es de sabios!

- Ich vergewissere mich, dass ich alle regelmäßigen und unregelmäßigen Verben richtig konjugiere.
- Ich vergewissere mich, dass Verb und Subjekt in Sätzen, die mit **Me gusta / encanta**… beginnen, übereinstimmen.
- Ich überprüfe, ob Adjektive und Substantive in Genus und Numerus übereinstimmen.

Elijo mi curso de español teniendo en cuenta criterios importantes.
Me gustan las clases con diferentes actividades.

Ich lege mir eine Kartei über meine häufigsten Fehler an, die ich bei der Korrektur meiner Arbeit durchgehe. So kann ich die Fehler systematisch bearbeiten.

4. Elegir un curso

A. Welche Kriterien sind bei der Auswahl eines Sprachkurses entscheidend? Kreuze die an, die für dich ausschlaggebend sind.

Para mí lo más importante es…

☐ el precio ☐ el programa cultural que acompaña las clases ☐ el número de estudiantes por clase ☐ el número de clases por semana ☐ la posibilidad de combinar clases presenciales y clases virtuales ☐ el material didáctico ☐ la sala de informática ☐ las actividades de ocio organizadas por la escuela ☐ el lugar donde está la escuela

B. Wählt in Gruppen die fünf wichtigsten Kriterien aus.

21-25

C. Fünf junge Leute sprechen über ihre Kriterien. Höre zu und mach dir Notizen. Wer kommt deiner Meinung am nächsten? Sprich mit einem Kursmitglied darüber.

1. Graciela

2. Marcelo

3. Reinaldo

4. Sandra

5. Gustavo

- Yo estoy de acuerdo con Graciela, porque…

D. Jetzt liest jede Gruppe die folgenden Anzeigen und wählt unter Berücksichtigung der fünf Kriterien aus der vorigen Übung eine Sprachenschulen aus. Anschließend stellen die einzelnen Gruppen die vor, die sie gewählt haben, und begründen die Wahl.

- ¿Qué te parece esta escuela?
- No está mal, pero…
- Creo que está bien / no está bien, porque…

- ¿Qué escuela/curso… te gusta más?
- ¿Cuál es el más caro/ interesante?
- Este curso es más largo/completo… que el otro.
- Esta escuela es mejor (que la otra), porque…
- Este curso es tan interesante como el otro.
- Prefiero la más barata.

CURSOS DE LENGUA Y CULTURA EN
BUENOS AIRES

PROGRAMA SEMANAL:

- **10 horas de castellano** (60 minutos cada una)
- **Aula de informática y clases virtuales**
- **Además: 3 clases de tango** (90 minutos cada una)
- **Cena típica los viernes**
- **2500 ARS / 520 EUR / 640 USD**

ACADEMIA DEL BUEN AIRE
Corrientes 348

ESCUELA DE ESPAÑOL
Quetzal Antigua

Clases de lengua y literatura
Grupos pequeños (máx. 8 personas)
Materiales gratuitos
Exámenes para todos los niveles
Curso intensivo 1 mes: 120 horas
Excursiones (no incluido)
Alojamiento en familias (no incluido)
3230 S/. / 950 EUR
Cuzco

20%
DESCUENTO DE OCTUBRE A FEBRERO

5. Mis "favoritos" para aprender español

A. Sieh dir diese Lernwege an und sprich mit einem Kursmitglied darüber. Welche Möglichkeiten nutzt ihr? Könnt ihr weitere hinzufügen?

- Trabajar con otras personas en línea
- Ver películas y vídeos
- Practicar fonética
- Escuchar podcasts o la radio
- Usar diccionarios virtuales
- Hacer un intercambio lingüístico
- Leer blogs, noticias, revistas, el periódico...

B. Erstelle eine Liste mit den Internetseiten, die du zum Lernen am häufigsten nutzt. Wählt als Gruppe die zehn nützlichsten Seiten aus und erstellt eure "Favoritenliste".

Diccionario español inglés | Ejercicios de español | El País.com | Real Academia Española

6. La semana de Inés

A. Sieh dir den Terminkalender von Inés an und berichte, wie eine Woche in ihrem Leben aussieht.

Nacionalidad: española • Edad: 20 años • Trabajo: *au pair* en Inglaterra. Cuida dos niños de 3 y 4 años. • Tiempo libre: practica inglés con un compañero de intercambio (Richard), sale con sus amigos... • Aficiones: leer, ir al cine y a conciertos, correr...

	DE LUNES A VIERNES
8.00 - 10.00	Llevar a los niños a la guardería. Limpiar la casa.
11.00 - 15.00	Libre.
15.00 - 18.00	Recoger a los niños y estar con ellos (llevarlos al parque, a casa de sus amigos...).
18.00 - 19.00	Preparar y dar la cena a los niños.
19.00 - en adelante	Libre.
	SÁBADO
8.00 - 10.00	Ir a correr. / Salir con la familia (una vez al mes).
10.00 - 15.00	Libre. / Salir con toda la familia (una vez al mes).
15.00 - en adelante	Libre.
	DOMINGO
8.00 - 15.00	Libre.
15.00 - 18.00	Intercambio con Richard.
18.00 - 20.00	Estar con los niños. Jugar o leerles un libro.

- siempre
- normalmente
- a menudo
- a veces
- casi nunca
- nunca

- A las ocho...
- De once a tres...
- Después de las seis...
- A partir de...

- Los domingos...
- Todos los días...
- Entre semana...
- Por la mañana...
- Por la tarde...
- Por la noche...

B. Und wie sieht dein Terminkalender aus? Mach dir Notizen und erzähle den anderen Kursmitgliedern, was du normalerweise in einer Woche machst. Macht jemand etwas Originelles oder besonders Interessantes?

7. Un curso para Valentina

26–28

A. **Valentina möchte einen Spanischkurs machen und ruft bei mehreren Sprachenschulen an, doch sie erreicht immer nur den automatischen Anrufbeantworter. Höre die Ansagen ab und notiere die Bürozeiten der Schulen.**

Manchmal benötigst du nur eine ganz bestimmte Information. Konzentriere dich nur auf die Angaben, die du gerade suchst.

ESTUDIO ESPAÑOL
TELÉFONO: 93 789 45 98

Horarios: ____________

Escuela Hispania
T. 93 653 51 05

Horarios: ____________

CENTRO ESPAÑOL
Teléfono: 91 149 35 23

Horarios: ____________

29–31

B. **Höre die Dialoge ab und trage die Sprachenschule ein, die die Information gibt.**

· tener que / hay que + Infinitiv
· ir a + Infinitiv

a. Estudio Español **b. Centro Español** **c. Escuela Hispania**

- ☐ **1.** Para conseguir el certificado, los alumnos tienen que hacer un examen.
- ☐ **2.** Hay que reservar con cuatro meses de antelación.
- ☐ **3.** Ofrece una entrevista personal para informar sobre los cursos.
- ☐ **4.** Tiene 6 niveles diferentes.
- ☐ **5.** No da la información sobre precios por teléfono.
- ☐ **6.** Van a abrir una nueva escuela en Bogotá.
- ☐ **7.** Tiene profesores simpáticos y actividades culturales interesantes.

32

C. **Valentina geht in die Sprachenschule und spricht mit ihrer Dozentin Esther Moreno. Fülle die Karteikarte mit den Angaben aus, die Valentina macht.**

Wenn du weißt, worüber gesprochen wird, wirst du alles viel besser verstehen. Lies vor dem Hören die Karteikarte und überlege, welche Angaben gemacht werden sollen. So aktivierst du das Vokabular, das du schon kennst.

ESCUELA **HISPANIA**

FICHA ESTUDIANTE

Nombre: Valentina Conku

Conocimientos de otros idiomas: ____________

Cómo suele practicar idiomas: ____________

____

Objetivos de aprendizaje: ____________

____

Nivel (ver resultados del examen): A2

8. Cada estudiante es un mundo

A. Drei Dozentinnen berichten von ihren Spanischlernenden. Lies über ihre Erfahrungen und frage deine Dozentin / deinen Dozenten, welche Erfahrungen er / sie mit Studierenden aus anderen Ländern hat. Zu welchem Typ Student/in gehörst du? Äußere dich in der Gruppe dazu.

Graciela Ceruti,
Laboratorio de Idiomas de la Universidad de Buenos Aires

Muchos estudiantes del norte de Europa vienen a Buenos Aires a hacer unas prácticas o a estudiar. Pero no solo quieren aprender castellano, sino también hacer turismo y trabajos voluntarios. Les encanta conocer gente y la vida nocturna. Les sorprende la capacidad argentina para improvisar y tomar decisiones rápidamente. ¿En clase? Les gustan las instrucciones claras y precisas y les parecen más fáciles la gramática y los ejercicios estructurados que las actividades de relajarse y hablar. ¿Una anécdota en particular? Cuando salgo con algunos de ellos, les encanta cruzar por el medio de la calle. ¡Les divierte hacer algo prohibido!

Wenn ich einen langen Text lese, markiere ich die Wörter und Ausdrücke, die ich nicht kenne und schlage im Wörterbuch diejenigen nach, die ich brauche, um den Sinn zu verstehen.

Nicoletta Rossi,
Universidad de Siena (Italia)

Los italianos adoran el español, quizá porque cuando escuchan o leen en español entienden muchas cosas, ¡pero aprender bien la lengua es más difícil! Casi todas las universidades italianas ofrecen cursos de español como lengua extranjera, y lo mismo hacen las escuelas de secundaria. A los italianos les gustan las clases donde tienen que hacer algo: escribir un diario, hacer una exposición o presentación oral... Y no les gustan demasiado las clases de gramática. Muchos vienen a clase con el diccionario bilingüe y buscan las palabras que no saben. En mi facultad muchos estudiantes quieren estudiar un año en España o en América Latina, además, algunos tienen familia en Argentina, en México, en Venezuela... por eso les interesa aprender español.

Silvia Reynoso,
Universidad Nacional de Rosario (Argentina)

Los japoneses son los estudiantes ideales. Casi nunca faltan a clases, son puntuales y trabajan mucho. También son buenos en las estrategias de aprendizaje: marcan sus errores en colores para tener claros los temas difíciles, aceptan bien la práctica de la gramática y también las actividades más comunicativas. Les encanta escribir sus experiencias en castellano; por ejemplo, escribir diarios de viajes. ¡Mis estudiantes japoneses viajan mucho!

B. In diesen Texten findest du viele Verben, die wie gustar funktionieren. Markiere sie und markiere auch die Wörter, die mit ihnen übereinstimmen (Singular oder Plural).

9. Como aprender a conducir

Lies den Artikel über die Faktoren, die das Erlernen einer Fremdsprache beeinflussen. Unterstreiche, was auf dich zutrifft, und sprich mit einem Kursmitglied darüber.

Aprender sin miedo

Aprender una lengua extranjera es como aprender a bailar, a conducir o a nadar: no es suficiente la teoría, hay que practicar. Cuando bailamos, sentimos la música y disfrutamos del movimiento y con el tiempo, "nuestro cuerpo aprende" y nuestro cerebro olvida las reglas, las automatiza. En este aprendizaje es fundamental tener una actitud positiva hacia la lengua y la cultura que estudiamos. ¡Es más fácil aprender a bailar salsa si te gusta la salsa! Si te interesan la cultura y la lengua que aprendes, si tienes un interés real y una razón para practicarla, seguramente la vas a aprender más rápidamente. Otros factores que afectan al aprendizaje de una lengua extranjera son las experiencias pasadas (positivas o negativas), la lengua materna del hablante o la edad. Por último, las personas que experimentan y prueban sin miedo, aprenden mejor.

10. Lenguas distintas, culturas distintas

A. Lies die Überschrift für den Artikel auf der nächsten Seite und betrachte dort die Fotos. Beantworte die untenstehenden Fragen mithilfe deiner Hypothesen.

Titel und Untertitel geben uns Hinweise auf das Thema eines Textes und erlauben uns, Hypothesen über dessen Inhalt zu formulieren. Diese erleichtern uns wiederum das Textverständnis.

Cada vez más jóvenes chinos estudian español en Argentina

Les resulta difícil, pero lo valoran como un elemento de cultura general.

- Para los jóvenes chinos, ¿qué es lo más interesante del español y de Argentina?
- ¿Por qué les resulta difícil a los estudiantes chinos aprender español?
- Para ti, aprender español ¿es más fácil o más difícil que para ellos?

B. Lies nun den Artikel und überprüfe, ob deine Hypothesen aus Übung A mit seinem Inhalt übereinstimmen.

Para casi 9 de cada 10 estudiantes chinos de español en la Universidad de Buenos Aires (UBA), aprender nuestra lengua es bastante difícil: en castellano se utiliza otro tipo de escritura y la gramática es totalmente diferente. Sin embargo, a la mayoría les parece que aprender español tiene un valor cultural y práctico, ya que quieren trabajar o estudiar en el país. A las preguntas del Centro Universitario de Idiomas (CUI) de la Facultad de Agronomía de la UBA, el 68% de

los 120 estudiantes chinos de español contesta que aprender español es "muy difícil". El 21% lo cree "difícil". Según la misma encuesta, el español se ve como un elemento de cultura general (42%), como conocimientos necesarios para trabajar (37%) y como un valor añadido (21%). El 68 % de ellos cree que el país puede ser interesante para otros estudiantes chinos, pero el 95% piensa que "las culturas son muy diferentes". Les gusta la comida argentina, sólo el 5% dice que no puede adaptarse a nuestra

forma de comer. El tango, el fútbol y la música son para ellos los aspectos más atractivos de nuestra cultura. "Los estudiantes chinos tienen dificultades concretas con el aprendizaje de español: una es el vocabulario, otra la gramática y una tercera son los métodos de enseñanza", explica un profesor de español. "Nuestra enseñanza de la lengua tiene una orientación comunicativa. Esto choca a veces a los estudiantes chinos, que prefieren el trabajo sistemático de la repetición. La enseñanza más libre les parece un poco caótica". Por eso, trabajan más la lectura y escritura de textos en casa.*

Wir ziehen unsere Muttersprache oder eine Fremdsprache heran, um die Bedeutung unbekannter Wörter zu erschließen: **adaptarse**: *to adapt* (Englisch); **atractivo**: *attraente* (Italienisch).

11. Sufijos

Diese Wörter findest du im Zeitungsartikel auf Seite 53. Gehe mit jedem Wort folgendermaßen vor:

- Erkennst du den Wortstamm? Markiere ihn.
- Markiere die Suffixe.
- Notiere die Wortart.
- Notiere für jedes Wort ein weiteres aus derselben Wortfamilie.

Wir verstehen die Bedeutung eines Wortes auch aufgrund der Wortbestandteile: Stamm, Präfixe, Suffixe ...

Um einen Wortstamm zu erkennen, ist es nützlich, an andere schon bekannte Wörter aus derselben Wortfamilie zu denken.

12. Aprender palabras

A. Schreibe in einer Minute 15 Wörter der Lektion aus dem Gedächtnis auf und tausche sie mit einem Kursmitglied. Gibt es Übereinstimmungen? Warum?

B. Du hast eine Minute Zeit, um die Wörter des / der anderen im Gedächtnis zu speichern. Wenn die Zeit vorbei ist, dann trage sie mit Übersetzung unten ein.

Lista de palabras que recuerdo:

....

....

....

....

Welche Wörter konntest du am besten behalten? Lernst du eher Wörter, die du liest oder die du hörst? Das sagt viel über deinen bevorzugten Lernstil aus. Ist er dir schon bekannt?

C. In der Gruppe: Welche Wörter konntet ihr behalten? Welche Strategien haben euch dabei geholfen? Glaubt ihr, dass sie auch den anderen nützen können? Erstellt eine Liste mit guten Strategien für das Vokabellernen, um sie im Kurs anzuwenden.

13. ¿Cómo es tu horario?

A. Das sind drei Terminkalender mit den Terminen für morgen. Welcher ähnelt deinem am meisten? Sprich mit einem Kursmitglied darüber.

Isabel Mendoza, gerente de una cadena de restaurantes

7:00 - 8:00	Footing.
8:15 - 9:00	Llevar a Nicolás y a Laura al colegio.
9:00 - 9:30	Preguntar a la canguro si puede venir esta noche.
9:30 - 11:00	Reunión con Pilar Aldezarza. Tema: franquicias.
12:00 - 14:00	Reunión con Santiago Prieto. Tema: web.
14:30 - 16:00	Comida con Ricardo. Tema: vacaciones con los chicos.
16:00 - 19:00	Visita feria del vino. Reunión con VinoSA, La buena uva, Caldodecultivo.
19:00 - 21:00	Clase de inglés.
21:00 - 23:30	Cena en casa de Juanjo y Carmen. ¡¡Comprar vino y postre!!

Raúl Montes, músico y profesor de música

07:00	Sesión de yoga.
09:00	Tocar el saxo y preparar los conciertos del fin de semana.
14:30	Comida con el grupo. Organizar la gira.
17:00	Ensayo.
21:00	Clase de saxo con Miguel.
23:00	Jam Session en el Café Berlín.

Laura Marqués, ama de casa

7:30	DESPERTAR A LOS NIÑOS.
8:30	LLEVAR A LOS NIÑOS AL COLEGIO.
9:00	CITA CON LA PROFESORA DE MARTA.
10:00	IR AL BANCO Y HACER LA COMPRA. ¡NEVERA VACÍA!
12:00	VIENEN A REPARAR LA CONEXIÓN A INTERNET.
14:00	GIMNASIO.
16:00	¡LIBRE!
17:00	RECOGER A LOS NIÑOS.
18:00	CLASES DE NATACIÓN (MARTA) Y ENTRENAMIENTO BALONCESTO (MIGUEL).
21:00	VIENE A CENAR CARLOS.

B. Vergleiche die Terminkalender miteinander. Dazu kannst du diese Adjektive benutzen.

estresante | interesante | aburrido | divertido | relajado

- Pues creo que el horario de Laura es más relajado que el de...

C. Wie sähe der ideale Tag für dich aus? Mach dir Notizen und erzähle es einem Kursmitglied.

1. Das Gerundium (I)

trabajar	hacer	escribir
trabaj**ando**	hac**iendo**	escrib**iendo**

Verben, die auf **-ar** enden, bilden das Gerundium auf **-ando**, Verben die auf **-er** oder **-ir** enden, bilden das Gerundium auf **-iendo**.

dormir	decir	pedir
d**u**rmiendo	d**i**ciendo	p**i**diendo

elegir	repetir	leer
el**i**giendo	rep**i**tiendo	le**y**endo

ir
yendo

Ein unregelmäßiges Gerundium bilden die Verben auf **-ir**, deren letzter Stammvokal **e** oder **o** ist. (**dormir** → **durmiendo**, **decir** → **diciendo**, etc.).

Endet der Stamm der Verben auf **-er** oder **-ir** auf Vokal, so endet das Gerundium auf **-yendo** (**leer** → **leyendo**).

Das Gerundium von **ir** ist **yendo**.

2. Der Gebrauch des Gerundium

Mit dem Gerundium können wir die Art ausdrücken, in der wir etwas machen.

- *¿Cuál es tu estilo de aprendizaje?*
- *Me gusta aprender leyendo.*
- *Yo aprendo mucho escuchando la radio.*

3. Der Vergleich von Eigenschaften und Mengen

Esto Estas personas Estas cosas	es son son	**más** **mucho más** **mucho menos** **un poco más** **bastante menos**	interesante interesantes	**que…**
Una persona	sale lee va al cine estudia	**más que** **menos que**	otra persona	
Un curso ideal	no tiene	**más de**	quince estudiantes.	

Verb + más/menos (+ Adjektiv) **+ que** + Substantiv: um Eigenschaften zu vergleichen

más/menos de: um Mengen und Zahlen zu vergleichen

4. Der Superlativ

Este libro	es	**el mejor/el peor.**
Esta persona	es	**la mejor/la peor.**
Estos libros	son	**los mejores/los peores.**
Estas personas	son	**las mejores/las peores.**

Este libro	es	**el más**	barato.
Esta persona	es	**la más**	interesante.
Estos libros	son	**los más**	caros.
Estas personas	son	**las más**	jóvenes.

Lo más fácil	es	trabajar en grupos.
Lo más difícil	es	encontrar un tándem.

Den absoluten Superlativ bildet man, indem man **-ísimo**/**-a**/**-os**/**-as** an das Adjektiv anhängt.

- *El examen de Física es fácil. > El examen de Física es facilísimo.*

Endet das Adjektiv auf Vokal, geht dieser verloren.

- *Este libro es bueno. > Este libro es buenísimo.*

5. Häufigkeits- und Zeitangaben

siempre casi siempre normalmente con frecuencia a veces casi nunca nunca	todos los días todas las noches todas las tardes todos los semestres todos los años
por la mañana/a la mañana por la tarde/a la tarde por la noche/a la noche	en enero en marzo en diciembre

Nunca steht vor dem Verb, aber bei der doppelten Verneinung steht **no** vor und **nunca** hinter dem Verb.

- *Nunca voy a discotecas.*
- *No voy nunca a discotecas.*
- ~~*Nunca no voy a discotecas.*~~

Diese Wörter und Wendungen beziehen sich auf wiederkehrende Tätigkeiten. Sie kennzeichnen die Häufigkeit mit der man etwas macht.

- *¿Cuándo tienes clases?*
- *Todos los días, por la tarde/por la mañana/de diez a doce.*

- *¿Cuándo son los exámenes?*
- *Son en febrero y en junio.*

Die folgenden Ausdrücke benutzt man, um die Uhrzeit zu erfragen und anzugeben.

- *¿Qué hora es?*
- *Es la una.*
  Son las dos. /Son las dos y cinco/diez/cuarto/veinte/veinticinco/media.
  Son las tres menos veinticinco/veinte/cuarto/diez /cinco. Son las tres de la tarde.
  Son las diez de la mañana/de la noche.

- *¿Cuándo empieza la clase de literatura?*
- *A las dos de la tarde.*

6. Qué, cuál/cuáles

Für allgemeine Fragen benutzen wir **qué**.

- *¿Qué haces los martes?*
- *¿Qué estudias?*

Fragen wir nach Sachen oder Personen aus einer Gruppe, benutzen wir **qué**, wenn das Substantiv genannt wird und **cuál/cuáles**, wenn es nicht genannt wird.

- *¿Qué ciudad española te gusta?*

- *Me gusta mucho la ciudad.*
- *¿Cuál? ¿Madrid o Sevilla?*

- *Aquí tienes la lista de los diccionarios. ¿Cuáles conoces ya?*

7. Der Gebrauch der Präposition de

Gebrauch	Beispiel
Herkunft, Ursprung	*Marta es de Lima.*
Orientierungspunkt zur Lokalisierung	*La cafetería está al lado de la biblioteca.*
Art des Gegenstandes	*El libro de gramática es muy bueno.*
Partitiv (mit nicht zählbaren Substantiven)	*¿Quieres un poco de leche?*
de + día/noche	*Me encanta pasear de noche.*
Besitz	*¿De quién es el diccionario?* *Es de Paco.*

Steht nach der Präposition **de** der Artikel **el**, verschmelzen sie zu **del**.

de + el = del / ~~de el~~
- *La universidad está lejos del centro.*

Dies ist nicht der Fall, wenn **el** Bestandteil eines Eigennamens ist.

- *Alberto llega mañana de El Cairo. / ~~del Cairo~~*
- *Tenéis que leer este artículo de El País. / ~~del País~~*

4

Mi primer día

In dieser Lektion lerne ich ...

Hör- und Leseverstehen

- eine Wegbeschreibung zu verstehen.
- einen Artikel über positive und negative Aspekte eines Ortes zu verstehen.
- Tagebucheinträge zu verstehen.
- Ratschläge zur Arbeit im Ausland zu verstehen.

Produktion (mündlich und schriftlich) und mündliche Interaktion

- einen Weg zu beschreiben.
- sich an jemanden zu wenden.
- über Pläne und die Vorbereitung zu sprechen: was muss man vorbereiten, was benötigt man, etc.
- einen Vorschlag zu machen und diesen anzunehmen oder abzulehnen.
- Bewunderung auszudrücken.
- einen Lebenslauf zu schreiben.

Außerdem kann ich lernen ...

Wortschatz und Grammatik

- Verben der Bewegung mit Präposition: **ir a**, **venir de**, **ir en**, **cambiar en**...
- die Gegenüberstellung von **muy** und **mucho/s**.
- das Akkusativ- und Dativobjekt, die Pronomen und ihre Kombinationen.
- den Vergleich von Gleichem.
- die Konnektoren: **por eso**, **sin embargo**, etc.
- die Verbalperiphrase **acabar de** + Infinitiv.

1. La maleta de Teresa

A. Sieh dir diesen Koffer an. Wohin reist Teresa? Was wird sie dort wohl machen? Tausche dich mit einem Kursmitglied aus.

- Yo creo que va a Argentina de vacaciones.
- ¿Sí? A mí me parece que …

B. Weißt du, wie die Gegenstände im Koffer auf Spanisch heißen? Schreibe alle dir bekannten Wörter in dein Heft und vergleiche deine Liste mit denen von zwei anderen Kursmitgliedern. Wenn euch ein Wort fehlt, dann vervollständigt die Liste mithilfe der Gruppe.

- pasaporte
- …

2. El diario de Ana

A. **Du liest nun einen Ausschnitt aus Anas Tagebuch. Sie ist Spanierin und lebt in Buenos Aires. Wieso ist das ein besonderer Tag? Wärest du gerne eine/r dieser Studierenden? Weshalb? Tausche dich mit einem Kursmitglied aus.**

Bewunderung ausdrücken:
- ¡Qué interesante!
- ¡Es increíble!

10 de abril

9h
Hoy, desayuno común. Por fin está el piso completo. Voy a compartirlo durante nueve meses con Hannele, de Helsinki, Daniela, de Verona, Markus, de Hamburgo y Lars, de Estocolmo. Hoy es el primer día de clase en casi todas las universidades. Daniela estudia Enología. ¡Qué interesante! Seguro que aprendo mucho de vinos. Tiene clases en la Facultad de Agronomía. Lars estudia en la Facultad de Filosofía y Letras, en Caballito. Markus hace unas prácticas en una empresa alemana en Belgrano, y Hannele quiere hacer un curso de español, porque todavía no lo habla bien. Creo que lo tiene en el Laboratorio de Idiomas de la UBA.
Yo me alegro de no estudiar: la mejor escuela es el teatro. Y en ninguna ciudad del mundo hay tantos teatros como aquí. ¡Estoy en la mejor escuela del mundo!

12h
La casa está ahora medio vacía. Daniela no está; sus clases son por la mañana, pero Lars y Hannele no saben el horario todavía. Quieren ir esta tarde a informarse. Markus hoy no trabaja, pero está de mal humor: se acaba de ir al Departamento de Policía a renovar su permiso de residencia, y eso es a veces complicado y aburrido.
Hoy es también su primer contacto con los transportes públicos porteños. El metro (el "subte", como lo llaman aquí) lo cogen en la Plaza de Mayo. Lars toma allí la línea A hasta la calle Puán. Le gusta caminar, dice. Daniela no puede ir a pie, porque Agronomía está muy lejos, así que coge un "colectivo", un autobús hasta Retiro, y desde allí el tren. Hannele tiene suerte porque puede ir a pie al Laboratorio de Idiomas, igual que Markus.

19h
Bueno, vienen todos muy cansados de la universidad, pero parece que están contentos. Lars dice que la Facultad de Filosofía es un poco caótica, porque no hay oficina de información, pero que la gente es muy amable y contesta a todas sus preguntas. Ya sabe dónde está el tablón de anuncios, dónde se venden los apuntes (¡fundamental!) y que hasta la semana que viene no empiezan las clases, porque esta semana hay asamblea. Es muy gracioso, le sorprende tanta información política por todas partes. Está un poco desorientado, creo. Pero es muy curioso y tiene ganas de aprender.

- ir en metro/autobús/coche/tren
- ir a la universidad
- ir caminando o a pie
- cambiar en la estación...
- coger la línea...
- venir de...

B. **Kannst du die Tabelle mit der Information über Anas Mitbewohner vervollständigen?**

	universidad / lugar de trabajo	cómo llegar	impresiones del primer día
Hannele			
Lars			
Markus			
Daniela			

Estudio...
Derecho.
Económicas.
Arquitectura.
Diseño.
Biología.
Sociología.
Filología.

C. **Zu dritt. Erfindet einen sechsten Mitbewohner. Überlegt, weshalb er in Buenos Aires ist, wo er studiert oder arbeitet und wie seine ersten Eindrücke sind. Stellt ihn der Gruppe vor.**

3. La Boca

33 **A. Du hörst jetzt was Ana über La Boca erzählt, den Vorzeigestadtteil von Buenos Aires. Was gibt es dort? Kreuze das an, was du hörst.**

- ☐ *muchas casas pintadas de colores*
- ☐ *edificios modernos*
- ☐ *artistas callejeros*
- ☐ *un lago natural*
- ☐ *un estadio de fútbol muy famoso*
- ☐ *muchos turistas*
- ☐ *una calle muy famosa que aparece en un tango*
- ☐ *una universidad muy importante*

B. Gibt es in deiner Stadt einen Stadtteil, der von Touristen besonders gern besucht wird? Weshalb? Was gibt es dort?

4. ¿Qué tal si cenamos esta noche?

A. Es ist die erste Woche in Buenos Aires und die Wohngemeinschaft macht Pläne für das Wochenende. Lies die Botschaften und fülle die Tabelle aus.

No sé si voy a poder salir esta noche. Tengo que esperar una llamada de Finlandia. - Hannele -

Genial, me apetece mucho ver el ensayo. Chicos, allí nos vemos. Chau. ... Daniela :)

Chicos, yo no puedo ir al concierto porque tengo un ensayo en mi teatro esta noche a las 20:30h. Por cierto, podéis venir si os apetece. ¿Quedamos a las 20:15h delante del teatro? Ana

Hola, vuelvo tarde y no vengo a cenar. ¿Alguien viene al concierto de Los Malos? Podéis llamarme al móvil. ¡Abrazos! :) Markus

va al concierto	va al ensayo de teatro	se queda en casa

B. Unterstreiche jetzt die Ausdrücke, mit denen die jungen Leute einen Vorschlag machen, oder einen Vorschlag annehmen bzw. ablehnen.

C. Überlege dir, was du dieses Wochenende gerne unternehmen würdest, und frage andere Kursteilnehmer, ob sie Lust haben mitzumachen. Sie antworten wahrheitsgemäß. Besprecht anschließend die Pläne, die in der Gruppe vorgeschlagen worden sind.

- Elisabeth, Natalie y yo vamos a ir a ver la última película de Woody Allen el sábado a las 8 de la tarde…

Einen Vorschlag machen:
- ¿Te apetece venir al cine?
- ¿Qué tal si cenamos fuera esta noche?

Einen Vorschlag annehmen:
- Fenomenal. ¿A qué hora quedamos y dónde?
- Genial, me apetece mucho.
- Vale, hasta luego.
- De acuerdo. Nos vemos en…

Einen Vorschlag ablehnen:
- Tengo que…
- No puedo… porque…
- No puedo… es que…
- No sé si…
- Voy a…

5. Perdón, ¿dónde está la Facultad de Ingeniería?

34 - 36 **A. Höre die Dialoge und markiere im Stadtplan, wo sich folgende Gebäude befinden.**

1. la Facultad de Ingeniería
2. la Iglesia Dinamarquesa
3. el Museo de Arte Moderno

34 - 36 **B. Höre den Dialog noch einmal. Markiere die Ausdrücke, die du heraushörst.**

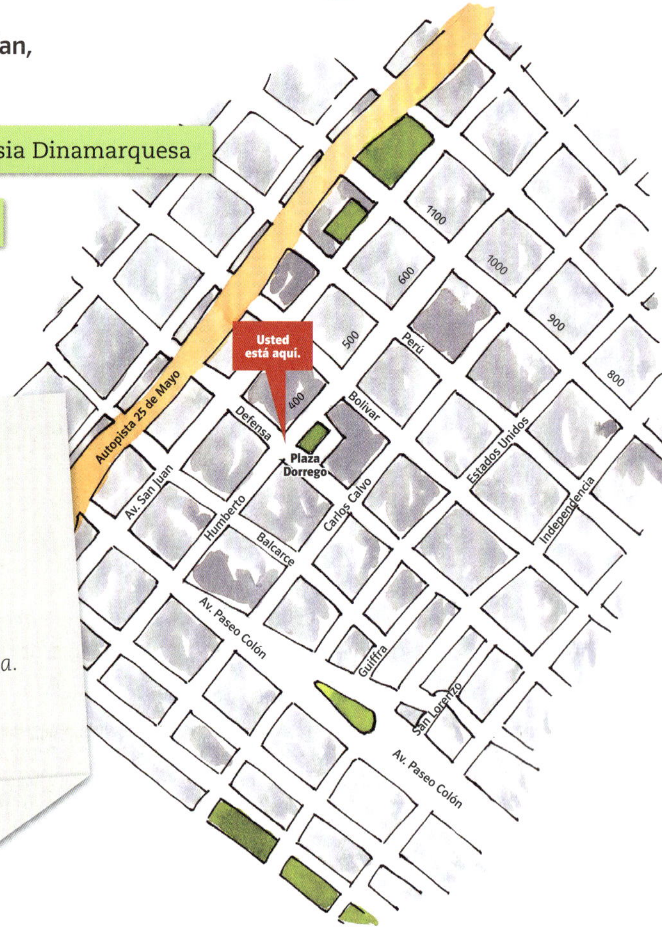

Nach dem Weg fragen

1. *Por favor, ¿hay un ... por aquí cerca?*
2. *Perdón, ¿cómo llego a...?*
3. *Disculpa, ¿está cerca/lejos...?*
4. *Oye, ¿sabes dónde está...?*
5. *Perdón, ¿la Facultad de Ingeniería, por favor?*

Hinweise geben

6. *Tienes que tomar la primera/segunda calle a la derecha/izquierda.*
7. *Caminando por esta calle vas a ver...*
8. *Sigues todo recto.*
9. *Tienes que ir en esa dirección.*
10. *El museo está allí.*
11. *Tienes que caminar en dirección contraria.*

C. Frage ein Kursmitglied nach folgenden Örtlichkeiten in eurer Stadt. Er / Sie wird dir den Weg erklären. Tauscht dann die Rollen.

- un bar divertido
- un buen cine o teatro
- una tienda curiosa
- una tienda de fotocopias
- un restaurante original
- un barrio de moda

- Puedes ir en metro/en autobús o andando.
- Es mejor tomar el metro/autobús número...
- Tienes que bajarte/hacer trasbordo en...
- Hay que cruzar la avenida...

6. Las necesito para el verano

A. Lies die folgenden Sätze und sieh dir noch einmal Teresas Koffer in Übung 1 an. Weißt du, von welchem Gegenstand jeweils die Rede ist? Schreibe das Wort darunter.

Lo necesito para coger el avión y para viajar. Sin él, no puedo entrar en el país.

____

Los tengo desde hace seis años. Ya están muy viejos, pero son los más cómodos que tengo.

____

Solo la llevo cuando voy a los sitios más turísticos. Me gusta leer acerca de la historia de la ciudad.

____

Las necesito para el verano. El sol es peligroso para las personas que tenemos los ojos claros.

____

me
te
lo/la
nos
os
los/las

B. Wähle andere Gegenstände aus dem Koffer und beschreibe sie, ohne sie zu nennen. Die anderen Kursmitglieder müssen die Gegenstände erraten.

7. Mochila Erasmus

Gruppenarbeit. Sucht zuerst eine Universität in einem spanischsprachigen Land, in der ihr gerne eine Zeit lang studieren würdet und sucht im Internet die nötige Information über sie. Bereitet eine kurze Präsentation über die Universität vor. Gebt außerdem Tipps, was zu machen ist, um dort studieren zu können, was man mitnehmen muss, wo man Information bekommt, etc. Hier findet ihr einige nützliche Ausdrücke und Orientierungshilfen für die Recherche.

Überlege, welche Informationen du für deine Präsentation benötigst und gliedere sie. Du kannst eine Powerpoint-Präsentation machen, Fotos oder Folien nehmen ... alles wird dir dabei helfen, frei zu sprechen. Bereite die Präsentation anschließend vor.

- Si vas a..., necesitas...
  Si vas a un país de Latinoamérica, necesitas un visado.
- Es muy importante + Infinitiv
  Es muy importante tener toda la documentación necesaria.
- Existe(n)...
  Existen oficinas de información al estudiante.
- Puedes...
  Puedes llamar por teléfono para informarte.
- Tienes que...
  Tienes que escoger bien la universidad.

documentos importantes
- documento de identidad o pasaporte
- formularios específicos
- seguro médico
- certificado académico

plan de estudios
- asignaturas
- fechas importantes
- forma de evaluación (exámenes, trabajos...)
- horarios

alojamiento
- residencia de estudiantes
- habitación en un piso compartido
- albergue juvenil

cursos de español
- niveles
- precio
- horario
- otras posibilidades para practicar el español

direcciones de internet útiles

8. ¿Me las das?

A. Thomas packt seinen Rucksack, um ein Jahr lang in Bilbao zu studieren. Seine Mutter stellt ihm unentwegt Fragen. Verbinde jede Frage mit der entsprechenden Antwort.

1. ¿Tienes las llaves?
2. ¿Llevas el pasaporte?
3. ¿Tienes los certificados?
4. ¿Tienes la tarjeta de crédito de tu padre?

a. No, no me gusta pedírsela.
b. No. Se los acabo de pedir a mi tutor. Me los manda esta tarde.
c. Sí, está a tu lado. ¿Me lo das, por favor?
d. Sí, están ahí. ¿Me las das?

B. Worauf bezieht sich das Pronomen se in den obigen Antworten?

C. Zu zweit. Entscheidet, welchem Kursmitglied ihr welchen Gegenstand aus Teresas Koffer schenken würdet und weshalb. Begründet eure Entscheidung anschließend gegenüber der ganzen Gruppe.

- La guía de Argentina se la regalamos a Michael porque quiere viajar a Buenos Aires el próximo verano.

· Se la regalamos.
· Queremos regalársela.

9. El primer día en el Campus

37 **Höre, welche Information die Studierenden am ersten Tag in der Universität bekommen. Findest du die folgenden Einrichtungen auf dem Plan?**

1. las oficinas de información al estudiante
2. la cafetería y el restaurante autoservicio
3. las instalaciones deportivas
4. la biblioteca
5. el servicio de fotocopias

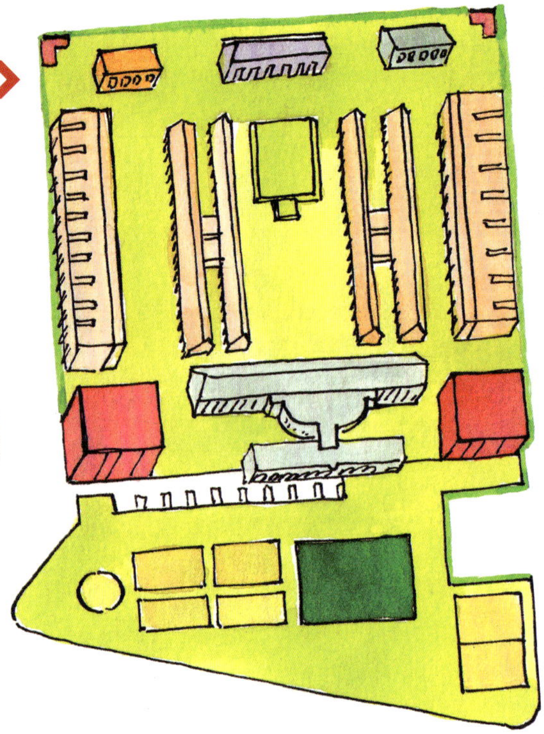

Oft wiederholen wir im Gespräch Informationen. Wenn es darum geht, Angaben zu verstehen, ist das sehr praktisch: Es erleichtert das Verstehen und hilft dir dabei, den gesuchten Ort zu finden.

10. Perdona, ¿sabes dónde está?

38 **Alberto wird einen Deutschkurs an der Universität machen, weiß aber am ersten Tag nicht, wohin er gehen muss. Höre die Unterhaltung und kreuze die Dinge an, die er machen muss. Höre sie ein zweites Mal und trage die Reihenfolge ein, in der er sie machen muss.**

- ☐☐ bajarse en la tercera parada
- ☐☐ entrar en el primer edificio
- ☐☐ ir al tercer piso
- ☐☐ coger el autobús
- ☐☐ tomar la primera calle a la izquierda
- ☐☐ bajarse en la octava parada
- ☐☐ tomar la primera calle a la derecha
- ☐☐ subir al primer piso
- ☐☐ ir andando
- ☐☐ coger el metro
- ☐☐ entrar en el tercer edificio

Anweisungen zu verstehen kann selbst in der Muttersprache schwer sein. Aktiviere deshalb vor dem Hören deine Wortschatzkenntnisse und überlege, welche Ausdrücke benutzt werden können. Konzentriere dich während der Erklärung auf die Schlüsselwörter und auf die Reihenfolge, in der du sie hörst.

11. ¿Cómo vuelves a casa?

39 **Jaime und Montse sprechen davon, wie sie von der Universität Carlos III in Getafe, außerhalb von Madrid, nach Hause kommen. Mache dir Notizen und vergleiche sie anschließend mit denen eines Kursmitglieds.**

12. El calendario laboral

A. Sieh dir diesen Kalender an und vergleiche die Ferien und Feiertage mit denen deines Landes. Welche stimmen überein und welche nicht?

ENERO

Lu	Ma	Mi	Ju	Vi	Sa	Do
1	2	3	4	5	**6**	7
8	9	10	11	12	13	14
15	16	17	18	19	20	21
22	23	24	25	26	27	28
29	30	31				

FEBRERO

Lu	Ma	Mi	Ju	Vi	Sa	Do
			1	2	3	4
5	6	7	8	9	10	11
12	13	14	15	16	17	18
19	20	21	22	23	24	25
26	27	28				

MARZO

Lu	Ma	Mi	Ju	Vi	Sa	Do
			1	2	3	4
5	6	7	8	9	10	11
12	13	14	15	16	17	18
19	20	21	22	23	24	25
26	27	28	29	30	31	

ABRIL

Lu	Ma	Mi	Ju	Vi	Sa	Do
						1
2	3	4	5	6	7	8
9	10	11	12	13	14	15
16	17	18	19	20	21	22
23	24	25	26	27	28	29
30						

MAYO

Lu	Ma	Mi	Ju	Vi	Sa	Do
	1	2	3	4	5	6
7	8	9	10	11	12	13
14	15	16	17	18	19	20
21	22	23	24	25	26	27
29	28	29	30	31		

JUNIO

Lu	Ma	Mi	Ju	Vi	Sa	Do
					1	2
3	4	5	6	7	8	9
10	11	12	13	14	15	16
17	18	19	20	21	22	23
24	25	26	27	28	29	30

JULIO

Lu	Ma	Mi	Ju	Vi	Sa	Do
1	2	3	4	5	6	7
8	9	10	11	12	13	14
15	16	17	18	19	20	21
22	23	24	25	26	27	28
29	30	31				

AGOSTO

Lu	Ma	Mi	Ju	Vi	Sa	Do
			1	2	3	4
5	6	7	8	9	10	11
12	13	14	15	16	17	18
19	20	21	22	23	24	25
26	27	28	29	30	31	

SEPTIEMBRE

Lu	Ma	Mi	Ju	Vi	Sa	Do
						1
2	3	4	5	6	7	8
9	10	11	12	13	14	15
16	17	18	19	20	21	22
23	24	25	26	27	28	29
30						

OCTUBRE

Lu	Ma	Mi	Ju	Vi	Sa	Do
	1	2	3	4	5	6
7	8	9	10	11	**12**	13
14	15	16	17	18	19	20
21	22	23	24	25	26	27
28	29	30	31			

NOVIEMBRE

Lu	Ma	Mi	Ju	Vi	Sa	Do
				1	2	3
4	5	6	7	8	9	10
11	12	13	14	15	16	17
18	19	20	21	22	23	24
25	26	27	28	29	30	

DICIEMBRE

Lu	Ma	Mi	Ju	Vi	Sa	Do
						1
2	3	4	5	**6**	7	**8**
9	10	11	12	13	14	15
16	17	18	19	20	21	22
23	24	**25**	26	27	28	29
30	31					

En España hay días festivos nacionales y otros locales o regionales. Muchos de esos días corresponden a celebraciones religiosas, como el 1 de noviembre, que se celebra el día de Todos los Santos, o el 8 de diciembre, que se celebra el día de la Inmaculada Concepción. Por supuesto, la fiesta religiosa más importante es la Navidad, el día 25 de diciembre (uno de los dos días del año en que no se publica ningún periódico. El otro es el 1 de enero). También el 6 de enero es festivo, es el día de Reyes, el más alegre del año para los niños porque reciben los regalos de Navidad.

Pero no todo son festividades religiosas. También las hay laicas, como el 6 de diciembre, que se celebra la firma de la Constitución democrática de 1978, o el día 1 de mayo, Día del Trabajo.

En cuanto al calendario académico, suele comenzar a mediados de septiembre o principios de octubre y terminar en junio. Los meses de julio y agosto son las vacaciones de verano.

B. Weißt du, weshalb der Tag der Arbeit am 1. Mai und Allerheiligen am 1. November begangen werden? Sprich mit anderen Kursmitgliedern über diese und andere Feiertage und erforscht deren Ursprung (z. B. im Internet), wenn ihr ihn nicht kennt.

13. Barcelona con otros ojos

A. **Hast du schon etwas über Barcelona gehört? Was weißt du von dieser spanischen Stadt? Kennst du jemanden, der dort lebt? Tausche dich mit anderen Kursmitgliedern aus.**

B. **Lies den Text und markiere die positiven und negativen Aspekte der Stadt. Welche Information überrascht dich oder welche findest du besonders interessant?**

Los inmigrantes hablan de su vida en Barcelona

Personas que acaban de llegar o viven allí desde hace poco tiempo escriben sobre la capital catalana.

En un libro publicado recientemente, inmigrantes de todo el mundo hablan sobre sus impresiones y experiencias en Barcelona. Cuentan qué les gusta y qué no y explican las diferencias con su ciudad natal. Hay tres grupos principales de inmigrantes: del norte de América del Sur (Ecuador, Perú, Colombia y Venezuela), del Cono Sur (Argentina, Chile y Uruguay) y del norte de África.

Los nuevos habitantes piensan que la ciudad es multicultural y multiétnica, con gente de diferentes continentes, con lenguas diferentes y con un clima de tolerancia. Es una ciudad con un ambiente agradable. 1. ______ tiene una excelente gastronomía, 2. ______ también una enorme oferta cultural.

Algunos, como Sybille, de Alemania, creen que hay muchos días festivos. "¡El 70% de los días son festivos!", exagera. Los caribeños piensan que el ritmo de la ciudad es muy rápido y que la gente no tiene tiempo. "En Cuba vivimos de forma más tranquila, hay más tiempo para disfrutar", afirma Gladys. Esta es también la opinión de los africanos. 3. ______, Jennifer, estadounidense, piensa lo contrario. Según ella, la gente tiene mucho tiempo, especialmente para comer: "la hora de la comida es muy importante. Si la gente trabaja cerca, va a comer a casa. Si no, van a un restaurante o un bar. A la hora de comer los restaurantes están siempre llenos y se come primer plato, segundo y postre. En los Estados Unidos se come un sándwich rápidamente".

Lo más impresionante para las personas del norte de América del Sur es el transporte público, sobre todo los autobuses. Piensan que son muy buenos, limpios y puntuales. 4. ______ destacan la seguridad, en comparación con las grandes ciudades latinoamericanas. "Se puede caminar por las calles sin miedo, incluso por las noches", afirma Elena, de Perú.

Para los argentinos, viajar a España significa volver al país de sus abuelos. Ellos también destacan la seguridad y la calidad de los servicios públicos, 5. ______ no les gusta que "la noche se acaba muy pronto", como afirma Carlos.

Otro aspecto positivo es que en Barcelona existen todavía muchas pequeñas tiendas y esto "da muy buen ambiente a los barrios", afirma un holandés. 6. ______, según Cedric, francés, "las calles están siempre llenas de gente. La gente vive en las calles. También por la noche. En Francia no es así".

Los aspectos negativos son el tráfico y el ruido, especialmente para los europeos. Hay ruido en la calle y en las casas, dicen. 7. ______ critican los precios de los alquileres. En general, Barcelona es una ciudad cara. Un marroquí señala que, 8. ______ la ciudad le gusta mucho, no le gustan la contaminación, la situación de la vivienda o cómo una parte de los catalanes trata a los inmigrantes norteafricanos e hispanoamericanos. 9. ______, los africanos señalan que las familias son pequeñas y la gente mayor está sola, en residencias para ancianos. "En Senegal, las personas mayores son parte de la familia y no están solas. Cuidan a los niños y dan de comer a los animales. Tienen una función", afirma Cora.

En conclusión, hay más aspectos positivos que negativos, pero, como resume Rosa, de Bolivia, "estamos aquí por razones económicas. 10. ______ tenemos que adaptarnos".

- El ritmo de la ciudad es muy rápido.
- En Barcelona existen todavía muchas pequeñas tiendas.
- La ciudad le gusta mucho.

C. **Wie du siehst, fehlen noch einige Konnektoren im Text. Kannst du die folgenden Wörter und Ausdrücke richtig einsetzen?**

por eso | aunque | además | también | sino

sin embargo | además | en cambio | por último | no solo

14. Es cosmopolita...

Wie ist die Stadt, in der du Spanisch lernst? Die folgenden Punkte werden dir dabei helfen, sie in einem kurzen Text zu beschreiben. Vergiss nicht, dabei auch die Konnektoren aus der vorherigen Übung anzuwenden.

- transporte público
- tráfico
- nivel de vida (precio de los alquileres, etc.)
- fiestas
- cursos de lengua para inmigrantes
- gastronomía
- oferta cultural
- ritmo de vida
- contacto entre personas de diferentes culturas

15. Trabajar en el extranjero

A. **Welche der folgenden Berufe findest du besonders interessant? Wenn du möchtest, kannst du die Liste erweitern. Vergleiche deine Wahl anschließend mit der eines Kursmitglieds. Seid ihr einer Meinung?**

camarero | cocinero | dependiente | profesor | ingeniero | abogado

médico | artista | empresario | programador informático | administrativo

- Yo creo que el trabajo de médico es el más interesante.
- Pues para mí, es más interesante el de artista.

B. **Die Organisation "Trabajar Fuera" berät diejenigen Studierenden, die im Ausland arbeiten möchten. Lies den Text und überlege, welche Möglichkeit für dich in Frage käme. Sprich dann mit anderen Kursmitgliedern darüber.**

HOME | TRABAJAR FUERA | TRABAJAR EN EL EXTRANJERO | CONTACTO

Vivir un tiempo en el extranjero es caro, y muchos jóvenes no pueden hacerlo. Sin embargo, una forma barata e interesante de conocer otros países es trabajar allí. Es una experiencia buena para tu currículum y para tu vida. Pero, ¿cómo encontrar trabajo? Primero tienes que pensar cuánto tiempo quieres vivir en el país, y decidir si quieres tener un trabajo no cualificado o uno relacionado con tu carrera universitaria. En el primer caso, puedes trabajar de canguro, por ejemplo, o en bares, restaurantes y hoteles como camarero, cocinero, limpiador, animador cultural, etc. Otra posibilidad, si hablas la lengua del país, es en el comercio: como dependiente de una tienda o como cajero de supermercado, por ejemplo. Sin embargo, si prefieres un trabajo relacionado con tus estudios, puedes escribir directamente a las empresas de tu sector y pedir un puesto de prácticas. En cualquier caso, las agencias de trabajo temporal son muy útiles para conocer mejor la situación laboral del país. En este enlace puedes acceder a una lista de agencias.

¡Equivocarse es de sabios!

- Wenn ich einen Text schreibe, dann lese ich ihn und vergewissere mich, dass die Gedanken logisch miteinander verknüpft sind. Dazu benutze ich Konnektoren. Dann vergleiche ich den Text mit bereits geschriebenen und korrigierten Texten und versuche, frühere Fehler nicht zu wiederholen.

Hay muchísimo tráfico, pero el servicio de autobuses es muy bueno.
No solo es famosa por su gastronomía, sino también por su arquitectura.

16. Prefijos

A. Im Text über Barcelona findest du folgende zusammengesetzten Wörter. Verstehst du sie? Aus welchen Wörtern bestehen sie? Markiere die einzelnen Bestandteile und schreibe neben jedes Wort eine Erklärung der Bedeutung.

- hispanoamericano ______________________
- norteafricano ______________________
- estadounidense ______________________
- latinoamericana ______________________

Verstehen wir die einzelnen Bestandteile, so verstehen wir auch Wörter wie z. B. **multicultural**, das sich aus dem Präfix **multi-** und dem Adjektiv **cultural**, von **cultura**, zusammensetzt.

B. Sieh dir diese zusammengesetzten Wörter an. Markiere die einzelnen Bestandteile, überlege, was sie bedeuten können und setze jedes Wort so ein, dass ein sinnvoller Satz entsteht.

bienvenido | pasatiempo | mapamundi | mediodía | pelirrojo | agridulce

1. ¿No sabes dónde está Laos? Espera, lo miramos en el ________.
2. Tenemos clase hasta el ________. La tarde la tenemos libre.
3. ¡ ________ ! Ya sabes que mi casa es tu casa.
4. Me encanta la comida china, sobre todo el cerdo ________.
5. Mi ________ preferido son las cartas. Me encanta jugar al póker.
6. Mi hermano es ________, tiene la piel blanca y muchas pecas.

17. Acrónimos

Musst du mehrere Wörter oder feststehende Ausdrücke lernen, kannst du als Eselsbrücke aus den Anfangsbuchstaben Akronyme bilden.

A. Weißt du, was folgende Akronyme bedeuten? Schreibe jeden Begriff aus.

ONG	ONU	UE
________	________	________

B. Zu zweit. Entscheidet, wer mit Karte A und wer mit Karte B arbeitet. Jede/r bittet um die Information, die auf der eigenen Karte fehlt.

A

1. Este edificio universitario se llama ARDIDEHUE y en él hay cinco facultades. Se llama así por el nombre de cada facultad. Imagina cuáles son. Puedes hacerle preguntas a tu compañero. Él/Ella tiene las respuestas.

AR DI DE HU E

2. Tu compañero/-a te va a preguntar por tipos de alojamiento. Dile si aparecen en tu ficha.

pensión albergue piso residencia hostal

B

1. El edificio ARDIDEHUE se llama así porque allí están las siguientes facultades: **Arquitectura**, **Diseño**, **Derecho**, **Humanidades** y **Economía**. Tu compañero/-a va a preguntarte por las facultades. Tú contesta solo sí o no.

2. Este es el servicio de alojamiento estudiantil de una universidad. Se llama PENALPIREHO por las iniciales del tipo de alojamiento que se puede encontrar en él. ¿Sabes a qué corresponden las siguientes sílabas?

PEN AL PI RE HO

C. Kennst du noch andere echte Akronyme? Benutzt du welche, um Wörter oder Ausdrücke besser zu behalten? Stelle sie der Gruppe vor.

18. Palabras para un currículum

A. Welche Information muss ein Lebenslauf enthalten? Markiere die Angaben, die du für wichtig hältst, und sprich mit einem Kursmitglied darüber. Stimmen eure Angaben überein?

descripción física | dirección de correo electrónico | apellidos | nombre | experiencia profesional | idiomas | conocimientos de informática | hobbies | número de teléfono | creencias religiosas | descripción del carácter | estado civil | nombre del padre y de la madre | formación (educación primaria, secundaria, universitaria...)

B. Machst du dieselben Angaben, wenn du einen Lebenslauf schreibst, um ...

- als Freiwillige/r in einer Organisation mitzuarbeiten?
- ein Stipendium zu beantragen?
- dich um ein Praktikum in einem Unternehmen zu bewerben?
- ...

C. Schreibe deinen Lebenslauf. Du kannst das folgende Modell als Vorlage nehmen und die auf dich zutreffenden Angaben unter den entsprechenden Punkten eintragen.

Datos personales

Formación

Experiencia profesional

Idiomas

Conocimientos de informática

Manejo a nivel de usuario de

Manejo avanzado de

Otros datos de interés

D. Tausche deinen Lebenslauf mit dem eines Kursmitglieds und überlegt gegenseitig, für welche Arbeit der / die andere qualifiziert ist. Sprecht dann darüber. Habt ihr eine Möglichkeit in Erwägung gezogen, an die der / die andere nicht gedacht hatte?

1. Verben der Bewegung mit den Präpositionen **a, de, en**

ir a	¿Vas a la fiesta de Marisa? ¿Puedes llevar este disco?
llevar a	Dame el disco. Yo lo llevo a la fiesta.
venir de	¿Vienes de la estación o de tu casa?
volver de	Cuando vuelvo de Buenos Aires, siempre traigo una mochila llena de libros.
traer de	¿Los traes de allí porque son más baratos?

Vengo de Mantua, de Italia = **Vuelvo de** un viaje/de unas vacaciones/ de una visita a Mantua, Italia.

Vengo de Mantua, de Italia, pero vivo en Madrid ≠ **Soy de** Mantua, de Italia, pero vivo en Madrid. (hier geben wir den Herkunftsort an.)

Die Verben **ir a** und **llevar a** drücken eine Bewegung aus, die sich vom Ort der sprechenden Person entfernt. Die Verben **venir de**, **volver de** und **traer de** drücken eine Bewegung aus, die in die Richtung der sprechenden Person geht.

subir a / en	Hay que subir al autobús en la esquina.
bajar de / en	Tienes que bajar del metro en la estación Callao.
doblar en… a la derecha / a la izquierda	Tienes que doblar en la próxima esquina a la derecha.
girar a la derecha / a la izquierda	Puedes girar a la izquierda en la próxima avenida.
cambiar de / en	¿Cambias de metro en Plaza de Mayo?
caminar por	Hay que caminar por la avenida.
viajar en / a	Puedes viajar en tren a Zaragoza.

2. Muy / Mucho

muy + Adjektiv	Es un barrio muy interesante.
Verb + **mucho**	Alberto siempre trabaja mucho.
mucho + Substantiv	No tengo mucho tiempo libre.
mucha + Substantiv	Mucha gente estudia español en la universidad.
muchos + Substantiv	Aquí viven muchos inmigrantes.
muchas + Substantiv	Muchas personas aprenden español para viajar.

Muy steht bei Adjektiven und Adverbien und ist unveränderlich.
Mucho steht nach Verben oder allein und ist unveränderlich.
Mucho/-a/-os/-as wird in Genus und Numerus an das dazugehörige Substantiv angepasst.

3. Die Objektpronomen: Akkusativ- und Dativpronomen

Die Akkusativpronomen

1. Pers. Singular	me	○ ¡Hola! ¿No <u>me</u> conoces? Soy Nuria.
2. Pers. Singular	te	○ ¡Claro que <u>te</u> conozco! Estás en mi clase de Biología, ¿no?
3. Pers. Singular	lo/le, la	○ ¿Y el reloj? No <u>lo</u> veo. ● <u>Lo</u> estoy buscando pero no <u>lo</u> encuentro.
1. Pers. Plural	nos	○ Roberto <u>nos</u> espera todos los días en la esquina de la plaza y <u>nos</u> lleva a la facultad en coche.
2. Pers. Plural	os	○ ¿Y por la noche <u>os</u> trae a casa? ○ También.
3. Pers. Plural	los/les, las	○ ¿Dónde están las llaves? ● <u>Las</u> tengo yo.

Bezieht sich das Akkusativpronomen der 3. Pers. Sing. auf ein männliches Wesen, kann auch **le** benutzt werden. Der Plural **les** steht für eine männliche oder gemischte Personengruppe.

○ ¿Llamas a Fernando? → ¿<u>Lo</u>/<u>Le</u> llamas?

Die Dativpronomen

1. Pers. Singular	me	○ ¿<u>Me</u> puedes traer un libro de España?
2. Pers. Singular	te	○ ¿Necesitas aprender alemán? <u>Te</u> recomiendo a Peer. Es muy buen profesor. ● Muy bien, ¡gracias!
3. Pers. Singular	le (se)	○ ¿Sabes dónde está Manu? <u>Le</u> tengo que decir a qué hora es la reunión. ● No, no sé dónde está. ○ <u>Le</u> voy a preguntar a Margarita qué piensa de esto.
1. Pers. Plural	nos	○ A nosotras <u>nos</u> encanta leer. ¿Por qué no <u>nos</u> recomiendas una buena novela?
2. Pers. Plural	os	○ <u>Os</u> puedo prestar esta. Acabo de traerla de Buenos Aires.
3. Pers. Plural	les (se)	○ Si tus amigas quieren estudiar en España, <u>les</u> puedes presentar a Ramón; tiene mucha experiencia con Erasmus.

Akkusativ- und Dativpronomen unterscheiden sich nur in den Formen der dritten Person Singular und Plural.

Steht ein Dativobjekt am Satzanfang, so muss es als Pronomen wiederholt werden (**me**, **te**, **le**, **nos**, **os**, **les**).

- A mi hermana le voy a regalar un viaje por Andalucía.

Die Präposition **a** steht mit dem Dativobjekt und dem Akkusativobjekt, wenn dies eine Person ist.

- Le compro un libro a Teresa.
- ¿Vas a ver a Teresa en el cine?

Werden zwei Objektpronomen hintereinander benutzt und eines davon ist **le** oder **les**, dann wird dieses durch **se** ersetzt.

- ¿Tu profesora no conoce esta película? ¿Por qué no se la enseñas? (~~le la~~ → se la)
- ¿Ustedes no conocen a Paloma? Se la presento. (~~les la~~ → se la)
- Señora Gurruchaga, ¿no conoce usted a mis estudiantes? Se los presento enseguida. (~~le los~~ → se los)
- Si Sebastián necesita un diccionario, se lo presto yo. (~~le lo~~ → se lo)

Treffen beide Pronomen zusammen, ist die Reihenfolge: **(no)** + Dativ + Akkusativ + Verb.

Beim Infinitiv, Gerundium und bejahtem Imperativ werden die Pronomen angehängt. Beachte die Änderung bei der Rechtschreibung.

- El diccionario te lo puedes llevar, pero tienes que dármelo mañana.
  Me lo tienes que dar mañana.

Bei Verbalperiphrasen wie **tener que** + Infinitiv oder **ir a** + Infinitiv, stehen die Pronomen vor dem konjugierten Verb oder bilden zusammen mit dem Infinitiv ein Wort.

- Voy a comprarle un regalo a Jaime.
- Le voy a compar un regalo a Jaime.
- ~~Voy a le comprar un regalo a Jaime.~~

4. Der Vergleich von Gleichem

tan + Adjektiv + como	Estudiar en España es tan interesante como en América Latina. Algunas estructuras gramaticales no son tan difíciles como otras.
tanto/tanta/tantos/tantas + Substantiv + como	En mi clase de chino no hay tanta gente como en mi clase de castellano. Lars no tiene tantas clases como Mark. En Roma hay tanto tráfico como en Buenos Aires. En Alemania no hay tantos festivos religiosos como en España.

5. Konnektoren

Konnektor		Beispiel
no solo..., sino que...	nicht nur ..., sondern auch ...	▢ No solo tengo un examen mañana, sino que además tengo que entregar dos trabajos.
por último	zuallerletzt	▢ Tengo que preparar la maleta con la ropa y los libros que necesito, tengo que revisar la documentación, imprimir los billetes y, por último, ir a despedirme de mis abuelos.
sin embargo	jedoch	▢ Mañana tengo un examen. Sin embargo, voy a la fiesta porque ya sé lo más importante.
aunque	obwohl, auch wenn	▢ Aunque mañana tengo un examen, voy a la fiesta porque ya he estudiado suficiente.
en cambio	hingegen	▢ Ana ya tiene trabajo. Mark, en cambio, todavía no.
si	wenn, falls	▢ Si quieres comprar las entradas, tienes que hacerlo por internet.

TESA INMOBILIARIA

PISOS | CASAS | TORRES | SOLARES | LOCALES | NAVES

ALQUILER

VENTA

5

Se vende piso

In dieser Lektion lerne ich …

Hör- und Leseverstehen

- Wohnungsanzeigen zu verstehen.
- ein unbekanntes Wort einem anderen zuzuordnen, dessen Wortfamilie ich kenne.
- Texte zum Thema Wohnraum zu verstehen.
- ein Telefongespräch zu verstehen, wenn ich das Thema kenne und langsam gesprochen wird.

Produktion (mündlich und schriftlich) und mündliche Interaktion

- Anzeigen aufzugeben und darauf zu antworten.
- Telefongespräche zu führen und dabei Information über eine Wohnung einzuholen.
- eine Wohnung zu beschreiben.
- jemanden zu bitten, etwas zu tun und auf Bitten zu reagieren.
- Anweisungen zu geben und auf Anweisungen zu reagieren.
- um Erlaubnis zu bitten, diese zu geben oder nicht zu geben.
- Handlungen in eine Reihenfolge zu bringen.
- über die unmittelbare Vergangenheit zu sprechen.

Außerdem kann ich lernen …

Wortschatz und Grammatik

- den bejahten Imperativ: regelmäßige und unregelmäßige Verben.
- die Stellung der Pronomen beim Imperativ.
- Häufigkeitsangaben: **todos los días**, etc.
- adverbiale Angaben der Reihenfolge.
- die Verdopplung des Akkusativobjekts.
- das Perfekt: regelmäßige und unregelmäßige Partizipien.
- den Unterschied zwischen **qué** und **cuál**.

ALQUILER

ALQUILER

VENTA

ALQUILER

CASTELLANO / ENGLISH

QUILER

NTA

QUILER

QUILER

1. Mi casa ideal

A. Sieh dir diese Fotos an. Wo würdest du am liebsten wohnen? Weshalb? Sprich mit einem Kursmitglied darüber.

- A mí me gusta la casa número 3 porque es muy moderna.
- Yo prefiero la casa número 1. Me encanta la decoración con piedra y madera.

B. Kennst du folgende Begriffe? Ordne jedem Wort ein Foto zu.

- 1 *cocina*
- *jardín*
- *comedor*
- *baño*
- *salón/sala de estar*
- *terraza*
- *pasillo*
- *dormitorio*

C. Welche Wörter verbindest du mit dem Begriff "Wohnung"? Erstelle eine Liste und vervollständige sie dann mithilfe der ganzen Gruppe.

- sofá
- ...

2. Se alquila habitación

A. Unter welchen Bedingungen mietest du eine Wohnung oder ein WG-Zimmer? Sprich mit einem Kursmitglied darüber.

El piso / la habitación

tiene que ser...	tiene que estar...	tiene que tener...
– barato/-a	– bien comunicado/-a	– ascensor
– luminoso/-a	– amueblado/-a	– jardín o terraza
– muy grande	– cerca de la universidad	– conexión a internet

40

B. Du hörst jetzt, was Alejandra sagt. Was ist wichtig für sie?

C. Welches Angebot ist ideal für Alejandra? Berate dich mit einem Kursmitglied.

HABITACIÓN EN ARGÜELLES-MONCLOA. Se alquila habitación a estudiante–preferiblemente chica–tranquila, ordenada, limpia y respetuosa. Para vivir con la dueña de la casa y tres estudiantes más. Piso céntrico de 60 m² y luminoso. Habitación sin amueblar. Conexión a internet en toda la casa. 300 euros. Gastos de electricidad y agua caliente incluidos. Depósito de un mes. Teléfono 679 26 28 74.

HABITACIÓN AMUEBLADA EN RESIDENCIA DE ESTUDIANTES. A cinco minutos de la universidad. Ambiente internacional. Cocina compartida. Habitación luminosa, tranquila y con conexión a internet. 200 € al mes. Depósito de un mes.

ESTUDIO de 30 m². 550 € al mes + agua caliente y luz. Moderno. Da a un patio interior. A cinco minutos de la estación de metro de Ventas. Amueblado. Televisión, DVD y equipo de música.

HABITACIÓN EN CHALET PARA COMPARTIR. Piso de 100 m² con 3 habitaciones. Se alquila habitación de 15 m². 306 € al mes, con depósito de 612 €. El precio incluye los gastos de calefacción. Segundo piso sin ascensor. Edificio antiguo y con encanto, en buen estado. Zona residencial a las afueras de la ciudad. Muy tranquilo. Aire acondicionado, calefacción, cocina equipada, comedor, lavadora, terraza, televisión y conexión a internet.

D. Und welche Anzeige sagt dir zu? Weshalb? Tausche dich mit einem Kursmitglied aus.

- Yo prefiero la residencia porque es lo más barato y seguro que es divertido.
- Pues yo... no sé, no me gusta compartir la cocina.

Bedingungen:
- contrato
- precio
- fianza
- gastos incluidos
- internet

Lage:
- zona
- piso

Beschreibung:
- Es... nuevo/exterior/luminoso/grande...
- Está... amueblado/en buen estado/bien comunicado...
- Tiene terraza/balcón...

3. Llamo por el anuncio

41

A. Alejandra ruft wegen der Wohnungsanzeige an, aber der Besitzer ist nicht zu Hause. Höre den Anrufbeantworter ab. Welche Information soll Alejandra hinterlassen?

42

B. Später spricht Alejandra mit dem Besitzer. Welche Fragen kann sie ihm über die Wohnung stellen? Zu zweit. Formuliert die Fragen und überprüft sie dann anhand der Aufnahme.

42

C. Höre die Aufnahme noch einmal und achte auf die Information über die Wohnung. Mach dir Notizen und vergleiche sie anschließend mit denen eines Kursmitglieds.

D. Bereite einen Anruf vor und informiere dich über die Wohnung, die dich in Übung A interessiert hat. Ein anderes Kursmitglied ist der / die Besitzer/in. Ihr könnt die Unterhaltung mit eurem mp3-Player oder Handy aufnehmen und dann abhören. Wie war die Unterhaltung? Besprecht sie und tauscht die Rollen. Habt ihr beim zweiten Mal weniger Fehler gemacht?

- ¿Dígame? / ¿Sí?
- Buenas tardes, quería hablar con…, por favor / ¿está…, por favor?
- Sí, un momento, ¿de parte de quién?
- No, no está, lo siento. ¿Quiere dejarle algún recado?
- No, gracias, ya llamo más tarde.
- Sí, ¿puede decirle que ha llamado…?

4. Llama a Roberto

A. Candela bereitet ein Abendessen bei sich zu Hause vor. Wem schickt sie folgende Nachrichten?

1. Laura, una mujer que ayuda con el trabajo de casa
2. Martín, un amigo que va a la cena
3. Juan, el novio de Candela

A

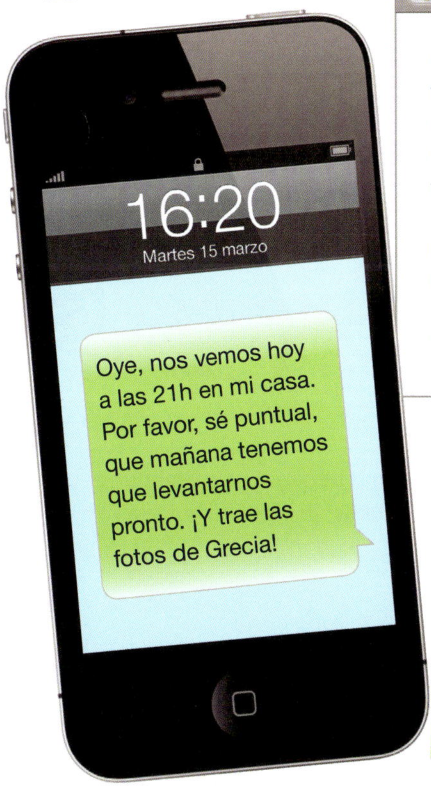

B

Como hoy llego tarde a casa, ¿puedes hacerme dos favores? No he tenido tiempo de regar las plantas esta mañana, ¿puedes regarlas tú, por favor? Y llama a Roberto para invitarlo a la cena de esta noche; yo no tengo su número. Por cierto, me preguntas en tu mail si puedes coger mi coche esta tarde. Claro, cógelo, no hay problema. Ah, oye, te reenvío el mensaje de Pilar. Léelo y me llamas luego, ¿de acuerdo?

¡Mil gracias, amor!

C

Haga una ensalada de esas tan ricas que prepara usted, y ¿le importa preparar también algo de postre? Y ponga la mesa en el comedor, por favor. Vamos a ser ocho personas en total. Ah, y si le da tiempo, ordene un poco el salón, por favor.

Muchas gracias y hasta mañana.

- ¿Puedo coger tu coche esta tarde?
- Sí, claro, cógelo.

- ¿Te importa + Infinitiv…?
- Por favor, + Imperativ
- ¿Podrías + Infinitiv?
- ¿Puedes + Infinitiv?
- Sí, cómo no.
- De acuerdo, ahora mismo.
- Lo siento, no puedo, es que…
- Me gustaría, pero…

llama llamad	llame llamen
lee leed	lea lean
escribe escribid	escriba escriban
pon poned	ponga pongan
sé sed	sea sean
haz haced	haga hagan

B. Lies die Texte noch einmal und unterstreiche die Ausdrücke, mit denen Candela andere Personen darum bittet, etwas zu tun. Welche empfindest du als direkter?

C. Weist du, wie der Infinitiv der folgenden Verben heißt?

1. llama ________
2. lee ________
3. haga ________
4. ponga ________
5. ordene ________
6. sé ________
7. trae ________
8. coge ________

D. Bitte nun ein Kursmitglied um drei Dinge. Er / Sie antwortet dir. Dann tauscht ihr die Rollen.

5. Mi mueble preferido

A. Hast du diese Möbel und Einrichtungsgegenstände in deiner Wohnung? In welchem Zimmer? Zu zweit. Besprecht, wie es bei euch aussieht und ob es Übereinstimmungen gibt.

silla | mesa | sofá | cama | ducha | bañera | alfombra | televisión
mesilla | estantería | armario | cortinas | cómoda | sillón | librería | plantas

B. Welches ist dein Lieblingsmöbel? Wieso? Erzähle einem Kursmitglied davon.

encima de
debajo de
a la derecha de
a la izquierda de
delante de
detrás de
enfrente de
junto a

C. Sieh dir diese Wohnungsskizze an. Nach dem Einzug herrscht Unordnung und es ist noch nicht alles an seinem Platz. Erstellt zu zweit eine "Fehlerliste" und schreibt sie in euer Heft.

Hay una silla encima de la cama, en el dormitorio.

llevar
coger
poner
mover
colocar
quitar

D. Gib nun einem Kursmitglied Anweisungen, die Wohnung aufzuräumen. Er / Sie zeichnet die neue Anordnung der Möbel in den Plan ein.

- La silla que está encima de la cama, cógela y llévala al comedor, junto a la mesa.

E. Fehlt in der Wohnung noch etwas? Überlege dir drei Dinge, mit denen du die Wohnung verschönern könntest, und sprich mit einen Kursmitglied darüber.

- En el salón puede quedar bien una alfombra de colores.
- Sí, y en el comedor, muchas plantas.

F. Beschreibe deine Wohnung einem Kursmitglied, das sie zeichnet. Dann geht ihr umgekehrt vor. Gleichen sich die Wohnungen? Hat eine Studentenwohnung typische Merkmale?

6. Busco habitación

A. Du suchst eine Wohnung und schreibst eine Anzeige. Hänge sie mit deinem Namen ans schwarze Brett.

Busco...

B. Nimm die Anzeige eines Kursmitglieds und biete eine Wohnung an. Dieses entscheidet, ob es die Wohnung mieten möchte.

7. El primer día de universidad

A. **So verläuft der erste Tag von Andrés als Student. Ist es an deiner Universität ähnlich?**

Andrés estudia Economía y esta es su primera semana en la facultad. Normalmente, le gusta levantarse con tiempo, ducharse y arreglarse tranquilamente, pero hoy el despertador no ha sonado y no quiere llegar tarde, así que se lava la cara y los dientes, se viste rápidamente y baja al bar de la esquina, donde pide un café con leche que se bebe en un minuto, mientras ve las noticias de la mañana. Después coge su Vespa y se va a la universidad. El campus está muy animado, lleno de estudiantes, y Andrés disfruta viendo tantas caras nuevas. Antes de entrar en clase se fija en los carteles de la entrada, donde los estudiantes protestan por la subida de las tasas universitarias y la dificultad de encontrar una vivienda barata. Parece una facultad muy activa.

Cuando llega a clase, está ya casi llena y hay muy pocos sitios libres. Los últimos estudiantes se quedan de pie. Unos minutos más tarde llega la profesora, que parece bastante seria. Les presenta primero el programa de la asignatura, luego les explica cuándo y cómo son los exámenes y les dice que existe la posibilidad de presentar un trabajo escrito o hacer una presentación en clase, y por último les recomienda una bibliografía específica. Cuando termina, les dice que su clase comienza la semana siguiente y se despide.

Como tiene un rato libre, Andrés baja a la cafetería a desayunar. Allí se encuentra con unas antiguas amigas del instituto que estudian otras carreras. Parece que los estudiantes se sienten un poco desorientados, falta información y los horarios no están claros aún. En otras mesas se ven estudiantes de otros cursos: escuchan música, juegan a las cartas, conversan... parecen relajados. Está claro que estudiar en la universidad no es tan serio como a veces se cree.

Después de desayunar, Andrés va a la siguiente clase, pero se repite lo mismo que en la clase anterior, así que a las 13 h Andrés ha terminado y se puede ir a casa hasta mañana...

B. **In welcher Reihenfolge machst du diese Dinge? Machst du sie morgens oder abends? Wie oft? Erzähl es der Gruppe.**

ducharse	arreglarse	acostarse	lavarse los dientes
vestirse	levantarse	afeitarse	peinarse

- primero
- después
- por último
- cuando + Indikativ Präsens
- antes de + Substantiv/Infinitiv
- después de + Substantiv/Infinitiv
- hasta
- mientras + Verb
- durante + Substantiv

C. **Wie verläuft bei dir ein Tag in der Fakultät? Unterhalte dich mit einem Kursmitglied. Folgende Fragen könnt ihr als Leitfaden benutzen. Habt ihr etwas Kurioses herausgefunden?**

- ¿A qué hora te levantas?
- ¿Qué haces antes de ir a clase?
- ¿Cómo vas a la universidad?
- ¿Cuál es tu asignatura favorita?
- ¿A qué hora sales de la facultad?
- ¿Haces alguna actividad por las tardes?
- ¿Qué haces los fines de semana?

todos los días
normalmente
a veces
algunos días
una vez a la semana
dos veces al mes

D. **Schreibe nun einen Text, ähnlich dem unter A, über deinen ersten Unterrichtstag.**

9. La llamada

43 – 44 **A.** Andrés sucht eine Wohnung und meldet sich telefonisch auf mehrere schriftliche Angebote. Höre die Aufnahme und fülle beide Karten mit den entsprechenden Angaben aus.

PISO 1
TAMAÑO:
NÚMERO DE HABITACIONES:
AMUEBLADO:
CALEFACCIÓN:
AIRE ACONDICIONADO:
COMUNICACIONES:
PRECIO DEL ALQUILER:
DIRECCIÓN:

PISO 2
TAMAÑO:
NÚMERO DE HABITACIONES:
AMUEBLADO:
CALEFACCIÓN:
AIRE ACONDICIONADO:
COMUNICACIONES:
PRECIO DEL ALQUILER:
DIRECCIÓN:

45 **B.** Andrés unterhält sich mit einem Freund. Für welche Wohnung entscheidet er sich? Weshalb?

10. Recados

46 **A.** Mariana spricht ihrem Sohn Manuel ein paar Anweisungen auf den Anrufbeantworter. Was soll Manuel erledigen? Notiere es auf dem Zettel.

47 **B.** Was hat Manuel schon erledigen können, bis seine Mutter kommt? Höre das Gespräch und sieh dir dabei deine Notizen an.

11. Personas diferentes, casas diferentes

A. **Wörter haben in unterschiedlichen Kulturen nicht immer dieselbe Bedeutung. Notiere innerhalb einer Minute, was du mit dem Begriff "casa" verbindest. Du kannst das auch in deiner Muttersprache machen. Vergleicht eure Notizen untereinander und sprecht darüber.**

B. **Welche der Aussagen treffen auf dein Land zu? Sprich mit einem Kursmitglied darüber.**

1. En el portal de los edificios se puede leer el nombre de las personas que viven en cada piso.
2. La gente prefiere alquilar una casa a comprarla.
3. Hay muchos barrios cerrados.
4. Hay muchas urbanizaciones con chalets adosados.
5. Los estudiantes comparten pisos.
6. La gente con una buena posición económica tiene una casa en el campo o en la playa.

- En mi país no hay barrios cerrados. La gente vive normalmente en edificios de pisos.
- En mi país sí hay barrios y urbanizaciones cerrados y vigilados.

C. **Lies den Text, der vom Wohnen in einigen spanischsprachigen Ländern handelt. Suche die Information zu den Aussagen unter B und ergänze diese. Stimmt die Situation in deinem Land mit dem, was du gelesen hast, überein?**

En las ciudades españolas, la mayoría de las personas viven en un piso, es decir, un apartamento de más de una habitación que está en un edificio de varias plantas. Puede tener uno o varios dormitorios, un salón comedor, una cocina y un baño. Además, puede tener un estudio o despacho de trabajo. Por lo general, los bloques de viviendas se organizan en pisos (primero, segundo, tercero...) y puertas (A, B, C...). Solo algunas personas ponen una placa con su nombre en la puerta de su casa o en su buzón de correo, pero nunca se puede leer el nombre fuera del edificio. En Argentina, mucha gente vive en "departamentos" y son cada vez más frecuentes los barrios cerrados por los problemas de inseguridad. Son típicas las "casas chorizo", que son casas antiguas (de unos 100 años) con un pasillo muy largo al que dan todos los departamentos.

En muchas ciudades españolas hay urbanizaciones con chalets adosados, es decir, casas en fila, normalmente todas iguales. Suelen tener dos pisos y un pequeño jardín individual. Normalmente tienen un área común con piscina y una zona para practicar deporte. Entre la clase media-alta es común tener una casa en la playa o en la montaña para pasar los fines de semana y las vacaciones. En América Latina, estas casas se llaman fincas, haciendas o estancias.

En España, muchos jóvenes viven en casa de sus padres hasta que tienen una pareja estable y una posición económica segura. Entonces, compran su propia casa. La mayor parte de los españoles prefiere comprar una vivienda a alquilarla, pero tienen que pagar la hipoteca casi toda su vida. Los estudiantes, sin embargo, viven en pisos compartidos o en residencias. En Argentina, por el contrario, mucha gente prefiere alquilar una casa porque es más barato que comprarla. En los últimos años, Buenos Aires se ha convertido en la ciudad preferida de estudiantes de toda Europa y América Latina. Ellos, igual que en España, comparten casas o viven en familias.

El crecimiento demográfico y los movimientos migratorios han causado grandes cambios en las ciudades de América Latina. Por lo general, todavía existen los barrios de casas bajas, donde los vecinos se conocen, con mercados y pequeños negocios de comestibles. Y siempre hay un bar cerca, en la esquina, y por supuesto, una plaza. Sin embargo, millones de personas no pueden permitirse una vivienda. Las villas miseria son la otra cara de este mundo: sin trabajo y sin educación, estas personas tienen que vivir en condiciones de pobreza de las que es difícil salir.

D. **Suche aus dem Text alle Wörter rund um das Wohnen heraus und sortiere sie so, dass du sie gut lernen kannst.**

E. **Welche anderen Wohnformen gibt es auf der Welt? Was weißt du darüber?**

12. Hoy ha sido un buen día

A. **Andrés erzählt seinem Vater in einer E-Mail von seinem ersten Studientag, ändert aber einige Angaben. Unterstreiche das, was nicht mit den Aussagen in Übung 7 übereinstimmt.**

Hola, papá:

Bueno, pues ya soy estudiante. Mi primer día ha sido muy tranquilo. Me he levantado con tiempo y he desayunado en casa tranquilamente para ir preparado a la universidad. La primera impresión ha sido muy buena: mucha gente, muchos estudiantes, parece una facultad muy activa.

Hemos tenido todas las clases y ya hemos empezado con el temario. Hemos terminado bastante tarde y ya tengo que estudiar bastante, así que no voy a ir a casa este fin de semana.

Me he encontrado con unas antiguas amigas del instituto, con Rosa y Victoria, ¿te acuerdas de ellas?

Y bueno, está todo bastante bien organizado y claro, así que no te preocupes por mí.

Un beso y te llamo mañana,

Andrés

B. **Markiere im Text die Sätze, die sich auf Ereignisse in der Vergangenheit beziehen. In welcher Zeitform steht das Verb? Erkennst du, wie sie gebildet wird? Besprecht es untereinander.**

C. **Korrigiere nun im Text die Information, die nicht der Realität entspricht.**

D. **Schreibe heute Abend einen Text über den heutigen Tag. Erwähne darin nicht nur Fakten, sondern auch deine Eindrücke und alles, was du interessant findest. Sprich am nächsten Tag mit einem anderen Kursmitglied darüber.**

13. Cartas al director

A. **Lies diesen Leserbrief einer jungen Frau, die eine Wohnung kaufen möchte. Wie fühlt sie sich? Verstehst du ihre Haltung?**

¡Menuda decepción con los pisos!

Soy una persona joven, soltera y en edad de emanciparse, pero a día de hoy parece imposible. Vas a las inmobiliarias y todo son facilidades, pero cuando dices que te lo quieres comprar tú sola... prácticamente se ríen y te ven como una loca.

Con el perfil de joven, soltero/a y con unos padres con los que puedas vivir, no merecemos poder comprarnos un piso. Y lo último ya fue lo de ayer. Después de esperar la cola correspondiente para entregar la solicitud de compra-alquiler de pisos en la EMV, me dicen que no puedo optar a venta porque mis ingresos no llegan a 11 800 €. Y la verdad, me hago bastantes preguntas. ¿Los solteros jóvenes no tenemos derecho a poder comprarnos un piso? ¿Dónde están las ayudas que prometen para los jóvenes? (...)

C.J.P.

20minutos.es

B. **Worüber beklagt sich die junge Frau hauptsächlich? Bist du ihrer Meinung?**

C. **Geschieht so etwas auch in deinem Land? Ist es einfach oder schwer, eine Wohnung zu kaufen? Gibt es finanzielle Hilfen? Sprich mit der Gruppe darüber.**

14. Los jóvenes y la vivienda

A. Ist das Leben in der Hauptstadt deines Landes im Vergleich zu anderen Städten gleich teuer? Nenne die teuersten, bzw. die billigsten Regionen. Überlegt euch mögliche Gründe dafür.

- En Francia, la ciudad más cara es París. Es imposible comprar un piso en el centro.
- ¿Y cuál es la ciudad más barata?

- ¿Qué ciudad es la más barata?
- De todas las ciudades, ¿cuál es la más barata?

B. Der folgende Text handelt von den Wohnungspreisen in den verschiedenen autonomen Regionen Spaniens. Sieh dir die Daten an und vervollständige die Grafik.

Los jóvenes españoles tienen que dedicar el 62,4% de su sueldo a la compra de una vivienda

Según el presidente del Consejo de la Juventud de España, Mario Esteban, la vivienda todavía es un problema para los jóvenes porque los precios no les permiten tener su propio piso. De media, los menores de 35 años tienen que dedicar el 62,4% de su sueldo para comprar una vivienda. Los bancos, sin embargo, no permiten un endeudamiento superior al 30% de los ingresos mensuales. Por ello “los jóvenes no pueden abandonar el domicilio familiar” o tienen que pedir un crédito que tienen que pagar durante toda su vida.

Madrid, la comunidad más cara

Según los datos de un estudio publicado por el Consejo de la Juventud, Madrid es la comunidad autónoma donde la vivienda es más cara. Los jóvenes tienen que invertir el 76,6% de su sueldo para comprar una vivienda. En segundo lugar está el País Vasco, con un 75,2%. Lo siguen las Islas Baleares, con un 72,7%, y Cataluña y Canarias, donde los jóvenes tienen que invertir un 65,5% de lo que ganan. En el otro extremo está Extremadura, la comunidad más barata, con un 36,2%. La sigue Galicia (47,6%), Castilla y León (47,7%) y Castilla-La Mancha (49%).

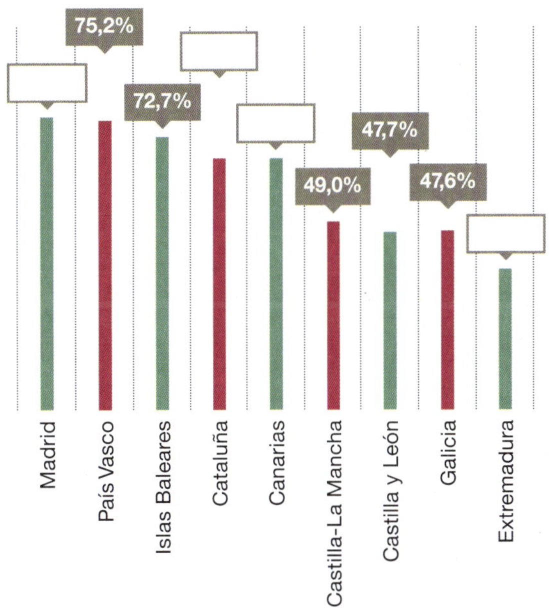

¡Equivocarse es de sabios!

- Wenn ich einen Text schreibe, dann benutze ich Synonyme, Pronomen oder andere Mittel, um die Wörter nicht zu wiederholen.

A las seis de la tarde llego a casa.
A las seis de la tarde > A esa hora llegan también Laura y Juan.
Busco un piso y quiero un piso céntrico > lo quiero céntrico.

Ich versuche meinen schriftlichen Ausdruck zu verbessern und nutze dazu alle mir zur Verfügung stehenden Mittel.

15. Familias de palabras

A. **Eine Wortfamilie besteht aus einer Wortgruppe mit derselben Wurzel und verwandten Bedeutungen. Sieh dir diese Wortfamilien an. Wie heißen die entsprechenden Räume?**

1. habitar, habitable, hábitat, hábito
2. cocer, cocinar, cocinero, cocinilla, cocido
3. pasar, pasaje, paso, paseo, pasajero, paseante, pasado
4. bañar, bañarse, bañera, bañador
5. comer, comida, comedero, comensal

Kennst du ein Wort aus einer bestimmten Wortfamilie, kannst du viele weitere Wörter verstehen. An den Suffixen erkennst du, ob es sich um ein Verb, ein Substantiv, ein Adverb, etc. handelt. Das hilft ebenfalls, die Bedeutung zu erschließen.

B. **In Gruppen. Wählt eine der Wortfamilien. Welche Wörter kennt ihr? Schlagt die unbekannten Wörter nach und teilt das Ergebnis mit der gesamten Gruppe.**

C. **Wähle oben fünf der neuen Wörter aus, die du lernen möchtest. Schreibe mit jedem Wort einen Satz in dein Heft, um das Wort besser zu behalten.**

cocinar: Me encanta cocinar los domingos por la tarde.

16. Inventario

A. **Erstelle eine Liste mit allen Sachen, die sich in dem Zimmer befinden, in dem du arbeitest oder lernst. Notiere, wo genau sich die einzelnen Gegenstände befinden.**

Tengo muchos libros. Los tengo en la estantería, al lado de la cama.
...

B. **Zu zweit. Erkläre einem Kursmitglied, wo sich drei der Gegenstände befinden. Er / Sie muss raten, um was es sich handelt. Dann tauscht ihr die Rollen.**

- Están al lado de la cama, en la estantería...
- Mmm... ¿Son libros?
- ¡Sí, muy bien!

17. Cuando voy a estudiar...

Du willst lernen. Was machst du in welcher Reihenfolge? Erzähle es einem Kursmitglied.

- *encender el ordenador*
- *preparar un café*
- *abrir la ventana*
- *buscar el diccionario*
- *ponerme ropa cómoda*
- *buscar lápiz y papel*
- *apagar el móvil*

■ Yo, antes de sentarme, ordeno los libros y preparo un café. Después...

Willst du dir die Namen der Dinge einprägen, die du ständig benutzt, so verbinde sie mit Zeitpunkt, Ort und Aktivität, bei der du sie verwendest. Notiere sie in einem Satz, dann kannst du sie viel besser behalten.

18. ¿Con qué frecuencia?

A. Wie oft machst du folgende Dinge? Ordne sie in der Tabelle und vergleiche deine Gewohnheiten mit denen eines anderen Kursmitglieds.

- *llamar por teléfono a casa*
- *ir a la facultad*
- *fumar*
- *subir y bajar escaleras*
- *tomarse una cerveza*
- *desayunar tranquilamente*
- *estudiar en la biblioteca*
- *levantarse tarde*
- *hacer deporte*
- *salir de fiesta*
- *ir al supermercado*
- *visitar a la familia*
- *ir a la cafetería de la universidad*
- *comer mucho*
- *coger el autobús*
- *lavarse los dientes*
- *cenar con amigos*
- *ducharse con agua caliente*
- *lavarse el pelo*
- *quedar con amigos*

nunca	a veces (x días a la semana/al mes)	todos los días

· **Nunca** estudio en la biblioteca.
· **No** estudio en la biblioteca **nunca**.

B. Sieh dir noch einmal an, was du jeden Tag machst, und ordne alles in der richtigen Reihefolge. Füge drei weitere Aktivitäten hinzu.

C. Sieh dir das Beispiel an und schreibe, wie und wo du die Dinge tust, die du unter B beschrieben hast. Verfasse anschließend einen Text und benutze darin die Konnektoren 'primero', 'antes de', 'después', etc.

Me levanto y tomo un café. → Me levanto de mal humor y tomo un café en la cocina.

Denke daran, dass du im Internet viele Wörterbücher zum Nachschlagen finden kannst. Gib **diccionario español** ein, und sie werden angezeigt.

1. Der bejahte Imperativ (I): regelmäßige Verben

	comparar	leer	escribir
tú	compar**a**	le**e**	escrib**e**
usted	compar**e**	le**a**	escrib**a**
vosotros	compar**ad**	le**ed**	escrib**id**
ustedes	compar**en**	le**an**	escrib**an**

Der Imperativ wird benutzt, um Bitten zu äußern, Ratschläge oder Anweisungen zu geben oder Befehle zu erteilen.

Die zweite Person Singular (**tú**) ist identisch mit der dritten Person Präsens. Bei **vosotros** wird das **-r** des Infinitivs durch **-d** ersetzt. Der Imperativ von **usted**, **ustedes** hat die "umgekehrten" Vokale der Infinitivendungen.

Die Pronomen stehen hinter dem Verb im Imperativ und bilden mit ihm ein Wort.

- *Lláma<u>me</u> esta tarde.*

2. Der bejahte Imperativ (II): unregelmäßige Verben

Verben mit unregelmäßiger 1. Person

poner	hacer	decir	tener	venir	salir
pon	haz	di	ten	ven	sal

Diese Verben behalten bei **usted** und **ustedes** die Unregelmäßigkeit der ersten Person Singular bei: **ponga**, **pongan**, etc.

Verben mit Sonderformen

	ir	ser
tú	ve	sé
usted	vaya	sea
vosotros	id	sed
ustedes	vayan	sean

3. Adverbiale Angaben der Reihenfolge

primero	luego	después	por último

- *He ido <u>primero</u> a la facultad porque tenía clase hasta las 12 h y <u>luego</u> he pasado por casa de Carlos a por los apuntes de Historia Contemporánea. <u>Después</u>...*

4. Adverbiale Ortsangaben

encima de	debajo de	a la izquierda / derecha de	junto a

- *¿Me ayudas a recoger? Coge la silla que está <u>encima de</u> la cama y llévala al comedor.*

5. Angaben zur zeitlichen Situierung

cuando + Indikativ Präsens	▢ *Normalmente estudio cuando vuelvo de la facultad.*
antes de + Substantiv / Infinitiv	▢ *Tengo que devolver los libros antes del jueves.* ▢ *No me gusta hacer deporte antes de cenar.*
después de + Substantiv / Infinitiv	▢ *Siempre leo un poco después de la cena.* ▢ *Siempre leo un poco antes de acostarme.*

6. Das Partizip: regelmäßige und unregelmäßige Verben

trabajar	comer	salir
trabaj**ado**	com**ido**	sal**ido**

Verben auf **-ar** bilden das Partizip durch Anhängen von **-ado** an den Stamm. Bei Verben auf **-er** und **-ir** wird **-ido** angehängt. Einige Verben bilden ein unregelmäßiges Partizip.

escribir → **escrito**	romper → **roto**	volver → **vuelto**
hacer → **hecho**	decir → **dicho**	ver → **visto**
poner → **puesto**	abrir → **abierto**	morir → **muerto**

7. Das Perfekt mit regelmäßigen und unregelmäßigen Partizipien

haber		Partizip
he **has** **ha** **hemos** **habéis** **han**	+	**escrito** **comido** **cantado**

Man bildet das Perfekt mit dem Präsens von **haber** und dem Partizip Perfekt des Hauptverbs.

Das Partizip ist im Perfekt eine unveränderliche Form.

▢ *Mis padres han ido de vacaciones a Ibiza.* > ~~*Mis padres han idos de vacaciones a Ibiza.*~~

Wir gebrauchen das Perfekt, um uns auf Handlungen oder Ereignisse zu beziehen, die in einem unbestimmten Augenblick in der Vergangenheit stattgefunden haben. Es wird nicht gesagt, wann die Handlung geschehen ist, denn das interessiert nicht oder es ist nicht bekannt. Es steht oft zusammen mit: **ya**, **todavía no**, **siempre**, **nunca**, **muchas veces**...

▢ *Ya he leído el periódico.*

Das Perfekt wird auch gebraucht, um sich auf vergangenen Handlungen zu beziehen, die in einem Zeitabschnitt geschehen sind, der die Gegenwart noch einschließt oder nah daran ist. Es steht oft zusammen mit: **hoy**, **esta mañana**, **esta semana**, **este año**...

▢ *Hoy me he levantado tardísimo y he perdido el autobús.*

⚠ Zwischen Hilfsverb und Partizip steht nichts. Die Pronomen stehen vor dem Hilfsverb.

***La** he llamado esta mañana* > ~~*He la llamado.*~~

⚠ Der Gebrauch des Perfekts ist im Spanischen geografisch begrenzt. In Regionen Nordspaniens, auf den Kanarischen Inseln und in vielen Regionen Lateinamerikas wird es kaum benutzt. Stattdessen wird das Indefinido gebraucht.

*¿**Llamaste** a Javier esta mañana?*

6

Cuando estuve en Buenos Aires...

In dieser Lektion lerne ich ...

Hör- und Leseverstehen

- einen Erfahrungsbericht zu verstehen.
- ein Reisetagebuch zu verstehen.
- Vorbeugungskampagnen zu verstehen.
- einen Text über Landessitten zu verstehen.

Produktion (mündlich und schriftlich) und mündliche Interaktion

- über Erfahrungen zu schreiben.
- Meinungen und Bewertungen über die Sitten anderer Länder auszudrücken.
- Fähigkeit zu benennen.
- auszudrücken, dass ich etwas weiß.
- ein Reisetagebuch zu führen.

Außerdem kann ich lernen ...

Wortschatz und Grammatik

- den Gebrauch von **ser** und **estar**.
- die Indefinitpronomen.
- den verneinten Imperativ.
- Indefinido: regelmäßige und unregelmäßige Verben.
- Zeitangaben für den Gebrauch des Indefinido.
- **se** + 3. Person ("man").
- **Conocer** + Ort / **a** + eine Person.
- Die Wortbildung mit Nachsilben: **-dad**, **-ión**, etc.

Propuestas de trabajo

A2

1. ¿En qué países has estado?

A. Bist du schon einmal im Ausland gewesen? Wo? Markiere das Land auf der Karte.

B. ¿Cómo es la vida allí? Coméntalo con tus compañeros/-as.

- Yo he estado en Cuba, y allí la vida es más tranquila que aquí.
- Yo no he estado nunca en Cuba, pero he viajado algunas veces a Latinoamérica y...

C. Du hast auch deine Partner und Partnerinnen gehört. Glaubst du, dass es Sitten gibt, die in mehreren Ländern gleich sind? Welche?

Mit anderen Menschen über ein Land oder eine Kultur zu sprechen hilft oft, diese Kultur aus unterschiedlichen Gesichtspunkten zu sehen und nicht nur bei den geläufigen Vorurteilen zu bleiben.

D. ¿En qué país te gustaría hacer las siguientes cosas? Rellena la tabla.

	¿Dónde?	¿Por qué?
pasar una semana de vacaciones		
trabajar un verano		
vivir un año		

E. Suche ein Kursmitglied, das in dieselben Länder reisen möchte wie du, und frage nach den Gründen. Stimmen sie mit deinen überein?

2. Experiencias

A. **Lee las experiencias de estos estudiantes españoles. ¿Te identificas con alguno?**

Elena. A mí me resultó bastante difícil mi último año de carrera. Estuve en Helsinki y me costó mucho estudiar en otra lengua. Además, no conseguí adaptarme al clima. De todas formas, no me arrepiento de nada. Fue una experiencia inolvidable, aunque a veces dura; es difícil estar un año entero sin tus amigos y tu familia.

Vicente. Yo acabo de volver de Irlanda. He estado nueve meses en Cork. Ha sido divertidísimo: he conocido a muchos irlandeses y a otros estudiantes Erasmus. Lo que más me ha gustado ha sido la universidad: es completamente diferente a la universidad en España. Me ha encantado conocer otro sistema de estudios. Quiero volver el año que viene.

Juan Carlos. Yo estuve el año pasado en Salzburgo. Lo pasé fenomenal, sobre todo porque conocí a mucha gente nueva e hice amigos de todo el mundo. Este año quiero viajar para visitarlos. Algún día me gustaría volver a Salzburgo, pero esta vez a trabajar.

Das Perfekt ist eine Zeitform, die, mit Ausnahme einiger nordwestlichen Regionen, hauptsächlich in Spanien gebraucht wird. In der übrigen spanischsprachigen Welt benutzt man das Indefinido. Beachte:

Este fin de semana <u>he ido</u> al cine. > España

Este fin de semana <u>fui</u> al cine. > Latinoamérica y algunas regiones de España

B. **Sieh dir die Verbformen genau an und trage sie dann, zusammen mit dem Infinitiv, in die entsprechende Spalte ein.**

Presente	Pretérito Indefinido	Pretérito Perfecto
me arrepiento - arrepentirse	viví - vivir	he estado - estar

C. **Sieh dir die folgenden Sätze an. Verstehst du, wann jeweils welche Zeit gebraucht wird? Sprich mit deinem Partner / deiner Partnerin darüber.**

- Yo **estuve** el *año pasado* en Salzburgo.
- **He estado** *este semestre* en Cork.

D. **Piensa en tu último viaje y termina estas frases según tu experiencia.**

- Durante aquel viaje, visité/conocí/vi…
- Fue una experiencia…
- Comí…
- Me pareció maravilloso/impresionante/duro…
- Eché de menos…

· ¿Conoces Roma?
· ¿Conoces **a** Santi?

3. Un día en mi viaje

A. **Lies diesen Auszug aus Vicentes Reisetagebuch, in dem er von seinem ersten Tag an der Universität erzählt. Ist er mit dem bisherigen Verlauf seiner Reise zufrieden? Weshalb?**

Domingo 7 de octubre

Ayer estuve en una fiesta de bienvenida. ¡Tengo la sensación de que voy de fiesta en fiesta continuamente! Me lo pasé genial. Conocí a un grupo de irlandeses y alemanes bastante locos y muy divertidos y estuvimos toda la noche charlando. Hoy los he visto en la universidad y hemos ido a tomar un café después de clase. Mañana quiero hacer una excursión por los alrededores, me han dicho que hay un parque natural precioso y me gustaría conocerlo.

B. **Denke an eine deiner Reisen und schreibe eine Seite des Reisetagebuchs. Folgende Information kannst du mit einbeziehen.**

- qué cosas has hecho / hiciste
- qué lugares has visitado / visitaste
- con quién has estado / estuviste
- cómo valoras ese día

Mache zuerst einen Entwurf. Lies ihn und überlege, wie du die Information erweitern und den Text anreichern kannst.

Hemos hecho una excursión a… > Hemos hecho una excursión <u>de seis horas</u> a…

4. Campañas de prevención

A. Dies sind die Plakate für drei Vorbeugungskampagnen. Weißt du, um welches Thema es jeweils geht? Tausche dich mit anderen Kursmitgliedern darüber aus.

- Yo creo que el primer eslogan se refiere a...
- Bueno, también puede ser de...

Infinitive auf -ar
toma>no tomes
tome>no tome
tomad>no toméis
toman>no tomen

Infinitive auf -er, -ir
bebe>no bebas
beba>no beba
bebed>no bebáis
beban>no beban

B. Lies nun die Prospekte von zwei der Kampagnen und vervollständige die Ratschläge mit der jeweils passenden Imperativform.

1. no bebas
2. tómala
3. deja
4. no te olvides
5. lleva
6. ponlo
7. toma
8. protege
9. convence

Si bebes cerveza, ___:
- con moderación
- para refrescarte
- por placer
- para disfrutar de la comida o acompañar el aperitivo
- para compartir un buen rato con tus amigos
- Y si vas a conducir, ___ cerveza sin alcohol

___:
- para eludir un problema
- para "impresionar"
- en ayunas
- si estás tomando fármacos o sedantes
- mezclando diferentes bebidas alcohólicas

Por un uso responsable del preservativo

Con miedos no se disfruta
Para pasarlo bien no podemos tener en la cabeza el temor al embarazo o al contagio de una infección.

___ siempre un preservativo contigo
Es importante tenerlo a mano porque no sabes en qué momento lo vas a necesitar.

No te cortes y ___ con gracia
El preservativo forma parte del juego erótico. ¡Ah! Y ___ de comprobar que no esté caducado ni deteriorado.

Ahora, tres por un euro. Es una iniciativa de Salud Pública del Gobierno de Aragón en colaboración con los Colegios Oficiales de Farmacéuticos de Aragón.

___ tu presente, conservarás tu futuro
es el eslogan de esta campaña,
pero seguro que tú también tienes el tuyo.

¡___ a un amigo o amiga a usar preservativo!

___ tu propio eslogan en la web www.protegetupresente.com

Hay importantes premios para los ganadores y sorteos entre todos los participantes.

Colegios Oficiales de Farmacéuticos de Aragón
GOBIERNO DE ARAGON
Departamento de Salud y Consumo

C. Zu viert. Wählt die Kampagne aus, die euch am meisten interessiert, und beantwortet die Fragen. Anschließend trägt jede Gruppe ihre Schlussfolgerungen vor.

- ¿Cómo es la situación entre los jóvenes de vuestros países con respecto a este tema?
- ¿Qué problemas existen relacionados con ese tema?
- ¿Ha habido cambios en los últimos años?
- ¿Qué creéis que se puede hacer para prevenir?

- En mi país **se consume** poca droga.
- En mi país **se hacen** muchas campañas de sensibilización.
- **Se puede** poner más transporte público por la noche.
- **Se pueden** regalar preservativos.

5. La gente joven y sus valores

A. ¿Estás en contra o a favor de las siguientes cosas? Háblalo con un/a compañero/-a.

- de vivir con tu pareja sin casarte
- de ser padre soltero o madre soltera
- de la educación religiosa en las escuelas
- de la educación sexual de los jóvenes
- del consumo moderado de drogas
- de la prohibición de fumar en todos los lugares públicos

■ Yo estoy a favor del consumo moderado de drogas como el alcohol o el tabaco.
□ Pues yo estoy en contra porque me parecen peligrosas.

· Estoy a favor de… porque…
· Estoy en contra de… porque…

B. Sieh dir die Statistik über die Einstellung spanischer Jugendlicher zu diesen sozialen Themen an. Wie sähe die Statistik in deinem Land aus? Sprich mit einem Kursmitglied darüber.

Casi el 80% de la juventud española define su posición política como de centro (36%) o de izquierda (40%). Estas son las cifras de una encuesta en la que han participado 3000 estudiantes universitarios de los últimos cursos en toda España.

A FAVOR…	EN CONTRA…	TIENEN CONFIANZA EN…
de vivir con una persona sin estar casado con ella 88%	de la legalización de la marihuana 43%	la Iglesia Católica 29%
del matrimonio homosexual 79%	del aborto 30%	los políticos 34%
de la adopción por parte de parejas homosexuales 68%	de que se pueda ser padre sin tener una pareja estable 22%	los ecologistas 61%
de la llegada de inmigrantes a España 53%		las ONG (Organizaciones No Gubernamentales) 70%

Wenn es einen Aspekt gibt, der mir schwierig erscheint und wo ich viele Fehler mache, dann bitte ich meinen Dozenten / meine Dozentin um weitere Übungen. Zudem versuche ich, den Grund für meine Fehler herauszufinden, um sie danach korrigieren zu können.

¡Equivocarse es de sabios!

- Wenn ich die Verben **ser** und **estar** gebrauche, dann vergewissere ich mich, dass ich es richtig mache: Mit **ser** drücke ich Eigenschaften aus, mit **estar** Zustände.

Este país es maravilloso y ¡tiene tanta cultura!
Estoy muy cansada, pero muy contenta.

6. El Sirvinacuy

A. Wie soll dein/e Traumpartner/in sein? Sprich mit einem Kursmitglied und vervollständige die Liste mit weiteren Eigenschaften, die dir wichtig sind.

- Para mí, un hombre tiene que ser atractivo, pero no me importa su edad.
- Pues para mí, una mujer tiene que ser sobre todo divertida e inteligente.

- saber hablar ruso/tocar la guitarra/bailar tango/cocinar...
- ser buena persona/trabajador/honrado/guapo/inteligente/divertido/despistado...
- tener buen aspecto/veinte años/muchas cualidades/una vida interesante/buena figura...

B. Weißt du, was der "Sirvinacuy" ist? Achte beim Lesen besonders auf die Aussagen über den idealen Mann und die ideale Frau. Stimmen sie mit deinen Kriterien überein?

El Sirvinacuy o matrimonio a prueba es una antigua costumbre incaica que todavía existe entre los campesinos de los Andes. Se trata de un período de convivencia entre la novia y el novio, personas que se sienten atraídas física y espiritualmente. Las personas comienzan a vivir juntas sin estar casadas, pero solo si los padres están de acuerdo, ya que según la costumbre andina, son los mayores quienes se ocupan de los asuntos matrimoniales. La virginidad, que es tan importante en otras sociedades, aquí no lo es. Para estos pueblos, la mujer ideal tiene un busto abundante y caderas anchas, es fuerte para trabajar en el campo, es buena, sabe tejer y cuidar el ganado y tiene más de quince años. El hombre ideal, por su parte, es trabajador y honrado, y no bebe mucho.

Los padres van con el novio a casa de la novia y son ellos quienes piden su mano. Después se hace una gran fiesta y se encierra a los novios en una habitación. Entonces comienza la luna de miel. Normalmente, después de un tiempo la pareja se casa, pero otras veces, el Sirvinacuy no funciona. En ese caso, las consecuencias negativas son normalmente para la mujer, aunque hay hombres que prefieren una mujer con experiencia matrimonial. El Sirvinacuy tiene unas normas que hay que respetar: tanto el hombre como la mujer deben demostrar que son capaces de vivir juntos y que están preparados para formar una familia.

C. Completa la tabla con las expresiones del texto formadas con el verbo ser o estar.

ser...	estar...
fuerte	de acuerdo

D. Was hältst du von dieser Tradition? Gibt es in deinem Land eine kuriose Tradition in Bezug auf das Leben als Paar oder die Ehe?

E. ¿Y tú? ¿Qué cosas sabes hacer? Escribe cinco cosas que sabes hacer y cómo: regular, bien, bastante bien, muy bien o fenomenal.

1. Sé cocinar muy bien.
2.
3.
4.
5.

F. Busca en la clase a una persona que sepa hacer lo mismo que tú e igual de bien.

- ¿Sabes hablar francés?
- Sí, lo hablo bastante bien.
- Qué bien. Yo también.

7. Así lo cuentan

48 - 52 **A.** Escucha a estos estudiantes que han estado en el extranjero. Fíjate bien en lo que dicen y completa la tabla.

Was erwartest du zu hören, wenn dir jemand von einer Reise berichtet? Wenn du daran denkst, dann hilft dir dein Vorwissen, die gehörte Information zu rekonstruieren. Diese Strategie kannst du auch bei anderen Textsorten und Themenbereichen einsetzen.

	Dónde estuvo	Cuándo estuvo	Qué hizo	Cómo fue la experiencia	Aspectos positivos	Aspectos negativos
María						
Jorge						
Enrique						
Eva						
Iván						

B. ¿Cuál te parece la experiencia más interesante? ¿Por qué? Coméntalo con tus compañeros/-as.

- Para mí, la experiencia más interesante es la de Eva.
- ¿Sí? ¿Por qué?
- Pues porque...

8. En la cafetería

53 **A.** Escucha lo que cuenta Veronika sobre su Erasmus en España y marca las frases que coinciden con lo que dice.

Wenn du die Sätze vor dem Hören liest, brauchst du sie anschließend nur wiederzuerkennen.

- ☐ *El sistema de asignaturas es libre y yo, como estudiante, puedo elegir las que me interesan.*
- ☐ *Todos los estudiantes toman nota de lo que explica el profesor durante la clase.*
- ☐ *En las clases hay muchos debates y actividades prácticas.*
- ☐ *Es fácil compartir piso con chicos españoles.*
- ☐ *Es muy fácil conocer a otros estudiantes en las fiestas de la universidad.*

53 **B.** Höre die Aufnahme noch einmal an und korrigiere die Informationen, die nicht zutreffen. Vergleiche anschließend deine Korrekturen mit denen eines anderen Kursmitglieds.

9. Erasmus, un balance positivo

A. **Folgende Beiträge haben Studenten im Erasmusforum einer spanischen Universität geschrieben. Wem ist es deiner Meinung nach am leichtesten gefallen, im Ausland zu leben? Und wem besonders schwer? Nenne die Gründe.**

(1) **¡Hola a todos!** Este semestre he estado en Brighton, en Inglaterra. Mi experiencia ha sido muy buena. Hay cosas que me han gustado mucho (la comida no, desde luego), como el paisaje y la naturaleza, que he conocido en varios viajes por el país. También me han gustado los pubs y el sistema universitario, tan diferente al nuestro. Ha sido realmente interesante. Pero la verdad es que ha sido también duro porque el invierno es muy largo y llueve muchísmo. He echado mucho de menos mi tierra y esos colores tan típicos que se ven desde la ventana del avión cuando llegas a casa: verde, amarillo y ese marrón tan vivo que no existe en Inglaterra. ¡Pero he descubierto muchos tonos de verde que no existen en el sur de España!

(2) **¡Hola!** Yo estoy estudiando en Gröningen, Holanda, y si hay algo que admiro es que aquí casi todo el mundo habla bastante bien inglés (y francés, alemán y español). Los holandeses tienen mucha facilidad para las lenguas. En cambio, en España poca gente domina varios idiomas. La verdad es que estudiar en el extranjero está siendo una experiencia fantástica. Vivo en una residencia de estudiantes con gente de muchos países: ingleses, alemanes, rusos, italianos, españoles y holandeses. Casi siempre hablamos en inglés, porque es la lengua que sabemos todos. Pero pienso quedarme un semestre más y mudarme a un piso compartido con estudiantes holandeses. ¡Así practico un poco el holandés! Es la mejor manera de aprender y de conocer más la cultura. Echo de menos a mi gente, pero estoy contenta porque sé que voy a llevarme una experiencia para contarla toda la vida.

(3) **¡Hola!** Está claro que no hay nada mejor que salir de casa para deshacerse de prejuicios y estereotipos sobre las culturas. Berlín me ha encantado y la vida de estudiante en Alemania es genial. Tienen muchas más vacaciones que nosotros en España: después de dos meses de vacaciones de invierno entre febrero y abril, ahora tenemos casi una semana por Pentecostés, y luego, otros dos meses de verano. Aquí, si eres estudiante tienes muchas ventajas. En primer lugar, la matrícula de la universidad es mucho más barata que en España, y con el carné de estudiante se puede ir gratis al centro de deportes del campus. Hay muchos ordenadores a nuestra disposición durante todo el día y también se pueden aprender muchísimas lenguas por muy poco dinero: ¡desde chino a húngaro, pasando por el guaraní o el quechua! La calidad de la enseñanza es muy buena: hay muchos menos estudiantes por clase y las carreras tienen un enfoque más práctico que en España. ¿Desventajas del país? ¡El clima! Es verdad que hace frío y que el invierno es duro y gris. Pero a todo te acostumbras.

(4) **¡Hola, gente!** La verdad es que me han parecido muy interesantes vuestras contribuciones al foro y ver que todos hemos pasado más o menos por lo mismo y hemos comprobado que desde que pones los pies fuera de casa la vida no es un camino de rosas. Yo estuve el año pasado en el norte de Francia, y la verdad es que me resultó muy difícil. Allí, la gente lleva otro ritmo de vida y yo no conseguí adaptarme del todo. De todas formas, no me arrepiento de nada de lo que he hecho hasta ahora y creo que me sirve para apreciar mucho más mi país. Me ha gustado vivir fuera una temporada, pero para mí es muy importante vivir cerca de mi familia.

- Es cierto que…, pero por otra parte…
- Está claro que…
- Es obvio que…
- Supongo que…
- Todo el mundo sabe que…
- Es un hecho conocido que…
- Pienso que …
- Creo que…
- Me parece que…
- Un aspecto positivo es…
- Lo negativo es (que)…

B. **¿Cuáles son los aspectos positivos y negativos de vivir un tiempo en el extranjero? ¿Te gustaría ir a vivir a algún país? ¿Tienes amigos extranjeros en tu país? ¿Cómo ven la experiencia? Coméntalo con tus compañeros/-as.**

10. Viajes que te cambian la vida

A. ¿Sabes quién fue este personaje? ¿Qué sabes de él? Coméntalo con un/a compañero/-a.

- Bueno, sí, esta foto es de... que fue famoso por...
- ¿Seguro? Yo creo que es...

B. Der Film *Diarios de motocicleta* erzählt von einer für Che Guevara richtungsweisenden Reise.
Zu zweit. Seht euch die Fotogramme des Films an und versucht, so viel wie möglich über diese Reise zu erraten. Tragt anschließend alle Ergebnisse zusammen.

- medio de transporte
- quién
- por dónde
- condiciones

...

C. Lee ahora la sinopsis de la película. ¿Coincide con vuestras hipótesis?

Diarios de motocicleta

En 1952, dos jóvenes argentinos, Ernesto Guevara y Alberto Granado, comienzan un viaje para descubrir la verdadera América Latina. Ernesto es un joven estudiante de Medicina de 23 años de edad, especializado en leprología. Alberto es un bioquímico de 29 años. La película muestra a dos jóvenes en su viaje de descubrimiento por el continente latinoamericano.

Los dos amigos salen de Buenos Aires en una antigua motocicleta Norton de 500cc del año 1939, «la poderosa». La moto se avería y los viajeros continúan en autostop. Poco a poco, van tomando contacto con una Latinoamérica diferente, que se muestra en las personas que encuentran en su viaje.

Su ruta los lleva hasta Machu Picchu, donde las majestuosas ruinas y la extraordinaria presencia de la cultura inca los impresionan profundamente. Cuando llegan a San Pablo, un lugar en la selva amazónica donde hay un asilo de leprosos, se quedan con ellos un tiempo y ayudan a tratarlos. En ese momento los dos viajeros comienzan a reflexionar sobre el valor del progreso como lo definen algunos sistemas económicos, que dejan a tantas personas en la miseria, y comienzan a convertirse en los hombres que van a ser en el futuro. Allí se define el camino ético y político de sus vidas.

11. El diario

A. Vas a leer unas notas sobre la experiencias del Che en San Pablo, basadas en su diario. Antes, intenta relacionar cada palabra con su definición.

1. asilo	**a.** estudio, investigación, análisis
2. refrigerador	**b.** que tiene mucha barriga, tripa
3. tribu	**c.** arma de fuego que se usa para cazar
4. caserío	**d.** persona que no está sana, que no goza de buena salud
5. barrigón	**e.** nevera. Electrodoméstico para conservar los alimentos fríos
6. escopeta	**f.** lugar benéfico donde vive o se ayuda a gente
7. enfermo	**g.** grupo social étnico o cultural
8. examen	**h.** casa grande en una zona rural

B. Ahora coloca cada palabra en el fragmento que le corresponde.

1. Ernesto y Alberto llegan a San Pablo donde hay 600 ________ que viven en típicas casas de la selva, independientes, ejerciendo sus profesiones libremente en una organización con su ritmo y características propias. El respeto de todos al coordinador de la colonia, el doctor Bresciani, es notable.

2. En otra ocasión, los amigos visitan la parte sana del ________ que tiene una población de unas 70 personas. Allí observan que faltan las comodidades fundamentales como luz eléctrica todo el día, ________, un buen microscopio o un laboratorista.

3. También tienen la ocasión de conocer a una ________ de indios, los yaguas. Visitan a una familia que vive en un ________ y ven que los chicos son ________ y algo esqueléticos, mientras que los viejos no presentan ningún signo de avitaminosis , al contrario de lo que sucede entre la gente que vive en el monte. Ernesto anota en su diario que la base de su alimentación son las yucas, los plátanos y el fruto de una palmera, así como animales que cazan con una ________.

4. Un día acompañan al doctor Bresciani en sus ________ del sistema nervioso a los enfermos para su estudio de las formas nerviosas de la lepra para el que se ha basado en 400 casos.

C. Hast du jemals an einem Freiwilligenprojekt mitgewirkt oder hast du eine Erfahrung gemacht, die dich sehr geprägt hat? Erzähle einem Kursmitglied davon.

D. Piensa en esa experiencia y resúmela en algunas notas.

12. Es una persona muy responsable

A. **Ya conoces los siguientes adjetivos. ¿Puedes formar su sustantivo siguiendo el ejemplo de la tabla?**

-dad		-ismo		-ez	
responsable	responsabilidad	idealista	idealismo	honrado	honradez
oportuno		nervioso		sencillo	
bueno	¡Ojo! bondad	pesimista		viejo	¡Ojo! vejez
sensible		egoísta		sensato	
creativo		racista		…	
pasivo		optimista			
moderno		…			
serio					
…	tranquilidad				

-ión		-ía		-eza	
ambicioso	ambición	simpático	simpatía	triste	tristeza
comprensivo		alegre		torpe	
pasional		apático		…	
preocupado		…			
…					

B. **Die Substantive in der Tabelle bezeichnen Eigenschaften. Kannst du weitere hinzufügen? Ordne sie nach ihren Endungen und füge die entsprechenden Adjektive hinzu.**

Achte auf die Endung eines Wortes, denn sie kann dir dabei helfen, dessen Geschlecht zu erkennen.

C. **¿Cuáles de las cualidades anteriores son masculinas y cuáles femeninas?**

D. **¿Cuáles de las cualidades anteriores son positivas y cuáles negativas? Completa la tabla.**

cualidades positivas	cualidades negativas

E. **De los adjetivos anteriores, ¿cuáles puedes combinar con el verbo ser, cuáles con estar y cuáles con ambos?**

ser	estar	ser y estar

F. **¿Y tú? ¿Cómo eres? Y, ¿cómo te sientes hoy? Cuéntaselo a un/a compañero/-a.**

- Yo soy alegre y optimista, pero hoy estoy un poco preocupado…

13. En otros idiomas

A. Oft kannst du die Bedeutung eines Wortes erahnen, weil es einem Wort in einer dir bekannten Sprache gleicht. Sieh dir die Tabelle an und trage die Wörter ein, die du schon kennst.

en español	en inglés	en francés	en...
	young	jeune	
	discover	découvrir	
	student	étudiant	
	continent	continent	
	motorcycle	motocyclette	
	different	différent	
	culture	culture	
	time	temps	

B. ¿Puedes añadir otras palabras a la lista?

14. Diez consejos

Ein Kursmitglied wird ein Jahr lang im Ausland studieren. Welche zehn Ratschläge möchtest du ihm mitgeben? Formuliere sie und erstellt dann zusammen eine Liste. Welche Ratschläge werden am häufigsten erteilt?

1. *No tengas miedo de utilizar la lengua del país.*
2. *Intenta mantener una actitud positiva.*
3. *...*

15. Cosas nuestras

Completa estas frases con tu información personal. Luego coméntalo con un/-a compañero/-a. ¿Te ha sorprendido algo de lo que te ha dicho?

1. Yo nunca he...
2. Siempre he querido...
3. El año pasado estuve en...
4. Mi mejor viaje fue...
5. Lo más interesante de esta semana ha sido...

- hoy/esta semana/este año/esta mañana/nunca + Pretérito Perfecto
- ayer/el año pasado/en 2003 + Pretérito Indefinido

1. Der Gebrauch von **ser**

drückt Eigenschaften des Substantivs aus	▫ *Los zapatos que me han regalado son verdes.*
drückt Ort/Lage eines bereits erwähnten Ereignisses aus	▫ *La cena es en casa de Anna.*
identifiziert etwas oder jemanden	▫ *Esta chica de la foto es mi novia.*

2. Der Gebrauch von **estar**

drückt besondere Zustände in einem bestimmten Augenblick aus	▫ *Marta está muy nerviosa por los exámenes.*
drückt die Lage im Gelände aus	▫ *La Facultad de Economía está en el campus norte.*

3. Indefinitpronomen

Ohne Bezug zu einem Substantiv	
alguien / nadie	▫ *¿Hay alguien en casa?* ▪ *Parece que no hay nadie.*
algo / nada	▫ *¿Hay algo interesante en el cine?* ▪ *No. Hoy no hay nada interesante.*
Mit Bezügen zu einem Substantiv	
alguno/-a/-os/-as **ninguno/-a/-os/-as**	▫ *¿Hay algún problema con el ejercicio?* ▪ *No he visto ninguno.* ▫ *¿Te parecen fáciles estos ejercicios?* ▪ *Algunos sí, otros no.* ▫ *¿Tienen alguna pregunta?* ▪ *Por el momento, ninguna.* ▫ *¿Comprendes todas las reglas gramaticales?* ▪ *Algunas sí y otras no.*

Alguien und **nadie** beziehen sich auf Personen. **Algo** und **nada** gebrauchen wir, um uns auf Sachen zu beziehen.

Stehen **alguno** oder **ninguno** vor einem männlichen Substantiv im Singular, verlieren sie die Endung **-o**.

Stehen **nada**, **nadie** oder **ningún/-o/-a/-os/-as** hinter dem Verb, so steht die Verneinung **no** davor.

- *No he estado nunca en China. / ~~No he estado alguna vez en China.~~*
- *No gano nada con este negocio. / ~~No gano algo con este negocio.~~*
- *Aquí no me conoce nadie. / ~~Aquí no me conoce alguien.~~*
- *No necesito ningún consejo, sé hacerlo yo solo. / ~~No necesito algún consejo, sé hacerlo yo solo.~~*

4. Der verneinte Imperativ

	tú	usted	nosotros/-as	vosotros/-as	ustedes
bajar	no bajes	no baje	no bajemos	no bajéis	no bajen
dar	no des	no dé	no demos	no deis	no den
decir	no digas	no diga	no digamos	no digáis	no digan
dormir	no duermas	no duerma	no durmamos	no durmáis	no duerman
leer	no leas	no lea	no leamos	no leáis	no lean
pedir	no pidas	no pida	no pidamos	no pidáis	no pidan
poner	no pongas	no ponga	no pongamos	no pongáis	no pongan
salir	no salgas	no salga	no salgamos	no salgáis	no salgan
sentarse	no te sientes	no se siente	no nos sentemos	no os sentéis	no se sienten
sentirse	no te sientas	no se sienta	no nos sintamos	no os sintáis	no se sientan
ser	no seas	no sea	no seamos	no seáis	no sean
subir	no subas	no suba	no subamos	no subáis	no suban
tener	no tengas	no tenga	no tengamos	no tengáis	no tengan
venir	no vengas	no venga	no vengamos	no vengáis	no vengan

In der Höflichkeitsform **usted**, **ustedes** sind der bejahte und verneinte Imperativ gleich.

Verben, die auf **-ar** enden, haben die Endung **-e**.

Verben, die auf **-er** und **-ir** enden, haben die Endung **-a**. Nur in der **vosotros**-Form der Verben auf **-ir** wird das **i** der Endung zu **a**.

Verben, die in der 1. Person Präsens eine Unregelmäßigkeit aufweisen, behalten diese auch im verneinten Imperativ bei (p**i**do: no p**i**das, no p**i**da, no p**i**dáis, no p**i**dan). Ausnahmen bilden die **vosotros**-Formen der Verben **mentir**, **sentir**, **preferir** sowie **dormir** und **morir** (m**ie**nto: no m**ie**ntas, no m**i**ntáis; d**ue**rmo: no d**ue**rmas, no d**u**rmáis).

Einige Verben mit besonderen Formen

	ser	estar	ir
tú	no seas	no estés	no vayas
usted	no sea	no esté	no vaya
vosotros	no seáis	no estéis	no vayáis
ustedes	no sean	no estén	no vayan

⚠ Beim verneinten Imperativ stehen die Pronomen immer vor dem Verb.

No ***la*** *llames por la mañana, que está trabajando.*

5. Das Indefinido (I): regelmäßige Verben

viajar	nacer	vivir
viaj**é**	nac**í**	viv**í**
viaj**aste**	nac**iste**	viv**iste**
viaj**ó**	nac**ió**	viv**ió**
viaj**amos**	nac**imos**	viv**imos**
viaj**asteis**	nac**isteis**	viv**isteis**
viaj**aron**	nac**ieron**	viv**ieron**

Wir gebrauchen das Indefinido, um uns auf vergangene Handlungen zu beziehen, die innerhalb eines konkret festgelegten Zeitraums abgelaufen sind.

- *El año pasado acabé la carrera.*

Wir gebrauchen diese Form auch, um auf neue Handlungen hinzuweisen, die dazu beitragen, dass die Erzählung weitergeht.

- *La gata estaba dormida, pero hubo un ruido y se asustó. Entonces...*

6. Das Indefinido (II): unregelmäßige Verben

Verben mit Vokalwechsel **e → i** und **o → u**

pedir	dormir
pedí	dormí
pediste	dormiste
p**i**dió	d**u**rmió
pedimos	dormimos
pedisteis	dormisteis
p**i**dieron	d**u**rmieron

Die wichtigsten unregelmäßigen Verben mit ihrem unregelmäßigen Stamm

poder	→	**pud-**	querer	→	**quis-**		
saber	→	**sup-**	venir	→	**vin-**		**-e**
poner	→	**pus-**	hacer	→	**hic-**		**-iste**
caber	→	**cup-**	decir	→	**dij-**		**-o**
tener	→	**tuv-**	traer	→	**traj-**	+	**-imos**
estar	→	**estuv-**	conducir	→	**conduj-**		**-isteis**
andar	→	**anduv-**	producir	→	**produj-**		**-ieron**
haber	→	**hub-**	traducir	→	**traduj-**		

Decir, **traer** und die Verben auf **-ucir** verlieren das **i** in der Endung der 3. Person Plural.

Die Verben **ir** und **ser**

ir	ser
fui	**fui**
fuiste	**fuiste**
fue	**fue**
fuimos	**fuimos**
fuisteis	**fuisteis**
fueron	**fueron**

Diese beiden Verben haben in allen Personen des Indefinido die gleiche Form.

7. Zeitangaben, die bevorzugt für den Gebrauch des Indefinido stehen

ayer	el viernes	el año pasado	en marzo
anoche	el martes	la semana pasada	en 1982
anteayer	…	…	el 10 de octubre
…			…

8. se + 3. Person („man")

Dem deutschen „man" entspricht **se** + Verb in der dritten Person.

- En mi país se consume poca droga.
- Cuando se conduce, no se debe tomar alcohol.
- En los Andes se practica el matrimonio a prueba.
- Se hace una gran fiesta.
- Con el carnét de estudiante se puede ir al centro.

Ist das Bezugswort ein Substantiv im Plural, so steht, anders als im Deutschen, auch das Verb im Plural.

- En mi país se hacen muchas campañas de prevención.
- En esta campaña se venden tres preservativos por un euro.
- En el extranjero se conocen otras formas de vivir.

⚠ In der geschriebenen Sprache, insbesondere in akademischen Texten, wird die unpersönliche Form sehr häufig gebraucht.

En mi trabajo ***se describe*** *la situación de la población latina en California. En primer lugar,* ***se explican*** *los objetivos. A continuación,* ***se cuestionan*** *algunas teorías tradicionales y finalmente,* ***se proponen*** *algunas líneas futuras de investigación.*

Tortilla: *lleva patata, aceite y sal. Falta…*

7

¡A la mesa!

In dieser Lektion lerne ich …

Hör- und Leseverstehen

- zu verstehen, woraus ein Gericht besteht.
- einen Forumsbeitrag über die "sobremesa" zu lesen.
- Information über Essgewohnheiten zu verstehen.
- eine Speisekarte zu verstehen und einer Unterhaltung in einem Restaurant zu folgen.
- Kindheitserinnerungen und Biografien zu lesen.
- Zeitungsartikel über Fast Food zu lesen.

Produktion (mündlich und schriftlich) und mündliche Interaktion

- ein Gericht zu beschreiben und ein Menü zusammenzustellen.
- über Sitten und Essgewohnheiten zu sprechen.
- mich in einem Blog zu den Themen Essen und Kindheit einzubringen.
- über die Kindheit zu sprechen.
- einen Zeitungsartikel zusammenzufassen.
- schriftlichen Rat zu gesunder Ernährung zu geben.

Außerdem kann ich lernen …

Grammatik und Wortschatz

- den Subjuntivo: um Wünsche zu äußern.
- das Gerundium (II).
- das Imperfekt: regelmäßige und unregelmäßige Verben.
- den Superlativ: die Nachsilbe **-ísimo/-a/-os/-as.**)
- die Bildung von Gegensatzwörtern (Antonymen).

Paella: *lleva marisco, pollo, cebolla, pimentón, azafrán, perejil y ajo. Falta…*

Guacamole: *lleva cebolla, chile, tomate, cilantro, sal y limón. Falta…*

Ceviche: *lleva pescado o marisco, sal, cilantro, tomate, chile, cebolla y pimienta. Falta…*

Pastel de carne: *lleva patata, cebolla, harina, huevo, aceite y sal. Falta…*

Propuestas de trabajo

A2

1. ¡A comer!

A. Schreibe alles auf, was dir zum Thema Essen einfällt. Vergleicht eure Ergebnisse zu zweit und ordnet sie in einem Wortnetz.

B. ¿Conoces los platos de estas fotografías? ¿Con qué países los relacionas?

C. En cada plato falta un ingrediente de la cesta, ¿sabes cuál es? Coméntalo con un/a compañero/-a.

- Yo creo que la tortilla lleva ajo, ¿no?
- No, ajo, no, puede llevar cebolla, creo.

D. ¿Conoces otros platos típicos del mundo hispanohablante? Con un/a compañero/-a escoged uno y decid al resto de la clase qué ingredientes lleva.

2. ¿Nos trae la carta, por favor?

54 **A. Javier, Sandrine y Alessandra han ido a comer a un restaurante. Escucha su conversación y di qué ha comido cada uno.**

54 **B. Vuelve a escuchar la conversación y contesta a las siguientes preguntas.**

1. ¿Es lo mismo una tapa que una ración?
2. ¿Qué quería tomar en realidad Alessandra?
3. ¿Les ha gustado la comida? ¿Por qué?

54 **C. Escucha de nuevo la audición y fíjate en las expresiones que se utilizan para hacer las siguientes cosas.**

- Pedir la carta → *¡Camarero, la carta, por favor!*
- Pedir una recomendación
- Pedir lo que se va a tomar
- Hacer un comentario sobre la comida
- Ofrecer vino u otra cosa
- Pedir la cuenta

3. Sobremesa

A. ¿Sabes qué significa "sobremesa"? Coméntalo con un/a compañero/-a.

B. Lee las intervenciones de este foro. ¿Entiendes ahora la palabra? ¿Coincide con tus suposiciones?

Google

Costumbres que se pierden

1. Hola a tod@s... ¿Alguien hace sobremesa todavía?, ¿tenéis tiempo? La verdad... yo añoro muchísimo las sobremesas con mi familia después de las comidas. Hablábamos de todo, y al final siempre me quedaba yo sola con mi madre o con mi hermano. ¡Me encantaba! Apagábamos la tele y nos quedábamos cerca de una horita charlando de nuestras cosas... Ahora, vamos todos como locos.

2. La verdad es que NO, porque NUNCA hemos sido una familia unida. Desde siempre, cuando acabamos de comer, cada uno se va a hacer sus cosas. No se habla ni se comenta nada. Una pena. ¡¡Saludos!!

3. Sí, afortunadamente todavía hago sobremesa, porque yo no trabajo por la tarde y mis hijos tienen tiempo. Muchas veces tenemos la televisión encendida, comentamos las noticias del día y hablamos de política o de otros temas. Creo que para todos es muy interesante. Un abrazo.

C. Y tú, ¿haces sobremesa? ¿Qué importancia tienen los horarios de las comidas en tu vida? Coméntalo con tu compañero/-a y con el resto de la clase.

- Yo no tengo tiempo para hacer sobremesa, pero me gustaría.
- Pues yo...

4. Menú del día

A. **Lee este menú de un restaurante colombiano. ¿Qué te gustaría comer hoy?**

- A mí me gustaría probar los envueltos de pescado.
- Yo prefiero papas rellenas con carne...

RESTAURANTE CASA VIEJA

MENÚ TÍPICO COLOMBIANO

Sopas, entradas y acompañamientos

Arepas (*masas de harina de maíz y queso*)	7,50 €
Crema de choclo	4,00 €
Envueltos de pescado	6,50 €
Papas rellenas con carne	3,50 €
Plátano maduro con queso	4,00 €
Tostadas de plátano verde con guacamole	5,50 €

Platos principales

Ajiaco de Santafé de Bogotá (*sopa de papa, crema, pollo y aguacate*)	13,00 €
Bandeja paisa (*plato con carne, arroz, plátano, huevo y chorizo*)	15,00 €
Ropa vieja (*carne revuelta con huevo*)	10,00 €
Sancocho de cola o de pescado (*sopa con carne o pescado y plátano verde*)	13,00 €
Plato costeño (*arroz con coco, pescado frito y plátano verde*)	14,00 €

Postres

Flan de mango	3,50 €
Papaya rellena	5,00 €
Salpicón (*macedonia de frutas tropicales*)	4,00 €

Bebidas con alcohol

Aguardiente del Valle	1,50 €
Champús (*bebida con maíz y frutas tropicales*)	3,40 €
Cerveza	2,20 €

Bebidas sin alcohol

Zumos naturales	4,00 €
Limonada	2,30 €
Champús (*bebida con maíz, frutas y canela*)	3,75 €

Denke daran, dass einige Dinge in den verschiedenen spanischsprachigen Ländern unterschiedlich benannt werden. Zum Beispiel spricht man in Spanien von "comer", wenn es um das Mittagessen geht, in vielen Ländern Lateinamerikas benutzt man dafür das Wort "almorzar".

B. **En pequeños grupos tenéis que organizar una comida con un presupuesto de 65 euros para estas tres personas. Tened en cuenta sus gustos.**

Alicia: es vegetariana

Ricardo: le gustan los sabores exóticos

Joaquín: le gusta la carne, pero no el pescado

5. Propina

In Spanien lässt man das Trinkgeld auf dem Tisch liegen. Und in deinem Land? Wie viel Trinkgeld ist üblich? Gibst du normalerweise Trinkgeld?

6. Los sabores de mi infancia

A. **¿Qué sabores o comidas te recuerdan a tu infancia? Coméntalo en clase.**

B. **En este blog aparecen muchos platos que seguramente no conoces. Léelo y relaciona las siguientes definiciones con su nombre.**

1. Bebida espesa de color violeta hecha con harina de maíz negro, mora y especias
2. Tipo de patatas de bolsa que toma su nombre de una marca
3. Bollos de harina, huevos, leche y pasas
4. Helados tradicionales que toman su nombre de una marca
5. Tipo de magdalenas

La cocina de mis abuelas

Aunque mi mamá cocina bastante bien, los sabores que más recuerdo son los de la comida de mis abuelas, en Colombia. Recuerdo incluso la loza que usaban. La sopa de tomate de mi abuela paterna, con papas fosforito, me volvía loco. También recuerdo las papas fritas de mi abuela materna y muchos postres como las fresas con crema y la papaya con azúcar, o los muffins que vendían cerca del Jardín Botánico. Pero lo que más me gustaba de todo eran los deliciosos helados San Jerónimo. Mmmm, riquísimos.

COMENTARIOS

Lucía (Ecuador)

Todavía me acuerdo de los 2 de noviembre de mi infancia, cuando celebrábamos el día de Finados. Mi madre amasaba muchísimas guaguas de pan, por los abuelos y por cada uno de los vecinos muertos. A la guagua del primer aniversario le ponía ojos de chocolate.

Más tarde nos vestíamos de fiesta y todos juntos visitábamos las tumbas, poníamos flores de muchos colores e invitábamos a los conocidos a almorzar a casa. Volvíamos rápido para hacer la colada morada con mucha fruta: piña, frutillas, mora, maíz negro, papaya, hierbas aromáticas y mucho azúcar. La abuela la ponía sobre el fuego para servirla muy, muy caliente, y nos decía: *"¡Así se acuerdan de que están vivos!"*.

C. **Escribe un comentario para este blog sobre algún recuerdo de tu infancia relacionado con la comida.**

Yo siempre recuerdo las croquetas que hacía mi tía Loli. Todos los domingos íbamos a comer a su casa y...

7. Cuando era pequeño...

A. En este fragmento la escritora y editora Esther Tusquets describe su infancia en la posguerra española. ¿Crees que fue una época feliz para ella?

¿Los elementos positivos de mi infancia?...
No iba a un colegio de monjas, iba al Colegio Alemán, donde las chicas estudiábamos con los chicos. En mi casa había muchísimos libros, me encantaba ir al cine, pasábamos los veranos en el mar, en mi familia no existían los sentimientos de culpa... Pero entonces, como ahora, nada me ha gustado tanto como que en los libros, en el cine, en el teatro me cuenten historias.

Esther Tusquets, *Habíamos ganado la guerra*, Ed. Bruguera, 2008

B. ¿Cuáles de estas cosas hacías cuando eras pequeño/-a? Coméntalo con un/a compañero/-a.

- Yo también iba a un colegio mixto. En mi país no se separa a los chicos de las chicas.
- Ah, ¿no? Pues en el mío es muy frecuente...

C. Hablad de vuestra infancia en grupos de tres. Las siguientes preguntas pueden ayudaros. Toma notas de lo que te cuentan tus compañeros/-as porque luego las vas a necesitar.

- ¿Dónde vivías? ¿Con quién?
- ¿Cómo era tu casa?
- ¿Con quién o con qué jugabas?
- ¿Cómo celebrabas tu cumpleaños?
- ¿Cuál era tu comida preferida?
- ¿Qué querías ser de mayor?

- Mi casa era bastante grande y tenía jardín. ¡Me encantaba!
- Pues yo vivía en...

D. Habt ihr Gemeinsamkeiten oder etwas Überraschendes in der Kindheit des / der anderen gefunden? Erarbeite mithilfe deiner Notizen ein Skript, um der Klasse davon zu erzählen.

Wenn dir jemand etwas erzählt, dann solltest du reagieren und Interesse, Erstaunen oder Empathie zeigen oder auch sagen, dass du etwas nicht verstanden hast. Ermutige deine/n Gesprächspartner/in, weiter zu sprechen. Dafür kannst du die Redemittel aus dem nachstehenden Kasten verwenden.

- Ah, ¿sí?
- Ah, ¿no?
- ¿Y?/¿Y eso?
- ¿Y cómo... ?
- ¿Y entonces?
- No he entendido bien.

¡Equivocarse es de sabios!

- Ich vergewissere mich, dass meine Ausführungen eine klare Struktur haben und die Gedanken logisch aufeinander aufbauen.
- Finde ich einen Fehler, so suche ich die richtige Form und korrigiere ihn.
- Andererseits experimentiere ich mit der Sprache und riskiere auch einmal einen Fehler, um das auszudrücken, was ich möchte.

8. ¿A qué hora se come en tu país?

A. In vielen Ländern wird der Tagesablauf um die Mahlzeiten herum organisiert. Wie ist das in deinem Land? Um wieviel Uhr wird zu Mittag und zu Abend gegessen?

- En mi país, lo más importante es la cena, hacia las 6 o las 7 de la tarde.
- Pues en mi país casi no se cena.

55 - 64 **B.** Diez hispanoamericanos cuentan a qué hora se almuerza y se cena en su país. Escucha lo que dicen y completa la tabla.

	Venezuela	México	Cuba	Argentina	Honduras	Costa Rica	Colombia	Bolivia	Puerto Rico	Chile
Almuerzo:										
Cena:										

65 **C.** David, un chico español, habla de sus comidas en un día cualquiera. Escucha y escribe a qué hora es cada una de ellas.

Desayuno:		**Café:**		**Bocadillo:**	
Comida:		**Merienda:**		**Cena:**	

Denke daran, dass du in dieser Übung nur die Zeitangaben heraushören sollst. Konzentriere dich nur darauf.

D. Y tú, ¿cuántas comidas haces al día? ¿Qué tipo de alimentos comes en cada una de ellas? Coméntalo con el resto de la clase.

9. Me encanta la fruta

66 - 68 **A.** Fíjate en estas fotografías. Tres personas hablan sobre sus hábitos alimentarios. ¿Qué fotografía le corresponde a cada una? Lee la estrategia antes de hacer la actividad.

Sieh dir bei einer Übung dieser Art zunächst die Fotos an und überlege, welcher Wortschatz nötig wäre, um sie zu beschreiben. Beim Hören brauchst du dann nur die wichtigsten Begriffe wiederzuerkennen und sie den entsprechenden Fotos zuzuordnen.

B. ¿Cuál de estas imágenes representa mejor tus hábitos de comida? ¿Por qué? Coméntalo con un compañero.

- Yo me identifico con la imagen de la chica que come sandía. ¡Me encanta la fruta!
- A mí también.

10. Diccionario de diferencias

A. **Estos son algunos nombres de alimentos del español de España y su equivalente en algunos países de América Latina. Intenta relacionarlos utilizando tus conocimientos y tu intuición y comprueba después con el texto.**

España:	boniato	maíz	albaricoque	judías	infusión	mantequilla	aguacate	calabaza
América Latina:	palta	damasco	manteca	choclo	zapallo	papa dulce	frijoles	té de hierbas

A de alfajor: dulce relleno de chocolate o fruta que se elabora en Latinoamérica y en España. Es originario de los pueblos árabes y su nombre proviene de la palabra árabe *al-hasú*, que en español significa “relleno”.

B de boniato: el boniato o batata (papa dulce) es una planta originaria de la América tropical. En México y Perú se utiliza para mermeladas y postres.

C de caña: en América Latina por lo general se refiere a la caña de azúcar o un aguardiente de caña, pero en España es un vaso pequeño de cerveza.

Ch de choclo (VOZ QUECHUA)**:** maíz, elote, mazorca de maíz. Alimento básico de la cocina de México y de toda América Central.

D de damasco: (Argentina, Chile, Uruguay), chabacano (México), albaricoque (España).

E de empanadas: están hechas de carne, verdura o atún, envueltas en una masa. Se cocinan al horno o se fríen.

F de frijoles: (México, Cuba, Costa Rica), poroto (Argentina), alubia, judía (España).

G de guinda: fruta o cáscara del grano de café (Argentina, Costa Rica), cereza confitada (España).

H de humita o tamal: hojas de choclo rellenas de maíz.

I de infusión: (España) té de hierbas.

J de judías: chauchas (Argentina, Uruguay), poroto verde (Chile), ejote (México), vainita (Venezuela, Perú, Ecuador), habichuela (Colombia).

L de lomo: carne de cerdo o de ternera de la zona inferior de las costillas. Bife (Argentina).

M de manteca y mantequilla: la manteca es en Argentina lo que la mantequilla es en España y en otros países latinoamericanos. En España: manteca es la grasa de cerdo.

N de natillas: dulce hecho con yema de huevo, azúcar y leche.

Ñ de ñame: planta que produce un tubérculo comestible similar a la batata por el sabor.

O de oliva: o aceituna.

P de palta: o aguacate.

Q de queque: pastel, bizcocho (América Central).

R de refrigerio: comida ligera que se toma, generalmente, entre las comidas principales. Tentempié (España).

S de seta: hongo (América Latina). Se llama seta a todos los hongos que tienen forma de sombrilla, comestibles o no.

T de tortilla: las tortillas de maíz (pan plano y redondo) son especialmente importantes en la gastronomía mexicana y de América Central, con ellas se hacen sus populares tacos, quesadillas, burritos y enchiladas. En España la tortilla está hecha de varios huevos batidos y luego fritos, en forma más o menos redonda. Si solo tiene huevos, entonces es una tortilla a la francesa. Es especialmente conocida la tortilla de patatas.

T de tinto: un tinto en Colombia no es un vaso de vino, como en España, sino una tacita de café negro.

U de ulpo: bebida de harina de maíz tostada con agua fría y azúcar (a veces se le añade también leche). También se hace con harina de trigo. Muy popular en Chile.

V de vaquero (PARAGUAY)**:** hace referencia a un fiambre elaborado con carne de pollo y relleno de varios condimentos. Se arrolla y se sirve en rodajas. En otros países se llama matambre (Argentina y Uruguay).

Y de yerba mate: su hoja se muele y se seca para preparar la infusión “mate”, típica costumbre de los países del Cono Sur (Chile, Argentina, Uruguay y Paraguay). Era muy consumido por los indios guaraníes.

Z de zapallo (VOZ QUECHUA)**:** nombre usado en Argentina, Uruguay, Chile y Honduras para nombrar la calabaza. El zapallo está presente en las gastronomías de Latinoamérica tanto en comidas saladas como dulces. En España se dice calabaza.

B. **De todos estos productos, ¿cuáles conocías? ¿Los has probado?**

11. Comida rápida

A. ¿Qué te sugiere el título de esta actividad? Piensa en palabras y expresiones relacionadas y escríbelas en un asociograma.

B. Fíjate en los titulares de estos dos artículos. ¿Qué relación ves entre ellos? ¿De qué crees que van a tratar los textos? Coméntalo con un/a compañero/-a.

C. Vas a leer uno de estos textos y tu compañero/-a el otro. Subraya la información más importante para resumirle después el contenido. Puedes utilizar un guion como este.

- Especialistas u organizaciones que respaldan la información del texto
- Preferencias de la gente joven
- Razones para el consumo de comida rápida
- Relación entre comida y salud
- Medidas para prevenir el sobrepeso

GENERACIÓN XXL

Hoy los niños presentan enfermedades que antes se diagnosticaban únicamente a los adultos. Según el Instituto Mexicano del Seguro Social, en 10 años México va a ser el país con más sobrepeso del mundo si no se toman medidas.

México ocupa actualmente el segundo lugar en el mundo en cuanto a sobrepeso, según la Organización Mundial de la Salud (OMS).

Cada vez es más frecuente ver a un niño de siete u ocho años con el peso de un adulto, con 60 kilos. Casi el 70% de los mexicanos, algo más de 70 millones de personas, tiene problemas con el peso. Según la Encuesta Nacional de Salud de este año, en el 40% de los casos se trata de obesidad, y en el 30%, de sobrepeso.

La razón hay que buscarla principalmente en la influencia de la comida rápida o "comida chatarra" en la dieta tradicional mexicana, especialmente en las zonas urbanas.

México es el primer consumidor mundial por persona de hamburguesas, pizzas y refrescos. Y esto hace que las personas consuman menos alimentos sanos. Según un estudio del doctor Robles Valdés, un refresco de cola de los años 50 contenía 195 mililitros y 85 calorías, mientras que en los años 90 del siglo XX eran unos 600 mililitros y 350 calorías, más del 400% más; una hamburguesa de 333 calorías aumentó a más de 600. Y así ha sucedido con todos los alimentos procesados [...].

Hay que preocuparse más por los casos de niños y adolescentes. Los datos más recientes son alarmantes:
– En los últimos siete años la obesidad en niños que cursan la educación primaria en México ha crecido un 33% y se estima que el 61% de la población nacional sufre de sobrepeso.
– El 26% de los niños de entre 5 y 11 años padecen obesidad por el consumo de productos con alto contenido de calorías y la falta de ejercicio físico.

"El deporte es la forma más barata de evitar enfermedades por sobrepeso u obesidad", afirma el doctor Sergio Gadea Gómez.

Cada vez más comida rápida

Los jóvenes españoles lo tienen claro: prefieren una pizza a unas lentejas, y mejor una hamburguesa que una ensalada. ¿Que esas comidas son menos saludables? A esas edades, el buen sabor es lo más importante. Con esas premisas es fácil entender otro dato: casi el 40% reconoce que nunca incluye en su dieta alimentos considerados sanos.

Estas son algunas de las cifras extraídas de un estudio llevado a cabo por un grupo de trabajo de seis doctores del centro de salud Carbonero el Mayor de Segovia. El estudio, realizado sobre una población de 3130 jóvenes, subraya la necesidad de "adoptar medidas para acercar a los adolescentes a una dieta saludable".

El 75% de los jóvenes de entre 14 y 20 años consume comida rápida cada día. El 45,5% reconoce que también cada día toma bebidas azucaradas y bollería industrial. La cifra positiva es que más de la mitad asegura que toma fruta y verdura todos los días.

Según el citado informe, el 73% de los jóvenes de entre 14 y 20 años come a diario o casi a diario pollo frito, bocadillos, pizza, patatas fritas o ganchitos (el 56% de los adolescentes). El 85% reconoce que "varios días a la semana mi dieta es de todo menos saludable". Casi el 40% cree que no lo es nunca.

Para la doctora Marta Moya de la Calle, la alimentación de los jóvenes "se aleja cada vez más de la dieta mediterránea porque optan por comidas rápidas, con precios moderados y estilo informal". Esta comida, además, se ofrece "a cualquier hora del día" y "se identifica plenamente con el estilo de vida que la publicidad intenta transmitir a los adolescentes", señala.

Pero ¿qué hacer para que los jóvenes abandonen la práctica de consumir con frecuencia comida rápida? El doctor Santos y la doctora Moya lo tienen claro: hay que educar a los jóvenes, y en esto tiene mucho que decir el médico de familia. "Tenemos que promocionar los hábitos saludables en las escuelas", señala Julio César Santos.

Los médicos de familia están preocupados. En los consultorios aparecen cada vez con más frecuencia niños y adolescentes con exceso de peso. Y a la pregunta de si hacen ejercicio con cierta regularidad, la respuesta más frecuente es "no". De hecho, el 32% de los adolescentes de entre 12 y 19 años no practica nunca ejercicio físico intenso, pese a que a un 21,4% se lo han recomendado en su centro de salud.

Eine Methode, sich auf das Lesen eines fremdsprachigen Textes vorzubereiten, ist, von vornherein an das zu denken, was man über das Thema des Textes bereits weiß. Hat man Schlüsselwörter oder den Inhalt des Textes schon im Kopf, hilft das, die Information zu verstehen und wiederzuerkennen.

D. Resúmele a tu compañero/-a el artículo que has leído. Puedes consultar tus notas.

E. Ahora entre los/las dos pensad una lista de recomendaciones para evitar el sobrepeso y exponedla en clase. Los recursos del cuadro lateral pueden ayudaros.

- Es recomendable…
- Es mejor…
- Algo importante es…
- Es fundamental…
- No + Empfehlung
- Si quieres… , tienes que / puedes…

12. ¡Qué recuerdos!

A. **Marta cuenta en su blog un recuerdo curioso de su infancia. ¿Te ha sucedido algo parecido alguna vez?**

Un recuerdo especial

Me acuerdo especialmente de las celebraciones en familia que hacíamos cuando era niña. Hace muchísimo tiempo, pero las recuerdo perfectamente. Los fines de semana comíamos todos en casa de la abuela. Los mayores comían en la mesa principal y los niños nos sentábamos en una mesa pequeña. Éramos ocho niños: mis hermanos, mis primos y yo. Yo era la más pequeña. Mis primos eran divertidísimos, pero también muy traviesos. Un día nos pusieron un plato de una cosa que yo no conocía, y mis primos me dijeron que eran alitas de pollo. Las probé, me encantaron y me comí un plato llenísimo. Todos se miraban con caras raras, pero yo no sabía qué pasaba. Al final me confesaron que eran ancas de rana. ¡Me había comido un plato entero de ancas de rana! Bueno, tengo que confesar que estaban buenísimas.

Es gibt mehrere Methoden, deinen Wortschatz zu erweitern. Eine davon ist, ein neues Wort mit seinem Antonym zu lernen.

B. **Marca los superlativos que aparecen en el texto. ¿De qué adjetivos derivan? Completa esta tabla.**

superlativo	adjetivo	antónimo
muchísimo	*mucho*	*poco*

C. **Ahora busca diez adjetivos en los textos de la unidad, forma su superlativo y busca su antónimo.**

13. Prefijos y antónimos

A. Crea el antónimo de estos adjetivos con los prefijos **in-** o **des-** y completa la tabla como en el ejemplo.

adjetivo	antónimo	frase
cómodo	*incómodo*	*¿Quieres un cojín? Esa silla es muy incómoda.*
compuesto		
conocido		
correcto		
directo		
empleado		
informado		
maduro		
ordenado		
orientado		
tolerante		

B. Wie du gesehen hast, weisen die Vorsilben **in-** und **des-** häufig auf die gegenteilige Bedeutung des Adjektivs hin, vor dem sie stehen. Aber das stimmt nicht immer. "Inteligente" ist nicht das Gegenteil von "teligente". Bilde zu jedem der folgenden Wörter das passende Antonym.

independiente | inteligente | inseguro | impaciente | descubrir | describir

desaparecer | desconocer | imperfecto | irresponsables | insuficiente | interesante

"independiente" es lo contrario de "dependiente"

Denke daran: Die Vorsilbe **in-** wird vor **b** oder **p** zu **im-**), z. B. **paciente** / **impaciente**. Beginnt das Wort mit **r-** , so wird dies zu **ir-**, z. B. **irresponsable**.

14. Comida rápida ayer y hoy

¿Te gustaba la comida rápida de pequeño/-a? ¿Y ahora? Escribe un texto sobre tu relación con la comida rápida en tu infancia y hoy en día.

1. Der Subjuntivo: feste Redewendungen zum Ausdruck von Wünschen

Wir gebrauchen **que** + Subjuntivo, um Wünsche in einer ganz konkreten Situation zu äußern.

- ¡Que cumplas muchos más! (Herzlichen Glückwunsch zum Geburtstag!)
- ¡Que tengas mucha suerte! (Viel Glück!)
- ¡Que aproveche! (Guten Appetit!)

2. Das Gerundium (II)

Um Handlungen zu beschreiben, die in einem bestimmten Moment der Vergangenheit stattfanden, wird oft die Verbindung **estar** (im Imperfekt) + Gerundium verwendet.

- ¿Dónde estaba usted la noche del robo?
- Aquí, en casa. Estaba viendo una película en la televisión.

- ¿Y su marido tampoco escuchó nada?
- No, porque en ese momento estaba durmiendo.

Die Konstruktion **seguir** + Gerundium, wird verwendet, um sich auf eine Handlung zu beziehen, die von einem bestimmten Zeitpunkt an weiterhin andauert.

- Mi novia vivía en Madrid y yo estudiaba en Barcelona. Al final, tuvimos que terminar la relación. Pero nos llevábamos muy bien y seguíamos llamándonos y viéndonos muchos fines de semana.

Das Gerundium kann auch adverbial gebraucht werden. Es steht allein und erklärt, wie, wann, warum etwas passiert, bzw. gemacht wird.

- ¡Qué bien te veo! ¿Cómo te mantienes tan en forma?
- Pues haciendo deporte dos veces por semana y comiendo sano.

- Un idioma se aprende practicándolo.

- Explicó los resultados del estudio utilizando un lenguaje muy accesible.

- Relativizó el problema diciendo que no había pruebas consistentes.

Si hablas inglés:

Seguir + Gerundium: *to continue* oder *to go on* + *doing something*

- Seguíamos viéndonos los fines de semana → Martha and I went on seeing each other every weekend.

3. Das Imperfekt: regelmäßige und unregelmäßige Verben

viajar	comer	salir
viaj**aba**	com**ía**	sal**ía**
viaj**abas**	com**ías**	sal**ías**
viaj**aba**	com**ía**	sal**ía**
viaj**ábamos**	com**íamos**	sal**íamos**
viaj**abais**	com**íais**	sal**íais**
viaj**aban**	com**ían**	sal**ían**

Das Imperfekt weist fast keine Unregelmäßigkeiten auf. Nur die Verben **ser**, **ver** und **ir** sind unregelmäßig.

ser	ver	ir
era	**veía**	**iba**
eras	**veías**	**ibas**
era	**veía**	**iba**
éramos	**veíamos**	**íbamos**
erais	**veíais**	**ibais**
eran	**veían**	**iban**

4. Der Gebrauch des Imperfekts

Wir beschreiben Personen, Situationen oder Dinge in der Vergangenheit.

- Mi colegio era muy pequeño. Tenía solo un piso y no tenía gimnasio, ni comedor. En total había unos 150 alumnos.

Wir sprechen über sich wiederholende oder gewohnheitsmäßige Handlungen in der Vergangenheit (was man normalerweise, im allgemeinen, immer, jede Woche … tat).

- Todavía me acuerdo de los 2 de noviembre de mi infancia, cuando celebrábamos el día de Finados. Mi madre amasaba muchísimas guaguas de pan, por los abuelos y por cada uno de los vecinos muertos. A la guagua del primer aniversario le ponía ojos de chocolate.

- Cuando Lars estudiaba en Buenos Aires, iba a clase todas las tardes. De lunes a viernes hacía el mismo camino: iba con la línea A hasta Puán y después caminaba unas cuadras hasta la facultad. Todos los días protestaba por lo mismo: ¡el ruido de la calle Rivadavia! Y siempre decía que le gustaba todo, la ciudad, la gente, la comida, pero al ruido no se acostumbraba nunca...

⚠ Ob wir Imperfekt oder Indefinido wählen, hängt sowohl davon ab, wie wir die Handlungen darstellen wollen, als auch von ihrer Funktion innerhalb der Erzählung. Die Dauer der Handlungen spielt dabei keine Rolle.

El sábado ***estaba*** *viendo la televisión en casa y Marta me* ***llamó*** *para invitarme a cenar.*

Mit "*estaba viendo la televisión*" beschreibe ich den Umstand, in dessen Rahmen der Anruf von Marta kam.

El sábado ***estuve*** *viendo la televisión y Marta me* ***llamó*** *para invitarme a cenar.*

Ich berichte über die Tatsache, dass ich ferngesehen habe und dass mich Marta angerufen hat.

8

Aquel día…

In dieser Lektion lerne ich …

Hör- und Leseverstehen

- Biografien zu verstehen.
- Erzählungen aus der Vergangenheit zu verstehen.
- Anekdoten aus der Vergangenenheit zu verstehen.
- zwischen Zusammenfassung und Beurteilung eines Filminhalts zu unterscheiden.

Produktion (mündlich und schriftlich) und mündliche Interaktion

- die Entwicklung einer Handlung zu beschreiben.
- Personen, Orte und Situationen in der Vergangenheit zu beschreiben.
- über Veränderungen zu sprechen.
- die Biografie einer berühmten Person und meine Sprachenbiografie zu schreiben.
- Tatsachen und Anekdoten aus der Vergangenheit zu erzählen.

Außerdem kann ich lernen …

Grammatik und Wortschatz

- den Gebrauch der Präpositionen **para**, **en**, **con**, **sin**, **a**, **de**, **desde**, **hasta** und **por**.
- **estar** + Gerundium.
- das Imperfekt im Kontrast zum Indefinido.
- den Gebrauch von **desde** … **hasta**, **desde que** …, etc.
- den Gebrauch von Mitteln der Textverbindung.

Propuestas de trabajo

A2

1. Momentos inolvidables

A. Mira esta foto. ¿De qué momento es? Intenta imaginar cómo se sienten estas personas. ¿Crees que este es uno de los grandes momentos de la vida?

B. Zu zweit. Denkt an andere besondere Momente im Leben einer Person und tragt anschließend die Ergebnisse in der Gruppe zusammen.

C. Denke nun an einige der wichtigsten Momente in deinem Leben und mache dir dazu Notizen. Schreibe auch erfundene Ereignisse auf. Lies der Gruppe anschießend alles vor. Sie versuchen zu erraten, was wahr ist und was nicht. Haben sie es erraten?

- *Viví tres meses en Tailandia.*
- *El año pasado me tocaron seis mil euros en la lotería.*

- Yo creo que sí estuviste tres meses en Tailandia, pero que no te tocó la lotería.

2. Una vida en imágenes

A. Was macht Carolina auf diesen Fotos gerade? Verbinde jedes Foto mit der passenden Bildlegende.

1

2

3

4

5

6

a. Volando en parapente

b. Visitando las pirámides en Egipto

c. Estudiando para los exámenes finales

d. Montando en monociclo

e. Haciendo surf

f. Tomando algo con mi mejor amiga

69

B. Escucha la grabación y ordena las fotos según el orden en que tuvieron lugar.

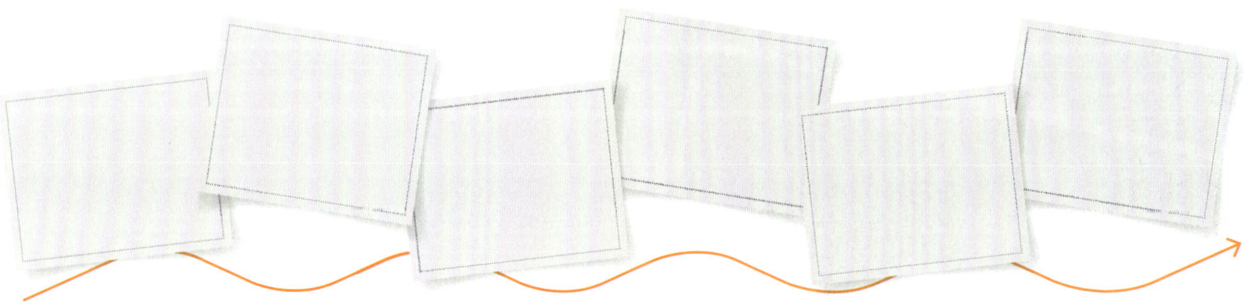

C. Busca entre tus fotos algunas divertidas o de momentos importantes y tráelas a clase. Luego cuéntale a tus compañeros/-as qué estás haciendo en ellas y por qué te parecen divertidas o importantes.

estar + hablando/ comiendo/escribiendo

- En esta foto estoy bailando en una fiesta de la universidad. Fue muy importante porque allí conocí a mi novia.

3. El cásting

A. Lee estos anuncios y fíjate en las fotografías. ¿Quién encaja en cada caso?

1. La productora Mundomedia busca a una chica morena, de pelo liso y delgada, para un anuncio de televisión. Interesadas, llamar al **660 834 455**.

2. Buscamos a un hombre de unos 60 años, con barba y pelo canoso para representar el papel de un campesino en una serie de televisión. Contacto: **info@globovista.com**

3. Se busca mujer joven, de pelo largo y rizado para un anuncio de champú. Peso y estatura indiferentes. Llamar mañanas al **91 436 50 90**.

a

b

c
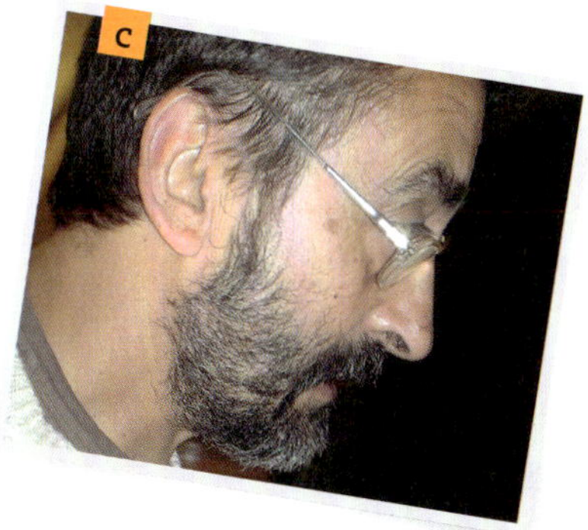

B. Ahora fíjate en estas fotografías. Son de las personas anteriores, pero de hace unos años. ¿Sabes quién es quién? ¿Crees que estas personas han cambiado mucho con los años? ¿Qué cambios observas? Coméntalo con un/a compañero/-a.

1

2

3

■ Yo creo que la chica rubia es... porque las dos tienen el pelo rizado y...

C. Y tú, ¿cómo eras a los 6 años? ¿Y a los 15 años? ¿Y a los...? Cuéntaselo a un/a compañero/-a. ¿Teníais cosas en común?

■ Yo, a los 9 años llevaba gafas, y lo odiaba.
□ Yo también, pero a mí no me importaba.

D. ¿Y cómo eres ahora? ¿Has cambiado mucho? Coméntalo con tus compañeros/-as.

■ A mí, antes me gustaba ir vestido de negro, pero ahora ya no.
□ Pues yo antes llevaba el pelo largo y lo sigo llevando largo.

4. Dos artistas de Latinoamérica

A. Vas a leer las biografías de dos artistas: Fernando Botero y Frida Kahlo. ¿Sabes algo de ellos? Coméntalo con tus compañeros/-as antes de leer los textos.

Fernando Botero (1932-)

Este pintor y escultor colombiano nació en Medellín en 1932, pero se trasladó a Bogotá cuando comprendió que la pintura era su pasión. Bogotá era la ciudad más viva del país: (1) y el joven Fernando entró en contacto con ellos. A los 20 años viajó a Europa para estudiar Arte. Sin embargo, él afirma: "En realidad, me considero un autodidacta. Trabajé tres años en escuelas de Bellas Artes, pero nunca tuve profesor. Aprendí leyendo, yendo a museos y pintando". (2) y la exposición de Botero resultó un fracaso. Viajó después, en 1960, a Nueva York, (3). Tras unos comienzos difíciles, comenzó por fin a tener éxito. Después de unos años en Nueva York, donde nació su hijo Pedrito, (quien murió trágicamente a los cuatro años), se trasladó a París y comenzó a trabajar en la escultura. (4)

Se le considera uno de los artistas más importantes de América Latina. Los personajes de sus cuadros se caracterizan porque son extremadamente gordos y con cabezas desproporcionadas. Con su trabajo, Botero quiere hacer un comentario satírico sobre las condiciones sociales y políticas de su país. Ha expuesto sus obras en Estados Unidos y en muchas capitales europeas como Madrid, París o Berlín.

Frida Kahlo (1907-1954)

Magdalena Carmen Frida Kahlo Calderón, la pintora mexicana más famosa de la historia, nació en Coyoacán, México, en 1907. El comienzo de su arte es trágico: cuando tenía 16 años sufrió un accidente que la obligó a permanecer en cama durante muchos meses. (5), así que comenzó a pintar. Sus cuadros, llenos de fantasía y muy influidos por el arte popular mexicano, representan su experiencia personal. El famoso poeta surrealista André Bretón calificó su obra de surrealista, pero Frida afirmó "(6). Nunca pinté mis sueños. Pinté mi propia realidad". Al casarse con Diego Rivera protagonizó uno de los matrimonios más famosos de la historia del arte. Era la llamada "unión entre un elefante y una paloma", (7) Fue un matrimonio lleno de amor, pasión, odio e infidelidades.

En 1953 la Galería de Arte Contemporáneo de la Ciudad de México organizó la primera exposición importante de obras de Frida en su país. (8), y lo hizo en una ambulancia, sin levantarse de la cama. Murió un año después, en 1954, tras muchos sufrimientos físicos. Sus últimas palabras fueron: "Espero alegre la salida y espero no volver jamás".

B. En los textos del apartado anterior faltan algunos fragmentos. Coloca cada uno en el lugar que le corresponde.

(A) Eran los años 70.
(B) porque Diego era enorme y obeso, y Frida era baja, pequeña y delgada.
(C) donde el clima era más favorable a sus obras
(D) Su salud era ya muy mala, pero ella quería asistir a su exposición por todos los medios
(E) Al volver a Bogotá, el país estaba muy influido por la vanguardia francesa
(F) Durante ese tiempo no podía levantarse de la cama
(G) en ella vivían los intelectuales colombianos de la época
(H) Creían que yo era surrealista, pero no lo era.

C. Lee ahora los textos enteros. Señala las acciones, las descripciones y las circunstancias que rodean las acciones. ¿Qué tiempo verbal se utiliza en cada caso?

D. Con un/a compañero/-a, piensa en un título para cada texto.

E. Busca información sobre otro/-a artista o personaje interesante del mundo hispanohablante y escribe un texto sobre él/ella. Busca fotografías para ilustrarlo. Entre todos/-as, podéis hacer un álbum de artistas o personajes famosos/-as.

5. Mi biografía lingüística

A. **¿Cuántas lenguas hablas? ¿Dónde y cómo las has aprendido? ¿Hablas todas en los mismos contextos e igual de bien? Coméntalo con un/a compañero/-a.**

B. **Las preguntas del apartado anterior pertenecen a la biografía lingüística, uno de los documentos incluidos en el "Portfolio Europeo de las Lenguas". Completa este formulario con tu información personal para escribir tu biografía lingüística. Al final, puedes guardar el documento en tu dossier para el portfolio.**

Antworte in kurzen Sätzen und konzentriere dich auf die wichtigen Punkte bezüglich deiner Ausbildung und deiner Erfahrungen.

1. ¿Qué idiomas has aprendido? (durante cuánto tiempo, con qué fines, qué tipo de cursos has hecho, qué nivel has alcanzado, qué certificados has obtenido)
   ....
   ....
   ....
2. ¿Con qué lenguas has crecido?
   ....
   ....
   ....
3. ¿En qué zonas lingüísticas has vivido? ¿Durante cuánto tiempo?
   ....
   ....
4. ¿Cuándo y con quién utilizas esas lenguas?
   ....
   ....
5. ¿En qué idiomas haces estas cosas: ver la televisión, escuchar la radio, ver películas, escuchar música, leer libros o prensa, navegar por internet, etc.?
   ....
   ....
6. ¿Cómo ha sido tu aprendizaje? ¿Qué experiencias han sido las más importantes? ¿Qué dificultades has encontrado al aprender idiomas?
   ....
   ....

- desde 2000 hasta 2006
- a partir de septiembre
- desde hace 5 años
- hace 5 años

6. Cruzar el charco

A. **Lee esta cita de Octavio Paz. ¿Qué crees que quiere decir?**

"Los mexicanos descienden de los aztecas, los peruanos de los incas, y los argentinos... de los barcos".

B. **Ahora vas a leer el testimonio de una argentina, Graciela, sobre su familia. ¿Qué te parece la historia? Coméntalo con un/-a compañero/-a.**

Mi abuelo español era de un pueblo de Galicia, de Vivero. Quizás por eso me llamo Vázquez. El apellido de mi mamá es Costabeber. Mi abuelo italiano era de Génova, mi abuelita italiana del Véneto, y la española de León. ¡Se puede decir que soy una argentina típica! La parte española de la familia emigró a Buenos Aires a principios del siglo pasado, la italiana también. Mi abuelo italiano llegó en 1926. Te voy a contar por qué.

Mi abuelo Gilberto tenía seis hermanos. Vivían bastante bien. Sin embargo, siempre discutían por cuestiones de dinero. Tanto discutían que ya ni se hablaban. Es por eso que una noche de enero de 1925 tomaron una decisión: para no discutir más, repartieron su fortuna en partes iguales, pero con una condición: uno de ellos se quedaba en Italia y todos los demás tenían que emigrar.

- A mí me parece que tomaron una decisión muy radical, ¿no?
- Sí, y muy dura.

C. **¿Hay alguna historia curiosa o interesante en tu familia? Cuéntasela a tus compañeros/-as.**

7. ¿Qué pasó?

70
A. Graciela empieza a contar una anécdota sobre su familia. Escucha lo que dice. ¿Qué crees que pasó después?

71
B. Ahora escucha la historia entera y comprueba si coincide con tu final.

C. Vuelve a escuchar el audio y fíjate en las reacciones de la persona que escucha a Graciela. ¿Le hace preguntas? ¿La interrumpe? ¿Termina a veces sus frases? ¿Esto es igual en tu cultura?

D. Piensa en una anécdota tuya o de tu familia y cuéntasela a un/a compañero/-a. Después, cuando él/ella te cuente la suya, acuérdate de mostrar interés por la historia.

Im Gegensatz zum Deutschen kommt es im Spanischen bei Gesprächen häufig zu Überlappungen im Gesprächsablauf. So bekundet man sein Interesse an dem, was der/die andere sagt und es entstehen keine unangenehmen Pausen.

8. Momentos especiales de la vida

72–75
Escucha a estas personas hablando de los momentos más importantes de su vida y completa la tabla.

	¿Qué sucedió?	¿Dónde estaba?	¿Cómo fue?	¿Por qué es importante para él/ella?
Carolina				
Agustín				
Laia				
Pablo				

9. ¿Qué estás haciendo ahora?

76–79
Escucha la grabación y escribe qué está haciendo cada una de estas personas.

1. *Pablo:* ....
2. *Irene:* ....
3. *Juan Carlos:* ....
4. *Berta:* ....

10. Luis Sepúlveda

A. **Luis Sepúlveda es autor de libros como *El viejo que leía novelas de amor*. ¿Has oído hablar de él? ¿Conoces otros escritores latinoamericanos? Háblalo con tus compañeros/-as.**

B. **Lee la biografía de este escritor y organiza la información según las categorías de la tabla.**

Da es verschiedene Arten des Lesens gibt, die vom Zweck der Lektüre abhängen, solltest du dir schon vorher überlegen, ob du dir nur einen Überblick verschaffen möchtest oder eine bestimmte Information suchst.

El escritor, periodista, director de teatro y de cine Luis Sepúlveda, "Lucho" para los amigos, nació en Ovalle, Chile, en 1949. Estudió en la Facultad de Arte de la Universidad de Chile y durante su juventud fue militante de las Juventudes Comunistas y más tarde de la Federación Juvenil Socialista. También fue dirigente en la Federación de Estudiantes de Chile y durante el Gobierno de Salvador Allende, que gobernó desde 1970 hasta el golpe de Estado de 1973, formó parte de la escolta del Presidente.

Después del golpe militar del 11 de septiembre de 1973, el Gobierno del Dictador Pinochet lo encarceló y lo condenó a 28 años de cárcel, pero gracias a la presión de Amnistía Internacional salió de la cárcel en 1977. La experiencia de la cárcel fue fundamental en su vida, y en su libro de viajes *Patagonia Express* la describe así: "dos años y medio de mi juventud los pasé encerrado en una de las más miserables cárceles chilenas, la de Temuco. Lo peor de todo no era el encierro en sí mismo, pues dentro la vida proseguía, y a veces más interesante que fuera. Los "prigué" —prisioneros de guerra— de mayor preparación —y ahí estaba todo el cuerpo docente de las universidades del sur— formaron varias academias, y así muchos de los prigué aprendimos idiomas, matemáticas, física cuántica, historia universal, historial del arte, historia de la filosofía (...). Lo peor llegaba cuando, más o menos cada quince días, nos llevaban al regimiento Tucapel para los interrogatorios. Entonces comprendíamos que por fin llegábamos a ninguna parte".

Más tarde viajó a Nicaragua, donde luchó con la Brigada Internacional Simón Bolívar hasta que consiguieron derrocar al dictador Somoza, y en junio de 1980 viajó a Hamburgo, en Alemania, donde trabajó como asistente de dirección en el teatro de la ciudad. Unos años después comenzó a estudiar Ciencias de la Comunicación en la Universidad de Heidelberg, que terminó en 1987. Trabajó después como periodista en Angola, Mozambique, Cabo Verde y El Salvador. En 1984 se unió a Greenpeace y participó en varias acciones de la organización ecologista. Actualmente vive en Gijón, España.

Uno de sus libros más famosos es *El viejo que leía novelas de amor*, que cuenta la historia de un hombre viejo que lleva una vida libre y sencilla en la región amazónica y disfruta leyendo novelas de amor con mucho sufrimiento y finales felices, y que un día tiene que demostrar que los indios shuar no son responsables de la muerte de un cazador blanco. La historia muestra la otra cara del llamado progreso.

actividades artísticas	actividades políticas	experiencias importantes en su vida	libros que ha escrito

C. **¿Cómo te parece su vida? ¿Por qué? Escoge los adjetivos que mejor la describen y coméntalo con un/a compañero/-a.**

tranquila | apasionante | divertida | peligrosa
activa | comprometida | dura

- durante su juventud
- después del golpe militar
- más tarde
- en junio de 1980
- un día
- desde (que)....
- hasta (que)...
- hasta que + Verb

D. **¿Conoces otras personas con una vida interesante? Escribe la biografía de una de ellas.**

11. El cartero y Pablo Neruda

A. **¿Cómo te imaginas la vida en una isla del sur de Italia en los años 30? ¿Cuánta gente creas que sabía leer? ¿Crees que un cartero era necesario? Conversa con tus compañeros/-as.**

- Yo creo que la vida era bastante tranquila y que mucha gente trabajaba en el campo.
- ¿Tranquila? Yo creo que no porque...

B. **Imagina que un poeta famoso llega a una isla de pescadores. Habla con un/a compañero/-a y haced hipótesis sobre las siguientes cuestiones.**

- ¿Por qué está ahí el poeta?
- ¿Cómo es su vida allí?
- ¿Qué relación tiene con la gente de la isla?

- Yo creo que un poeta va a una isla para buscar inspiración.
- Sí, o a lo mejor solo quiere descansar.

C. **Lee la sinopsis de la película *El cartero y Pablo Neruda*, que refleja un período en la vida del poeta Pablo Neruda. ¿Te interesa la historia? ¿Te gustaría ver la película? Háblalo con un/a compañero/-a.**

Manchmal erzählt man eine Geschichte, die in der Vergangenheit spielte, im Präsens. Das sogenannte "historische" Präsens wird meist bei Zusammenfassungen verwendet .

Mario Ruópolo, hijo y nieto de pescadores en una pequeña isla de Nápoles, no quiere continuar con el oficio familiar. Sin embargo, la isla ofrece pocas posibilidades laborales para el joven napolitano. Un día ve una oferta de trabajo: "se necesita cartero". El destinatario de las cartas es una sola persona: el poeta chileno Pablo Neruda, recién llegado a la isla tras su exilio de Chile por razones políticas. El poeta no viene solo, sino con su mujer, Matilde. Aunque ambos llevan una vida aislada, sin contacto con los habitantes de la isla, poco a poco nace una amistad entre el poeta y el cartero. El punto de unión son las palabras y la poesía como herramienta para entender y cambiar la propia vida: Mario, enamorado de la hermosa Beatrice, pide ayuda a Pablo Neruda para conquistarla. El poeta, al principio reacio, decide ayudar al cartero y se da cuenta de que también él puede aprender de un hombre sencillo.

Se trata de una película sincera y tierna que consigue unir dos mundos aparentemente alejados. Llena de detalles y matices sentimentales, es un homenaje al valor de las palabras y su poder para cambiar la vida de las personas. Muy recomendable.

D. **Lies den Text noch einmal. In welchem Teil wird die Handlung des Films erzählt und in welchem wird er beurteilt? Begründe deine Antwort.**

E. Fíjate ahora en estas frases. ¿A qué o a quién se refieren las palabras marcadas en negrita?

1. Mario Ruópolo, hijo y nieto de pescadores en una pequeña isla de Nápoles, no quiere continuar con **el oficio familiar**.
2. La isla ofrece pocas posibilidades laborales para **el joven napolitano**.
3. El poeta no viene solo, sino con su mujer, Matilde. Aunque **ambos** llevan una vida aislada, sin contacto con los habitantes de la isla...
4. Mario, enamorado de la hermosa Beatrice, pide ayuda a Pablo Neruda para conquistar**la**.
5. El poeta, al principio reacio, decide ayudar al cartero y se da cuenta de que también él puede aprender de **un hombre sencillo**.

Wenn wir sprechen oder schreiben, nutzen wir sprachliche Mittel wie Pronomen, Synonyme, Verweise, etc., die den Text zusammenhalten und vermeiden, dass sich Gedanken wiederholen. Achte immer darauf und benutze sie auch in eigenen Texten.

F. ¿Conoces otros libros que se han convertido en película? ¿Qué te gustó más, el libro o la película? Háblalo con tus compañeros/-as.

■ *Harry Potter*, por ejemplo.
□ Es verdad. A mí me gustó más el libro porque yo me imaginaba al protagonista de otra manera.

G. Ahora, en grupos de tres, vais a escribir un texto acerca de otro libro que se ha convertido en película. A continuación tenéis un guion que os puede resultar útil.

- Recopilad información sobre la obra originaria y su autor.
- Presentad y describid a los personajes de la historia y el argumento de la obra.
- Explicad cómo se adaptó la obra al cine, a la música, etc.
- Valorad tanto el libro como la película.

H. Stellt eure Arbeit der restlichen Gruppe vor. Diese Aufgabe kann jeweils ein gewähltes Gruppenmitglied übernehmen.

Ich bin mir meines Lernstils bewusst und ich nutze dieses Wissen, um Strategien zu entwickeln, die mir dabei helfen, weniger Fehler zu machen.

¡Equivocarse es de sabios!

- Ich kann zwischen der Beschreibung einer Person oder einer Situation und stattfindenden Handlungen unterscheiden und wähle jeweils die richtige Zeitform.
- Ich strukturiere meine Texte und benutze dazu Konnektoren.
- Ich vermeide es, Wörter zu wiederholen, und benutze stattdessen Synonyme und andere sprachliche Mittel.
- Ich korrigiere Akzente und orthografische Fehler.

12. Una vida en palabras

A. In dieser Lektion hast du mehrere Texte über das Leben verschiedener Menschen gelesen. Lies sie noch einmal durch und schreibe mindestens zehn Wörter auf, die in den Biografien vorkommen. Füge der Liste mindestens fünfzehn weitere Wörter hinzu, die du bereits in den vorherigen Lektionen gelernt hast.

- trabajar

B. Poned en común vuestras propuestas y elaborad un asociograma conjunto en la pizarra.

C. Ahora, busca aquellas palabras del asociograma relacionadas con los diferentes momentos en la vida de una persona y clasifícalas en esta tabla.

infancia	juventud	edad adulta	vejez

13. Preposiciones

Im Laufe des Kurses hast du den Gebrauch verschiedener Präpositionen gelernt. Kannst du Ausdrücke, Verben, Sprichwörter, feststehende Ausdrücke, etc. aufschreiben, die mit diesen Präpositionen gebildet werden? Du kannst die bisherigen Lektionen und deine Notizen zu Hilfe nehmen.

a	de	en
¿Vamos al cine?		

con	sin	por
Agua con gas		El tren pasa por Segovia.

para	desde	hasta
	Vivo aquí desde los 3 años.	

Präpositionen kannst du dir am besten merken, wenn du die Ausdrücke auswendig lernst, in denen sie vorkommen. So bleiben sie besser im Gedächtnis haften.

14. El pelo rubio

Agrupa estas palabras por categorías y luego compara con la clasificación de tu compañero/-a. ¿Coincidís?

rubio · azules · bajo · bigote · delgado · mayor

gafas · rizado · largo · barba · calvo · liso

marrones · pelirrojo · gordito · moreno · castaño

verdes · joven · negros · ondulado · alto · corto

1. Der Gebrauch der Präpositionen **para**, **en**, **con**, **sin**, **a**, **de**, **desde**, **hasta** y **por**

para	**Ziel** □ *El autobús para Alicante sale de la plataforma cuatro.* **Zweck** □ *Aprendo español para leer literatura latinoamericana.* **Empfänger/in** □ *Este regalo es para ti. Lo he comprado en Estambul.* **Frist** □ *El trabajo es para el miércoles.*
por	**Angabe eines Durchgangsortes** □ *El sofá no cabe por la puerta.* **ungefähre Ortsangbe** □ *Me gusta ir a correr por el parque.* **Grund, Ursache** □ *Se ha suspendido el concierto por la lluvia.* **ungefähre Zeitangabe** □ *Prefiero estudiar por la tarde.*
en	**Transportmittel** □ *Me da mucho miedo viajar en barco.* **Ort** □ *La leche está en la nevera.* **das Innere eines Zeitraums** □ *En diciembre siempre paso unos días con mi familia.*
con	**Begleitung** □ *Voy a ir al cine con mi hermana.* □ *Por las mañanas siempre desayuno un té con leche.* **Hilfsmittel** □ *Hay que hacer el examen con boli negro o azul.* **Art und Weise** □ *Siempre vas con prisas por la mañana. ¿Por qué no te levantas antes?* **Bestandteile** □ *¿Tienes ordenador con webcam?* □ *Por las mañanas siempre desayuno un té con leche.*
sin	**Fehlen, Abwesenheit** □ *¿Tomas el café sin azúcar?*
a	**Richtung** □ *Vamos a la universidad.* **Entfernung** □ *La parada del metro está a 100 metros.* **Art und Weise** □ *Estos zapatos están hechos a mano.* **Akkusativ bei Personen** □ *Todavía no he llamado a Marta.* **Uhrzeit** □ *El concierto es a las 10 h.*

de	**Herkunft** ▫ *Soy de Barcelona.* **Ort: lejos/cerca de** ▫ *El gimnasio está muy cerca de la universidad.* **Zeit: de día/noche** ▫ *En invierno, cuando salgo de trabajar, ya es de noche.* **Material, Beschaffenheit** ▫ *Estos vasos son de plástico.* **Besitz, Eigentum** ▫ *¿De quién es esta chaqueta?* ▪ *De Manu.* **Art des Gegenstandes** ▫ *No me gustan las películas de terror.*
desde	**Ausgangspunkt** ▫ *El tren va desde Zaragoza hasta Madrid.* **Beginn eines Zeitraums** ▫ *Vivo en Buenos Aires desde 1998.*
hasta	**Zielort** ▫ *El autobús llega hasta la biblioteca.* **Ende eines Zeitraums** ▫ *Estamos de vacaciones hasta el día 15.*

⚠ Die Präpositionen **de** und **a** verschmelzen mit dem Artikel **el** zu einem Wort.

de + **el** → **del**
a + **el** → **al**

2. **Estar** + Gerundium

Mit **estar** + Gerundium beschreiben wir Handlungen oder Situationen als vorübergehend und nicht endgültig.

- ▫ *Estoy trabajando en un estudio de arquitectos.*

Diese Handlungen oder Situationen können wir auch durch den Gebrauch des Präsens mit einem Zeitmarker ausdrücken: **desde hace unos meses**, **en estos momentos**...

- ▫ *Desde hace cuatro meses trabajo en un estudio de arquitectos.*

Um auszudrücken, dass Handlungen stattfinden, während wir sprechen, gebrauchen wir **ser** (im Perfekt, Indefinido oder Imperfekt) + Gerundium.

- ▫ *Lidia está haciendo la comida. ¡Qué bien huele!*

- ▫ *¿Dónde estaba usted la noche del robo?*
- ▪ *Aquí, en casa. Estaba viendo una película en la televisión.*

⚠ Um auszudrücken, dass eine Handlung gerade stattfindet, während wir sprechen, können wir keine anderen Zeiten verwenden:

~~*Lidia hace la comida. ¡Qué bien huele!*~~

Si sabes inglés:

Estaba + *Gerundium* = *past continuous*

- ▫ *Estaba viendo una película.* → *I was watching a movie.*

3. Das Imperfekt im Kontrast zum Indefinido

Imperfekt	Indefinido
Beschreibt eine Situation: ¿Cómo era? ▢ Durante su enfermedad, mi padre no <u>hablaba</u> ni <u>quería</u> comer nada.	**Erzählt die Ereignisse: ¿Qué pasó?** ▢ Al día siguiente no me <u>dejaron</u> salir a la calle: mi madre <u>fue</u> al hospital y <u>volvió</u> triste.
Gewohnheitsmäßige Handlungen in der Vergangenheit ▢ Cuando <u>era</u> pequeña, siempre <u>íbamos</u> de vacaciones al mar. <u>Alquilábamos</u> una casa en la playa y <u>nos quedábamos</u> dos meses. Después, cuando <u>empezaban</u> las clases, <u>volvíamos</u> a la ciudad.	
Andauernde Handlungen in Vergangenheit ▢ Cuando <u>vivía</u> en Alemania, <u>iba</u> a la universidad y <u>estudiaba</u> alemán. ▢ En aquella época <u>pensaba</u> quedarme y terminar la carrera en Alemania.	**Abgeschlossene Handlungen** ▢ <u>Viví</u> tres años en Argentina antes de volver a España.
Handlungen, die durch eine neue Handlung unterbrochen werden. ▢ En Chile <u>gobernaba</u> Allende cuando tuvo lugar el golpe de estado de 1973.	**Handlungen, die andere Handlungen unterbrechen** ▢ En Chile gobernaba Allende cuando <u>tuvo</u> lugar el golpe de estado de 1973.
Die Handlung hat noch nicht stattgefunden oder ist noch nicht beendet. ▢ Cuando <u>llegaba</u> a casa, me di cuenta de que me había dejado la cartera en la universidad. ▢ Cuando <u>cruzaba</u> la calle, alguien me llamó.	**Die Handlung hat stattgefunden oder ist beendet.** ▢ Cuando <u>llegué</u> a casa <u>me di</u> cuenta de que me había dejado la cartera en la universidad. ▢ Cuando <u>crucé</u> la calle, alguien me llamó.
Parallel verlaufende Handlungen ▢ Víctor <u>hacía</u> prácticas en un hospital mientras <u>estudiaba</u> Medicina.	

Si sabes inglés:

- Víctor hacía prácticas en un hospital <u>mientras estudiaba</u> Medicina.
  ...<u>while he was studying</u> Medicine.
- Ella <u>vivía</u> en Chile cuando comenzó la dictadura en 1973.
  ...<u>was living</u> in Chile.
- <u>Estábamos viendo</u> una película y de repente la interrumpieron para informar sobre la crisis. We <u>were watching</u> a movie...

4. Zeitmarker, die Dauer anzeigen

hace	vor	▢ Me casé hace cinco meses.
desde + Datum **desde que** + Verb	seit (Zeitpunkt) seit(dem)	▢ Vivo en Montevideo desde 2006. ▢ Vivo en Berlín desde que acabé la carrera.
hasta	bis	▢ Tengo clase hasta las once.
desde hace	seit (Zeitraum)	▢ Paula y Agus son novios desde hace ocho años.
desde... hasta...	von … bis	▢ Estuvimos de viaje desde el 15 de septiembre hasta el 20 de noviembre.
a partir de	seit, ab	▢ A partir de 1990 los medios de comunicación en México pasaron a manos de empresas privadas.

Si sabes inglés:

- ▢ Vivo en Valencia desde 2009 → I live in Valencia since 2009.
- ▢ Vivo en Valencia desde hace dos años → I've been living in Valencia for two years.
- ▢ Me mudé a Valencia hace dos años → I moved to Valencia two years ago.

9

Haciendo memoria

In dieser Lektion lerne ich …

Hör- und Leseverstehen

- Erzählungen aus der Vergangenheit zu verstehen.
- biografische Texte zu verstehen.
- Auszüge aus historischen und sozialgeschichtlichen Romanen zu verstehen.
- einem Radio- oder Zeitungsinterview wichtige Information zu entnehmen.

Produktion (mündlich und schriftlich) und mündliche Interaktion

- über historische Ereignisse zu sprechen.
- über Umstände und Handlungen zu sprechen, die vor einem Ereignis in der Vergangenheit stattfanden.
- zu zeigen, dass man einer Erzählung mit Interesse folgt.
- den Charakter einer Person zu beschreiben.
- die Biografie eines Schriftstellers zu schreiben.
- eine vergangene Epoche zu beschreiben.
- ein Akrostichon zu schreiben.

Außerdem kann ich lernen …

Wortschatz und Grammatik

- das Präsens des Subjuntivo: Formen und Gebrauch.
- das Plusquamperfekt: Formen und Gebrauch.
- Bewertung und Meinung auszudrücken: **Me parece absurdo que…**, **No es normal que…**, etc.
- einen Wunsch zu äußern: **Quiero que…**
- Notwendigkeit auszudrücken: **Necesito que…**
- Zweifel, Ungewissheit, Möglichkeit, Wahrscheinlichkeit auszudrücken: **Quizás**, **Tal vez**, **Seguramente**, etc.
- eine Erzählung mithilfe von Konnektoren zeitlich zu strukturieren: **entonces**, **después**, **luego…**

Mi año en España

Mmmmm… la paella que comimos en las fiestas del pueblo de Diego.

Ana en su desfile más importante. ¡Qué nerviosa estaba!

La Semana Santa de Almagro. ¡Menuda experiencia!

Este soy yo celebrando el Mundial con mis compañeros de piso.

Lo primero que busco cuando abro el periódico: la tira gráfica.

Propuestas de trabajo

B1

1. Cultura

A. Fíjate en el cuaderno de viaje de Richard. ¿Cuáles de estas cosas asocias con "cultura"? Coméntalo con un/a compañero/-a.

B. ¿Qué otras cosas son cultura en tu opinión? Haz una lista y ponla en común con el resto de la clase. Intentad llegar a un acuerdo entre todas las propuestas.

La pintura

...

C. A partir de la discusión del grupo, escribid una definición en parejas de lo que es cultura. Volved a mirarla al acabar la unidad y modificadla si lo creéis necesario.

Cultura

La cultura es...

2. ¿Sabes de cultura de España y Latinoamérica?

A. Haz este test. ¿Cuántos puntos has sacado?

1. ¿Qué personaje mexicano dijo "La tierra es de quien la trabaja"?
a) Emiliano Zapata
b) Frida Kahlo
c) Moctezuma

2. ¿Qué civilización construyó la ciudadela peruana de Machu Picchu?
a) Los mayas
b) Los incas
c) Los aztecas

3. ¿A qué futbolista argentino se conoce como "la Pulga"?
a) Diego Maradona
b) Leo Messi
c) Juan Martín del Potro

4. ¿Cuál es el instrumento por excelencia del tango argentino?
a) La guitarra
b) El piano
c) El bandoneón

5. ¿Quién fue el principal artífice de la revolución cubana de 1959?
a) Salvador Allende
b) Fidel Castro
c) Fulgencio Batista

6. ¿En qué guerra lucharon Argentina e Inglaterra en 1982?
a) En la guerra de las Malvinas
b) En la guerra de independencia
c) En la guerra de la Patagonia

7. ¿Quién de estas personas no es un director de cine español?
a) Javier Bardem
b) Pedro Almodóvar
c) Alejandro Amenábar

8. ¿Qué religiones convivían en España en la Edad Media?
a) La musulmana y la cristiana
b) La judía, la budista y la cristiana
c) La judía, la musulmana y la cristiana

9. ¿Qué cuadro de Picasso se considera el comienzo del cubismo?
a) El Guernica
b) Las señoritas de Avignon
c) El arlequín

10. ¿Qué escritor peruano ganó el Premio Nobel en el año 2010?
a) Gabriel García Márquez
b) Isabel Allende
c) Mario Vargas Llosa

SOLUCIONES

1a, 2b, 3b, 4c, 5b, 6a, 7a, 8c, 9b, 10c

VALORACIÓN

ENTRE 7 Y 8 RESPUESTAS CORRECTAS: ¡Eres un/a experto/-a! Seguro que puedes contar cosas interesantes a la clase sobre estos y otros acontecimientos. ¿Te animas?

ENTRE 4 Y 6 RESPUESTAS CORRECTAS: Te suenan muchos datos, pero no has profundizado demasiado en la cultura de España y Latinoamérica. Ahora puedes hacerlo. Pregúntale a tu profesor/a por algún dato interesante.

ENTRE 1 Y 3 RESPUESTAS CORRECTAS: No te interesa mucho la cultura, ¿no? ¿Sabes quizás otras cosas sobre el mundo de España y Latinoamérica: negocios, ciencia, geografía, etc.? ¡Compártelas con tus compañeros/-as!

- También he leído…
- Según algunas fuentes…
- Un hecho fundamental fue…

Höre, was ein Kursmitglied erklärt, überlege, ob du derselben Meinung bist, gib einen Kommentar ab oder stelle eine Frage. So hältst du den Gedankenaustausch in Gang und bekundest Interesse am Thema.

B. En grupos de cuatro escoged un país y preparad un test. Después, pasádselo al resto de la clase. ¿Cuánto saben vuestros compañeros/-as sobre "vuestro" país?

C. Ahora, en grupos de tres, escoged un tema interesante de la cultura del mundo hispanohablante y buscad información sobre él. Después, presentádsela a la clase. Podéis ayudaros de fotografías, vídeos, música, etc.

3. Mafalda: un cómic para niños y adultos

A. Lee esta viñeta de Mafalda, uno de los personajes más famosos del dibujante argentino Quino. ¿Cómo describes a Mafalda? Escoge entre los siguientes adjetivos o añade otros.

infantil · triste · curiosa · inteligente · comprometida · aburrida · enfadada · irónica · divertida · superficial

B. Lee ahora la biografía de Quino. ¿Entiendes por qué Mafalda es así? Subraya la información del texto que te ayuda a entenderlo.

Quino

Joaquín Salvador Lavado (Quino) nació en Mendoza en 1932, hijo de emigrantes españoles. En 1945 comenzó a estudiar en la Escuela de Bellas Artes de Mendoza, pero su padre murió poco después, y Quino dejó la escuela al año siguiente. Quería dibujar historietas cómicas. La primera fue un anuncio de una tienda de sedas, y siguió dibujando hasta que por fin publicó su primera página de humor en el semanario *Esto Es*. Esto significó un paso importante en su carrera, ya que los años anteriores habían sido muy duros para el dibujante.

En 1963 publicó *Mundo Quino*, su primer libro. Poco después, una empresa de electrodomésticos le encargó una campaña de publicidad y de ella nació Mafalda, su personaje más famoso. La campaña no se publicó, pero Mafalda había nacido y Quino continuó con su cómic. Mafalda es una niña preocupada por la política internacional y la humanidad en general. Se trata de un cómic que pueden leer tanto niños como adultos. En 1973, Quino decidió abandonar a Mafalda porque, según él, "se le habían agotado las ideas". Se dedicó entonces a hacer tiras de humor donde los protagonistas son gente normal, aunque dentro de sus vidas normales también hay escenas surrealistas o alegóricas. El humor de Quino tiene a menudo contenido social, es ácido y a veces cínico, pero también está lleno de ternura. En una edición posterior de *Mundo Quino* se explica por qué:

"Como papá y mamá son españoles, 'todos los españoles son personas estupendas'. Pero a los cuatro años (1936), el pequeño Quino descubre que existen por ahí unos españoles malísimos que están asesinando a los españoles buenos. (...) El pequeño Quino ya va a la escuela y aprende que los que son buenos de verdad son los argentinos. Para intentar solucionar esta situación, el pequeño Quino empieza a dibujar, en silencio. Hablando se pueden decir cosas incorrectas sobre el bien y el mal. Al final de 1939, el panorama se complica: los ingleses, que eran malísimos porque habían robado las Malvinas y Gibraltar, ahora son buenos porque defienden al mundo de la agresión alemana, italiana y japonesa (1941). También los norteamericanos son buenos. (...) En 1954, cuando se da cuenta de que los italianos, los alemanes y los japoneses no son tan malos, y de que los ingleses, los norteamericanos y los franceses tampoco son tan buenos, se va a vivir a Buenos Aires, donde empieza a publicar sus dibujos. En 1960, Quino se casa con Alicia, de origen italiano, y descubre que este pueblo es estupendo. Su carrera como humorista se afirma con Mundo Quino (1963), su primer libro, y en 1964 nace Mafalda, una niña que intenta resolver el problema de quiénes son buenos y quiénes son malos en este mundo".

Mundo Quino, 1998, Ediciones La Flor, Buenos Aires.

- en 1945
- al año siguiente
- poco después
- por fin
- entonces
- a los cuatro años

C. ¿Qué acontecimientos históricos hacen cambiar a Quino de opinión acerca de quién es bueno y quién es malo? ¿Por qué?

D. Fíjate en estas frases del texto y en las acciones o circunstancias marcadas en negrita. ¿Describen circunstancias y acciones anteriores, simultáneas o posteriores a las acciones marcadas en cursiva? Coméntalo con tus compañeros/-as y con tu profesor/a.

- Quino *decidió abandonar* a Mafalda porque, según él, **"se le habían agotado las ideas"**.
- Esto *significó un paso importante* en su carrera, ya que los años anteriores **habían sido muy duros** para el dibujante.

había
habías
había + Partizip
habíamos
habíais
habían

4. Detalles

A. **Piensa en tres cosas curiosas o interesantes que has hecho últimamente y escríbelas en frases.**

Ayer fui a ver la última película de Almodóvar.

B. **Ahora, cuéntaselas a un/a compañero/-a. Él/Ella te va a hacer preguntas. Añade algunas circunstancias anteriores, simultáneas o posteriores.**

- Ayer fui a ver la última película de Almodóvar.
- ¿Y qué tal?
- Pues, fenomenal. Había leído malas críticas, pero a mí me encantó, como siempre.

5. El deporte rey

A. **¿Qué importancia tiene el fútbol en tu país? ¿Te parece que el deporte es cultura? Háblalo con tus compañeros/-as.**

B. **Lee esta entrevista a un sociólogo que analiza el papel del fútbol en la sociedad. ¿Con qué afirmaciones estás de acuerdo? Señálalas y coméntalas con un/a compañero/-a.**

"En el fútbol todos son iguales al empezar el partido y gana el mejor"

El sociólogo argentino y experto en culturas populares, Martín Caruana, analiza el papel del fútbol hoy en día.

¿Por qué es tan importante un mundial de fútbol? Es cierto que tiene una enorme importancia, pero no es solo por el juego del fútbol en sí, sino porque tiene una enorme fuerza simbólica.

¿Simbólica en qué sentido? Bueno, lo que está en juego es la camiseta. La camiseta simboliza la bandera y esta simboliza la patria.

Entonces, ¿el fútbol es una manifestación de patriotismo? No necesariamente. También la identificación puede ser regional. Por ejemplo, en Italia son más interesantes los problemas entre el norte y el sur que la selección italiana. En España, la selección que ganó el mundial de 2010 se vio por unos como "la selección de la concordia" porque juntaba jugadores de equipos tradicionalmente rivales como el Madrid o el Barça, pero otros no estaban de acuerdo con esta etiqueta. Me parece absurdo que se utilicen etiquetas que tienden a dar un carácter político al fútbol. Me parece peligroso.

Un tema que se relaciona continuamente con el fútbol es la violencia... Así es. Es normal que se relacione, porque realmente las pasiones que desata en ocasiones están fuera de control. Esto tiene que ver con la forma de ser de los aficionados. Quiero que quede claro que la mayoría son pacíficos, pero es cierto que hay algunos que piensan que su deber moral es pelearse con todo el mundo que no está con su equipo. Es increíble que piensen así en el año 2010, pero algunos lo hacen.

¿Qué se despierta cuando juega un equipo pequeño contra otro grande y poderoso? Pues la tradición de David contra Goliat, del pequeño contra el poderoso. El encanto del fútbol se basa en la llamada "ilusión democrática": el fútbol se inventa en Inglaterra a mediados del siglo XIX, y en este mismo momento se inventan también los regímenes democráticos. El objetivo es diseñar sistemas que permiten competir en igualdad de condiciones. En el fútbol todos son iguales al empezar el partido y gana el mejor. El encanto del fútbol es que es posible que un equipo pequeño gane un gran campeonato.

Aunque, en realidad, no es cierto que sea así, ya que los equipos más poderosos tienen más dinero para comprar a los mejores jugadores y acaban ganando siempre, ¿no? Sí, eso sucede a veces, pero la posibilidad existe.

Según un importante sociólogo, puede ser que la victoria española del mundial de 2010 tenga un efecto positivo sobre la crisis económica que vive el país. ¿Qué opina de esto? Sinceramente, me parece ridículo que alguien diga algo así. No veo qué relación puede tener. Aunque tal vez sí tenga un efecto positivo en el ánimo de la población y por lo tanto, una relación indirecta. Lo veremos.

¿Considera que el fútbol es "el opio del pueblo"? Creo que eso se decía sobre todo en los años 60, pero cada vez hay más consenso en que el fútbol no son simplemente veintidós jugadores detrás de un balón, sino que es un prisma que permite observar una gran cantidad de hechos sociales, culturales, políticos y económicos muy importantes. Por eso es cada vez más importante la llamada "sociología del fútbol".

C. Fíjate en las expresiones subrayadas del texto. ¿Cuáles se utilizan para expresar duda o inseguridad, cuáles para expresar deseos, cuáles para expresar posibilidad y cuáles para opinar o valorar sobre una afirmación previa? En parejas, completad la tabla.

duda o inseguridad	deseo y necesidad	posibilidad y probabilidad	opinión y valoración
tal vez ...			Me parece absurdo que... ...

D. A continuación, fíjate en estas citas sobre el fútbol. ¿Con cuál de ellas estás de acuerdo? ¿Por qué? Coméntalo con un/a compañero/-a. Puedes utilizar las expresiones del apartado anterior y las que aparecen en el recuadro lateral.

1 "El fútbol es una guerra simbólica"
MARIANO GRONDONA, PENSADOR ARGENTINO

2 "El fútbol es un juego al que se juega con el cerebro"
JOHAN CRUYFF, ANTIGUO ENTRENADOR DEL BARÇA

3 "Un país habrá llegado al grado máximo de su civismo cuando en él se celebren partidos sin árbitros"
JOSÉ LUIS COLL, HUMORISTA ESPAÑOL

4 "El fútbol es popular porque la estupidez es popular"
JORGE LUIS BORGES, ESCRITOR ARGENTINO

5 "Todo cuanto sé con mayor certeza sobre la moral y las obligaciones de los hombres, se lo debo al fútbol"
ALBERT CAMUS, ESCRITOR FRANCÉS

6 "El deporte se divide en dos: el fútbol y el resto"
LUIS ARAGONÉS, ANTIGUO ENTRENADOR DE LA SELECCIÓN ESPAÑOLA

7 "¿Cómo vas a saber lo que es la vida, si jamás jugaste al fútbol?"
GONZALO GRASSI

8 "El fútbol es el único fenómeno social no impulsado por Estados Unidos"
ANTOINE LABBO, SOCIÓLOGO FRANCÉS

Ausdrücke, die mit Subjuntivo stehen:
- Es probable que...
- Es posible que...
- Puede ser que...
- Lo más seguro es que...

Ausdrücke, die mit Indikativ stehen:
- Seguro que...
- Estoy seguro de que...

Ausdrücke, die mit Subjuntivo oder Indikativ stehen:
- Quizá...
- Tal vez...
- Seguramente...
- Posiblemente...
- Probablemente...

- No es cierto que el fútbol sea una guerra. A mí me parece muy exagerado.
- Hombre, hay dos enemigos y solo puede ganar uno...

¡Equivocarse es de sabios!

- Wenn ich meine Texte korrigiere oder etwas berichte, achte ich auf den Gebrauch der Vergangenheitszeiten und unterscheide zwischen Beschreibungen und Handlungen.

  Antes vivía en un pueblo pequeño, pero la vida era un poco aburrida, así que hace dos años me mudé a la ciudad.

- Ich weiß, welche Ausdrücke, die ich zum Erzählen benutze, mit Indikativ stehen und welchen ein Subjuntivo folgen muss.

  Creo que el correo electrónico ha supuesto un gran avance, pero me parece preocupante que cada vez se escriba menos a mano.

Merke ich, dass ich viele Fehler mache, so korrigiere ich zuerst die, die Sätze oder ganze Abschnitte betreffen. Dann korrigiere ich falsche Wörter oder Verbformen.

6. El misterio de Nazca

A. ¿Sabes qué se ve en estas fotos? Coméntalo con tus compañeros/-as.

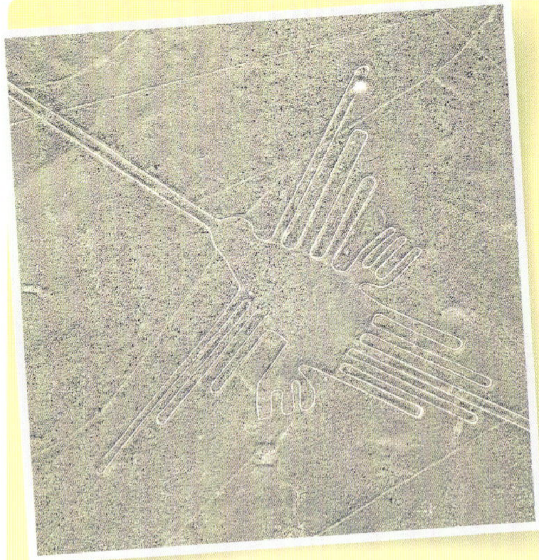

80

B. Vas a escuchar una entrevista sobre las líneas de Nazca. Completa la ficha.

LÍNEAS DE NAZCA

Qué son: ....

Dónde están: ....

Quién las hizo: ....

Qué significado o función tenían: ....

Por qué son tan sorprendentes: ....

Es gibt Radiosender, die mehrmals am Tag Nachrichten senden. Aus Spanien kannst du die verschiedenen Programme von *Radio Nacional de España* hören (*Radio 5 Todo Noticias* oder *Radio Exterior*). Auch wenn der Inhalt wechselt, so bleibt die Struktur immer gleich. Das hilft dir, vom Global- zum Detailverstehen zu gelangen.

C. ¿Has oído hablar de otros misterios? Cuéntale lo que sabes sobre ellos al resto de la clase.

- Yo he oído hablar del monstruo del lago Ness. Según la leyenda...

7. Las tinieblas de tu memoria negra

A. Vas a leer información sobre el escritor Donato Ndongo-Bidyogo, pero antes, ¿de dónde crees que es? ¿Por qué?

Donato Ndongo-Bidyogo

B. Ahora, lee el texto. ¿Qué información te sorprende o te parece interesante de su biografía? Háblalo con un/a compañero/-a.

El escritor, periodista y político Donato Ndongo-Bidyogo nació en Niefang, Guinea Ecuatorial, en 1950. Fue al colegio de los misioneros en Niefang e hizo los primeros cursos del bachillerato en el Centro Laboral "La Salle", en Bata. En 1965 se trasladó a España para continuar el bachillerato.

Durante la década de 1980, fue director adjunto del Colegio Mayor Universitario "Nuestra Señora de África", en Madrid. Más tarde fue director adjunto del Centro Cultural Hispano-Guineano de Malabo y hasta el año 2000 fue director del Centro de Estudios Africanos de la Universidad de Murcia. En 2005 comenzó a trabajar como profesor visitante de la Universidad de Missouri en Columbia, con un seminario sobre literatura africana de expresión española.

Como periodista fue durante diez años delegado de la Agencia de Noticias Española EFE en África central. En 1983 fundó el Partido del Progreso de Guinea Ecuatorial, junto con Severo Moto. En 1994 se exilió en España por oposición al Gobierno de Teodoro Obiang. Actualmente vive en este país y es Ministro de Exteriores en el Gobierno de Guinea Ecuatorial en el Exilio.

Como escritor, su novela más famosa es *Las tinieblas de tu memoria negra*, "una autobiografía de su generación", irónica y mordaz, en la que la mirada inocente de un niño muestra las contradicciones del régimen colonial.

C. En su novela *Las tinieblas de tu memoria negra*, Donato Ndongo describe la situación de Guinea Ecuatorial durante el colonialismo. Lee este fragmento de la novela. ¿Qué opinión tiene el narrador sobre su padre y sobre los colonizadores españoles? Coméntalo con tu compañero/-a.

Mi padre era un negro alto, delgado, con un carácter muy firme, que había decidido en un momento impreciso de su vida pactar con el colonizador blanco. Se había construido una casa grande de cemento con techo de cinc que se distinguía desde lejos como un inequívoco signo de distinción (...). Había sido uno de los primeros, si no el primero, de la comarca, en abrir una finca de café, símbolo de un nuevo tiempo que anunciaba la modernidad. (...) Mi padre había abandonado, a la vista de todos, pero imperceptiblemente, la tradición para insertarse en la civilización.

Donato Ndongo, *Las tinieblas de tu memoria negra*, Editorial Fundamentos, Madrid, 1987

Schreibst du einen Text mit Information aus dem Internet oder anderen Quellen, dann schreibe diese nicht einfach ab. Nimm sie auf und formuliere sie mit eigenen Worten.

D. ¿Cuáles son tus escritores/-as preferidos/-as? ¿Qué obras han escrito? Escribe la biografía de uno/-a de ellos/-as. Puedes buscar la información necesaria en internet.

8. Ramona, adiós

A. Vas a leer un fragmento adaptado de la novela *Ramona, adiós*, de Montserrat Roig. Pero antes, lee la presentación de su autora y de su estilo literario. ¿Te interesa este tipo de literatura? ¿Por qué? Háblalo con un/a compañero/-a.

La escritora catalana Montserrat Roig (Barcelona, 1946-1991) escribía “prosa de ideas”, tanto de tipo histórico como periodístico. Comprometida con la cultura catalana y el feminismo, comenzó a escribir en los años 60. Su novela *Ramona, adiós* forma parte de un ciclo de varias novelas que tratan sobre la historia de la pequeña burguesía barcelonesa desde finales del siglo XIX hasta los años setenta del siglo XX, sobre todo en los últimos momentos del franquismo. En los textos, las mujeres son protagonistas, y se tratan temas como las relaciones entre las mujeres, los roles sociales que se les adjudican, la sexualidad femenina, la dificultad de encontrar el propio yo femenino, el papel de la literatura en esta búsqueda, las relaciones de poder entre los sexos, etc.

- A mí me interesa la "prosa de ideas". Te hace reflexionar.
- Pues a mí me aburre. Yo quiero libros que sean entretenidos.

B. Ahora lee el fragmento de la novela. ¿Cuáles de los temas del apartado A aparecen en ella? ¿Cómo se tratan? Coméntalo con un/a compañero/-a.

Barcelona, década de los sesenta, plena época franquista, una familia de la pequeña burguesía.
La madre abrió la puerta del dormitorio.

MADRE: Niña, ¿no sabes qué hora es?
HIJA: No, acabo de despertarme.
MADRE: Ya lo veo. Es muy tarde, son las doce menos cuarto. Vamos, levántate. Esta noche tampoco has dormido en casa.
HIJA: No es verdad. He llegado tarde pero he dormido aquí.
MADRE: No he oído la puerta. No me mientas. ¡Suerte tienes que papá está en Madrid!
HIJA: Pues a mí ¡me da igual que esté en Madrid o en la India!
ABUELA: Niña, no hagas enfadar a mamá.

Por qué tenía que opinar la abuela. La cosa se complicaba.

HIJA: No la hago enfadar, protesta por la hora a la que llego y, en cambio, no he podido dormir por culpa de tu rosario.
MADRE: Mundeta, ¿se puede saber qué te pasa?
ABUELA: Cuando yo tenía tu edad...
HIJA: Me importa un bledo tu juventud.
ABUELA: ¡Niña!
MADRE: No hay nada que hacer, mamá. Es así desde que va a la universidad. Ha cambiado completamente.
HIJA: ¡Ya estamos en lo de siempre! ¿Por qué no puedo vivir tranquila?
MADRE: Venga, dejémoslo. Esperemos a que llegue papá...
HIJA: Mira, mamá, precisamente ahora que no está papá te quiero decir una cosa.
MADRE: Ay, eso sí que no. No quiero que me metas en estas discusiones. Al final la culpa siempre la tengo yo.
HIJA: No te hagas la víctima. Tengo que irme porque la policía puede venir a buscarme.

C. **Vuelve a leer el texto y corrige la información falsa de este resumen. Compara luego con las correcciones de un/a compañero/-a.**

Mundeta está discutiendo con su madre y su abuela. Ha llegado muy tarde y además ha dormido en casa de su novio. Su padre está trabajando en Barcelona. Está muy nerviosa porque intenta explicar a su familia que se encuentra en una situación complicada. Su madre no quiere escucharla ni saber qué está pasando. Quiere encontrar ya una solución, pero eso es precisamente lo que Mundeta quiere evitar. La abuela tampoco entiende por qué Mundeta tiene problemas. Solo le interesa que sea educada y no discuta con su madre.

D. **¿De qué crees que quiere hablar Mundeta con su madre y por qué no quiere su madre? Coméntalo con tu compañero/-a.**

- Yo creo que quiere hablar de su situación en la universidad.
- Pero parece que tiene problemas con la policía, ¿no?

E. **La novela se desarrolla durante los años 60 en España. ¿Qué sabes de esta época? En grupos de tres, buscad información sobre el tema y compartidla con el resto de la clase. Las siguientes preguntas os pueden servir de guía.**

- ¿Cómo se vivía?
- ¿Qué sistema político había?
- ¿Cómo era la vida de las mujeres?
- ¿Y la de los hombres?

F. **En grupos de tres, volved a leer el texto del apartado B, elegid cada uno/-a un papel y haced una lectura dramatizada de la escena. Pensad en la entonación y el estado de ánimo de cada personaje.**

9. Dominó de palabras

A. Con tu compañero/-a, vas a jugar al dominó. Para ello, fotocopiad y recortad las fichas y unid aquellas que tienen una relación entre ellas: por temas, por significado (sinónimos y antónimos), etc. En cada caso, justificad vuestras asociaciones.

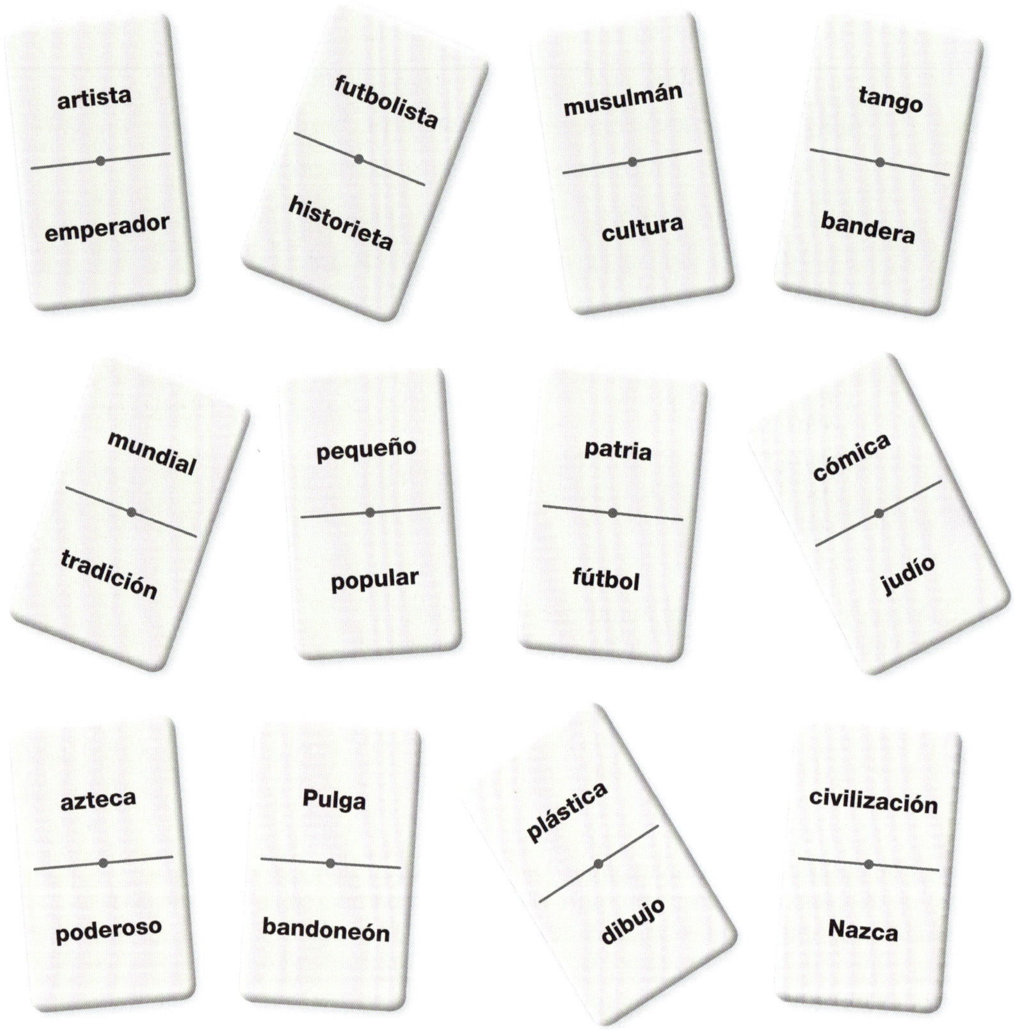

Information zu ordnen und mit schon bekannter Information zu verbinden hilft dabei, sie besser zu behalten. Du kannst Wörter unter einer gemeinsamen Charakteristik zusammenfassen, sie mit einem Text oder Kontext verbinden, sie nach Kategorien orden …

B. ¿Recuerdas en qué contexto aparecen las palabras anteriores a lo largo de la unidad? Háblalo con un/a compañero/-a.

- Creo que *Pulga* aparecía en el test de cultura.
- Sí, para hablar de un futbolista, ¿no?

C. ¿Recordáis otras palabras de esta unidad? Haced una lista. Luego, comparadla con la de otra pareja. ¿Podéis establecer relaciones entre las palabras?

10. Palabras encadenadas

Vamos a jugar a las palabras encadenadas. Uno/-a dice una palabra, y el/la de al lado debe decir una palabra que tiene que comenzar por la última sílaba de la palabra anterior.

cultu *ra* → ra *mo* → mo *to* → to *car* →

11. Acrósticos

A. Un acróstico es una palabra o una frase incluida en una composición literaria, que se puede leer de forma vertical o diagonal. Lee este acróstico de Rosa Luengo. ¿Te gusta?

LA MÚSICA

M ientras
U niversos
S onoros
I lusionan
C recerán
A legrías

Rosa Luengo

B. Ahora, por parejas, vais a hacer un acróstico para la palabra **cultura**. Luego, compartidlo con el resto de la clase. ¿Qué acróstico es el más original?

CULTURA

C
U
L
T
U
R
A

1. **Der Subjuntivo (I): regelmäßige Verben**

trabajar	leer	escribir
trabaj**e**	le**a**	escrib**a**
trabaj**es**	le**as**	escrib**as**
trabaj**e**	le**a**	escrib**a**
trabaj**emos**	le**amos**	escrib**amos**
trabaj**éis**	le**áis**	escrib**áis**
trabaj**en**	le**an**	escrib**an**

Verben auf **-ar** bilden den Subjuntivo mit **-e**, Verben auf **-er** oder **-ir** bilden ihn mit **-a**.

2. **Der Subjuntivo (II): unregelmäßige Verben**

Verben mit Vokalwechsel **o → ue**

poder	mostrar	contar	dormir	morir
p**ue**da	m**ue**stre	c**ue**nte	d**ue**rma	m**ue**ra
p**ue**das	m**ue**stres	c**ue**ntes	d**ue**rmas	m**ue**ras
p**ue**da	m**ue**stre	c**ue**nte	d**ue**rma	m**ue**ra
podamos	mostremos	contemos	d**u**rmamos	m**u**ramos
podáis	mostréis	contéis	d**u**rmáis	m**u**ráis
p**ue**dan	m**ue**stren	c**ue**nten	d**ue**rman	m**ue**ran

Die Verben auf **-ir** mit Vokalwechsel, haben in der ersten und zweiten Person Plural ebenfalls einen Vokalwechsel.

dormir
d**ue**rma
d**ue**rmas
d**ue**rma
d**u**rmamos
d**u**rmáis
d**ue**rman

sentir
s**ie**nta
s**ie**ntas
s**ie**nta
s**i**ntamos
s**i**ntáis
s**ie**ntan

Verben mit Vokalwechsel **i → ie**

querer	entender	sentir	preferir
qu**ie**ra	ent**ie**nda	s**ie**nta	pref**ie**ra
qu**ie**ras	ent**ie**ndas	s**ie**ntas	pref**ie**ras
qu**ie**ra	ent**ie**nda	s**ie**nta	pref**ie**ra
queramos	entendamos	s**i**ntamos	pref**i**ramos
queráis	entendáis	s**i**ntáis	pref**i**ráis
qu**ie**ran	ent**ie**ndan	s**ie**ntan	pref**ie**ran

Die Verben mit Vokalwechsel **e → ie** und **o → ue** im Indikativ Präsens, weisen im Subjuntivo Präsens dieselben Unregelmäßigkeiten in denselben Personen auf.

pedir	traer	tener	decir	hacer	salir	conocer
p**i**da	**traig**a	**teng**a	**dig**a	**hag**a	**salg**a	**conozc**a
p**i**das	**traig**as	**teng**as	**dig**as	**hag**as	**salg**as	**conozc**as
p**i**da	**traig**a	**teng**a	**dig**a	**hag**a	**salg**a	**conozc**a
p**i**damos	**traig**amos	**teng**amos	**dig**amos	**hag**amos	**salg**amos	**conozc**amos
p**i**dáis	**traig**áis	**teng**áis	**dig**áis	**hag**áis	**salg**áis	**conozc**áis
p**i**dan	**traig**an	**teng**an	**dig**an	**hag**an	**salg**an	**conozc**an

Bei Verben mit Vokalwechsel **e → i**, sowie denen mit unregelmäßiger erster Person, leitet man alle Formen von der ersten Person des Indikativ Präsens ab (pedir: p**i**do → p**i**da, traer: **traig**o → **traig**a, etc.).

Weitere unregelmäßige Verben

ser	estar	haber	ir	ver	saber	dar
sea	esté	haya	vaya	vea	sepa	dé
seas	estés	hayas	vayas	veas	sepas	des
sea	esté	haya	vaya	vea	sepa	dé
seamos	estemos	hayamos	vayamos	veamos	sepamos	demos
seáis	estéis	hayáis	vayáis	veáis	sepáis	deis
sean	estén	hayan	vayan	vean	sepan	den

3. Subjuntivo Präsens: Gebrauch

Der Subjuntivo steht in Relativsätzen, wenn Identität oder Existenz des Bezugsworts unbekannt sind.

- *¿Conoces a alguien que viva en París?*

In Nebensätzen mit **cuando**, wenn sich diese auf die Zukunft beziehen.

- *Cuando acabe de estudiar, iré al cine.*

Der Subjuntivo steht auch, wenn das Verb des Hauptsatzes einen Wunsch ausdrückt, eine Anweisung gibt, etc.

- *Luis quiere que vayamos a su fiesta.*

Haben beide Sätze dasselbe Subjekt, so steht das Verb des Nebensatzes im Infinitiv.

Das Verb des Nebensatzes steht im Subjuntivo, wenn das Verb des Hauptsatzes eine Handlung bewertet oder beurteilt, die ein bestimmtes Subjekt ausführt.

- *Es bueno que duermas ocho horas el día antes del examen.*

Wird im Hauptsatz die Richtigkeit dessen, was gesagt wird, bezweifelt oder verneint, steht im Nebensatz der Subjuntivo.

- *No creo que Beatriz llegue puntual.*

4. Das Plusquamperfekt: Formen und Gebrauch

Imperfekt		Partizip
había		cambiado
habías		leído
había	+	salido
habíamos		hecho
habíais		dicho
habían		roto

Das Plusquamperfekt wird mit dem Imperfekt von **haber** und dem Partizip Perfekt gebildet. Dabei ist das Partizip Perfekt unveränderlich.

Es drückt aus, dass eine vergangene Handlungen vor einer bereits erwähnten stattgefunden hat.

- *Cuando llegué al cine, la película ya había empezado, pero entré de todas formas.*

10

La felicidad

In dieser Lektion lerne ich ...

Hör- und Leseverstehen

- unterschiedliche Meinungen zu einem Thema zu verstehen.
- ein Diagramm auszuwerten.
- bekannte Texte mithilfe eines Schemas zusammenzufassen.
- die wesentlichen Elemente eines Vortrags über ein mir bekanntes Thema zu verstehen.

Produktion (mündlich und schriftlich) und mündliche Interaktion

- einen Ratschlag zu geben oder einen Vorschlag zu machen.
- in der Gruppe über ein Thema zu diskutieren, um Erklärungen zu bitten und mich auf das Gesagte zu beziehen.
- die persönliche Auslegung eines Gedankens zu erklären.
- einen Text und die Meinung einer anderen Person zu kommentieren.
- ein Thema vorzustellen und eine Quelle zu nennen.
- mich auf den Autor und den Inhalt eines Textes zu beziehen.
- über Gewohnheiten, Bräuche und das Glück zu sprechen.
- Überraschung auszudrücken: **¡Qué extraño!, ¿De verdad?** ...

Außerdem kann ich lernen ...

Wortschatz und Grammatik

- die adverbial bestimmten Nebensätze.
- den Subjuntivo bei Meinungsäußerung: **Me resulta extraño que..., Es interesante que...**, etc.
- den Subjuntivo bei Empfehlungen: **Es mejor que..., Es conveniente que..., Es fundamental que...**
- die indirekte Rede (I).

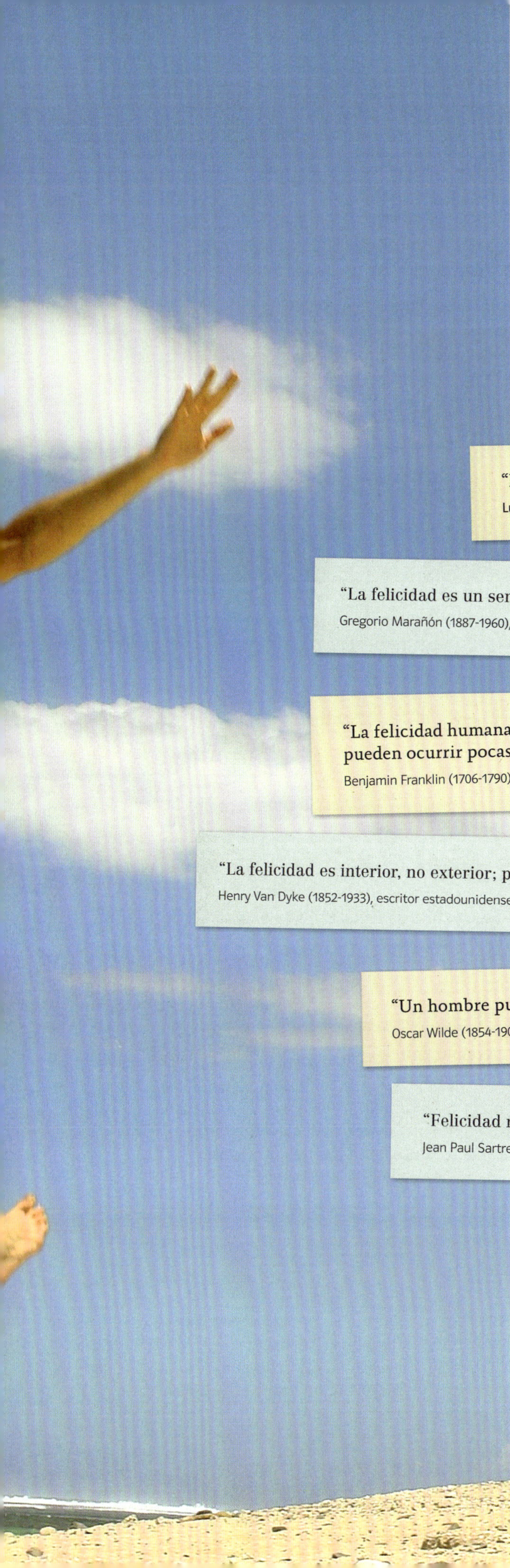

Propuestas de trabajo

B1

1. Citas

A. Fíjate en el título de la unidad y en la foto de la portadilla. ¿Qué situaciones te sugiere? Coméntalo con tus compañeros/-as. ¿Coincidís?

B. Ahora lee los testimonios sobre la felicidad de algunos personajes célebres. ¿Con quién te identificas más? ¿Con cuál no te identificas en absoluto? Coméntalo con un/a compañero/-a.

"El cuarenta por ciento de la felicidad depende de los genes."
Luis Rojas Marcos (1943), psiquiatra español

"La felicidad es un sentimiento fundamentalmente negativo: la ausencia de dolor."
Gregorio Marañón (1887-1960), médico y ensayista español

"La felicidad humana generalmente no se logra con grandes golpes de suerte, que pueden ocurrir pocas veces, sino con pequeñas cosas que ocurren todos los días."
Benjamin Franklin (1706-1790), estadista y científico estadounidense

"La felicidad es interior, no exterior; por lo tanto, no depende de lo que tenemos, sino de lo que somos."
Henry Van Dyke (1852-1933), escritor estadounidense

"Un hombre puede ser feliz con cualquier mujer mientras no la ame."
Oscar Wilde (1854-1900), dramaturgo y novelista irlandés

"Felicidad no es hacer lo que uno quiere sino querer lo que uno hace."
Jean Paul Sartre (1905-1980), filósofo y escritor francés

- Yo me identifico mucho con lo que dice Gregorio Marañón. Me parece que la salud es fundamental para ser feliz.
- ¿Sí? Yo creo que...

C. Ahora, tomando como modelo los testimonios que has leído en el apartado anterior, refleja en una o dos frases tu visión de la felicidad. Después, compárala con la de tus compañeros/-as. ¿Se parecen?

2. ¿Tú cómo lo ves?

81-83

A. Vas a escuchar a tres personas hablando sobre la felicidad. Apunta algunas ideas que te llamen la atención. Luego compara tus notas con las de un/a compañero/-a. ¿Coinciden con alguna de las ideas de la actividad anterior?

Marta
(Estudiante de Historia)

Luis
(Estudiante de Derecho)

Ernesto
(Profesor de Psicología Positiva)

B. ¿Con quién te identificas más? Si quieres, puedes volver a escuchar la grabación.

■ Yo me identifico con la chica, porque para mí los amigos son lo más importante.
□ Sí, pero también es fundamental tener un trabajo que te guste.

3. Pequeños obstáculos en el camino a la felicidad

- Es mejor que…
- Es conveniente que…
- Es fundamental que…
- Si te preocupa…, tal vez puedes…
- Quizás debas…
- A lo mejor es una buena idea…
- ¿Por qué no…?
- ¿Qué te parece si…?

A. ¿Qué cosas te preocupan en tu día a día? Escoge uno de estos temas y explícale a un/a compañero/-a por qué te preocupa. Él/Ella te va a dar consejos. Luego, cambiad los papeles.

- los exámenes
- problemas de pareja
- no tener trabajo
- tener poco dinero
- tener poco tiempo libre
- …

■ A mí me preocupa que tengo muy poco tiempo libre.
□ Quizás debas organizarte mejor.

B. Imagina que participas en un blog o un foro sobre uno de los temas del apartado anterior. Escribe un texto sencillo para explicar tu postura. El siguiente comentario puede servirte como modelo.

- Es un hecho que…
- Es verdad que…
- A mí me parece…
- Yo no creo que + Subjuntivo
- No es bueno que + Subjuntivo
- Pienso que…
- No me parece una buen idea que + Subjuntivo

COMENTARIOS

Es un hecho conocido que los exámenes causan problemas psicológicos y físicos: dolores musculares o insomnio, por ejemplo. **Es verdad que** hace falta evaluar, pero **me parece que** un examen al final del curso no es suficiente. **No creo que** sea bueno jugárselo todo a una carta. ¿Y si tienes un mal día? **No me parece que** sea justo. Hay que valorar el trabajo de todo el curso.

4. ¿Son más felices los jóvenes de hoy?

A. **Fíjate en las palabras y expresiones siguientes. ¿Cuántas puedes comprender sin utilizar el diccionario?**

disfrutar	personalidad sana	factores objetivos	sueldo adecuado
pasarlo bien	ocio	factores subjetivos	trabajo estable
crecer como persona	bienestar económico	posición social	gratificante
defender valores	bienes materiales	prestigio social	vocación
derechos humanos	tener un objetivo	amistades	autoestima

Es gibt viele Möglichkeiten, die Bedeutung eines Wortes zu erschließen. Der Kontext kann dabei helfen. Versuche, andere Formeln zu benutzen, bevor du das Wörterbuch zu Hilfe nimmst. Diese werden dir dabei helfen, das Vokabular zu lernen.

B. **Ahora lee estos dos textos sobre la felicidad de los jóvenes y completa la tabla con las ideas fundamentales.**

Un estudio del Instituto de la Juventud de Cataluña demuestra que, a grandes rasgos, la juventud española es feliz, y trata de explicar por qué. Federico Javaloy, catedrático de Psicología Social de la Universidad de Barcelona, intenta describir a jóvenes felices (e infelices), y presenta un modelo de felicidad y las claves para lograrla. Según el psicólogo, el 88% de jóvenes de ambos sexos está de acuerdo con la frase "ser feliz es saber disfrutar de la vida y pasarlo bien". Sin embargo, hay un 93,3% de jóvenes que también se identifican con la frase "ser feliz es crecer como persona". Esta cifra rompe con el tópico de que la sociedad actual fabrica jóvenes egoístas, porque las chicas y chicos más felices participan en actividades solidarias. No creen en la política, pero defienden valores como los derechos humanos, la paz, la lucha contra el hambre y el medio ambiente. La política o hacer la revolución no se asocian a mayor felicidad. Las cinco claves de la felicidad se basan en una personalidad sana y positiva, las relaciones personales, las actividades de ocio, bienestar económico y laboral y defender valores.

"La gente joven de hoy es tan feliz como la de ayer", asegura la psicopedagoga Pilar Dotras de la Universidad Ramón Llull, "pero con diferentes criterios, pautas y objetivos". No hay duda de que la felicidad es una percepción muy personal, relacionada con factores objetivos y otros subjetivos. Entre los primeros podemos encontrar elementos materiales de nuestra sociedad, como tener dinero, pareja, posición social. Entre los segundos, la autoestima, la percepción de tener amistades, de ser valorado por tu grupo social. Según Dotras, "la juventud de hace unos años tenía valores parecidos, pero con una valoración diferente. Por poner un ejemplo, hace unos años tener un trabajo era parte de la felicidad. Lo que ha cambiado es la percepción de lo que significa tener un trabajo: si significa un sueldo adecuado (no mileurista), estable, gratificante. Antes, los factores más importantes se relacionaban con la vocación, si era un trabajo para toda la vida o un trabajo que daba prestigio social.

Según Federico Javaloy,...	Según Pilar Dotras,...

C. **Lee otra vez las palabras del apartado A que no comprendías. ¿Las entiendes ahora?**

D. **¿Con qué ideas de los artículos estás de acuerdo y con cuáles en desacuerdo? Comentadlo en pequeños grupos. Las expresiones del recuadro lateral os van a ser útiles.**

- Creo que la felicidad es una cuestión muy personal. No depende tanto de factores externos.
- No estoy de acuerdo, porque si no tienes amigos, por ejemplo, es difícil ser feliz.

- Yo (no) creo que…
- Es difícil/fácil decir…
- Yo (no) estoy de acuerdo porque…
- Es interesante/ sorprendente / Llama la atención que + Subjuntivo
- Es obvio/lógico que + Subjuntivo

Sich auf die Worte anderer beziehen:

- Según Javaloy, los jóvenes son felices + Indikativ
- El autor dice/afirma que los jóvenes son felices + Indikativ

5. ¿Qué significa triunfar en la vida?

A. **Estos son los resultados de un estudio acerca de los factores que contribuyen a la felicidad para los españoles de distintas edades. ¿Qué importancia tiene para ti cada uno de ellos? Completa la tabla de la derecha con tu opinión personal.**

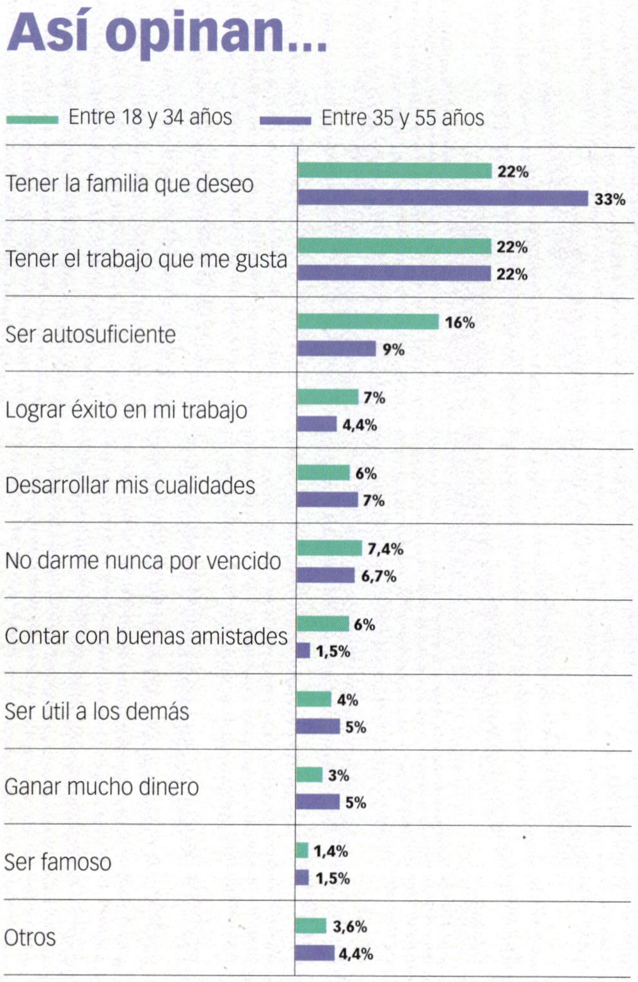

¿Qué aspectos contribuyen a la felicidad?

– → +

La salud										
La familia										
La amistad										
El trabajo										
El tiempo libre										
El medio ambiente										
Ganar dinero										
Los estudios										
La sexualidad										
El aspecto físico										
La política										
La religión										

B. **¿Coincides con tu compañero/-a? Coméntalo con él/ella.**

- Para mí es fundamental tener tiempo libre.
- Ya, pero si quieres ganar mucho dinero, no puedes tener mucho tiempo libre, normalmente.

C. **Ahora vuelve a mirar el gráfico y comenta con tus compañeros/-as cómo interpretas cada uno de los factores. ¿Qué significa para ti "tener la familia que deseo", "ser autosuficiente", etc.?**

- "La familia que deseo" es para mí una familia muy grande, con muchos hijos.
- Pues para mí es una familia pequeña que me deja mucha libertad.

D. **Vamos a hacer el diagrama de la clase. Contad cuántos puntos tiene cada aspecto de la tabla y elaborad un diagrama que represente su importancia para el grupo.**

6. Felicidad y filosofía

Irene, una estudiante de Filosofía, escribe un artículo en su blog acerca de cómo ven la felicidad diferentes filósofos y científicos de todas las épocas. Léelo y envía tu comentario respondiendo a su pregunta.

Yo, como todo el mundo, me paso la vida buscando la felicidad sin saber dónde encontrarla… Para Santo Tomás de Aquino, la felicidad no se consigue en los bienes materiales, sino a través de la verdad y de Dios. Aristóteles pensaba que el mayor nivel de felicidad estaba en la vida contemplativa. El filósofo Kant creía que los seres humanos son felices como producto de una moral universal. Gandhi hablaba de felicidad como sinónimo del equilibrio entre alma, mente y cuerpo, mientras que para el Dalai Lama, la felicidad está determinada más por el estado de la mente que por hechos externos.

Recientemente, un grupo de ingleses aseguró haber descubierto la fórmula matemática de la felicidad: F = CP + (5XEG) + (3xIA), donde F es Felicidad, CP son las Características Personales (filosofía de la vida, capacidad de adaptación, resistencia, sentido del humor, etc.), EG es el Estado General (salud, amistades, empleo, situación económica) e IA son las Ilusiones y Ambiciones (expectativas sobre la vida, ambición, autoestima).

¿Hay alguien que tenga otra fórmula?

COMENTARIOS

7. ¿Cuál es el país más feliz?

A. En grupos de cuatro decidid el país en el que creéis que la gente es más feliz. Pensad en las condiciones que pueden contribuir a la felicidad del país y preparad argumentos y ejemplos para hacer una exposición de 5 minutos.

B. Ahora comentad entre todos/-as cuál os parece el país más feliz. ¿Os han hecho cambiar de opinión los argumentos de vuestros/-as compañeros/-as? Los recursos de la ficha os pueden ser muy útiles.

Um eine Erklärung bitten:
- ¿Entonces qué significa…?
- ¿Qué quiere decir…?

Erklären:
- …, es decir, …
- En pocas palabras…
- …quiere decir
- …, o sea, …

Sich rückversichern:
- …, ¿no?
- …, ¿no es cierto?
- …, ¿verdad?

Weitere Fragen stellen:
- Has dicho que…, pero…
- Volvamos al tema/a la cuestión de…

Argumentieren:
- Como…
- …porque…
- Es que…

Ein Beispiel geben:
- Por ejemplo…
- Pienso por ejemplo en…
- Un buen ejemplo es…

8. La psicología de la felicidad

A. Lee las siguientes afirmaciones y piensa si estás de acuerdo o en desacuerdo con ellas. Después, coméntalo con tus compañeros/-as. ¿Pensáis lo mismo?

Lo peor que te puede pasar es estar enfermo.

Eres más feliz cuando te toca la lotería.

84 **B.** Vas a escuchar una conferencia de una psicóloga sobre los factores que influyen en la felicidad. Fíjate en lo que dice sobre las afirmaciones del apartado **A.** ¿Coincide con tu punto de vista?

85 **C.** ¿Qué se dice sobre cada uno de los factores? ¿Influyen mucho o poco? ¿Por qué? Escucha la segunda parte de la conferencia y toma notas. Después, compara tus respuestas con las de un/a compañero/-a.

Um das Hörverstehen zu trainieren, wirst du den Text mehrmals im Unterricht hören. Außerdem kannst du mithilfe von DVDs, Liedern sowie Audio- und Videodateien aus dem Internet üben.

Influye mucho	Influye poco

D. ¿Qué informaciones te han sorprendido? Coméntalo con tus compañeros/-as.

- A mí lo que más me ha sorprendido es...

¡Equivocarse es de sabios!

- Ich kann die Hauptinformation zusammenfassen und die Gedanken mit Konnektoren verbinden.
- Ich kann den Text, gemäß der Informationsentwicklung, in Abschnitte untergliedern.
- Ich sortiere meine Fehler nach Fehlerart (Lexik, Grammatik, Orthografie, Kohäsion), um zu sehen, welche Fehler ich besonders oft mache und bei welchen ich versuchen muss, mich zu verbessern.

9. Supersticiones

A. En todas las culturas existen supersticiones acerca de cosas que traen buena o mala suerte. Clasifica las siguientes expresiones en esta tabla. Después compárala con la de un/a compañero/-a.

ver un gato negro · cruzar los dedos · un espejo que se rompe · pasar por debajo de una escalera · vestirse de amarillo · tocar madera · encontrar una moneda en la calle · abrir un paraguas dentro de casa

Trae buena suerte	Trae mala suerte

B. Lee ahora este texto. ¿Encuentras otras expresiones relacionadas con la buena o la mala suerte? ¿Tú conoces otras? Añádelas a la tabla.

Martes 13: Ni te cases ni te embarques

En todas las culturas existen objetos, acciones y números que atraen la "buena suerte" o actúan contra la "mala suerte". Desde tiempos remotos, cuando los seres humanos dejaron de creer en algún dios para empezar a creer en todo lo demás, vamos por el mundo llevando algún amuleto que puede ser una pata de conejo o una herradura, preocupándonos si derramamos la sal o rompemos un espejo y controlando el calendario por si es martes o viernes 13. El origen de estas creencias o supersticiones, da igual cómo queramos llamarlas, se remonta a muchos siglos atrás y se explica a través de la historia y por la influencia de las religiones y las tradiciones de cada país. La lengua castellana contiene muchos dichos y expresiones relacionados con este tema. Algunos los puedes encontrar en canciones como la del cantautor catalán Joan Manuel Serrat: "Toca madera".

C. ¿Qué expresiones hay en tu lengua materna relacionadas con la buena o la mala suerte? ¿Sabes de dónde vienen? Cuéntaselo al resto de la clase. Si es necesario, puedes investigar sobre su origen en internet.

Überraschung ausdrücken:
- ¡Qué extraño!
- ¿De verdad?
- ¿En serio?

10. ¿Se puede ser feliz en época de exámenes?

A. Algunos/-as estudiantes, al preguntarles cómo se sienten ante un examen, han respondido lo siguiente. ¿Con cuáles de estas afirmaciones estás de acuerdo?

1. Yo me pongo muy nervioso, me estreso, me bloqueo y no consigo escribir nada. Creo que habría que suprimir los exámenes.

2. Para mí, es fundamental ser creativo. Así es fácil relacionar ideas y desarrollar un tema.

3. La mejor forma de prepararse para un examen es aislarse una semana antes y no pensar en otras cosas.

4. En un examen oral, factores externos como el aspecto físico, el acento o la ropa pueden influir en la nota final. Eso es injusto.

5. Yo creo que el estrés puede ser muy positivo y productivo, no solo negativo.

- ■ Yo también creo que habría que suprimir los exámenes.
- □ Pues yo no, porque son el tipo de evaluación más eficaz.

B. A continuación, vas a leer un texto sobre factores que pueden influir en los resultados de un examen. Marca las ideas que estén relacionadas con las afirmaciones anteriores y subraya lo que se dice sobre ellas.

En una entrevista para una revista universitaria, la profesora Julia Villalobos de la Universidad de Huesca, de España, explica que el estado emocional de una persona examinada puede influir en el resultado de sus exámenes. Cuando hay que resolver problemas teóricos, las personas que tienen miedo de los exámenes obtienen peores resultados. El temor produce reacciones físicas y psíquicas que afectan negativamente al rendimiento y la concentración.

Por el contrario, cuando una persona está relajada y de buen humor, piensa de manera más global y es más creativa. **Por lo tanto**, es capaz de establecer relaciones entre hechos o circunstancias e incluso entrar en un estado de "flow", en el que se pueden conseguir los mejores resultados. **Sin embargo**, a veces lo más importante en los exámenes no es creatividad, sino precisión, por lo que es importante centrarse y poner atención a los detalles. **En cualquier caso**, la influencia de las emociones es muy variada y depende **tanto** del tipo de emoción **como** de su intensidad y de la tarea que hay que resolver en el examen. **Según** investigaciones recientes, algunas personas son generalmente temerosas y otras lo son solo en situaciones de estrés. Estas últimas muchas veces no están bien preparadas, no tienen muy claros los requisitos del examen o tienen una relación problemática con la persona examinadora. **Por otra parte**, el estrés también puede ser productivo y movilizar energías.

Según Villalobos, para evitar el miedo a los exámenes es fundamental prepararse bien. No basta tener buenos conocimientos; además hay que saber explicarlos dentro de un contexto. Para ello es importante no aislarse antes del examen y hablar con compañeros de los temas relevantes. Explicarles un tema a otras personas es una forma de saber si realmente dominamos el tema o no.

En cuanto a la función de los exámenes, son varias, afirma esta profesora: **en primer lugar**, seleccionan a los estudiantes, **es decir**, muestran —a través de la nota— lo apto que es el estudiante en una materia determinada. **Además**, son una muestra del nivel que ha alcanzado y pueden servirle para saber cómo seguir estudiando.

Villalobos habla **también** de la importancia que puede tener la forma de examinar, **así como** de la influencia que pueden tener factores externos en el examinador, tales como la ropa o el aspecto físico del estudiante.

Por último, cada vez que se examina, es fundamental diseñar las pruebas con claridad y evaluarlas con objetividad. Un buen examen garantiza estos dos aspectos: **por un lado** óptimas condiciones para presentar conocimientos y competencias, y **por otro** una evaluación justa.

C. **Fíjate en cómo se usan las expresiones que aparecen marcadas en negrita en el texto. Completa la tabla con otros ejemplos. ¿Existen expresiones similares en tu lengua? Anótalas.**

	ejemplo	expresión similar en mi lengua
por el contrario		
por lo tanto		
sin embargo		
en cualquier caso		
tanto… como		
según		
por otra parte		
en cuanto a		
en primer lugar		
es decir		
además		
también		
así como		
por último		
por un lado… por otro		

D. **Ahora vamos a resumir el texto. Para ello, sigue estos pasos y consulta los recursos de la ficha.**

- Vuelve a leer el texto y marca en cada párrafo las ideas más importantes.
- Escribe al lado de cada párrafo una o dos palabras clave.
- Ahora, tomando las palabras clave que has escrito en los márgenes, escribe una frase que sintetice la información de cada párrafo. (Dedica un párrafo a cada idea.)
- Utiliza los conectores del apartado anterior para unir las frases (haz los cambios que necesites en cada una de ellas).
- Por último añade una conclusión con tu opinión personal.

Eine Quelle zitieren:
- *El texto/El artículo/La entrevista/La noticia…. se publicó en/apareció en…*
- *Se trata de un artículo publicado en…*

Über den Autor sprechen:
- *El periodista/director/experto/especialista…*

Das Thema vorstellen:
- *El texto trata de/habla sobre/informa acerca de/analiza la situación de/expone el problema de/presenta datos sobre…*

Zum Ende kommen:
- *En mi opinión*
- *Finalmente*
- *….*

Einen Text zu strukturieren kann dir dabei helfen, ihn besser zu verstehen und seinen Inhalt leichter zu behalten. Außerdem ordnest du damit die Information, die du für deinen eigenen Text verwenden kannst.

E. **¿Cómo te sientes tú ante los exámenes? Cuéntaselo a un/a compañero/-a, que te aconsejará cómo afrontarlos con seguridad. Recuerda las expresiones que has aprendido hasta ahora.**

11. Cosas importantes

¿Cuántas expresiones relacionadas con factores que influyen en la felicidad puedes formar con estas palabras? Utiliza el cuadro para ordenarlas y añade otras si lo necesitas.

defender | derechos | sueldo | ocio | personalidad | prestigio

actividad/es | bienestar | objetivo/s | bien | gratificante

tener | crecer | estable | factor/es | disfrutar | trabajo

social | sano/-a | buenas | humanos | adecuado

materiales | vocación | autoestima | posición | persona

valores | amistades | pasarlo | económico | vida | subjetivos

mis expresiones
- *tener un objetivo* - ...

12. ¿Cómo te sientes?

A. Los emoticonos sirven para expresar sentimientos, emociones y estados de ánimo cuando nos comunicamos por internet o por SMS. ¿Los usas a menudo? ¿Sabes qué significan estos? Relaciona cada uno con su significado.

1. estar muy contento/-a
2. estar sorprendido/-a
3. estar muy triste
4. estar enfadado/-a
5. estar triste
6. estar contento/-a

B. ¿Conoces otros emoticonos? ¿Qué significan? Por turnos, salid a la pizarra y dibujad un emoticono. ¿Los/Las demás conocen su significado?

C. ¿En qué situaciones estás así? Continúa las frases.

1. Normalmente estoy muy contento/-a cuando...
2. Me suelo poner triste si...
3. Me enfado muchísimo cuando...
4. Siempre me sorprende que...

13. Polos opuestos

A. Estos son Mario y Paula. Escribe un retrato. No olvides hablar de estas cosas y fijarte en el recuadro lateral.

- ¿Cómo es su carácter?
- ¿Qué le hace feliz?
- ¿Qué le pone triste?
- ¿Le gusta su trabajo?
- ¿Lleva una vida sana?
- ¿Tiene suerte en el amor?

Paula

Mario

- tener buena/mala salud
- estar sano/-a/enfermo/-a
- hacerle/sentarle bien/ mal algo a alguien
- ser optimista/pesimista
- estar deprimido/-a
- alimentarse bien/mal
- estar alegre/triste

B. Imagina cómo ha sido el día de uno de ellos y escribe una página de su diario. Después vas a colgarlo en la clase y entre todos/-as vais a decidir cuál es el texto más original.

1. Adverbial bestimmte Nebensätze: temporal, final, kausal, konsekutiv

Temporalsätze

antes de / **después de** + Infinitiv **antes de que** / **después de que** + Subjuntivo	○ Antes de salir de casa, tomo un café y leo el periódico. ○ Es mejor que encontremos una solución antes de que llegue tu padre.
en cuanto + Subjuntivo	○ Avísame en cuanto lo veas.
al + Infinitiv	○ Al llegar a casa, recordé que tenía que llamar a Pilar.
cuando + Subjuntivo **cuando** + Indikativ Präsens **cuando** + Imperfekt **cuando** + Indefinido	○ Cuando termine la carrera, quiero hacer un viaje por Europa. ○ Cuando veo a Mario, me pongo nerviosa. ○ Cuando vivía en Madrid, iba mucho al teatro. ○ Cuando llegué a casa, me di cuenta de que me había olvidado la mochila en el bar.
hasta + Infinitiv **hasta que** + Subjuntivo	○ No me voy de aquí hasta hablar con el director. ○ No me voy de aquí hasta que termine el informe.
mientras + Indikativ Präsens **mientras** + Imperfekt	○ Me encanta cantar mientras me ducho. ○ Cuando era pequeña, mi madre me contaba una historia mientras me bañaba.

⚠ Beachte, dass nach **cuando** mit Zukunftsbedeutung das Verb im Subjuntivo steht.

***Cuando sepas** la fecha, dímela.*

Finalsätze

para + Infinitiv (Haupt- und Nebensatz haben dasselbe Subjekt.)	○ Intenta ver a tu profesor para preguntarle cómo va a ser el examen.
para que + Subjuntivo (Haupt- und Nebensatz haben nicht dasselbe Subjekt.)	○ Habla con a tu profesor para que te explique cómo va a ser el examen.

⚠ Denke daran, dass der Infinitiv benutzt wird, wenn das Subjekt der Haupt- und des Nebensatzes dasselbe ist.

Me parece importante que lo sepas. *(tú)*

Me parece importante saberlo. *(yo)*

Konsekutivsätze

así que + Indikativ	○ No tengo mucha hambre, así que solo voy a comer una ensalada.

Kausalsätze

como + Indikativ	○ Como necesito dinero, voy a trabajar durante las vacaciones.
porque + Indikativ	○ Voy a trabajar durante las vacaciones porque necesito dinero.
es que + Indikativ	○ ¡¿Qué?! ¡¿Vas a trabajar durante las vacaciones?! ● Es que necesito dinero.
por + Infinitiv	○ Por salir de casa corriendo, me he olvidado las llaves dentro.

2. Der Subjuntivo mit Ausdrücken der Gefühlsäußerung

Me alegra **No me molesta** **Le da vergüenza** **Es una pena** **Me hace feliz** **Nos preocupa** **No me importa** **Es una lástima** **Me parece fenomenal** …	**que**	**vengas** a vernos. los vecinos **celebren** fiestas durante toda la noche. no **sepamos** dónde está.

⚠ Den Subjuntivo kennst du schon. Jetzt lernst du Ausdrücke kennen, die den Subjuntivo verlangen.

3. Die indirekte Rede (I)

Die indirekte Rede gebrauchen wir, um zu berichten, was andere (oder wir selbst) in einem anderen Augenblick und / oder an einem anderen Ort gesagt haben.

○ No puedo ir a la montaña porque trabajo. → Me ha dicho que no puede ir a la montaña porque trabaja.

Geben wir eine Frage wieder, benutzen wir das Fragepronomen.

○ ¿Cuántos años tienes? → Me ha preguntado cuántos años tengo.

Geben wir eine Frage wieder, die man nur mit ja oder nein beantworten kann, führen wir mit dem Partikel **si** in diese ein.

○ ¿Tienes el último libro de Vargas Llosa? → Me ha preguntado si tengo el último libro de Vargas Llosa.

⚠ Steht das Verb des Sagens im Präsens oder Perfekt, werden die Zeiten gegenüber der direkten Rede nicht verändert. Es ändert sich nur die Perspektive des Sprechers. Steht das Verb des Sagens im Imperfekt, Indefinido oder Plusquamperfekt, ändern sich auch die Verbzeiten.

*¿Vienes **esta tarde** a mi casa a estudiar? (el lunes pasado)*

*Me preguntó si iba **esa tarde** a su casa a estudiar. (hoy)*

11

Piensa globalmente, actúa localmente

In dieser Lektion lerne ich ...

Hör- und Leseverstehen

- das Wesentliche aus Texten über die Umwelt zu verstehen.
- Angebote für Freiwilligeneinsätze zu verstehen.
- Aussagen über kulturelle Missverständnisse zu verstehen.

Produktion (mündlich und schriftlich) und mündliche Interaktion

- über Veränderungen zu sprechen, die an einem Ort stattgefunden haben.
- einen formellen Brief zu schreiben.
- Ursache, Wirkung und Ziel zu formulieren.
- über den Begriff "Zeit" in der eigenen und anderen Kultur zu sprechen.
- über Umweltthemen zu sprechen.

Außerdem kann ich lernen ...

Wortschatz und Grammatik

- das Futur: regelmäßige und unregelmäßige Verben.
- den Konditional.
- Konditionalsätze mit **si** im Präsens.
- Zeitangaben für Vergangenheit, Gegenwart und Zukunft.
- **Ya no** / **Todavía**.

Propuestas de trabajo

1. Actívate

A. Relaciona las parejas de imágenes con los textos que tienes a continuación.

1. Para hacer veinte latas con aluminio reciclado se necesita la misma energía que para hacer una lata nueva. Sé consciente de lo que tiras: reduce, reutiliza, y si no puedes, recicla.

2. ¿Cuánta energía hace falta para llevar la fruta que compras desde el árbol hasta tu casa? Siempre que puedas, consume productos locales y de temporada: ¡volverás a disfrutar del sabor de las cosas!

3. ¿Te gusta conocer lugares auténticos? ¿Quieres viajar respetando el territorio? ¡Únete al turismo rural!

4. No gasta combustible, te mantiene en forma, se aparca fácilmente, no emite humo... quizá es el momento de planteártelo, ¿no crees?

B. En parejas, completad este asociograma con todas las palabras que se os ocurran relacionadas con el título de la unidad, con las imágenes y con los textos del apartado anterior.

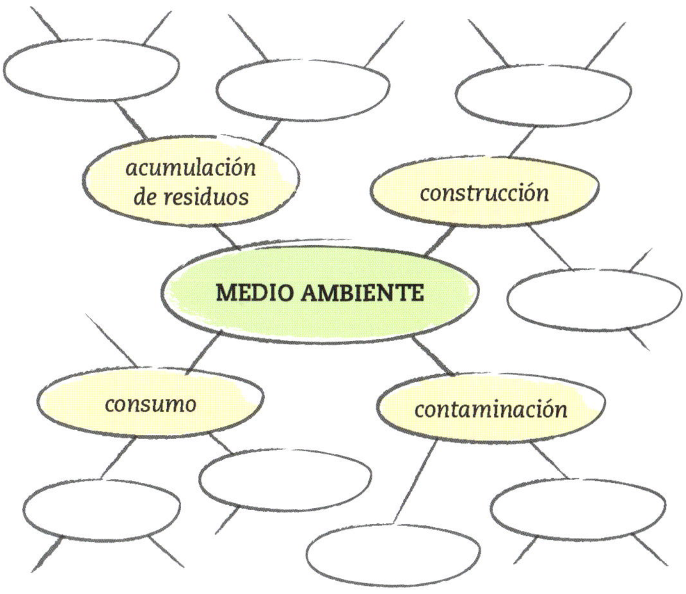

2. ¿Qué tipo de turista eres?

A. En una web dedicada a la promoción del turismo sostenible se ha publicado un test titulado: *Se busca el turista del futuro*. Responde las preguntas para saber si tu perfil se ajusta a ese tipo de turista.

Se busca el turista del futuro...

Lucha por un turismo sostenible

1. Has decidido ir de vacaciones y el lugar elegido es...

a un complejo turístico para estar como en casa.
b un lugar rico y diverso en cultura y paisaje.
c un lugar con ambiente, para vivir la noche y pasar el día en la playa.

2. La mejor época para ir de vacaciones es...

a en verano porque hay más ambiente.
b cuando hay mucho turismo, pero todavía hace buen tiempo para poder ir a la playa y hacer otras actividades.
c cualquier época del año es buena para conocer mundo y disfrutar viajando.

3. El alojamiento ideal para ti es...

a un alojamiento con todas las comodidades, pero que tenga un ambiente natural agradable.
b un lugar poco turístico y de arquitectura tradicional. Un buen paisaje hace más agradables las vacaciones.
c un edificio en primerísima línea de mar, lo mejor es estar cerca de la playa.

4. ¿Qué plan de vacaciones te parece más interesante?

a Combinar la playa con excursiones para conocer los alrededores.
b Todo el día en la playa, tomar el sol y ligar mucho.
c Viajar para conocer otros lugares, otra gente y sus costumbres.

5. Tienes hambre y buscas un lugar para comer. Evidentemente elegirás...

a platos típicos del lugar. Me gusta probar comidas nuevas.
b comida rápida. Es buena y económica.
c un restaurante internacional porque allí sé lo que comeré y posiblemente encuentre también algún plato típico.

6. Decides visitar los pueblos cercanos. ¿Qué elegirías?

a Una fiesta tecno en un hotel internacional que está cerca.
b Pasear por la región para descubrir lugares auténticos.
c Una excursión organizada por los alrededores. Haré fotografías para mostrárselas a mis amigos.

7. En mi alojamiento...

a me ducho siempre que tengo ganas.
b ahorro agua. Y no sólo eso, también protesto cuando se derrocha agua.
c trato de ahorrar agua. Hay que tener cuidado.

8. Hoy pasas el día en la playa. ¿Qué haces con la basura?

a Pongo juntos los restos de cigarrillos, el papel, las botellas y el plástico. Ya los recogerá el servicio de limpieza.
b No dejo basura y protesto si veo que alguien deja basura en la playa.
c Hago un esfuerzo para no dejar basura ni en la playa ni en el agua.

9. Hoy decides pasar el día en un parque nacional próximo. ¿Qué haces?

a Doy un paseo en coche y me paro en algún lugar para llevarme plantas, flores, piedras. ¡Qué bonita es la naturaleza!
b Me informo sobre el lugar y hago una excursión. La mejor manera de conocer un parque nacional es a pie.
c Voy en mi coche por los caminos del parque. A mí me gusta la aventura.

10. Tu familia no te perdonará si no le llevas un recuerdo. ¿Qué le llevas?

a Un producto típico de la zona.
b Un coral, o un objeto arqueológico "auténtico". Es original y exótico.
c Una reproducción de un monumento local, un llavero o una camiseta del lugar.

	1	2	3	4	5	6	7	8	9	10
a	2	1	2	2	3	1	1	1	2	3
b	3	2	3	1	1	3	3	3	3	1
c	1	3	1	3	2	2	2	2	1	2

B. Ahora escribe otras dos preguntas para mejorar el test y házselas a tres compañeros/-as.

C. En grupos de 4, y según la máxima puntuación que se da a las respuestas, haced un retrato robot del turista del futuro. Después presentadlo al resto de la clase.

3. Responsables de nuestro futuro

A. Aquí tienes una lista de actividades para contribuir a llevar a cabo un turismo sostenible. Ordénalas según su importancia. Luego comenta tu decisión con tu compañero/-a.

- No derrochar agua
- No ensuciar las playas
- Visitar lugares poco masificados
- En los viajes, interesarse por la cultura y las costumbres del lugar
- No regalar objetos arqueológicos auténticos
- No llevarse plantas y piedras del lugar
- No viajar en coche a parques naturales
- Favorecer el pequeño comercio del lugar que se visita

B. En los últimos años, un pequeño pueblo de la costa española ha sufrido estos cambios. Descríbelos con tus palabras. Completa la tabla y luego coméntala con un/a compañero/-a.

- antes
- hace unos años
- hoy
- actualmente
- en este momento
- en el futuro
- el día de mañana
- dentro de unos años
- más adelante
- ya no
- todavía

	1 y 4	2 y 5	3 y 6
ANTES			
AHORA			

■ Ahora la gente casi siempre compra en el mercado.
□ No, yo creo que eso ya no se hace mucho. Hoy se compra más en el supermercado...

C. ¿Qué crees que sucederá dentro de unos años? ¿Qué cambios se producirán?

D. ¿Has notado cambios en tu entorno personal? ¿Son cambios positivos o negativos? ¿Se ha deteriorado el medio ambiente o ha habido un buen desarrollo? Coméntalo con un/a compañero/-a.

E. A partir de la conversación anterior, escribe un texto contando cómo era antes tu entorno, cómo ha cambiado y cómo debería evolucionar para conseguir solo cambios positivos.

- Se podría + Infinitiv
- Es mejor que + Subjuntivo
- Sería mejor + Infinitiv
- ... porque si + (no) Präsens, + Futur...

4. En peligro de extinción

A. ¿Conoces alguna especie en peligro de extinción? Coméntalo con el resto de la clase.

- El oso panda está en peligro de extinción, ¿no?
- Sí, pero hace poco nació una cría en un zoológico, me parece.

B. Las ballenas son unos de los animales más amenazados hoy en día. ¿Qué sabes sobre ellas? Haz el test y comenta después tus respuestas con un/a compañero/-a.

1. La ballena azul es un...
a pez.
b mamífero.
c anfibio.

2. Se alimenta de...
a peces y vegetales.
b algas marinas.
c krill (pequeños crustáceos).

3. Se calcula que en este momento quedan en el mundo...
a 10.000 ballenas.
b 1.000 ballenas.
c 100.000 ballenas.

4. Suelen medir...
a entre 20 y 30 metros.
b más de 30 metros.
c unos cinco metros.

5. La reducción del número de ballenas se debe...
a al cambio climático.
b a la caza comercial.
c a un proceso natural que se repite cada 100 años.

6. La caza comercial de ballenas se sigue practicando en...
a Perú, Chile y Argentina.
b Alemania, Dinamarca y Holanda.
c Islandia, Noruega y Japón.

7. La principal causa de las enfermedades de las ballenas es...
a que los turistas les dan de comer.
b que en los mares ya no encuentran alimento suficiente.
c que el agua del mar está cada vez más contaminada.

8. Una ballena puede permanecer debajo del agua...
a menos de diez horas.
b casi 24 horas.
c más de diez horas.

9. La salmonicultura, que tiene consecuencias negativas para las ballenas, consiste en...
a la alimentación basada principalmente en el salmón.
b la cría industrial de salmón.
c la lucha del salmón por sobrevivir.

86
C. Escucha esta presentación de un activista de una asociación ecologista y comprueba si tus respuestas son correctas.

D. Ahora, en parejas, preparad una presentación sobre una especie en peligro de extinción. Después, exponedla al resto de la clase. El siguiente esquema y los recursos del recuadro lateral os pueden ser útiles.

1. Bienvenida
2. Presentación del tema
   a) Características del animal o la planta
   b) Importancia para el medio ambiente
3. Desarrollo del tema
   a) Situación actual
   b) Problemas que sufre
4. Conclusión y propuesta de acción
5. Turno de preguntas

- Buenas tardes / Buenos días / Hola a todos y bienvenidos a...
- Hoy quiero hablar de...
- El tema de mi presentación es...
- Como pueden / podéis ver en esta imagen / este gráfico...
- Según el Instituto de Investigación...
- Por eso...
- Por último...

5. Unas prácticas

A. ¿Has hecho alguna vez unas prácticas? ¿Dónde? ¿Cómo fue? Si no las has hecho, ¿te gustaría hacerlas?, ¿qué tipo de puesto te interesaría? Coméntalo con un/a compañero/-a.

- Yo hice unas prácticas el verano pasado en un laboratorio de la universidad, pero no me gustó mucho.
- Ah, ¿y por qué no?

B. Inés escribe una carta a la directora del Centro de Conservación Cetácea de Chiloé para solicitar un puesto de prácticas. Lee la carta y señala en qué parte se realizan las siguientes acciones.

- dirigirse a la persona a la que se envía la carta
- explicar el objetivo de la carta
- presentarse
- contar por qué se desea hacer unas prácticas
- detallar los documentos que se adjuntan
- dar las gracias y despedirse

San Sebastián, a 15 de marzo de...

Dra. Elsa Cabrera
Coordinadora del Centro de Conservación Cetácea
Castro (Chiloé) - Chile

Asunto: Solicitud para un puesto de prácticas

Estimada Dra. Cabrera:

Me dirijo a usted para solicitar un puesto de prácticas en su centro. He leído con mucho interés el artículo publicado en el último número de la revista *Naturaleza* sobre el trabajo de investigación de su centro y me parece que realizan una labor muy importante para la conservación de las ballenas.

En cuanto a mí, soy estudiante de Biología y actualmente estoy en el tercer año de la carrera. En el futuro pienso especializarme en Biología Marina. He hecho varias prácticas, tanto en parques nacionales de Costa Rica como en el Acuario de San Sebastián. Con este acuario colaboro además habitualmente.

Le adjunto mi currículum. Si lo desea, puedo enviarle información más detallada.

Le agradezco de antemano su atención.

Cordialmente,

Inés Pérez Santos

INÉS PÉREZ SANTOS
C/ VELÁZQUEZ, 15 · 20015 SAN SEBASTIÁN · ESPAÑA
INESPS@MAIL.COM · T. 0034-6097236

Musterbriefe helfen dir dabei, eigene Texte zu formulieren. Achte auf typische Floskeln und Redemittel.

C. Ahora escribe tú una carta a un centro educativo, una empresa, una organización, etc., para solicitar unas prácticas.

¡Equivocarse es de sabios!

- Ich achte auf die Textsorte und wende meine Kenntnisse dementsprechend an.
- Ich überlege, welche Höflichkeitsfloskeln ich benötige.
- Ich korrigiere meine Schreibfehler und vergesse die Akzente dabei nicht!
- Nachdem ich einen Text geschrieben habe, lasse ich ihn "ruhen". Dann lese ich ihn noch einmal und korrigiere die Fehler oder bitte ein Kursmitglied, ihn zu lesen und mithilfe der Vorschläge verbessere ich ihn.

6. El progreso

A. Lee esta cita de Almudena Grandes, una conocida escritora española. ¿Estás de acuerdo con ella? Coméntalo con un/a compañero/-a.

"El progreso consiste en luchar contra las cosas injustas."

- Yo no estoy de acuerdo. Me parece una visión muy negativa.
- Pues yo sí, porque...

87

B. Vas a escuchar un reportaje sobre un problema medioambiental muy importante para Argentina. Escucha la primera parte y marca de qué tema se habla.

La instalación de empresas papeleras

El crecimiento urbanístico de Buenos Aires

La destrucción de la selva

Konzentriere dich beim ersten Hören einer Aufnahme darauf, das Thema zu erkennen.

88

C. Escucha ahora la segunda parte y completa este asociograma con las causas del problema.

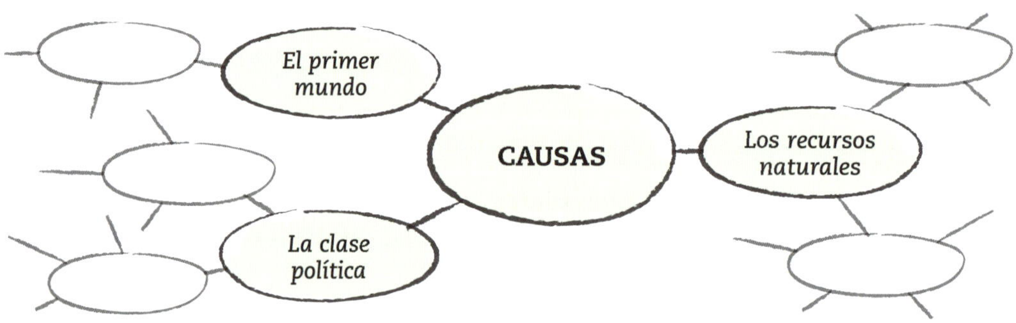

88

D. Vuelve a escuchar la grabación y completa el asociograma, pero esta vez con las consecuencias.

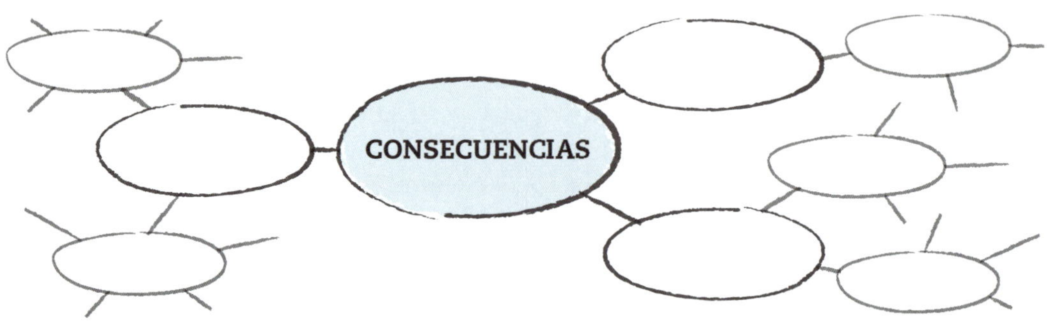

Für ein Globalverstehen ist es nützlich, die Information nach logischen Bezügen zu organisieren; in diesem Beispiel geht es um Ursache und Wirkung.

7. El tiempo a través de las culturas

A. Dos españoles que viven en el extranjero cuentan una experiencia curiosa. ¿Sabes dónde está el malentendido en cada caso? Comentadlo en pequeños grupos.

Yo, en Alemania, a la gente le decía al principio: "Te llamo mañana", pero luego, se enfadaban si no los llamaba al día siguiente. A mí me sorprendía un poco, la verdad.

Ana

(estudiante de Empresariales del programa Erasmus en Alemania)

Cuando en las entrevistas de trabajo le digo a la gente que les doy 22 días de vacaciones, me preguntan: ¿Y qué voy a hacer yo con tanto tiempo?"

Ignacio

(empresario español que vive entre Barcelona y California)

B. Lee ahora este texto que escribe un brasileño que vive en Alemania. ¿Qué significa "mañana" para el autor? ¿Para ti tiene el mismo significado? Coméntalo con tus compañeros/-as.

Las traducciones son mucho más difíciles de lo que uno se imagina. No me refiero a las expresiones idiomáticas, tiempos verbales, declinaciones y cosas por el estilo. Esto siempre se soluciona de un modo u otro, aunque muchas veces a costa de gran sufrimiento por parte de quien traduce. Me refiero más bien a la imposibilidad de encontrar equivalencias entre palabras aparentemente sinónimas. Por ejemplo, un alemán que sepa portugués responderá sin vacilar que la palabra portuguesa *amanhã* quiere decir *morgen*. Casi nunca es verdad. *Mañana* significa, entre otras cosas, "nunca", "tal vez", "lo voy a pensar", "voy a desaparecer", "búsquese otra persona", "no quiero", "el año que viene", "si puedo", "un día de estos", "cambiemos de tema" y en casos muy excepcionales, precisamente "mañana".

(...) Como hoy mismo. Sonó el teléfono. Atendí. Era un alemán simpático y muy cortés que quería saber si tenía algo que hacer el miércoles 16 de noviembre a las 20.30 y, en caso contrario, dar una conferencia. Sé que resulta difícil para un alemán comprender que ese tipo de pregunta es incomprensible para un brasileño. ¿Cómo es posible hacer una cita con tanta precisión? Estos alemanes están locos. Pero no quise ser descortés y, como siempre, lo consulté con mi mujer.

— Querida —le dije tras pedirle a mi interlocutor un segundito— ¿Tengo algún compromiso el miércoles 16 de noviembre a las 20.30?
— ¿Te falta un tornillo? —respondió ella— ¿Quién puede responder a ese tipo de pregunta?
— Ya lo sé, pero aquí hay un alemán que está esperando una respuesta.
— Dile que le contestas mañana.
— ¿Y qué le digo mañana cuando llame? Es alemán y va a llamar mañana, él no sabe qué quiere decir *mañana*.
— Ah... Estos alemanes están locos. Eres escritor, invéntate una respuesta poética, dile que la vida es un eterno mañana.

Me pareció una idea interesante pero no lo dije. Le pregunté si podía llamar al día siguiente y me fui a dormir bastante preocupado, hasta tal punto que desperté a mi mujer en medio de la noche diciendo que después de todo, los alemanes son organizados, y que es una vergüenza que no podamos planear las cosas tan bien como ellos. ¿Qué hago ahora?

Joao Ubaldo Ribeiro, *Um brasileiro em Berlim* (Texto traducido y adaptado).

C. ¿Has vivido algún malentendido parecido? ¿A qué se debía? Cuéntaselo al resto de la clase.

8. Defensa del agua

A. Lee este titular de periódico. ¿Puedes hacer hipótesis acerca de la noticia sobre la que informa?

Uruguay, decisión autónoma por el agua
Más del 60% dijo SÍ

Denke daran, dass es nicht notwendig ist, die Bedeutung eines jeden Wortes zu kennen, wenn du den Inhalt eines Textes verstehen willst.

B. Lee ahora para verificar tu hipótesis. Luego contesta a la pregunta.

Por Radio Mundo Real. En un hecho histórico, más del 60% de los uruguayos apoyó la Reforma Constitucional en Defensa del Agua, agregando a la Constitución algunos artículos que definen el agua como un derecho humano y que deciden que su gestión se realice exclusivamente en forma pública, participativa y sostenible.

- ¿Cómo explicarías el significado de "pública", "participativa" y "sostenible"? Escribe una breve definición y compárala después con las de tus compañeros/-as.

C. A continuación lee la noticia completa. Mientras lo haces, subraya la siguiente información.

- las desventajas que tuvo la privatización del agua en Uruguay
- quiénes lucharon a favor de la privatización y quiénes en contra
- cuáles eran las razones de cada bando

Ordnest du die Information eines Textes chronologisch, wirst du den Ablauf des geschilderten Prozesses besser verstehen. Damit sich ein Text flüssiger liest, wird nicht immer in chronologischer Reihenfolge vorgegangen.

De acuerdo con informaciones publicadas en las últimas horas, la reforma constitucional en defensa del agua fue aprobada con más del 60% del apoyo de la población.

La Comisión Nacional en Defensa del Agua y de la Vida (CNDAV) puso en marcha el mecanismo de democracia directa. Esta comisión se fundó en el año 2002 como respuesta a la firma de la Carta de Intención entre el gobierno uruguayo y el Fondo Monetario Internacional en la que se decidió extender la privatización de los servicios de agua potable a todo el país. Esta privatización comenzó en el departamento de Maldonado, con la presencia de la empresa francesa Suez Lyonnaise Des Eaux en primer lugar, y luego continuó con la española Aguas de Bilbao.

Al igual que en la mayoría de los casos de privatización de agua que se observaron en el último año en todo el mundo, también esta tuvo consecuencias negativas. Desde el punto de vista social, se excluyó a amplios sectores de la población del acceso al agua potable por no poder pagar los gastos de la conexión al servicio. El servicio mismo empeoró considerablemente en su calidad, si se compara con el que ofrecía antes la empresa pública. La calidad empeoró tanto, que los organismos de control recomendaron no consumir el agua directamente ya que no presentaba condiciones de potabilidad.

"(...) se excluyó a amplios sectores de la población del acceso al agua potable por no poder pagar (...)"

Desde el punto de vista económico, el "negocio" fue muy negativo para el Estado uruguayo. No solo las empresas no cumplieron con las fechas para realizar obras acordadas en los contratos, sino que tampoco pagaron por el derecho a operar en Uruguay.

Desde el punto de vista ambiental, la empresa Aguas de la Costa destruyó la Laguna Blanca que utilizaba como fuente de agua potable. Precisamente por esta causa, los vecinos del departamento de Maldonado han iniciado un proceso por daño ambiental a la empresa.

La victoria del plebiscito del agua fue una verdadera victoria social. La CNDAV representa a un gran número de organizaciones sociales y políticas que se enfrentaron a la concepción mercantilista del agua.

Sin embargo, las empresas privatizadoras realizaron un fuerte lobby político y mediático contra la reforma.

En los meses anteriores a la campaña, el Fondo Monetario Internacional (FMI) discutió públicamente con la CNDAV. Dijo que nunca había impuesto condiciones al gobierno uruguayo y que tampoco era responsable del contenido de la Carta de Intención de 2002.

El trabajo que permitió el triunfo de la propuesta de Reforma Constitucional estuvo basado en un trabajo social de base que logró transmitir el espíritu y el contenido de la propuesta pro cambio constitucional.

El resultado del plebiscito abre las puertas para la elaboración de una política de aguas que parta de una visión de este recurso como bien común y lo gestione públicamente en base a criterios de participación social y sostenibilidad.

Bevor man einen Text liest, kann man Wörter und konkrete Inhalte zum Thema "vordenken". Dies hilft anschließend, Informationen zu verstehen, bzw. wiederzuerkennen.

D. **Vuelve a leer el texto y escribe en orden cronológico los acontecimientos que tuvieron lugar hasta que se publicó el plebiscito. Concéntrate en los hechos, sin incluir ninguna valoración. Al lado de cada uno puedes añadir la causa, el efecto o la finalidad de cada hecho.**

Acontecimientos	Causa, efecto o finalidad...
1. El gobierno de Uruguay y el Fondo Monetario Internacional firman una Carta de Intención. →	Su finalidad es acordar la privatización del agua.
2. Se privatiza el agua en el departamento de Maldonado. →	Se excluye a amplios sectores de la población del acceso al agua potable...

9. Se buscan voluntarios

A. Fíjate en los logos de estas organizaciones. ¿A qué tipo de actividad crees que se dedican? Coméntalo con un/a compañero/-a.

MAR AZUL

AMIGOS DE LAS COMUNIDADES ANDINAS

EnergíaLimpia

Sociedad Bio Iguana

SOCIEDAD INTERNACIONAL DE SIDA

- "Mar azul" debe de ser un complejo turístico, ¿no?
- Mmm, o una ONG que trabaja en el mar.

B. Ahora lee los textos y relaciona cada uno con la organización a la que se refiere. ¿Has acertado en el apartado A?

1

No necesitamos obreros especializados. Las personas seleccionadas ayudarán a construir casas para los habitantes de la zona y [1] ______ las destruidas por las lluvias. Colaborarán en la limpieza, en las cocinas comunitarias, bajo la dirección de las dirigentes de la comunidad aymara. En el mes de marzo [2] ______ la construcción de la escuelita para los niños del lugar y hará falta mucha energía. ¡Te necesitamos!

2

Se [3] ______ preferencia a quienes dispongan de tiempo para el trabajo de campo durante al menos un mes continuo, ya sea en julio o en agosto. Harán frente a las dificultades del trabajo: vivir en tienda de campaña aislados de la civilización, cocinar, mostrar tolerancia a todo tipo de animales y demostrar habilidad para atrapar iguanas. Se [4] ______ gastos de transporte al sitio de trabajo y mantenimiento durante la estancia.

3

Los voluntarios podrán participar en el mayor congreso dedicado a un tema de salud internacional; se relacionarán en un ambiente multicultural con activistas, médicos, artistas; [5] ______ parte de diversos foros de discusión apoyando a los medios de información y delegados; obtendrán alimento por día, de acuerdo al horario de trabajo, y [6] ______ el certificado de participación firmado por la IAS (por sus siglas en inglés).

4

Los voluntarios, que recibirán guantes especiales, bolsas de basura y camisetas con identificación, [7] ______ coordinados por los responsables del proyecto. Al finalizar la jornada, el presidente de la asociación hablará sobre el impacto de la basura en el ecosistema y la importancia de mantener las playas limpias. [8] ______ un concierto al aire libre y baile hasta el amanecer.

5

Se piden personas para trabajar en un grupo de investigación sobre energías alternativas al petróleo en el extremo sur del mundo. Se [9] ______ los CV relacionados con materias científicas y los de las personas que, al momento de viajar, [10] ______ mayor interés en el estudio. Por favor, enviar CV, certificado médico y carta de motivación para entrar en el proyecto.

C. Vuelve a leer los textos y coloca estos verbos en el lugar correspondiente. No olvides conjugarlos en el tiempo y en el modo adecuados.

comenzar	demostrar	ser	haber	pagar
recibir	arreglar	dar	evaluar	formar

D. Ahora, para cada organización de la página anterior, selecciona el eslogan más adecuado y el lugar en el que se desarrolla su actividad.

eslogan	Menos petróleo, aguas más limpias	5
	Atrápala y ayúdala a vivir mejor	
	Amar sin fronteras y sin peligros	
	Todos somos ecologistas con la papelera cerca	
	Después de la destrucción, la solidaridad	

lugar	De Playa Escondida al volcán de San Martín, Los Tuxtlas (México)	
	Comunidad de Saya, Andes bolivianos	
	Sede del congreso: México D.F.	3
	Playa Mansa, Punta del Este (Uruguay)	
	Estación Centroamericana de Desarrollo (Antártida)	

E. ¿Cuál de estos proyectos te parece más interesante? ¿En cuál te gustaría participar? Coméntalo con tus compañeros/-as.

- A mí me interesaría participar en el grupo de investigación sobre energías renovables.
- Sí, o en el congreso sobre el SIDA.

F. ¿Qué sensaciones crees que tendrás en el destino que has escogido en el apartado anterior? Anota qué te sugiere: olores, colores, sabores…

Farben, Formen, Gerüche und Geräusche identifizieren zu können, hilft eine sinnliche Vorstellung von Handlungen aufzubauen. Je mehr Elemente dir zur Verfügung stehen, um ein Bild in deinem Kopf zu verankern, desto besser wirst du sie behalten. Eben dies passiert auch mit Wörtern. Ist es kurz oder lang? Klingt es schön oder nicht? Kannst du es mit einer bestimmten Textur oder Farbe in Verbindung bringen?

10. ¡Colabora con nosotros!

Ahora, en grupos de cuatro, pensad en un proyecto interesante y cread un cartel para buscar voluntarios/-as. Luego presentadlo al resto de la clase. ¿Encontráis personas interesadas?

Auf dem Plakat muss zu sehen sein:

- der Name des Verbandes
- das Logo, das ihr entwerft
- die Beschreibung des Projekts
- (Veranstaltungs-)Ort
- ein Slogan

1. Das Futur (I) regelmäßige Verben

respetar	defender	elegir
respetar**é**	defender**é**	elegir**é**
respetar**ás**	defender**ás**	elegir**ás**
respetar**á**	defender**á**	elegir**á**
respetar**emos**	defender**emos**	elegir**emos**
respetar**éis**	defender**éis**	elegir**éis**
respetar**án**	defender**án**	elegir**án**

⚠ Vergiss nicht, die Akzente zu setzen!

Wir bilden das Futur, indem wir an den Infinitiv des Verbs die Endungen **-é, -ás, -á, -emos, -éis**, **-án** anhängen.

2. Das Futur (II): unregelmäßige Verben

saber	poder	venir	caber	haber
sabré	**podr**é	**vendr**é	**cabr**é	**habr**é
sabrás	**podr**ás	**vendr**ás	**cabr**ás	**habr**ás
sabrá	**podr**á	**vendr**á	**cabr**á	**habr**á
sabremos	**podr**emos	**vendr**emos	**cabr**emos	**habr**emos
sabréis	**podr**éis	**vendr**éis	**cabr**éis	**habr**éis
sabrán	**podr**án	**vendr**án	**cabr**án	**habr**án

poner	salir	tener	valer
pondré	**saldr**é	**tendr**é	**valdr**é
pondrás	**saldr**ás	**tendr**ás	**valdr**ás
pondrá	**saldr**á	**tendr**á	**valdr**á
pondremos	**saldr**emos	**tendr**emos	**valdr**emos
pondréis	**saldr**éis	**tendr**éis	**valdr**éis
pondrán	**saldr**án	**tendr**án	**valdr**án

⚠ decir → **dir-**
hacer → **har-**
querer → **querr-**

Es gibt sehr wenige unregelmäßige Formen im Futur. Bei diesen Verben ändert sich der Wortstamm, die Endungen entsprechen aber denen der regelmäßigen Verben.

3. Der Gebrauch des Futurs

Wir gebrauchen das Futur, um Vorhersagen zu machen.

- *¿Vamos el sábado a la playa?*
- *El sábado llover<u>á</u>, lo han dicho en la tele. Mejor vamos la semana que viene.*

Wir benutzen es auch, um Vermutungen auszudrücken, die sich auf die Gegenwart beziehen.

- *Qué raro, Marta no ha venido. ¿Sabes dónde está?*
- *Estará enferma. Ayer le dolía un poco la garganta.*

4. Der Konditional: regelmäßige Verben

comprar	vender	ir
compraría	vendería	iría
comprarías	venderías	irías
compraría	vendería	iría
compraríamos	venderíamos	iríamos
compraríais	venderíais	iríais
comprarían	venderían	irían

⚠ Vergiss nicht, die Akzente zu setzen!

Wir bilden den Konditional, indem wir an den Infinitiv des Verbs die Endungen **-ía**, **-ías**, **-ía**, **-íamos**, **-íais**, **-ían** anhängen.

5. Der Konditional: unregelmäßige Verben

saber	poder	venir	caber	haber
sabría	**podr**ía	**vendr**ía	**cabr**ía	**habr**ía
sabrías	**podr**ías	**vendr**ías	**cabr**ías	**habr**ías
sabría	**podr**ía	**vendr**ía	**cabr**ía	**habr**ía
sabríamos	**podr**íamos	**vendr**íamos	**cabr**íamos	**habr**íamos
sabríais	**podr**íais	**vendr**íais	**cabr**íais	**habr**íais
sabrían	**podr**ían	**vendr**ían	**cabr**ían	**habr**ían

⚠ *decir* → ***dir-***
hacer → ***har-***
querer → ***querr-***

poner	salir	tener	valer
pondría	**saldr**ía	**tendr**ía	**valdr**ía
pondrías	**saldr**ías	**tendr**ías	**valdr**ías
pondría	**saldr**ía	**tendr**ía	**valdr**ía
pondríamos	**saldr**íamos	**tendr**íamos	**valdr**íamos
pondríais	**saldr**íais	**tendr**íais	**valdr**íais
pondrían	**saldr**ían	**tendr**ían	**valdr**ían

⚠ Beachte, dass sich die Zeit des Verbs **querer** ändern kann, je nachdem, ob man es mit **r** oder **rr** schreibt.
queremos ≠ querremos
queréis ≠ querréis

Die Unregelmäßigkeiten im Konditional sind dieselben wie im Futur.

6. Der Gebrauch des Konditional

Wir gebrauchen den Konditional, um über hypothetische Situationen zu sprechen.

- ○ *Me comería un bocadillo de tortilla, pero en el bar solo quedan de jamón y queso. ¡Qué pena!*

Wir gebrauchen ihn auch, um Vorschläge zu unterbreiten.

- ○ *No sé qué le pasa a Juan. Creo que está enfadado conmigo, pero no sé por qué.*
- ● *Yo en tu lugar, hablaría con él.*

Wir benutzen ihn, um Vermutungen zu äußern, die sich auf die Vergangenheit beziehen.

- ○ *Ayer te vi por la calle y te saludé, pero no me contestaste.*
- ● *¿De verdad? No me di cuenta. Estaría pensando en otra cosa.*

Wir gebrauchen ihn auch, um Höflichkeit auszudrücken.

- ○ *¿Me harías un favor? Tengo que trabajar hasta tarde y no voy a poder recoger a mi hijo de la escuela. ¿Podrías recogerlo tú?*
- ● *Sí, no te preocupes, yo lo recojo.*

7. Konditionalsätze mit **si** im Präsens

Si (ohne Akzent) führt eine Bedingung ein, die sich auf die Gegenwart oder die Zukunft bezieht.

Si + Indikativ Präsens	+	**Futur** ○ *Si ahorras agua, contribuirás a mejorar el medioambiente.* **Imperativ** ○ *Si quieres hacer un trayecto corto, ve en bicicleta.* **Präsens** ○ *Si te apetece, podemos ir al cine esta tarde.* **Konditional** ○ *Si te cuento un secreto, ¿serías capaz de guardarlo?*

8. Zeitangaben für Vergangenheit, Gegenwart und Zukunft

Vergangenheit

antes	○ Antes había menos contaminación en las ciudades.
hace unos años	○ Hace unos años estuve de vacaciones en Perú.

Gegenwart

hoy	○ Hoy hay una esperanza de vida mayor que en el siglo pasado.
actualmente	○ Actualmente hay muchas especies en peligro de extinción.
en este momento	○ ¿Sabes cuántas ballenas quedan en el mundo en este momento?

Zukunft

en el futuro	○ En el futuro todo el mundo hará la compra en el supermercado.
el día de mañana	○ El día de mañana tendré una casa en el campo.
dentro de unos años	○ Dentro de unos años acabaré la carrera y buscaré trabajo.
más adelate	○ Más adelante podremos ver los resultados del estudio.

9. Ya no / Todavía

Wir gebrauchen **ya no**, um die Unterbrechung eines Zustands oder einer Handlung anzuzeigen.

○ Ya no voy al gimnasio.

(Antes iba al gimnasio y ahora ya no voy.)

Wir gebrauchen **todavía**, um anzuzeigen, dass eine Handlung oder ein Zustand weiterhin anhalten.

○ Todavía voy al gimnasio.

(Antes iba al gimnasio y sigo yendo.)

12

¿A qué dedicas el tiempo libre?

In dieser Lektion lerne ich ...

Hör- und Leseverstehen

- in einem Radioprogramm Vorschläge für die Freizeit zu verstehen.
- einfache mündliche Anweisungen zu verstehen.
- bei authentischen Texten das Wichtigste zu verstehen.
- ein Interview über Jugend und Freizeit zu verstehen.
- unterschiedliche Freizeitverhalten zu verstehen.
- einen Artikel über die Karibik zu verstehen.

Produktion (mündlich und schriftlich) und mündliche Interaktion

- über Vorlieben bei der Freizeitgestaltung zu sprechen.
- Vorschläge während einer Unterhaltung zu machen, anzunehmen und abzulehnen.
- den Inhalt eines Films wiederzugeben.
- um Wiederholungen und Erklärungen zu bitten.
- Anweisungen zu geben.
- Den Inhalt einer Unterhaltung wiederzugeben.

Außerdem kann ich lernen ...

Wortschatz und Grammatik

- die indirekte Rede (II).
- Verbalperiphrasen: **seguir** + Gerundium, **ponerse a** + Infinitiv, **volver a** + Infinitiv, **dejar de** + Infinitiv.
- Wortschatz zum Thema Freizeitbeschäftigung.
- gleichlautende Wörter (Homofone).

usar el ordenador

hacer deporte

salir de noche

descansar

jugar con videojuegos

ir a exposiciones

1. ¿Qué es lo que más te gusta hacer, si puedes?

A. ¿Qué sueles hacer en tu tiempo libre? ¿Haces alguna de las actividades de las fotografías? Coméntalo con tus compañeros/-as.

- A mí lo que más me gusta es escribir, pero últimamente he dejado de hacerlo por los estudios.
- ¡¿Ah, sí?! ¿Y qué escribías?

89 - 94 **B.** Ahora vas a escuchar a jóvenes de diferentes países hablando de lo que hacen en su tiempo libre. Vuelve a mirar las fotografías y responde: ¿sobre qué tema habla cada persona y qué dice sobre ello? Toma notas.

	tema	opinión
Romina		
Roberto		
Fernando		
Nancy		
Álvaro		
Leticia		

C. ¿Con quién te sientes más identificado/-a? Coméntalo con un/a compañero/-a.

- A mí también me gusta mucho escribir en blogs.
- Yo los odio. Estar todo el tiempo solo, sin ver a nadie, me resulta aburrido.

D. ¿Creéis que los jóvenes hoy hacen cosas distintas en su tiempo libre a hace unos años? ¿Cuáles son las novedades? ¿Qué han dejado de hacer?

- Hombre, pues creo que los jóvenes ya no hacen tantas actividades en grupo, porque pasan más tiempo en internet.
- Yo no estoy nada de acuerdo...

2. Tendencias: jóvenes y tiempo libre

A. Lee esta entrevista con un sociólogo sobre los jóvenes y el tiempo libre. ¿Coincide lo que cuenta con lo que habéis hablado en la actividad anterior?

ENTREVISTA

Julio Ibáñez,
Director del Centro de Investigaciones Sociológicas de la Juventud

TENDENCIAS: Señor Ibáñez, ¿qué importancia tiene el tiempo libre para los jóvenes de hoy?
JULIO IBÁÑEZ: Bien, podemos decir que el tiempo libre realmente ha dejado de ser (1) un lujo y hoy es una de las cosas más importantes para la gente joven, que dedica mucho tiempo a divertirse.
TT: ¿Ha cambiado la forma de divertirse en los últimos años?
JI: Han cambiado algunos hábitos, sí. Por ejemplo, esta es la primera generación que le dedica más tiempo a internet que a la televisión. Mucha gente joven suele encerrarse (2) en su habitación y relacionarse con gente desconocida a través del chat o del e-mail.
TT: ¿Y los videojuegos, son populares o están pasados de moda?
JI: Son extremadamente populares. En España, la industria de los videojuegos gana millones. Lo curioso es que incluso el 73% de las familias sin niños tiene una consola. Y según algunos sociólogos, esta cifra va a aumentar (3) en los próximos años.
TT: Entonces, ¿los jóvenes salen menos?
JI: No, los jóvenes siguen saliendo (4) tanto como antes, aunque ahora parece que no es posible la fiesta y pasarlo bien sin alcohol.
TT: Lo cual nos lleva a una de las principales preocupaciones de los padres con respecto a los jóvenes, su relación con las drogas.
JI: Sí, en España el consumo de drogas entre jóvenes ha descendido en los últimos trece años, pero hay que tener en cuenta (5) que el 58% de ellos bebe habitualmente alcohol y el 27% fuma. Se ha generalizado la idea de que es menos malo el porro que el tabaco, y los porros están a punto de desaparecer (6) como tema de preocupación social.
TT: ¿Qué hay de la cultura y el deporte?
JI: En el deporte, hay diferencias entre chicos y chicas. Acabamos de conocer (7) dos datos curiosos: por un lado, los chicos le dedican el doble de tiempo que las chicas, por otro, las actividades tradicionales de juego al aire libre no parecen ser interesantes para ellos. En cuanto a la cultura, tampoco está muy presente en su tiempo libre, ya que los jóvenes relacionan las actividades culturales con los estudios, más que con el ocio. Muy pocos jóvenes leen un libro el fin de semana.
TT: En resumen, ¿cuáles son las prioridades de la juventud de hoy?
JI: Pues, la familia, la salud, los amigos y el ocio, en este orden. En el tiempo libre: ir de bares, al cine, hacer deporte y escuchar música.

B. Fíjate ahora en las expresiones marcadas. Busca expresiones equivalentes que puedas usar para sustituirlas en el texto.

(1) ha dejado de ser → El tiempo libre realmente ya no es un lujo.

3. Un fin de semana ideal

A. Vamos a negociar una actividad para el fin de semana. Fíjate en estas intervenciones en un diálogo y ordénalas.

- ☐ Mmm... ¡Ya sé! Podríamos hacer una excursión a la montaña el domingo y nos llevamos bocadillos, yo me encargo de pensar una ruta.
- ☐ Pues decide tú, ¿qué te apetece hacer?
- 1 Oye, ¿qué te parece si salimos a cenar el sábado por la noche?
- ☐ No sé, es que estoy mal de dinero...
- ☐ Imposible, el sábado por la noche es el cumpleaños de Marcos.
- ☐ Ah, no me acordaba. ¿Vamos a comer una paella entonces el domingo?
- ☐ Vale, pero que no sea de caminar mucho, ¿eh?

B. Ahora, negocia con un/a compañero/-a una actividad para hacer juntos/-as.

C. En grupos de tres, vais a elaborar una propuesta para un fin de semana ideal. Luego, se lo vais a presentar al resto de la clase. Aquí tenéis algunas sugerencias.

Hacer deporte

- Jugar al fútbol, al tenis, al baloncesto...
- Practicar / Hacer atletismo, natación, ciclismo...
- Ir al gimnasio, a la piscina, a correr...

Ir de compras

- Ver escaparates
- Comprar ropa, música, cosas para la casa, regalos...
- Ir a mercadillos, a tiendas de segunda mano, a ferias de libros...

Descansar

- Quedarse en casa
- Levantarse / Acostarse tarde
- Ver la tele
- Escuchar música
- Leer un libro
- Invitar a amigos a casa

Otras actividades

- Hacer una excursión a...
- Hacer un curso de...
- Ir al cine, a una exposición, al teatro......
- Quedar con amigos
- Salir por la noche

■ Para nosotros/-as, un fin de semana ideal consiste en lo siguiente: el sábado por la mañana, nos levantamos tarde porque...

Willst du bei Verhandlungen zu einer Einigung kommen, dann musst du dir unterschiedliche Meinungen und Argumente anhören. Einige wirst du zurückweisen müssen, andere akzeptieren oder Zugeständnisse machen, denn nicht immer erreicht man das, was man möchte.

Vorschlagen:
¿Qué te parece si...?
· ¿Por qué no...?
· ¿Y si...?

Reagieren:
· No sé...
· Bueno, pero también podríamos...
· Imposible, tengo que...
· Lo siento, no puedo, es que...
· De acuerdo.
· Sí, me apetece mucho.

4. ¿Bailamos?

A. ¿Te gusta bailar? ¿Qué tipos de bailes prefieres? ¿Bailas alguna vez: dónde y cuándo? Habla con un/a compañero/-a.

- A mí no me gusta bailar.
- Pues a mí me encanta, sobre todo la salsa.

B. Fíjate en estas fotografías. ¿Conoces estos bailes? ¿Te gustaría aprender a bailarlos? Coméntalo en clase.

95 - 97 **C.** Ahora escucha la música. ¿Con qué imagen relacionas cada una? ¿Qué música te gusta más y qué te sugiere cada una? Coméntalo con un/a compañero/-a.

- A mí me gusta mucho el tango.
- Pues yo prefiero…

98 **D.** ¿Quieres aprender los primeros pasos de la salsa? Escucha las instrucciones y dibuja el movimiento de los pies. Luego compara tus dibujos con los de tu compañero/-a. Si quieres, ¡sigue las instrucciones bailando!

¡Equivocarse es de sabios!

- Gebe ich Anweisungen, vergewissere ich mich, dass die einzelnen Schritte klar verständlich sind.
- Erzähle ich von einer Unterhaltung, die ich in der Vergangenheit hatte, schreibe ich den Text und überprüfe dann die Übereinstimmung von Verben, Pronomen, Zeit- und Ortsangaben.

5. Te tengo que contar una cosa

99 **A. Escucha esta conversación telefónica entre Pablo y Nuria. ¿Qué sucede? Toma notas.**

B. Tiempo después, Pablo escribe un mensaje a un amigo común contándole la historia, pero no la recuerda bien. Lee el mensaje y corrige la información equivocada.

¿Qué hay, Jesús? ¿Cómo andas?

Oye, ¿sabes que Nuria se ha enamorado? Sí, sí, mi prima Nuria. Qué sorpresa, ¿eh?

Me llamó el martes y me dijo que la noche anterior había conocido a un chico en un bar. Me contó que se llamaba Óscar, que habían estado bailando juntos y que se habían hecho una foto con el móvil. Nuria no sabía cómo encontrarlo porque había perdido su número de teléfono. Yo le dije que podía buscarlo en una red social si sabía su apellido. Ella lo sabía porque se lo había preguntado, lo buscó y lo encontró. Y ahora están saliendo y Nuria está muy enamorada...

A ver si quedamos todos un día y lo conocemos, ¿no? Bueno, te llamo el viernes.

¡Un abrazo!

Pablo

C. Según Pablo, ¿qué dijeron él y Nuria en la conversación?

1. Me dijo que había conocido a un chico en un bar. ⟵ "He conocido a un chico en un bar."
2. Me contó que se llamaba Óscar. ⟵
3. Me contó que habían estado bailando juntos. ⟵
4. Me contó que se habían hecho una foto con el móvil. ⟵
5. Yo le dije que podía encontrarlo en una red social, si sabía su apellido. ⟵

D. Fíjate ahora en los cambios que se han producido en los verbos subrayados al pasar el mensaje al estilo indirecto en el pasado y anótalos en tu cuaderno. ¿Qué observas? Coméntalo con tus compañeros/-as y con tu profesor/a.

1. he conocido (Perfekt) ⟶ había conocido (Plusquamperfekt)

E. Piensa en una conversación que has tenido últimamente y cuéntasela a un/a compañero/-a utilizando el estilo indirecto. Él/Ella te podrá hacer preguntas.

- El martes llamé a Marta y me dijo que Carlos había tenido un accidente.
- ¿Ah sí? ¿Qué le pasó?
- Pues, que se cayó yendo en bicicleta y se rompió un brazo...

- Ayer/El otro día hablé con...
- y le conté/dije/expliqué/comenté que...
- y (él/ella) me contó/dijo/explicó/respondió que...

6. Radio Ocio

100 **A.** Escucha este programa de radio dos veces. La primera, completa la tabla con la lista de las actividades que proponen el locutor y la locutora para un fin de semana en Madrid. La segunda, escribe la información que dan para cada actividad. Luego compara tus respuestas con las de un/a compañero/-a.

tipo de actividad	información

B. ¿Cuáles de las actividades mencionadas te parecen más interesante? Coméntalo con tu compañero/-a.

- A mí me apetece lo del circo.
- ¿Sí? Pues, a mí el circo no me interesa nada.

101 - 103 **C.** Estas tres personas van a Madrid a un congreso y van a pasar allí cinco días. ¿Qué actividades de las propuestas por *Radio Ocio* podrías organizar para ellas? Escucha lo que dicen y toma notas con un/a compañero/-a.

Cecilia Anasarte
Profesora de Economía en un instituto de educación secundaria en Valencia (España).

Es / Le gusta...

Diego Gómez
Responsable de comunicación de una editorial argentina.

Es / Le gusta...

Marianne Thoreaux
Directora de proyectos de una ONG francesa.

Es / Le gusta...

In einer Unterhaltung wiederholen die Gesprächspartner/innen oft einen Teil der Information: manchmal wortwörtlich, manchmal mit kleinen Abweichungen. Achte auf die Wiederholungen, denn sie helfen dir, besser zu verstehen.

D. Explicad a vuestros/-as compañeros/-as qué actividades proponéis para uno de los tres: Cecilia, Diego o Marianne.

E. ¿Sabéis qué actividades hay este fin de semana en el lugar donde aprendéis español? Informaos y hablad entre todos/-as cuáles son las más interesantes. ¿Podría formar parte alguna de ellas de vuestro fin de semana ideal?

7. El Caribe: una cuestión de perspectivas

A. **Lee el título del siguiente artículo. ¿Con qué ideas, conceptos y creencias relacionas el Caribe? Habla con tus compañeros/-as y dibujad un asociograma en la pizarra.**

B. **Lee ahora el texto y subraya las características principales del Caribe que se nombran. Compara después con vuestro asociograma. ¿Llegáis a alguna conclusión interesante?**

EL ALMA PROVISIONAL DEL CARIBE

Los parámetros europeos son a veces insuficientes para comprender la realidad del trópico

Dejemos por un momento la política: es imposible entender Cuba y a los cubanos fuera de su contexto caribeño. A esta región, es sabido, llegaron en tromba españoles, ingleses, holandeses, franceses; y con ellos, africanos esclavos, tan diversos como los europeos, traídos del Congo, de Angola, y también de los puertos de Zanzíbar y Mozambique, en el Océano Índico. En apenas cuatro siglos se reunieron en esta isla, de extensión un poco mayor que Andalucía, indios precolombinos, negros, blancos y también una importante emigración china. Esta mezcla de razas y culturas, que conviven con la fuerza del mar y de los huracanes, es el fundamento del Caribe: mezcla, explosión de colores, provisionalidad, humo de tabaco, sensaciones, fantasía, magia negra. [...]

Según el Premio Nobel Gabriel García Márquez, "los europeos, y sobre todo los cartesianos, han creado unos márgenes para la realidad tan estrechos que lo que no cabe dentro de eso, no lo creen, consideran que es totalmente inverosímil, y aun cuando lo están viendo les queda al menos la sospecha de que no es así". "En el Caribe", afirmaba, "no existen esos límites, nosotros creemos que la realidad va muchísimo más allá de las fronteras que les han puesto los europeos".

Otro Nobel de Literatura, Derek Walcott, también caribeño, ha intentado explicar cómo en esta parte del mundo "el tiempo está influido por la ausencia de estaciones". "Vivimos en un eterno verano. La idea del fin, la idea de la muerte, la idea de la historia, todo está influido por esa irrealidad del calendario. Nosotros no dividimos y esto hace que nuestra actitud, nuestra forma de vida, sea más sensual, más alegre. La idea europea de lo que es ilógico, del tiempo, en definitiva, de la historia, no es aplicable a nuestro contexto, a la geografía y a la historia del Caribe".

Vivir en una región de huracanes y tormentas sociales de fuerza no menor, genera una psicología especial. En el Caribe y en Cuba, donde la temporada ciclónica comienza en mayo y el peligro no desaparece hasta noviembre, siempre puedes perderlo todo, si no es este año puede ser el próximo. No depende de uno evitarlo.

Esto afecta tanto a las personas como a las políticas de Estado, y hace que en toda planificación se deje un margen amplio a la improvisación, que se viva el momento presente, sin preocuparse demasiado de mañana. Por un lado, esto es fuente de fuerza: siempre hay que estar listo para empezar de cero sin que ello signifique el fin del mundo. Por otro, es debilidad: hace que la gente se adapte y acepte lo que venga.

Cuba es una isla en el Caribe. Las islas de las Antillas, y también México, Belice, Honduras, Costa Rica, Panamá, Colombia y Venezuela comparten ese mismo mar, en el que todo es provisional, aunque nada cambie en cincuenta años. Con independencia de valoraciones éticas o políticas sobre el sistema de un determinado país, lo que dicen García Márquez y Walcott es que para comprender el alma del Caribe hay que aprender a mirar la realidad de otro modo: es una cuestión de perspectivas.

Mauricio Vicent, *El País*, 15.10.2005

8. Festival de cine en español

A. Esta es la cartelera del V Festival Limeño de Cine en español. Imagina que quieres ver lo siguiente. ¿Qué película elegirías en cada caso?

a. Una película que trata de un crimen, pero también de una relación pasional. La protagonista es una aficionada al tango.
b. Una película musical.
c. Un documental en el que se muestren aspectos de la vida de una comunidad indígena.
d. Una película de la famosa directora Lucrecia Martel.
e. Una película que retrata la clase alta peruana, con sus secretos y sus enredos.
f. Una película basada en la obra de un gran escritor.

V FESTIVAL LIMEÑO DE CINE EN ESPAÑOL

PELÍCULA PREMIADA

Dioses

PERÚ, 2008. FICCIÓN
Director: Josué Méndez

Diego está enamorado de su hermana, Andrea, y enfrenta la culpa y los placeres que esto le provoca. Andrea, sin embargo, ocupa su tiempo en otras cosas: ella tiene sus propios secretos que esconder. Agustín, el padre de ambos, ha traído a casa a Elisa, su nueva novia, veinte años menor que él, y de una condición social y económica más humilde. Elisa tendrá que aprender rápido si se quiere convertir en la dama de sociedad que siempre quiso ser. Una familia atrapada en los rígidos mecanismos sociales de la clase alta peruana. Una crónica sobre la decadencia, la hipocresía y el conformismo en un medio frívolo y hermético, donde los personajes actúan como dioses, más allá de las reglas, más allá de la moral, y más allá de lo creíble.

La mujer sin cabeza

ARGENTINA, 2008. FICCIÓN
Directora: Lucrecia Martel

Una mujer con su auto atropella a un perro en la ruta y el animal muere. La mujer queda en un estado de conmoción. En los días posteriores al accidente, ella va descubriendo cuestiones pendientes sobre sí misma y sobre todo su entorno.

Naranjo en flor

ESPAÑA, 2008. FICCIÓN
Director: Antonio González-Vigil

Malena es una atractiva mujer, psicoanalista de profesión y tanguera por devoción. Una noche mata accidentalmente a un policía y decide ocultar su crimen. Malena conoce a Carlos, compañero del policía muerto y encargado de investigar su desaparición. Es de origen vasco y lo llaman El Sabina, porque a veces responde con versos de las canciones del artista. Es un tipo duro. Una extraña fascinación se apodera de Malena con El Sabina, el hombre que tiene que descubrir su crimen y detenerla. Desde el principio comienza a surgir entre ellos una relación apasionada y transgresora, sin límites morales.

HIT: Historias de canciones que hicieron historia

URUGUAY, 2008. DOCUMENTAL
Directoras: Claudia Abend y Adriana Loeff

La película, un documental musical, sobrevuela la última mitad del siglo XX en Uruguay. Cincuenta años de recuerdos, de donde se escogen cinco canciones importantes en ese país que hicieron historia, para mostrar cómo cada una de ellas se convirtió en un hit y cuál es la historia de vida que hay detrás.

Inal Mama, lo sagrado y lo profano

BOLIVIA, 2007. DOCUMENTAL
Director: Eduardo López

La saga de la hoja de la coca se entreteje a partir de lo que el documental presenta como las rutas para lo sagrado y para lo profano: la cárcel de San Pedro y la comunidad guaraní de Tentayapi. Esos dos ejes presentan los aspectos esenciales de la hoja de la coca en diferentes espacios culturales: como droga, medicina, explotación, religión, injusticia e instrumento de poder.

Del amor y otros demonios

COSTA RICA, 2008. FICCIÓN
Directora: Hilda Hidalgo

Narra la historia de Sierva María de Todos los Ángeles, una niña muy especial que vive en la ciudad de Cartagena, Colombia en la época colonial, bajo el asedio de piratas e inquisidores. Una mordedura de perro le provoca la rabia, por eso le practican un exorcismo... Basada en la obra homónima de Gabriel García Márquez.

Manchmal musst du nicht den ganzen Text verstehen. Du suchst nur ein Datum, einen Namen, eine Angabe, d. h. eine bestimmte Information. Daher "scannst" du ihn mit den Augen, bis du die gesuchte Information gefunden hast.

B. Piensa ahora en cómo lees la cartelera en tu lengua materna: ¿lees todo el texto o buscas información determinada? ¿Es así como has leído este texto?

9. Instrucciones para subir una escalera

A. **Este es un texto del escritor argentino Julio Cortázar. ¿Sabes qué palabra falta? Coméntalo con un/a compañero/-a.**

Las escaleras se suben de frente, pues hacia atrás o de lado resultan particularmente incómodas. La actitud natural consiste en mantenerse de ________, los brazos colgando sin esfuerzo, la cabeza en alto aunque no tanto que los ojos dejen de ver los escalones inmediatamente superiores al que se pisa, y respirando. Para subir una escalera se comienza por levantar esa parte del cuerpo situada a la derecha abajo, envuelta casi siempre en cuero y que salvo excepciones cabe exactamente en el escalón. Puesta en el primer escalón dicha parte, que para abreviar llamaremos ________, se recoge la parte equivalente de la izquierda (también llamada ________, pero que no ha de confundirse con el ________ antes citado), y llevándola a la altura del ________, se le hace seguir hasta colocarla en el segundo escalón, con lo cual en este descansará el ________, y en el primero descansará el ________. (Los primeros escalones son siempre los más difíciles, hasta conseguir la coordinación necesaria. La coincidencia de nombre entre el ________ y el ________ hace difícil la explicación. Cuídese especialmente de no levantar al mismo tiempo el ________ y el ________.)

B. **¿Con qué adjetivos describirías este texto? Habla con tu compañero/-a.**

serio · *exhaustivo* · *irónico* · *humorístico* · *difícil*
gracioso · *triste* · *absurdo* · *inútil* · *original*

C. Con un/a compañero/-a, escribe un texto similar con las instrucciones para hacer una de estas cosas (u otra que se os ocurra).

- *comerse una naranja*
- *ligar con otra persona*
- *ver una película*
- *aburrirse en una fiesta*
- *fumarse un cigarrillo*

10. Homófonos

A. **Homofone sind Wörter mit gleicher Aussprache, aber unterschiedlicher Bedeutung. Sie können gleich oder ähnlich geschrieben werden. Sieh die Tabelle an und vervollständige sie.**

vino	bebida	**vino**	tercera persona del indefinido de *venir*
a	preposición	**ha**	tercera persona del presente de *haber*
¡ay!	interjección		
bienes	fortuna, capital		
como	primera persona del presente de *comer*	**cómo**	
		he	primera persona del presente de *haber*
		hecho	participio de *hacer*
		ola	del mar

B. **¿Conoces otros casos? Añádelos a la tabla.**

C. **¿Existe este fenómeno en tu lengua? Coméntalo con tus compañeros/-as.**

11. He empezado a aprender chino

A. **Escribe una cosa que...**

1. has empezado a hacer este año: *Este año he empezado a...*
2. sueles hacer por las noches:
3. has dejado de hacer hace poco:
4. sigues haciendo desde hace mucho tiempo:
5. estás pensando ahora mismo:
6. vas a hacer cuando termines el curso académico:
7. estás a punto de hacer ahora mismo:
8. tienes que hacer antes de que termine la semana:

- empezar a + Infinitiv
- soler + Infinitiv
- dejar de + Infinitiv
- seguir + Gerundium
- estar + Gerundium
- ir a + Infinitiv
- estar a punto de + Infinitiv
- tener que + Infinitiv

B. **Ahora coméntalo con un/a compañero/-a. ¿Coincidís en algo?**

■ Yo por las noches suelo leer un rato en la cama.
□ Yo no, me quedo dormido. Prefiero ver la tele un rato.

1. Die indirekte Rede (II)

Wir gebrauchen die indirekte Rede, um zu berichten, was andere (oder wir selbst) in einem anderen Augenblick und / oder an einem anderen Ort gesagt haben.

Wollen wir das wiedergeben, was andere Personen gesagt haben, oder einen Text zitieren, können wir folgende Verben + **que** verwenden.

aclarar afirmar agregar asegurar comentar contar contestar	decir explicar exponer mencionar negar opinar pensar	preguntar repetir señalar sostener subrayar …	+	**que**

Beziehen wir uns auf etwas, das in der Vergangenheit oder in einem anderen Kontext als dem jetzigen gesagt wurde, ändert sich die Zeit im Nebensatz.

Präsens	→	Imperfekt
Indefinido	→	Plusquamperfekt
Perfekt	→	Plusquamperfekt
Futur	→	Konditional

Ein Interview mit der Sprecherin der Comisión Nacional en Defensa del Agua y de la Vida:

Periodista: ¿El plebiscito fue un éxito? ¿Cómo se valoran los resultados?

Portavoz: Sin duda. Los resultados fueron excelentes. Participó más del 60% de la población. Se trata de un hecho histórico.

Periodista: ¿Qué puede decirnos de las consecuencias que tiene la privatización del agua?

Portavoz: Sabemos perfectamente que la privatización del agua ha producido efectos negativos en todo el mundo: muchos sectores de la población no tienen agua potable, por ejemplo, porque no pueden pagar la conexión al servicio. Además, los controles de calidad de las empresas privadas no son tan altos como los controles estatales.

Wiedergabe des Interviews:

La periodista preguntó si el plebiscito había sido un éxito y quiso saber cómo se valoraban los resultados. La portavoz de la Comisión contestó afirmativamente, comentando que habían sido excelentes. Dio datos muy precisos y agregó que se trataba de un hecho histórico. La periodista siguió preguntando sobre las consecuencias que tenía la privatización del agua. A esta pregunta la portavoz contestó diciendo que sabían perfectamente que la privatización del agua había producido efectos negativos en todo el mundo. Dio un ejemplo diciendo que muchos sectores de la población no tenían agua potable y agregó que los controles de calidad de las empresas privadas no eran tan altos como los controles estatales.

Ändert sich der Kontext, in dem wir sprechen, ändern sich auch viele Satzelemente: die Verbzeiten, die Ort- und Zeitbezüge, Elemente fallen weg oder werden hinzugefügt, etc.

aquí	→	**allí**
ahora	→	**entonces** / **en ese momento**
esta / **este**	→	**esa** / **ese**

- Llevo tres años viviendo aquí. (hace un año) → Me dijo que llevaba tres años viviendo allí. (hoy)

⚠ Etwas zu erzählen, ist keine mechanische Aufgabe. Willst du die Stimmung einer Situation wiedergeben oder jemanden zitieren, kannst du Ausdrücke gebrauchen, die die Bedeutung der Verben verstärken oder abschwächen.

2. Verbalperiphrasen

seguir + Gerundium	○ Oye, Clara, ¿sigues estudiando sueco? ● No, lo dejé el año pasado. No puedo dedicarle el tiempo necesario.
ponerse a + Infinitiv	○ Cuando leyó la carta de su hermano, se puso a llorar.
volver a + Infinitiv	○ Después del invierno, volveremos a pintar la casa. Hay manchas de humedad por todas partes.
estar a punto de + Infinitiv	○ ¡Date prisa! El tren está a punto de salir.
soler + Infinitiv	○ De pequeños solíamos pasar el verano en la playa.
dejar de + Infinitiv	○ Jaime está un poco nervioso, ¿no? ● Sí, es que ha dejado de fumar.

13

El amor es ciego

El beso, Gustav Klimt

In dieser Lektion lerne ich …

Hör- und Leseverstehen

- einem Text implizite Informationen zu entnehmen.
- in einem Text spezifische Information zu finden.
- den Standpunkt des Autors / der Autorin herauszufinden.
- ein Liebesgedicht zu lesen und ein Lied zu verstehen.
- umgangssprachliche Ausdrücke, Sätze und Sprichwörter über die Liebe zu verstehen.

Produktion (mündlich und schriftlich) und mündliche Interaktion

- an Unterhaltungen über mir bekannte Themen teilzunehmen.
- ein Kunstwerk zu beschreiben und zu sagen, wie es auf mich wirkt.
- eine Liebesgeschichte zu schreiben.
- über Familie und Gefühle allgemein, und über die eigene Familie zu sprechen.
- in einem informellen Gespräch ein Thema anzusprechen, zuzustimmen, zu widersprechen, und andere zu unterbrechen.

Außerdem kann ich lernen …

Wortschatz und Grammatik

- die Relativsätze.
- die reziproken Verben.

Bailarines, Fernando Botero

El beso, Auguste Rodin

Pareja, Pablo Picasso

Propuestas de trabajo

B1+

1. Por amor al arte

A. Fíjate en estas obras de arte. ¿Cómo las describirías? ¿Qué tienen en común? Habla con tu compañero/-a. Las expresiones del recuadro te pueden resultar útiles.

- En muchas obras los amantes se abrazan.
- Sí, y se besan.

· amarse	· tocarse
· abrazarse	· dos amantes
· besarse	· una pareja
· hacer el amor	· sensual
· acariciarse	· erótico

B. ¿Qué te sugiere cada una de ellas? En dos minutos, escribe todo lo que se te ocurra. Compara tus ideas después con las del resto de la clase.

Este/-a obra / cuadro / escultura / pintura...
· me sugiere...
· me recuerda (a)...
· me hace pensar en...
· me transmite sensación de...

C. ¿Qué obra te gusta más? ¿Por qué? ¿Conoces otras obras de arte que trasmitan sensaciones parecidas? Habla con tu compañero/-a.

- A mí me gusta el cuadro de Klimt. Me transmite sensación de paz.
- Pues a mí el que más me gusta es...

2. Las costumbres en el amor

A. Estos son los títulos de tres artículos sobre el amor en una revista. Coméntalos con un/a compañero/-a.

¿Cómo saber si ya has conocido al amor de tu vida?

Los españoles ven su futuro rodeados de hijos

Los hombres gastan más que las mujeres en su primera cita

- Yo no creo en "el amor de tu vida".
- Eso es porque no lo has conocido.

B. Lee ahora los textos y asócialos con el título adecuado.

1 La chilena Claudia Zócar nos cuenta su experiencia: "Es muy difícil saber si una eligió al hombre adecuado. Yo me casé con mi único pololo[1], **a quien** conocí a los 18 años. A esa edad no piensas en casarte, ni en encontrar al hombre perfecto o al amor de tu vida. Nosotros éramos muy buenos amigos, pero a mí él al principio no me gustaba mucho, no me parecía atractivo... pero nos llevábamos muy bien. Y seguimos juntos hasta hoy: diecisiete años sin interrupciones, sin infidelidades, sin dramas ni escándalos, y seguimos viviendo en la ciudad **donde** nos conocimos. Somos amigos, nos compenetramos maravillosamente y no tenemos problemas de convivencia. Nunca he sentido celos. Cada uno hace **lo que le gusta** y tenemos tres hijos juntos. Si volviera a vivir, cambiaría muchas cosas de mi vida, pero elegiría de nuevo a este hombre para compartir mi vida, sin duda".

[1] pololo. Pretendiente (se usa en algunos países de Latinoamérica)

2 Según una encuesta elaborada por Match.com, que es una prestigiosa agencia de contactos, el 67% de los hombres afirma que en el futuro se ve casado y con hijos. El 14% cree que tendrá pareja pero no vivirá con ella, el 10% cree que se casará o tendrá una pareja estable, pero no tendrá hijos, y solo el 9% cree que vivirá solo y tendrá únicamente parejas ocasionales. También se entrevistó a mujeres, **el 60% de las cuales** se ve casada y con hijos, el 21% cree que tendrá una pareja pero no vivirá con ella, el 11% cree que estará casada o en una relación estable pero sin hijos, y por último, el 9% –el mismo porcentaje de hombres– se ve sola y con parejas esporádicas.

3 Cada mexicano sin pareja de entre 25 y 34 años gastó el último año una media de 328 pesos (25 dólares) en la primera cita con otra persona. Este es el resultado de un estudio realizado por la agencia de contactos Parship para México. En México existen, según cifras oficiales, 21 millones de personas sin pareja, **lo que** incluye a los solteros, a los separados, a los divorciados y a los viudos. Todos ellos gastaron en total 223 000 millones de pesos (16 800 dólares) en actividades relacionadas directa o indirectamente con "encontrar el amor", según el estudio. Entre estas actividades se mencionan salir por la noche, someterse a tratamientos de belleza y comprar ropa o cosméticos. Por último, parece haber diferencias según el sexo de los entrevistados: los hombres gastaron unos dos dólares más que las mujeres en la primera cita.

104 - 106 **C. Vuelve a leer los textos y subraya la información más importante. Después, escucha a estas personas hablando de estos temas. ¿En qué coinciden? Márcalo y anota la información nueva.**

D. Fíjate en estas frases procedentes del texto y complétalas con los pronombres de las cajas. Luego, consulta la sección de gramática.

de las cuales	lo que	que	a quien	lo que	donde

1. Yo me casé con mi único pololo, __________ conocí a los 18 años.
2. Seguimos viviendo en la ciudad ____________ nos conocimos.
3. Cada uno hace ____________ le gusta.
4. Según una encuesta elaborada por Match.com, ________ es una prestigiosa agencia de contactos, el 67% de los hombres afirma que en el futuro se ve casado y con hijos.
5. Se entrevistó a mujeres, el 60% ____________ se ve casada y con hijos.
6. En México existen, según cifras oficiales, 21 millones de personas sin pareja, _________ incluye solteros, separados, divorciados y viudos.

E. En grupos de tres, cada uno/-a escoge uno de los temas de la revista y prepara un breve monólogo explicando su opinión sobre él. Los/Las demás pueden hacerle preguntas y discutir con él/ella sobre su presentación.

Nachfragen, wenn etwas unklar ist:
- ¿Me puedes explicar...?
- ¿Qué quieres decir con eso?
- No sé lo que quieres decir.

Sich vergewissern, dass man verstanden wird:
- ¿Sabes?
- ¿Ves?
- ¿Entiendes?

Unterbrechen:
- Perdón, ¿puedo decir algo?
- Solo una cosa...

Sagen, dass man weitersprechen möchte:
- Solo un minuto...
- Por favor, déjame terminar.

Ein neues Thema ansprechen:
- Otra cosa...
- Además... / También...
- En cuanto a...

3. Taller de escritura creativa: una historia de amor

A. Lee este texto que Laura ha enviado al concurso "Microamores", dedicado a los relatos breves de amor. ¿Te gusta? ¿Crees que puede ganar? Coméntalo con tu compañero/-a.

MICROAMORES

Ella iba en el tren de cercanías. Su compartimento estaba vacío. Miraba por la ventana, viendo pasar el paisaje. El tren se paró y vio subir a varias personas. Oyó que se abrían las puertas del compartimento y entró un chico con pinta de estudiante: gafas, barba de tres días y una mochila a la espalda. Se saludaron tímidamente y él le preguntó: "Oye, ¿tienes una tarjeta de viaje múltiple?". En ese país, fuera de las horas punta, podían viajar dos personas por el precio de una, por lo que muchas personas probaban suerte en el tren y buscaba a alguien con esa tarjeta para viajar. Ella le dijo que sí, que no sería problema. Él se sentó y el tren se puso en marcha. Ella lo miraba de reojo y se preguntaba qué libro era el que él leía tan atento, pero no conseguía verlo. De vez en cuando se cruzaban sus miradas y se sonreían tímidamente. Ninguno de los dos se atrevía a hablar con el otro, pero no dejaban de mirarse de reojo o en el reflejo de la ventana. De pronto entró el revisor, ella mostró su tarjeta y le dijo "viene conmigo", refiriéndose al estudiante. Cuando el revisor se fue, el estudiante le dio las gracias y ella le dijo: "A cambio, ¿no tendrás un chicle de menta? Me encantan y hoy no tengo ninguno". Él no tenía, pero, antes de bajarse, le prometió: "La próxima vez tendré uno para ti. Prometido". Ella dijo: "De acuerdo", pero mientras lo veía alejarse pensó que era tonta por no haberle dicho algo más, porque seguro que no volverían a verse.

Pasaron unas semanas y ella continuó con sus estudios y sus trayectos en tren. Una noche una amiga la invitó a un concierto de música en un bar muy popular de la ciudad. "¡Vamos a bailar y a escuchar buena música!". Efectivamente, la música era fantástica, y ella bailaba y bailaba sin parar, riendo y pasándoselo en grande. De pronto, alguien le tocó en la espalda. Al volverse, vio una mano que le ofrecía un chicle de menta. Al levantar la vista, vio que era el estudiante. Ese fue el principio del amor de su vida.

Zeitangaben:
antes de, después de, en aquella época, por aquel entonces, en ese momento, mientras, durante
Ortsangaben:
allí, en ese lugar

B. **En las historias de amor suele estar presente la siguiente información. Búscala y señálala en el texto.**

- Cómo y dónde se conocieron los protagonistas
- Cómo eran
- Cómo sabemos que se atraían
- El conflicto o problema
- Cómo termina la historia

Angabe der Reihenfolge:
primero, de pronto, cuando, al cabo de, entonces, tan pronto como, finalmente, al final

Personen beschreiben:
- X tenía ... años, era rubio/-a, alto/-a, tenía los ojos..., siempre sonreía
- (No) Se parecía a...
- Era sincero/-a, misterioso/-a...
- Tenía un aspecto...
- Llevaba el pelo..., la ropa le quedaba..., casi siempre llevaba...

Die Handlung einleiten:
- Un día llegó...
- Cuando me acerqué a él/ella... / Al acercarme a él/ella...
- Entonces sucedió algo...
- Desde entonces todo fue...

C. **Ahora, en grupos de tres vais a escribir una historia de amor para el concurso. Aquí tenéis algunas propuestas para los personajes, el momento y el lugar, pero podéis escoger otros. Recordad que los recursos de los recuadros laterales os pueden resultar útiles.**

Personajes
un estudiante
un profesor
un vagabundo
un viajero
una mujer viuda
un jubilado
un hombre invidente
un extranjero que no habla epañol
...

Lugares
un tren
la cima de una montaña
el vagón de metro de una gran ciudad
la playa
un ascensor lleno de gente
una fiesta
una obra de teatro
un museo
un atasco
...

Momentos
el verano
el último día del año
de madrugada
el día del cumpleaños
el primer día del curso
mientras estaba dando una charla/conferencia
...

¡Equivocarse es de sabios!

- ¿Incluyes los puntos mencionados en la actividad? Si no están todos, ¿hay una razón para omitir alguno de ellos?
- En cuanto a la cohesión del texto, ¿empleas los marcadores del discurso para organizar la narración?
- En cuanto a los recursos lingüísticos, ¿te has asegurado de que el uso de los tiempos del pasado es el correcto?

4. Familias de hoy

107 **A.** **Fíjate en las siguientes imágenes y escucha a esta persona hablando de su familia. ¿A qué fotografía corresponde?**

1

2

3

4

5

padre, madre, hermanos, abuelos, familia política, pareja de hecho, pareja del mismo sexo, divorciado/-a, casado/-a, soltero/-a, viudo/-a, hijo/-a adoptado/-a

B. **A continuación, lee estos testimonios y relaciona cada imagen con uno de ellos. ¿Cómo llaman a cada tipo de familia?**

PARA TI, ¿QUIÉN ES "TU FAMILIA"?

SARA: Cuando pienso en mi familia lo tengo muy claro: son mi pareja, Sonia, y nuestro hijo Pol, que tiene 2 meses. Las familias con padres del mismo sexo no son muy comunes, pero tenemos la suerte de vivir en España, que junto con México, es uno de los pocos países que nos reconoce derechos como el de adopción y el de herencia.

HÉCTOR: Para mí es la familia extensa, la que incluye a los abuelos y a los nietos, a los tíos y a los sobrinos, a los primos y a la familia política: cuñados, cuñadas, nueras, yernos... Estamos muy unidos, incluso entre las familias nucleares o con la familia política (los parientes no de sangre).

FERNANDA: Pues nosotros somos la familia nuclear típica: el marido, la mujer y los hijos. Tenemos dos, una hija de cuatro años y un hijo de cinco: ¡"la parejita"!

LUCIANO: Mi familia son mis hijos Lorena y Jorge, somos una familia monoparental. Aunque he tenido varias parejas, en realidad para mí la familia somos nosotros tres. Luego están mis hermanas y mis sobrinos y mi madre, pero el vínculo con mis hijos es más fuerte...

ALBERTO: Mi familia es bastante clásica, la formamos mi mujer, nuestros tres hijos y yo. Aunque no a todo el mundo le parece tan clásica, porque nuestro hijo mayor es adoptado (de Senegal), además, yo soy argentino, mi mujer es canadiense y vivimos en Estados Unidos: se puede decir que somos una familia multicultural.

C. **Ahora comenta con tus compañeros/-as qué aspectos positivos y qué aspectos negativos tiene, en tu opinión, cada modelo de familia. ¿Falta algún modelo? ¿Cuál es tu modelo de familia ideal?**

5. Familias multiculturales

A. ¿Tienes amigos/-as de otros países o de otras culturas? ¿Encuentras diferencias culturales? Coméntalo con un/a compañero/-a.

108 **B.** Vas a escuchar a tres personas cuya pareja es de otro país. ¿Qué aspectos positivos y negativos señalan? Rellena la tabla.

	aspectos positivos	aspectos negativos
Ana		
Carlos		
Ignacio		

Saber cómo se organiza una conversación (cómo introducir un tema, mostrar acuerdo y desacuerdo, mostrar interés o interrumpir) es fundamental para comprenderla y participar en ella. Además, es muy útil entender en qué culturas se puede interrumpir, en qué momentos, cómo hacerlo y con qué finalidad.

C. Vuelve a escuchar la conversación y fíjate ahora en las expresiones que se emplean para hacer las siguientes cosas. Escríbelas a continuación.

1. Introducir un tema: ⟶ *Otro tema importante es...*
2. Mostrar acuerdo:
3. Mostrar desacuerdo:
4. Mostrar interés:
5. Interrumpir a otra persona:

D. A ti, ¿te gustaría vivir en una relación multicultural? Háblalo con tus compañeros/-as.

- A mí me encantaría tener una novia extranjera. Me parece interesante.
- ¿Aunque no hables su lengua?

6. Formas de saludarse

A. **¿Cómo se saluda la gente en tu país? ¿Hay diferencias según la edad o la situación?**

B. **¿Qué sabes de las distintas formas de saludarse en el mundo? Comenta con tus compañeros/-as si crees que estas afirmaciones son correctas. Luego, compruébalo leyendo el texto.**

	V	F
1. En muchos países hispanohablantes la gente se saluda con uno o varios besos.		
2. En algunos países como Rusia está prohibido el beso entre hombres.		
3. En China la gente se saluda sin tocarse.		
4. Algunos pueblos frotan la nariz como saludo.		
5. En Japón, los hombres se saludan con un abrazo.		

- Yo he estado en España, y allí la gente se da dos besos.
- Pero los hombres entre ellos no, creo.

SALUDOS EN EL MUNDO

El beso es uno de los saludos más cariñosos que se pueden realizar. Hoy, sin embargo, su uso se ha generalizado también para personas que no tienen una relación estrecha.

Se besa por cortesía, no solo a los amigos, sino también a los conocidos. Así ocurre en Argentina, por ejemplo, donde la gente besa a casi todo el mundo, hasta a las personas que acaban de conocer. Aunque depende de la edad, es una cultura en la que el contacto físico es importante. Muchos hombres también se abrazan.

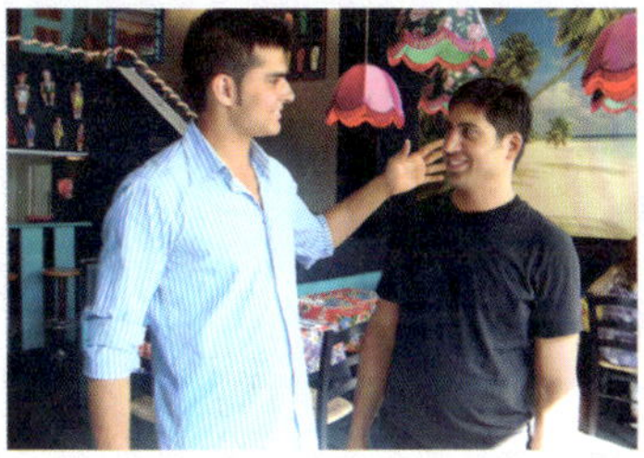

El número de besos varía, sin embargo, entre las diferentes culturas. En Argentina se da un solo beso, mientras que un francés o un suizo puede dar tres o cuatro besos, y un español dos. Sin embargo, también esto depende de las situaciones y del grado de cercanía. En algunos países, los hombres se besan entre sí, como en Rusia, mientras que en otros lo hacen solo personas de diferente sexo o solo mujeres.

También hay diferencias este-oeste: en Occidente se besa por lo general en público y en privado, mientras que en algunas culturas orientales como la china, besarse en público no está bien visto. Allí las personas estrechan su propia mano en lugar de dársela a la otra persona. Se considera más higiénico y discreto. Nada más lejano que el saludo de los indígenas de Oceanía, que frotan su nariz la una con la otra para saludarse.

Por último, en Japón no se suele saludar con un beso. En su lugar, se hace una reverencia que es mayor cuanto mayor es la jerarquía de la persona a la que se saluda.

C. **¿Te gustan las costumbres de tu país para saludarse? ¿Te gustaría que hubiera otro tipo de saludo?**

- A mí me gustaría saludar a la gente con un beso.
- ¿También a tu jefe?

7. El amor y la amistad

A. ¿Qué diferencias consideras que hay entre el amor y la amistad? Coméntalo con tus compañeros/-as.

B. Ahora lee este fragmento del libro *El espejo de las ideas*, del filósofo y escritor francés Michel Tournier, acerca de este mismo tema, y compáralo con lo que habéis dicho antes.

La comparación entre amor y amistad se inclina primero a favor del amor. Frente a la pasión amorosa, el vínculo amistoso parece ligero, insulso y poco serio. (...)

Pero cuando uno mira más de cerca, las ventajas del amor frente a la amistad son de una cualidad más que discutible. Una de las grandes diferencias entre ambos es que no puede haber amistad sin reciprocidad. No se puede sentir amistad por alguien que no siente amistad por uno. O es compartida o no es. Mientras que el amor, por el contrario, parece alimentarse de la desdicha de no ser compartido. El amor desgraciado parece ser el principal resorte de la tragedia y la novela. "Amo y soy amado —decía el poeta—. Sería la felicidad si se tratara de la misma persona". Por desgracia, raramente se trata de la misma persona. (...)

En verdad, nuestra civilización occidental moderna apuesta de manera exageradísima por el amor. ¿Cómo atreverse a construir una vida entera sobre esa fiebre pasajera? La Bruyère ya apuntó "el tiempo que fortifica la amistad debilita el amor". Sí, el tiempo trabaja contra el amor. Antiguamente, los matrimonios se hacían en función de las conveniencias sociales, religiosas, materiales. Cumplidas esas primeras condiciones, no quedaba más que amarse. Hoy día todo consiste en el "flechazo". Y después siempre habrá tiempo para el divorcio. (...) Brigitte Bardot declaró: "Yo siempre he sido fiel a un hombre durante el tiempo que he estado enamorada de él".

Michel Tournier, *El espejo de las ideas*, © Mercure de France, 1994

C. Algunas personas opinan sobre el texto. ¿Cómo describirías el tono de cada opinión?

- pesimista
- indeciso
- sarcástico
- idealista
- moderado

1. ¡Sí, claro! Así que lo mejor es buscar una pareja como se busca un trabajo: condiciones económicas, ventajas por antigüedad.

2. El amor no existe. Es una invención de la literatura. Todos somos unos egoístas, sin excepción.

3. No sé, yo creo que el amor sí es importante. Tiene desventajas, pero la amistad también es difícil, ¿no?

4. El amor es lo que mueve el mundo. La vida sin amor no tiene sentido.

5. Tanto el amor como la amistad tienen ventajas e inconvenientes. No se puede hablar en general.

Cuando lees un texto, es importante detectar el punto de vista del autor.

D. Y tú, ¿qué opinas de la afirmación "nuestra civilización occidental moderna apuesta de manera exageradísima por el amor"? Organizad un debate en clase entre los/las que están a favor y los/las que están en contra de ella.

8. En lo bueno y en lo malo

A. En este poema, un enamorado habla de su amada. Marca las cosas positivas que dice de ella. ¿Hay también alguna negativa?

El desayuno

Me gustas cuando dices tonterías, → positivo
cuando metes la pata, cuando mientes,
cuando te vas de compras con tu madre
y llego tarde al cine por tu culpa.
Me gustas más cuando es mi cumpleaños
y me cubres de besos y de tartas,
o cuando eres feliz y se te nota,
o cuando eres genial con una frase
que lo resume todo, o cuando ríes
(tu risa es una ducha en el infierno),
o cuando me perdonas un olvido.
Pero aún me gustas más, tanto que casi
no puedo resistir lo que me gustas,
cuando, llena de vida, te despiertas
y lo primero que haces es decirme:
«Tengo un hambre feroz esta mañana.
Voy a empezar contigo el desayuno».

- (no) me gustas/-a/-áis... cuando + Indikativ
- (no) me molesta/s/-áis... cuando + Indikativ
- (no) me gusta que + Subjuntivo
- (no) me molesta que + Subjuntivo

Luis Alberto de Cuenca, *El hacha y la rosa*, Sevilla, Ed. Renacimiento, 1993

B. Imagina ahora que el narrador de este poema le cuenta a un amigo qué le gusta de esa persona. ¿Cómo se lo explicaría? Escríbelo como en la muestra.

¿Qué me gusta de ella? ¡Pues muchas cosas! Me gusta que diga tonterías, que meta la pata, que...

C. ¿Y si el amigo le pregunta qué le molesta de esa persona? Imagina algunas cosas que podría contestar el narrador del poema y escríbelas como en el apartado anterior.

Me molesta que vaya de compras y llegue tarde, ...

9. Poemas de amor

A. **¿Recuerdas algún poema o canción de amor? ¿Te gusta? Háblalo con un/a compañero/-a.**

B. **En estos poemas se refleja una idea diferente del amor. ¿Qué frase resume mejor cada poema?**

- Ni contigo ni sin ti.
- El amor es un torbellino.

Soneto

Desmayarse, atreverse, estar furioso,
áspero, tierno, liberal, esquivo,
alentado, mortal, difunto, vivo,
leal, traidor, cobarde y animoso;

no hallar fuera del bien centro y reposo,
mostrarse alegre, triste, humilde, altivo,
enojado, valiente, fugitivo,
satisfecho, ofendido, receloso;

huir el rostro al claro desengaño,
beber veneno por licor suave,
olvidar el provecho, amar el daño;

creer que un cielo en un infierno cabe,
dar la vida y el alma a un desengaño;
esto es amor, quien lo probó lo sabe.

Lope de Vega (1562-1635)

Distancia justa

En el amor, y en el boxeo
todo es cuestión de distancia
Si te acercas demasiado me excito
me asusto
me obnubilo
digo tonterías
me echo a temblar
pero si estás lejos
sufro entristezco
me desvelo
y escribo poemas.

Cristina Peri Rossi, *Otra vez eros*. 1994

C. **Fíjate en el *Soneto* y busca en cada verso un sinónimo para cada una de estas palabras.**

v1. arriesgarse
v2. cariñoso
v3. muerto
v4. fiel
v5. descanso, tranquilidad
v6. arrogante
v7. enfadado
v8. desconfiado
v9. cara
v10. ligero
v11. ventaja
v12. encajar
v13. decepción
v14. saborear

Recuerda que en un poema encuentras a menudo lenguaje literario y muy culto. Es útil conocerlo, pero no es necesario que lo utilices en tu día a día. Distinguir entre vocabulario activo y pasivo te ayudará a aprender vocabulario más eficientemente.

D. **Señala al menos diez palabras relacionadas con sentimientos y sensaciones, escríbelas y clasifícalas (por sinónimos y antónimos, sentimientos positivos y negativos, u otra forma). Decide luego cuáles de ellas quieres ser capaz de utilizar activamente (vocabulario activo) y cuáles solo reconocer (vocabulario pasivo).**

10. El amor en la sabiduría popular

A. **Fíjate en estos refranes de amor. ¿Entiendes su significado? Habla con el resto de la clase.**

Del odio al amor hay solo un paso.

El amor es ciego.

Amor con casada, vida arriesgada.

Amor loco, yo por vos y vos por otro.

Amor nuevo, olvida el primero.

Amor y muerte, nada más fuerte.

Barriga llena, corazón contento.

Amor con amor se cura.

Cuando la probreza entra por la puerta, el amor sale por la ventana.

En la guerra y el amor, todo está permitido.

Los refranes son muy útiles para recordar palabras en contexto: son cortos, a menudo tienen rima, y son sencillos de entender. ¿Por qué no aprendes los dos que más te gusten?

B. **¿Con cuáles estás de acuerdo? Coméntalo con un/a compañero/-a.**

C. **Comentad en clase qué refranes similares existen en vuestra lengua.**

11. Rimas para recordar

109

A. **Escucha esta canción sin leer la letra. ¿Entiendes lo que dice? ¿Puedes recordar alguna frase o alguna palabra?**

B. **Vuelve a escucharla mientras lees la letra y marca todas las palabras que rimen entre ellas, es decir, que coinciden en sus últimas sílabas (todas las letras o solo las vocales).**

Por tradición

Sobrevivir a tu indiferencia es un milagro
y soportar un rostro de piedra es tan pesado.
No hay forma de enderezar nuestros defectos,
al fin y al cabo no somos más que un par de extraños.

Por favor alza la vista
y observa bien
que aún no es tan tarde
es bien fácil.

Te cojo mal no te apetece hablar de nada,
no me darás el brazo a torcer esto es un drama.
Caes en el error de dar un valor a lo superfluo.
Me marcharé y aquí estaré cuando despiertes.

Nada más que el silencio
y joyas y ahora tú te preguntarás donde estás.

Aquí me encontrarás ausente.
Aquí me encontrarás valiente.
Aquí me encontrarás.

The New Raemon, *La dimensión desconocida*, 2009.

La rima es un recurso que se utiliza para dar sonoridad y ritmo a los textos (normalmente poéticos), lo que facilita que los podamos memorizar. En español existen dos tipos de rima: la consonante, en la que coinciden todos los sonidos de las últimas sílabas, y la asonante, en la que coinciden solamente los sonidos vocálicos. Fijarte en las rimas te ayudará a recordar y a disfrutar poemas y canciones.

C. **Busca en el libro o piensa en palabras que rimen entre sí. Si lo deseas, compón unos versos para una canción con esas palabras.**

1. Die reziproken Verben

Reziproke Verben drücken eine wechselseitige Handlung zwischen mehreren Personen aus und werden wie reflexive Verben gebildet.

- Pablo quiere a Loreto y Loreto quiere a Pablo.
- Pablo y Loreto se quieren.

Das Pronomen steht immer vor dem konjugierten Verb. Die Regeln der Satzstellung in einem Satz mit Akkusativobjekt und einer Verneinung kennst du schon:
(no) + Pronomen + konjugiertes Verb

- Pablo y Loreto se quieren.

2. Die Relativsätze

Relativsätze übernehmen die Funktion von Adjektiven und beziehen sich auf ein Substantiv (Bezugswort) des Hauptsatzes. Dieses Substantiv entfällt im Relativsatz, um zu vermeiden, dass sich die Information wiederholt. Es gibt einschränkende und erläuternde Relativsätze.

Einschränkende Relativsätze kennzeichnen ein Satzglied, um dieses von anderen derselben Gruppe zu unterscheiden.

- Una de las bibliotecas es mi preferida. Esa biblioteca está al lado de la cafetería.
- La biblioteca que está al lado de la cafetería es mi preferida.

Erläuternde Relativsätze erweitern die Information zu einem Satzglied. Diese ist jedoch nicht für das Verständnis erforderlich. Erläuternde Sätze werden durch Kommata abgetrennt.

- El último libro de Eduardo Mendoza es buenísimo. El último libro de Eduardo Mendoza se titula "Riña de gatos".
- El último libro de Eduardo Mendoza, que se titula "Riña de gatos", es buenísimo.

3. Die Relativpronomen

Das Pronomen **que** leitet Relativsätze ohne Präposition ein.

- Una amiga me prestó una película. La película trata de una familia que emigró a Australia.
- Una amiga me prestó una película que trata de una familia que emigró a Australia.

Im formellen Sprachgebrauch kann **quien** oder **quienes** statt **que** verwendet werden, wenn das Bezugswort eine oder mehrere Personen sind.

- Hoy tenemos el gusto de presentar a la Dra. Morelos, quien nos hablará de las oraciones de relativo. Sus colaboradores, quienes también participan en este congreso, responderán a las preguntas del público.

⚠ Das Relativpronomen **quien** steht nicht mit bestimmtem Artikel und bezieht sich immer auf Personen.

Wenn das Bezugswort weder eine Person noch eine Sache, sondern eine Zeit-, Orts- oder Richtungsangabe ist, oder sich auf eine Bezeichnung des Eigentums bezieht, werden andere Relativpronomen verwendet.

Pronomen	Bezugswort	Beispiel
donde	Ortsangabe	Suele pasar las vacaciones en el pueblo. Nació en ese pueblo. Suele pasar las vacaciones en el pueblo <u>donde</u> nació.
adonde	Richtungsangabe	El semestre pasado estuve en Managua. Voy a Managua todos los años a trabajar en un proyecto solidario. El semestre pasado estuve en Managua, <u>adonde</u> voy todos los años a trabajar en un proyecto solidario.
de donde	Ortsangabe	Joona es de Finlandia. Finlandia está al norte de Europa. El país <u>de donde</u> es Joona está al norte de Europa.
cuando	Zeitangabe	Su familia emigró a Buenos Aires en 1936. En 1936 empezó la Guerra Civil. Su familia emigró a Buenos Aires en el año 1936, <u>cuando</u> empezó la Guerra Civil.
cuyo **cuya** **cuyos** **cuyas**	Besitzangabe	La pintura de Frida Kahlo no solo es conocida en México. Frida Kahlo es la pintora latinoamericana más conocida. Frida Kahlo, <u>cuya</u> pintura no solo es conocida en México, es la pintora latinoamericana más conocida.

⚠ Die Relativpronomen tragen keinen Akzent.

⚠ Das Relativpronomen **cuyo** stimmt in Genus und Numerus mit dem folgenden Substantiv überein.

14

Mundo sin fronteras

In dieser Lektion lerne ich ...

Hör- und Leseverstehen

- statistische Angaben grafisch darzustellen.
- einen Text über den Jazz Latino zu verstehen.
- eine Radiodebatte zur Einwanderungspolitik zu verstehen.
- kreative Texte über Grenzen und die Akzeptanz von Ausländern zu verstehen.
- einen Zeitungsartikel und einen Leserbrief über die "fuga de cerebros" zu verstehen.

Produktion (mündlich und schriftlich) und mündliche Interaktion

- einen erläuternden Text über ein Thema von persönlichem Interesse zu schreiben.
- eine gut strukturierte, mündliche Präsentation über ein Thema von allgemeinem Interesse zu machen.
- ein interkulturelles Projekt zu beschreiben.
- die Lebensgeschichte eines Auswanderers zu erzählen.

Außerdem kann ich lernen ...

Wortschatz und Grammatik

- die betonten Possessivbegleiter.
- die Substantivierung.
- die Definition und Erklärung von Wörtern und Konzepten.
- die linguistischen Merkmale erläuternder Texte.
- die Konnektoren: **aunque**, **a pesar de**, **si bien**.

Propuestas de trabajo

B1+

1. De aquí para allá

A. ¿Qué te sugieren estas fotografías? ¿Qué tema podrían ilustrar? Hablad de los aspectos positivos y de los aspectos negativos del tema.

tema

aspectos positivos	aspectos negativos
enriquecimiento cultural	

B. ¿Conoces algún caso de alguien que ha cambiado de país para vivir o para pasar una temporada larga? ¿Podrías explicar su historia? No olvides comentar lo siguiente.

Nombre: ______________________

País de origen: ______________________

País de destino: ______________________

Por qué se fue: ______________________

____

____

Cuántos años hace que cambió de país: ______

____

____

Cuanto tiempo pasó fuera de su país: ______

____

____

Qué cambió en su vida: ______________________

____

____

Cómo es su vida actualmente: ______________________

____

____

2. La historia de Apus

A. Lee la historia de Apus, una extraterrestre que llega a la Tierra. ¿Qué es lo que le sorprende más del comportamiento humano? ¿Por qué?

- Le sorprende que + Subjuntivo
- Le extraña que + Subjuntivo
- Le parece increíble que + Subjuntivo

Apus había nacido en el cosmos, en ese espacio sin principio ni fin, donde "día" y "noche", "invierno" y "verano", "cerca" y "lejos" no significaban lo que quizás signifiquen para ti. Era una joven curiosa, a quien le gustaba viajar. Ya había pasado sus sextas vacaciones en la Luna, se había enamorado en Venus, había aprendido el sentido de la paz en Marte y había jugado de niña con los anillos de Urano. Pero de todos los planetas había sobre todo uno, el tercero, redondo y azul, al que llamaban Tierra, que le atraía mucho más.

Hacía ya tiempo que le había llamado la atención un objeto volador, del que salían unas figuras torpes que bailaban en el espacio(1), y que incluso habían alunizado(2) cerca del cráter donde pasaba las vacaciones. Fue entonces cuando comenzó a investigar de dónde venían. Descubrió unas construcciones altísimas y alargadas como palos(3) en un lugar llamado Nueva York. En otro lugar al que llamaban Amazonas, sus antenas le devolvieron imágenes contradictorias de cosas a las que llamaban "árboles" y "ríos" y que parecían cambiar de lugar constantemente. En casi todas partes había una enorme cantidad de seres móviles(4) que no sabía o no podía identificar.

Esos seres móviles hacían cosas incomprensibles: algunos hablaban y hablaban en grandes edificios cerrados(5); otros estaban encerrados en sus casas pequeñas, solos y silenciosos, con una máquina(6) enfrente que también les hablaba; otros se destruían mutuamente(7), como en el juego que jugaba de niña y que había aprendido en Marte, pero que había abandonado después por su crueldad.

En muchos lugares, esos seres extraños, que eran muy distintos entre sí, se agrupaban por colores(8). Algunos parecían tener de todo(9) y otros no tenían nada(10). Un día podían reír y otro lloraban y parecían indefensos. Esos seres móviles, en fin, fueron los que despertaron su curiosidad. Abandonó el cosmos y se acercó a la Tierra.
"Es un mal día", pensó mirando desde lejos. Unas pantallas mostraban algo a lo que llamaban "guerra", "crisis", "catástrofes" y otras cosas que su sistema lógico no lograba comprender. No se atrevió a bajar. Sus antenas le indicaban que se había equivocado o que, por lo menos, eso no podía ser todo lo que esperaba del planeta redondo y azul de sus investigaciones.

Finalmente aterrizó en un país. Ese era el nombre de pequeños espacios de tierra, rodeados de mecanismos que se abrían y se cerraban(11), de los que había muchísimos, dentro de otros espacios más grandes, llamados continentes. Se quedó con las antenas abiertas: vio mar y montañas, escuchó música que nunca había oído, los seres móviles hablaban una lengua que sus antenas identificaban perfectamente. "Aquí me quedo", se dijo. Pero su sorpresa fue cósmica cuando dos seres móviles(12) se acercaron y le pidieron la documentación.

"Su pasaporte", insistieron, "Su pasaporte, por favor". Apus comprendió rápidamente que en la Tierra las cosas no funcionaban como en el cosmos, donde el espacio era para todos. Nadie se había quejado después del alunizaje, ni tampoco les habían pedido el pasaporte a las figuras torpes que bailaban en el espacio. Al rato se encontró en una jaula(13). Nadie le preguntó quién era: eso sí, le dieron algo para comer y beber y una terrestre vestida de blanco(14) quiso saber si estaba bien o si le dolía algo. Y claro que le dolía algo, pero no pudo explicárselo. No entendía por qué la llamaban extranjera si ella era igual a las demás. En realidad, tan igual no era, pero su mecanismo interno(15) era el mismo, su corazón sentía igual y su cerebro le decía que, aunque venía del cosmos, tenía todo el derecho del cosmos de estar allí, de quedarse allí, de conocer lo que no conocía y de disfrutar de lo que no tenía. Todo fue inútil. La pusieron en una nave y la mandaron al espacio, pensando que no volvería. Pero quizá se equivocaban...

B. Fíjate en las expresiones marcadas. ¿A qué se refieren? Anótalo y compara tus suposiciones con las del resto de la clase.

Recuerda que ser capaz de explicar una palabra es una estrategia muy útil para hacerte entender cuando no recuerdas la palabra exacta. Es algo que haces también en tu propia lengua y que simplemente puedes aplicar al español.

C. ¿Podrías pensar en definiciones o explicaciones similares para otras palabras o conceptos?

coche: máquina que sirve para transportar principalmente a personas, en general funciona con gasolina o gasóleo y suele tener de dos a cinco plazas.

3. Sin fronteras

A. ¿Conoces alguna de estas asociaciones dedicadas a proyectos interculturales? ¿A qué crees que se dedican? Coméntalo con un/a compañero/-a y luego lee los resúmenes.

1. La orquesta West-Eastern Divan

La orquesta West-Eastern Divan la fundaron en 1999 el israelí Daniel Barenboim (director de orquestra), y el palestino Edward Said (escritor). Decidieron crear un taller para jóvenes músicos de Israel y otros países de Oriente Próximo para compartir el estudio y el desarrollo musical con el conocimiento y la comprensión entre culturas tradicionalmente enfrentadas. En este taller, los músicos mejoran su nivel musical y conviven con jóvenes de otros países que pueden estar en situaciones de conflicto con el suyo propio. Desde 2002 el taller tiene lugar en Sevilla, gracias al apoyo de la Junta de Andalucía. El nombre de la organización se inspira en una colección de poemas de Goethe, quien, según los fundadores: "fue uno de los primeros alemanes verdaderamente interesado en otros países, que empezó a aprender árabe con más de 60 años."

2. El proyecto e-Twinning

E-Twinning es una acción educativa promovida por la Comisión Europea y tiene como objetivo promover el trabajo en colaboración entre profesores y alumnos de distintos países a través de las tecnologías de la información y la comunicación (TIC). Los profesores y alumnos pueden proponer o apuntarse a proyectos existentes, por ejemplo, hacer un intercambio de Juegos y Deportes Tradicionales. Para ello disponen de un espacio de trabajo virtual con herramientas como blogs, foros, wikis, galerías de imágenes, gestores de contenidos, chat, etc. Además, disponen de un Diario de Progreso, donde dejan constancia del avance de su proyecto.

eTwinning

3. La asociación PEN Club

pen club españa

PEN Club es una asociación que reúne a más de quince mil Poetas, Ensayistas y Narradores de todo el mundo y cuenta con 138 centros en 98 países. Su principal objetivo es promover la cooperación intelectual y la tolerancia mutua entre los escritores para que, de esta manera, realcen el papel relevante de la literatura como transmisora de la memoria de los pueblos y la defiendan ante los problemas de la sociedad contemporánea. Asimismo, PEN lucha enérgicamente contra la censura política y trabaja para defender los derechos de los creadores víctimas de las torturas, de los encarcelamientos o de los asesinatos, propios de las tiranías y de las dictaduras.

B. Ahora comenta con el resto de la clase cuál te parece más interesante, útil u original y si conoces proyectos similares en tu país.

C. Busca un proyecto de estas características y resume por escrito de qué se trata y por qué te parece interesante. Preséntalo brevemente al resto de la clase.

4. En cifras

A. Lee ahora este artículo y observa el gráfico del apartado B. ¿Qué título pondrías a esta información?

Según datos del Banco Mundial, México es el país con más emigrantes del mundo: 11,6 millones de personas durante el año 2005. El principal destino de los mexicanos que emigran son los Estados Unidos de América, pero cruzar la frontera es difícil y arriesgado. La frontera entre ambos países ocupa unos 3141 kilómetros y, aunque los 350 cruces legales al año ya la convierten en la frontera más frecuentada, también hay muchos cruces ilegales, que no siempre terminan bien: entre 2001 y 2005 murieron 191 personas intentando cruzarla. Las causas principales son las corrientes del Río Bravo, las bajas temperaturas nocturnas del desierto, la falta de agua, los accidentes de coche y varias enfermedades. Después de México, los países con mayor número de emigrantes son Rusia, India y China. En el número 10 se encuentra Kazakhstan. Reino Unido y Alemania están prácticamente igualados, con 4,2 y 4,1 millones, respectivamente.

Usar diagramas para explicar cifras ayuda al público de una presentación a comprender y retener mejor la información. No solo puede ver, por ejemplo, la dimensión de las cantidades, sino también la relación entre ellas. Para la persona que presenta, los diagramas sirven de ayuda si la memoria falla durante la presentación.

B. Ahora fíjate en el gráfico que acompaña a este texto y complétalo con la información que falta.

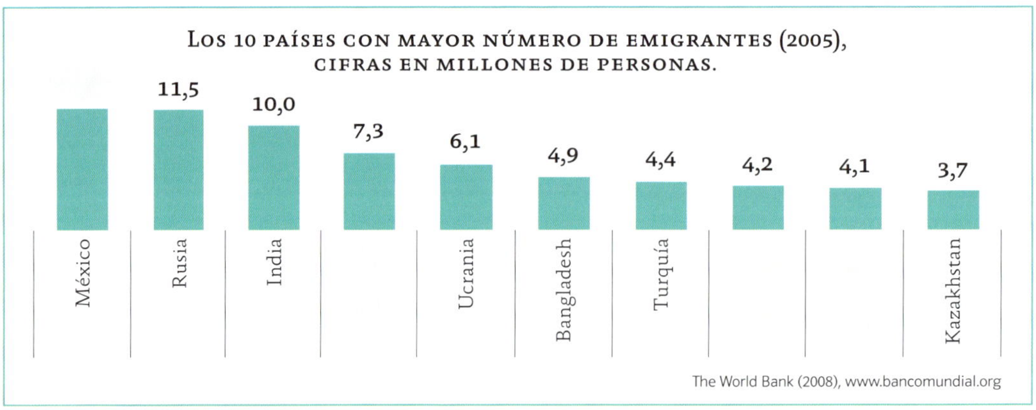

C. Comenta la información con el resto de tus compañeros/-as. ¿Hay información nueva o interesante para ti?

D. Escribe a continuación un breve texto para explicar el siguiente gráfico. Puedes contextualizarlo con algún dato histórico que conozcas. Luego, intercambia tu texto con el de un/a compañero/-a.

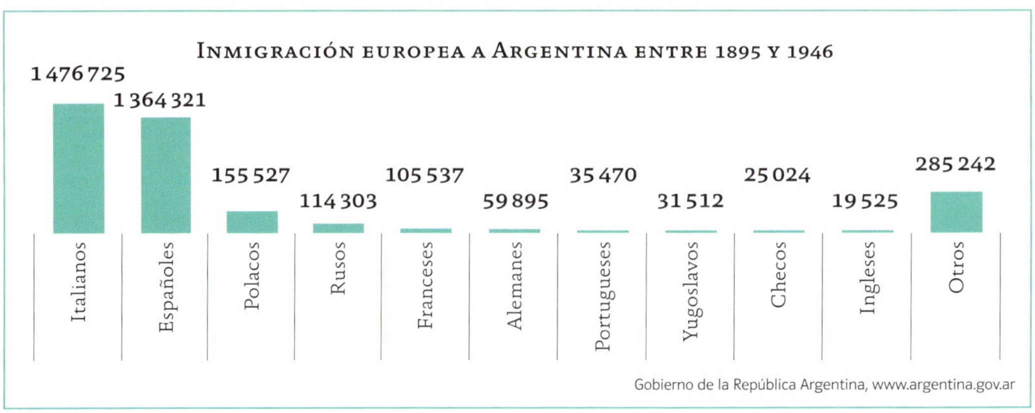

5. Una presentación

A. Las siguientes expresiones aparecen frecuentemente en las presentaciones orales. Léelas y relaciona cada bloque con su función.

A Comenzar la presentación (presentarse, hacer algún comentario sobre la estructura de la presentación…)

B Introducir el tema

C Acercarse a la audiencia (despertar curiosidad, contar una anécdota o un ejemplo, hacer una pregunta retórica, citar a alguien conocido…)

D Organizar el discurso durante la presentación (aludir a lo que ya se ha dicho o a lo que se dirá más tarde, reformular, cambiar de tema, contraargumentar…)

E Conclusión (resumir lo dicho, abrir un turno de preguntas…)

1
Resumiendo lo dicho anteriormente…
En conclusión se puede decir que…
Me gustaría terminar con…
Si alguien tiene alguna pregunta…

2
Bueno, si no tienen (más) preguntas…
Muchas gracias por su atención.

3
Como ya he dicho antes…
Quisiera insistir en…
Como explicaré más adelante…
Es decir…; Dicho de otro modo…
En cuanto a…
Por otra parte…

4
Soy…; soy estudiante de…; trabajo en…
Mi presentación durará aproximadamente…
Al final habrá tiempo para preguntas.
Podéis interrumpir en cualquier momento.

5
(Bien, pues) el tema de esta charla es…
Hoy vamos a hablar de…

6
Hay una anécdota curiosa que no sé si conocen.
Como dice / dijo…
Quisiera empezar contando algo real.
¿Se han preguntado alguna vez…?
Como ustedes probablemente saben…

B. Vais a preparar una presentación oral por grupos sobre un tema de vuestro interés. Para ello, las siguientes pautas os pueden ser útiles.

1. Escoged un tema entre todos.
Ejemplos: La inmigración en la escuela; El turismo sostenible en…; Formas de energía renovable; Internet y la televisión en el ocio juvenil…

2. Buscad información relacionada y preparad la documentación necesaria.
Ejemplos: fotografías, vídeos, gráficos, tablas…

3. Escribid el guion.
Tened en cuenta las siguientes secciones:
- introducción y definición del problema o tema
- contextualización
- exposición y desarrollo de los datos
- conclusiones y/o posibles soluciones al problema

4. Ensayad la presentación.
Cada uno/-a de vosotros/-as deberá hablar por lo menos dos minutos.

> En un guion para una presentación, es mejor no redactar todo lo que se quiere decir. Es más útil escribir en forma de esquema las partes que contendrá la presentación y algunas palabras clave. El material gráfico también es una ayuda para recordar.

C. Recopila todos los recursos para hacer presentaciones orales que has aprendido hasta ahora (revisa la unidad 11) y anota los que te resulten útiles en tu cuaderno.

6. Música sin fronteras

A. A menudo, la mezcla de culturas da lugar a manifestaciones artísticas muy ricas, como en el caso del jazz latino. ¿Has oído hablar de él? ¿Conoces otros movimientos artísticos en los que haya fusión de culturas?

B. Lee la historia de este movimiento musical y anota al lado de cada párrafo la idea principal.

Jazz latino: el mestizaje como identidad

1. definición del estilo

El jazz latino se puede definir como la fusión del jazz con ritmos latinos, si bien originariamente estos ritmos eran sobre todo afrocubanos. Por ello, este estilo se ha denominado también "jazz afrocubano".

2

Este movimiento musical comienza con los esclavos africanos que las grandes potencias europeas tenían desde el siglo XVI. En Cuba —entonces colonia española— llegaron a reunirse esclavos de todas partes de África, lo que dio lugar a un mestizaje cultural. En lo musical, las armonías francesas y españolas se combinaron con ritmos de las diferentes culturas de África. A ellos se fueron sumando poco a poco ritmos de Venezuela como el joropo, puertorriqueños como la bomba y la plena, colombianos como la cumbia y el vallenato, dominicanos como el merengue o peruanos como el festejo.

3

En 1886, finalizada la esclavitud, comienza una ola de emigración a Nueva Orleans. La ciudad, que pertenecía entonces a la colonia francesa de Louisiana, se orientaba sin embargo hacia la cultura española, lo que hacía de ella una ciudad muy cosmopolita: los músicos inmigrantes comenzaron a tocar con los locales y a darle al jazz el llamado "Spanish tinge" o sabor español.

4

Con la finalización de la guerra de independencia, en 1898, Cuba deja de ser una colonia española. Mediante el Tratado de París, España renuncia a su derecho de soberanía sobre la isla, que, hasta su independencia en 1902, es ocupada por los Estados Unidos, a quienes también cede Puerto Rico. Comienza así un intercambio cultural y musical entre músicos de estos países, y estos descubren el blues, el banyo, el foxtrot, etc.

5

La Ley Jones en 1917 concede la nacionalidad estadounidense a cualquier persona nacida en Puerto Rico y pronto los puertorriqueños se convierten en la comunidad latina más importante de Nueva York. Los cubanos que vivían en esta ciudad, por su parte, lo hacían de forma clandestina, y se ganaban la vida tocando en fiestas privadas. Así, en los años 1940-1950 la vanguardia musical se traslada a Nueva York, donde se consolida lo que después se llamó "latin jazz" o jazz latino.

6

En los comentarios a su película Calle 54, dedicada a este estilo musical, el director español Fernando Trueba dice que "muchos de esos músicos estaban consagrados en todos los géneros que dominaban el lenguaje clásico y el jazzístico, al tiempo que por sus venas corría, irrefrenable, el aliento de la música popular de sus países de origen y el tronco común africano que latía en todas ellas". Entre los intérpretes fundamentales hay que nombrar a Mario Bauzá (a quien se considera el padre del estilo), Mongo Santamaría, Gato Barbieri, Bebo Valdés, Tito Puente, Chano Pozo o Juan Tizol, entre muchos otros.

C. **Anota dónde empieza y termina cada sección del texto.**

Título: *línea 1*
Introducción:
Desarrollo: (ideas principales)
Conclusión:

D. **Los textos expositivos (como muchos textos del ámbito académico y periodístico) suelen estar escritos en un registro formal y en ellos es frecuente encontrar rasgos lingüísticos como estos. Completa la tabla con más ejemplos encontrados en el texto.**

Rasgos lingüísticos de los textos formales	
Estructuras impersonales (uso del "se" impersonal)	El jazz latino se puede definir como...
Uso del presente histórico	Este movimiento musical comienza con los esclavos africanos...
Citas (directas entre comillas o indirectas)	El autor afirma que en Cuba se reunieron esclavos de todas partes...
Definiciones y explicaciones	El jazz latino se puede definir como la fusión del jazz con ritmos latinos.
Sustantivaciones	Con el final de la esclavitud... (= cuando termina la esclavitud)

Cuando escribas tu propio texto es importante que:

- formules claramente tu objetivo y enfoques el tema,
- elijas la información pertinente,
- leas diversas fuentes que complementan la información,
- utilices la función "corta y pega" con responsabilidad (citar y no plagiar), y
- utilices marcadores del discurso para organizar las ideas.

E. **Siguiendo el modelo y las pautas de la actividad, escribe un texto como este sobre un tema de tu interés.**

¡Equivocarse es de sabios!

Primera corrección:
- Compruebo que la estructura del texto esté clara.
- Escribo frases cortas.
- Utilizo marcadores para unir mis ideas.
- Elimino las palabras innecesarias.
- Corrijo la puntuación.
- Controlo que mi lenguaje y mis recursos lingüísticos sean los adecuados al registro formal y académico.

Segunda corrección:
- Hablo con mi profesor/a de las correcciones que no entiendo.

7. Políticas de inmigración

A. **Lee los objetivos del Plan Estratégico de Ciudadanía e Integración. ¿Entiendes a qué se refiere cada uno? Coméntalo con un/a compañero/-a poniendo ejemplos.**

PLAN ESTRATÉGICO DE CIUDADANÍA E INTEGRACIÓN
Ministerio de Trabajo e Inmigración de España

1. Garantizar el pleno ejercicio de derechos civiles a los/las inmigrantes.
2. Establecer un sistema de acogida para facilitar su integración.
3. Fomentar el conocimiento de los valores y de la cultura europea.
4. Luchar contra la discriminación, el racismo y la xenofobia.
5. Incorporar la perspectiva de género a las políticas de integración.
6. Fomentar la cooperación con los países de origen.

- Yo creo que "garantizar el pleno ejercicio de derechos civiles" significa tener derecho a votar, por ejemplo.
- Sí, y a ir a la escuela.

110

B. **Vas a escuchar un debate entre un representante de una ONG y una política de un partido conservador acerca de algunos de los objetivos del plan. Anota a qué objetivos se refieren y qué dice cada uno sobre ellos.**

- En mi opinión...
- Yo creo que...
- A mí me parece bien / mal que + Subjuntivo

Beatriz Navajo
Miembro del Consejo Autonómico del Partido del Pueblo

Fernando Verdejo
Director de la ONG Vivir sin Fronteras

objetivos	comentarios Sra. Navajo	comentarios Sr. Verdejo

C. **Ahora comenta con tus compañeros/-as con qué opiniones estás más de acuerdo.**

- A mí me parece bien que cualquier persona pueda...

8. Un testimonio desde la frontera

A. **Lee este texto del escritor mexicano Luis Humberto Crothwaite. ¿Cómo describirías su actitud? ¿Puedes comprenderla?**

La línea estaba allí para cruzarse

Mi nombre es Luisumberto y mi religión es la frontera. No se dejen engañar: soy más alto de lo que parezco, menos torpe, más miope, mejor esposo, peor amante, buen padre de familia, ridículo comediante de palabras. Estoy frente a ustedes tal como soy, diseccionado, dividido entre el aquí y el allá. ¿Les dije que estoy diseccionado? ¿Quieren que les muestre mi bisección? Atraviesa mi alma de un extremo a otro. Es la frontera, *brother*, la traigo tatuada en el brazo; la frontera, *beibi*, la llevo atravesada en el pescuezo; la frontera, *míster*, se me ha metido al corazón y ahí está metida. Y es ahí donde la quiero.

Mi nombre es Luisumberto y llevo la frontera en mis bolsillos, hecha pedazos; doblada para que no ocupe lugar y me dejen cruzar con ella las aduanas del mundo. Mírenme. Cierren los ojos y mírenme. Imaginen el planeta Tierra, el hemisferio norte, el continente americano: ahí donde se acaba el imperio y empieza la podredumbre: ahí *mero*, en ese mismo espacio donde se acaba un país poderoso que pretende estar en todos lados, pero no: ahí, miren ustedes. Acérquense, ¿la ven? Esa es la frontera: mi fronterita preciosa, pequeña, sonriente, llorona, llorona de mis amores.

Desde muy chiquito, cómo explicarles, me contaron que la frontera sirve para dividir familias. Mis tías vivían en el otro *saite*, mientras mi mamá y yo vivíamos en Tijuana. Cada domingo las visitábamos, cada domingo comenzaba la enorme fila para cruzar al norte y el pasaporte y el sabor de los dulces gringos que tanto me gustaban.

Pero en realidad ese límite no limitaba a *naiden*; cruzando la frontera, mis tías seguían hablando español y seguían escuchando música mexicana y seguían festejando con ese gusto y esa pasión por la fiesta que sólo he conocido en ellas.

Desde entonces, sin darme cuenta, mi religión era la frontera. ¿Yo qué sabía que aparte del país del norte y aparte del país del sur existía esa tierra de nadie y de todos que se llama la frontera?

Cuando era pequeño ni siquiera escuchábamos decir "la frontera", le decíamos "la línea", y la línea estaba ahí para cruzarse de aquí para allá y de allá para acá, nadie lo impedía, y yo, niño, ni siquiera me daba cuenta del desprecio de la policía fronteriza preguntándole a mi mamá "¿Qué trae de *Mécsicou*?, señora", "¿Cuánto dinero *trai*?, señora", "¿Cuál es el motivo de su visita a los Estados Unidos?", *"why are you crossing the border, bitch; why are you here, Goddammit; don't you have anything better to do?"*

Luis Humberto Crosthwaite, *www.elmalpensante.com*

B. **Y tú, ¿con qué fronteras te encuentras en tu vida? Habla con tus compañeros/-as.**

9. ¿Fuga o circulación de cerebros?

A. ¿Qué relacionas con la expresión "fuga de cerebros"? Habla con tus compañeros/-as.

B. Lee este artículo sobre el tema y completa la tabla con la información del texto. Observa qué conectores se usan para expresar causa y consecuencia.

Crece el éxodo de científicos europeos hacia Estados Unidos

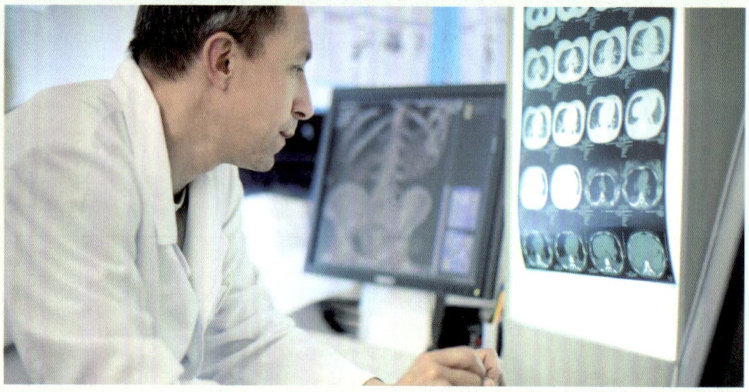

La Comisión Europea ha publicado un informe sobre la fuga de cerebros hacia Estados Unidos, es decir, sobre los investigadores europeos que desarrollan su carrera en ese país.

En él se explica que, de las 580000 personas extranjeras que estudian cada año en las universidades norteamericanas, el 14% son europeas. Según la Comisión, la Unión Europea lidera las estadísticas en cantidad de licenciados en ciencias y estudiantes universitarios de ese campo, y es también el mayor productor de publicaciones científicas, pero el 70% de los doctores desarrollan su carrera en Estados Unidos.

Lo cierto es que la elite académica prefiere vivir y trabajar en Estados Unidos, que ofrece más y mejores oportunidades profesionales que Europa, según las estadísticas. El informe revela que en Europa, solo un 5,4% de los puestos de trabajo son ocupados por investigadores, frente a un 8,7% en Estados Unidos y a un 9,7% en Japón.

Según las cifras sobre la inversión norteamericana en I+D, Estados Unidos dedica entre 30 mil y 100 mil millones de dólares más que Europa a proyectos científicos y tecnológicos, por eso ofrecen muchos más puestos de trabajo y en mejores condiciones.

Además, en Europa, las empresas dedicadas a la biotecnología son menos competitivas que las estadounidenses, ya que, aunque la producción científica en este campo es superior a la de Estados Unidos, las empresas europeas registran menos patentes y son deficitarias en la comercialización de sus productos.

Finalmente, el sistema académico y de investigación de ese país atrae a los estudiantes europeos puesto que, tal como destaca el informe, algunas disciplinas universitarias nuevas e importantes como son la biotecnología y las nanotecnologías padecen un retraso en las universidades europeas respecto a las de Estados Unidos.

situación o problema	causas
	1.
	2.
	3.

C. Marca las palabras que no entiendas e intenta comprender su significado en una segunda lectura. Decide cuáles de estas palabras quieres aprender y anótalas en tu cuaderno.

D. ¿Qué sabes de la política de tu gobierno en investigación y desarrollo? Háblalo con tus compañeros/-as.

10. Los jóvenes investigadores en España

A. Lee el titular y las primeras líneas de un artículo. ¿Podrías expresar cuál es el problema, y una causa y una consecuencia de este en tus propias palabras?

CIENCIA

España es el país de la Unión Europea con mayor 'fuga de cerebros'

España es el país de la Unión Europea con mayor pérdida de jóvenes investigadores, dada "la escasa inversión" en desarrollo científico, según la Federación de Jóvenes Investigadores-Precarios (FJI).

A veces, en los periódicos solamente leemos los titulares y las primeras líneas de los artículos. Con eso es suficiente para tener una idea general del tema y poder leer, por ejemplo, artículos de opinión, cartas al director o viñetas relacionadas con ese tema.

B. En esta carta al director una investigadora se queja de la situación descrita en el titular anterior. Léela y marca las palabras que usa para conectar ideas.

Sr. Director:

El problema de la fuga de cerebros en España no es nuevo ni sorprendente. Somos muchos los que estamos vinculados a la investigación y seguimos de cerca la evolución de las políticas que nos afecta. A pesar de que en este país siempre hemos vivido en una situación muy precaria, hace cuatro años la inversión en investigación y desarrollo aumentó sensiblemente, ya que era una de las promesas electorales más importantes del programa, y por ello nos alegramos todos. Sin embargo, esa inversión seguía estando muy por debajo de la media europea, y solo era satisfactoria como indicio de un cambio que estaba por venir. En el Departamento de Biomédica de mi facultad se iniciaron tres proyectos importantes para los que se empleó a unas 35 personas, la mayoría jóvenes investigadores estudiantes de doctorado. Ahora, dada la situación de crisis, se nos anuncia una retirada importante de dinero. Así pues, casi todos los puestos creados, e incluso los proyectos, están en peligro, aunque el trabajo que se ha llevado a cabo nos sitúa en la primera línea de investigación europea. ¿Qué esperan que hagamos? Toda mi generación ha tenido que emigrar a otros países europeos o a Estados Unidos, donde no solo se financian proyectos, sino que se ofrecen unas buenas condiciones de trabajo a los que participan en ellos. Sabemos que el gobierno necesita que sus cuentas cuadren, pero ¿están seguros de que desmantelar lo poco que se ha logrado construir es una solución de futuro? Habría que pensar bien en qué sacrificamos en materia de investigación y desarrollo, una clásica víctima de decisiones en las que lo urgente no deja lugar a lo importante.

Esperanza Argüelles (Llanes, Asturias)

C. Escribe ahora tú una carta al director quejándote sobre algún problema que te afecte o que conozcas. Estos son algunos ejemplos.

Tu universidad:

- *los horarios*
- *los cambios en el sistema educativo*
- *el acceso*
- *...*

Tu ciudad:

- *el transporte público*
- *el ruido (tráfico, bares, obras...)*
- *los locales de ocio al aire libre*
- *...*

11. Definiciones

A. Relaciona cada palabra con su definición y completa la columna central con la palabra del recuadro adecuada.

sentimiento | *acción* | *consejo* | *acción*

- fomentar
- deportación
- asesoramiento
- xenofobia

(1) ________ o información que se da sobre una materia sobre la que se tienen especiales conocimientos.

(2) *sentimiento* de odio o rechazo hacia los extranjeros.

(3) ________ con la cual se favorece una actividad, una determinada política, etc.

(4) ________ de expulsar a una persona de un país por razones políticas o como castigo por parte de un gobierno.

B. Busca a continuación cinco palabras del texto relacionadas con las fronteras y las migraciones y escribe su definición como en el ejemplo. Lee las definiciones a tu compañero/-a. Él/Ella debe adivinar de qué palabras se trata.

Saber definir es muy importante porque te ayuda a expresarte más correctamente. Además, si no recuerdas el nombre exacto de una palabra, puedes recurrir a su definición o explicación para hacerte entender.

frontera

12. Es una cosa que sirve para...

111

A. En esta conversación, una extranjera necesita conseguir algo muy específico. ¿Qué es? Escucha la grabación.

B. Vuelve a escuchar y fíjate en las estrategias que emplea para hacerse entender. ¿Cuáles de las siguientes estrategias ha usado? ¿Tú empleas estos recursos en tu día a día?

- definir la palabra
- buscar sinónimos
- explicar para qué sirve
- recurrir a otra lengua
- ...

C. Ahora escoge una palabra o una idea de la unidad y utiliza estos recursos hasta que tu compañero/-a adivine de qué se trata.

13. Con la llegada de...

A. **Fíjate en estas expresiones. ¿Puedes sustituir la parte marcada por otra expresión sin cambiar el significado?**

Con la **finalización de la guerra de independencia**, Cuba deja de ser una colonia española. →	*Cuando termina la guerra de independencia, Cuba deja de ser una colonia española.*
Con la **publicación de la Ley Jones en 1917** se reconoce la nacionalidad estadounidense a cualquier persona nacida en Puerto Rico.	
El traslado de la vanguardia musical a Nueva York se produce en la década de los años 40-50.	
Las cifras sobre la inversión norteamericana en I+D pueden darnos pistas sobre los motivos del éxodo.	
La atracción que ejerce el sistema académico y de investigación de ese país es otro motivo para emigrar.	

La sustantivación es un recurso propio del lenguaje escrito en un registro culto. Es importante que lo reconozcas y comprendas, pero no es necesario aún que lo produzcas.

B. **Las palabras marcadas en amarillo del apartado A son sustantivaciones. ¿Encuentras otros ejemplos en los textos del libro? Añádelos a la tabla.**

14. ¿Ese es mi abrigo o es el tuyo?

A. **Relaciona cada afirmación con su reacción.**

1. En mi país, la gente viaja mucho al extranjero.
2. Mis amigos son de muchos países diferentes.
3. Nuestros hijos tienen 14 y 15 años.
4. ¡¿En tu oficina se puede fumar?!
5. Señora García, ¿es este su abrigo?

a. Claro, ¿en la tuya no?
b. Pues los míos son la mayoría españoles.
c. No, el mío es negro.
d. Pues en el mío, se viaja más por el interior o la costa.
e. Pues los nuestros son gemelos. Tienen 13.

B. **Ahora, tu compañero/-a va a hacer afirmaciones sobre los siguientes temas y tú debes reaccionar hablando de tu caso.**

casa | amigos | familia | libro preferido | película preferida

- Mi casa es pequeña, pero muy acogedora.
- Pues la mía es bastante grande, pero la comparto con amigos.

1. Die betonten Possessivbegleiter

Die Possessivbegleiter identifizieren etwas oder jemanden in Verbindung zu seinem Besitzer. Sie ändern sich je nach Besitzer und stimmen in Genus und Numerus mit dem Besitz überein.

Es gibt zwei Arten von Possessivbegleitern: unbetonte und betonte. Die betonten Possessivbegleiter stehen hinter dem Substantiv, auf das sie sich beziehen. Sie können beim Substantiv, das sie begleiten, oder alleine stehen.

betonte Possessivbegleiter	Beispiel
mío/mía/míos/mías	○ *Lea y Sabine son unas estudiantes mías que acaban de empezar el curso.* ○ *Si no tienes guantes para ir a esquiar, te puedes llevar unos míos.*
tuyo/tuya/tuyos/tuyas	○ *Esta tarjeta es un bono de autobús, como la tuya.* ○ *Anoche me encontré a unos amigos tuyos en el cine.*
suyo/suya/suyos/suyas	○ *Andrés ha ido varias veces a Colombia porque dos hermanas suyas viven allí.* ○ *Juan no debería decirte lo que tienes que hacer. No es asunto suyo.*
nuestro/nuestra/nuestros/nuestras	○ *A ese estudiante nuestro le encanta la gramática.* ○ *Qué bonita es tu casa. Además, es mucho más céntrica que la nuestra.*
vuestro/vuestra/vuestros/vuestras	○ *Una profesora vuestra me dio clase el año pasado. María, la profesora de inglés.* ○ *Mis vacaciones son siempre en agosto. ¿Y las vuestras?*
suyo/suya/suyos/suyas	○ *Esther y Héctor viven en Alicante. Un hijo suyo ya va a la universidad.* ○ *Carmen se ha llevado mis llaves porque ha perdido las suyas.*

Die betonten Formen werden verwendet, wenn eine/r unter mehreren gemeint ist.

- ○ *Una amiga nuestra está buscando piso.*
- ● *Ese amigo tuyo no es buena persona.*

Weiß man aus dem Kontext, worauf sich das Possessivpronomen bezieht, kann man das Substantiv weglassen.

- ○ *Vaya, me he dejado el móvil en casa.*
- ● *Si quieres, puedes usar el mío.*

- ○ *Me encantan tus zapatos.*
- ● *Pues a mí me gustan mucho más los tuyos.*

2. Die Substantivierung

Die Substantivierung ist die Bildung von Substantiven aus konjugierten Verben oder Partizipien. Ihre Funktion besteht darin, den Text zu variieren und Wiederholungen zu vermeiden. Man findet sie oft im formellen Sprachgebrauch.

- En mi trabajo se describe la población latina en California. Esa descripción se basa en algunos artículos que he leído.
- El informe elaborado por la empresa incluye cinco estudios nacionales. Dicha elaboración se realizó con el apoyo de una agencia privada.

3. Die Konnektoren

Sätze, die von Konnektoren wie **aunque**, **a pesar de que** und **si bien** eingeleitet werden, kennzeichnen eine Einschränkung oder ein Gegenargument bezüglich der Aussage des Hauptsatzes.

aunque	Apus creyó que había llegado al paraíso, aunque había leído en alguna parte que el paraíso no estaba en la Tierra.
a pesar de	A pesar de que en este país siempre hemos vivido en una situación muy precaria, hace cuatro años la inversión en investigación y desarrollo aumentó sensiblemente.
si bien	El jazz latino se puede definir como la fusión del jazz con ritmos latinos, si bien originariamente estos ritmos eran sobre todo afrocubanos.

15

Revista Campus ELE

In dieser Lektion lerne ich ...

Hör- und Leseverstehen

- eine Wettervorhersage zu verstehen.
- Ratschläge zu verstehen, um die Leser/innen einer Zeitschrift bitten.
- ein Radiointerview über die Merkmale der spanischen Sprache zu verstehen.
- ein Interview mit dem Erziehungsminister zu verstehen.
- den Leitartikel einer Zeitschrift über die spanische Sprache in den USA zu lesen.

Produktion (mündlich und schriftlich) und mündliche Interaktion

- über das Wetter an einem bestimmten Ort zu sprechen.
- Notizen während einer Vorlesung über Zweisprachigkeit zu machen.
- das Konzept für eine Unizeitschrift zu erstellen.
- einen Themenbereich für eine Unizeitschrift zu erarbeiten.

Außerdem kann ich lernen ...

Wortschatz und Grammatik

- Synonyme.
- Präfixe und Suffixe.
- sprachliche Mittel zum Strukturieren von Information.
- sprachliche Mittel zur Nuancierung oder Modalisierung eines Textes.
- einige idiomatische Ausdrücke mit **ser** und **estar**.

Propuestas de trabajo

B1+

1. Revistas

A. Fíjate en las revistas de la portadilla. ¿Conoces alguna de ellas? ¿Sabes de qué tratan?

arquitectura y diseño

deportes

historia

viajes

música

prensa rosa

divulgación científica

B. ¿Lees revistas en tu tiempo libre? ¿Qué tipo de revistas te interesa? Coméntalo con un/a compañero/-a.

- A mí me interesan las revistas de historia. Se aprende mucho.
- Uy, a mí me aburren. Prefiero las de música.

C. ¿Hay una revista de tu universidad? ¿Qué secciones tiene? ¿Cuáles son las más interesantes? ¿Crees que debería tener alguna sección más? Coméntalo con tus compañeros/-as.

D. Esta unidad es un número de la revista *Campus ELE*. Fíjate en sus secciones y piensa cuáles te parecen interesantes y apropiadas, cuáles aburridas, etc. Después, entre todos/-as, escribid un guion para el siguiente número de la revista.

Campus ELE

- portada

2. Los estudiantes opinan

A. **"A mal tiempo, buenas notas" es el resultado de la encuesta que Encumedia ha realizado entre estudiantes universitarios de varios países. Lee sus testimonios. ¿Con quién te identificas más?**

Marina (Italia)
Yo, cuando hace buen tiempo, en lo primero que pienso es en ir a la montaña. No me importa si hace frío o calor, pero si no hay niebla ni llueve, cojo la mochila y me voy. Tiene una atracción increíble. Y claro, no puedo estudiar, así que en época de exámenes prefiero que llueva.

Cecilia (Argentina)
Yo me deprimo cuando llueve y cuando hace viento y frío. No puedo estudiar. Me paso horas en el chat hablando con mis amigos. Sin embargo, cuando hace sol, estoy contenta y estudio sin problemas, pero claro, en la terracita de mi casa.

James (Estados Unidos)
A mí el tiempo no me afecta. Lo que me afecta es el estrés. Yo estudio tanto si hace buen tiempo como si hace malo, si llueve, nieva o hace mucho calor. Me da igual. Lo importante es aprobar.

Manu (Alemania)
A mí lo único que me afecta es el calor: no lo soporto. A partir de los 30 grados, ya no soy capaz de hacer nada, me quedo como dormido. Para mí, la temperatura perfecta son 14 o 15 grados. Pero vamos, en general estudio también bien con frío: hoy estamos a 7 grados bajo cero y mañana tengo un examen importante. Llevo ya tres horas estudiando y me quedan muchas más…

Ildico (Hungría)
A mí me dan miedo las tormentas. Con los rayos y los truenos, me asusto y no quiero estar sola en casa. Me cuesta estudiar esos días.

B. **Vuelve a leer el texto y anota las expresiones sobre el tiempo relacionadas con los siguientes dibujos.**

C. **Ahora busca el resto de expresiones relacionadas con el tiempo y escríbelas.**

D. **¿Qué tiempo hace en España? Escucha el pronóstico y dibújalo sobre el mapa.**
112

E. **¿A qué estación del año crees que pertenece el pronóstico anterior? ¿Cómo es esa estación en tu país?**

primavera | verano | otoño | invierno

F. **Ahora mira el mapa de Latinoamérica y describe el tiempo en Asunción, Caracas, Lima, Quito, La Paz y Puerto Montt.**

3. Premios, becas, concursos

A. ¿Has participado alguna vez en un concurso? ¿De qué o para qué? Cuéntaselo a tus compañeros/-as.

B. La revista universitaria propone el siguiente cuestionario a la clase. Entre los/las que acierten todas las preguntas se sorteará un curso de español. Realiza el cuestionario y compara después los resultados con el resto de tus compañeros/-as. ¿Podrías entrar en el sorteo?

1. ¿Cuál de estas personas ha ganado el Premio Nobel de la Paz?
a) Evo Morales
b) Luis Sepúlveda
c) Mario Vargas Llosa
d) Rigoberta Menchú

2. ¿Qué es el Sirvinacuy?
a) Un plato típico de Guatemala
b) Una costumbre andina
c) Una ciudad inca
d) Un grupo étnico de Latinoamérica

3. ¿Con cuál de estos países limita Honduras?
a) Chile
b) Guatemala
c) México
d) Bolivia

4. ¿Qué fecha trae mala suerte en España?
a) El viernes 13
b) El martes 13
c) El miércoles 14
d) El jueves 13

5. ¿Cuál de estos alimentos es muy popular en México?
a) Las tortillas
b) Los tamales
c) Las guaguas
d) La paella

6. ¿Qué poeta es el protagonista de la novela *Ardiente paciencia*, de Antonio Skármeta?
a) Federico García Lorca
b) Cristina Peri Rossi
c) Pablo Neruda
d) Luis Sepúlveda

7. ¿De qué país es el artista Fernando Botero?
a) De Colombia
b) De México
c) De España
d) De Perú

8. ¿Qué es Mafalda?
a) Una marca de helados
b) Un personaje de un cómic
c) Una ciudad de Argentina
d) Un tipo de falda

9. Una clase de casa típica de Argentina es:
a) Las casas salchicha
b) Las casas salami
c) Las casas chorizo
d) Las casas fiambre

10. ¿Cómo se saludan normalmente en España dos mujeres que se conocen?
a) Se dan la mano
b) Se dan un abrazo
c) Se dan un beso
d) Se dan dos besos

Soluciones: 1d, 2b, 3b, 4b, 5b, 6c, 7a, 8b, 9c, 10d.

C. Ahora, en grupos de cuatro, buscad en el libro otros temas y elaborad un test de diez preguntas. Decidid cuál va a ser el premio y pasadles una copia a vuestros compañeros/-as. ¿Quién sabe todas las respuestas?

4. Consultorio universitario

A. En esta sección, los estudiantes envían mensajes sobre temas que les preocupan. El tema de esta semana es **¿Cómo hacer un buen examen?** Para responder, la revista universitaria ha hablado con varios profesores y profesoras y estas son sus respuestas. Subraya las que te parezcan más útiles. ¿Qué conclusiones sacas?

1 Para conseguir una buena nota, el examen tiene que cumplir las siguientes condiciones: es fundamental que el alumno demuestre que conoce bien el tema, no solo que sepa lo que hemos hablado en clase, sino que pueda profundizar en las ideas. Esto es lo más difícil de conseguir: que un alumno lea la bibliografía de forma crítica y pueda expresar su opinión sobre el tema.

2 Hay otro criterio que para mí es importante, y es un defecto bastante común en las Humanidades. Escriben y escriben... y claro, muchas veces hacen periodismo del malo. A mí me parece fundamental que sepan sintetizar. También me parece importante que escriban en un español correcto, que sea claro y facilite la lectura.

3 Hace muchos años, un 75% de los estudiantes extranjeros suspendía mis asignaturas. No creo que hoy sea muy diferente: no tengo problema en suspender. No me gusta que los estudiantes extranjeros crean que están pasando unas vacaciones culturales en otra universidad. (...) En este sentido, yo trato igual a los estudiantes nativos y a los extranjeros. Y no he vuelto a tener problemas con los estudiantes extranjeros. A veces suspendo a alguno, pero también mis estudiantes españoles suspenden. Sin embargo, sí hay diferencias en las tutorías: los estudiantes extranjeros vienen siempre a mis tutorías, pero los españoles casi nunca. Yo diría que más de la mitad de los alumnos nunca vienen a las tutorías, solo antes de los exámenes.

Entrevista proyecto ADIEU

B. Lee ahora las recomendaciones que da la revista. ¿Podrías añadir algún consejo más?

- Es importante que el examen sea muy elaborado, personal y crítico.
- Es fundamental que demuestres que has asimilado los conocimientos.
- El examen debe estar bien escrito (las ideas bien organizadas y bien expresadas).
- Si quieres subir tu nota, es aconsejable que participes en clase.
- Los profesores valoran mucho que no repitas solo lo que han dicho ellos, sino que lo analices desde tu experiencia y aportes tus propios contenidos.

C. Por último, la revista explica qué se debe hacer para causarle una buena impresión al profesor. ¿Cuáles de estas cosas haces? ¿Estás de acuerdo con los consejos de la revista?

"LIGARSE" AL PROFESOR

- Antes de preguntar en clase, intenta averiguar la pregunta que el profesor tiene en la cabeza.
- No muestres un interés exagerado ni lo persigas por los pasillos ni con e-mails continuos.
- Sé directo cuando hables con él, no te vayas por las ramas. Piensa bien las sugerencias y las quejas que vas a expresar.
- Evita ir a su despacho para resolver dudas justo antes del examen: causa muy mala impresión.
- Si sabes mucho del tema, demuéstraselo en el examen o con un trabajo, pero no interrumpas la clase.

- Mmm, yo sí envío e-mails a mis profesores cuando tengo dudas. Creo que es su deber contestarme.
- ¿Y te contestan? Yo creo que reciben demasiados e-mails y que prefieren que vayamos a preguntarles en sus tutorías.

D. Subraya todas las formas del texto que requieren el uso del subjuntivo y haz un esquema general en tu cuaderno con todos los usos que has visto a lo largo del curso.

5. Siguiente número de *Campus ELE*

Entre toda la clase, vais a escribir el siguiente número de la revista. Para ello seguid las siguientes pautas.

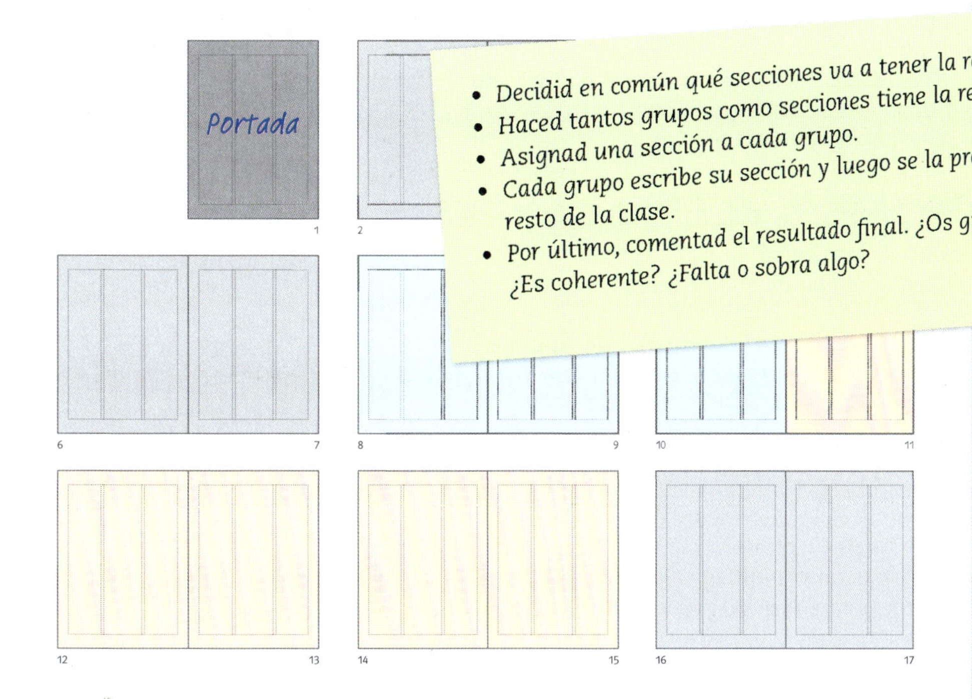

- *Decidid en común qué secciones va a tener la revista.*
- *Haced tantos grupos como secciones tiene la revista.*
- *Asignad una sección a cada grupo.*
- *Cada grupo escribe su sección y luego se la presenta al resto de la clase.*
- *Por último, comentad el resultado final. ¿Os gusta? ¿Es coherente? ¿Falta o sobra algo?*

6. Curso: técnicas para tomar apuntes

A. **¿Sabes tomar apuntes? Hacerlo bien consiste en anotar lo más importante que se dice en clase. Hay que escribir rápido, centrarse en lo fundamental y utilizar símbolos que representan ideas más largas. ¿Utilizas símbolos o abreviaturas para los siguientes conceptos?**

más | menos | igual | diferente | ejemplo

causa | consecuencia | aumento | disminución

B. **¿Utilizas otros símbolos para otros conceptos? Coméntalo con tus compañeros/-as.**

113 - 114 **C.** **Vas a escuchar dos fragmentos de una clase sobre bilingüismo. Intenta tomar apuntes. Para ello, sigue las instrucciones que aparecen a continuación.**

Cuando escuches fragmentos largos, para no perder el hilo, es importante que te concentres muy bien en lo fundamental y que intentes estructurar la información.

1. ***Antes de escuchar la clase, prepárate bien.***
- *Mira el programa del curso y fíjate en los temas. ¿Qué sabes sobre ellos? ¿Conoces a personas bilingües? ¿Existen en tu entorno comunidades bilingües? ¿Qué causas han provocado en esos casos el bilingüismo?*

2. ***Durante la clase, escucha, identifica el tema y toma apuntes de forma inteligente.*** *Para ello, ten en cuenta que el tema central se anuncia normalmente al principio de la clase, y muchas veces se relaciona con el resto del programa del curso o con la clase anterior. Al final, normalmente se repiten los aspectos más importantes.*

Escucha el primer fragmento:
- *¿Cuál es el tema central de la clase?*
- *¿Qué causas da el profesor para el bilingüismo?*
- *Vuelve a escuchar la grabación y aporta un ejemplo para cada pregunta.*

Escucha el segundo fragmento:
- *¿Qué características tienen los diferentes tipos de migración?*
- *El profesor apunta una causa final: ¿cuál?*

3. ***Después de la clase, comprueba tus apuntes y organízalos.***
- *Compara tus notas con las de otra persona de la clase. ¿Puedes completar la información que has anotado?*
- *Estructura bien la información.*
- *Añade ejemplos que conoces para los aspectos que el profesor presenta sobre el bilingüismo.*
- *Si quieres saber cómo sigue la clase, puedes ver la transcripción en web.fu-berlin/adieu/vazquez/lingüistica.htm.*

Facultad de Filología:
Filología Hispánica

Asignatura:
Sociología del Lenguaje

Profesor:
Francisco Moreno Fernández

Programa:
- *Bilingüismo individual*
- *Tipos de bilingüismo*
- *Bilingüismo social*
- *Causas del bilingüismo social*
- *...*

7. Entrevista: "hablamos distinto; nos entendemos igual"

A. Durante el curso has escuchado español con acentos diferentes. ¿Qué información recuerdas sobre las variedades del español? Ponlo en común con tus compañeros/-as.

B. Responde a estas preguntas sobre el español y luego coméntalas con un/a compañero/-a. ¿Estáis de acuerdo?

¿Es el español una lengua homogénea?

En España, ¿se habla un solo español?

¿Entiende un mexicano lo que se habla en los Andes?

¿Qué español debe aprender un estudiante de Filología Hispánica?

- Yo creo que el español es una lengua bastante homogénea.
- ¿En serio? Pues a mí me parece que no porque...

115 **C.** La sociolingüista Evangelina Velázquez Lugo habla en esta entrevista de las características de la lengua española a los dos lados del Atlántico. Comprueba si tus respuestas del apartado anterior eran correctas.

D. ¿Qué sucede en tu lengua? ¿Hay variedades regionales, dialectos o varias normas aceptadas? ¿Qué variedad se enseña a los extranjeros/-as? Coméntalo con tus compañeros/-as.

¡Equivocarse es de sabios!

- Reviso la estructura, la coherencia y cohesión de mis textos.
- Utilizo recursos para matizar.
- Comparo mi trabajo con el de otras personas del curso para mejorar el mío.

8. Editorial

A. ¿Sabes qué es el editorial de un periódico o una revista? Háblalo con tus compañeros/-as.

B. Fíjate en el título, la entradilla y los subtítulos del editorial de *Campus ELE* y piensa qué tema trata. Señala los elementos clave que te ayudan a saberlo.

C. Lee ahora el texto y toma notas mientras lees. Sigue los consejos del recuadro lateral.

- Escribe los subtítulos en una hoja y deja entre cada uno un espacio para añadir tus notas.
- Escribe las ideas fundamentales de cada párrafo y, si puedes, añade algún ejemplo.
- Intenta expresar el contenido con tus palabras.
- Anota qué relaciones lógicas hay entre las ideas. Apunta los conectores, utiliza símbolos, etc.

Seis tesis sobre el español en Estados Unidos

EDUARDO LAGO

El gigante norteamericano será el centro de gravedad del mundo hispánico en unas décadas. Aumenta la población hispanohablante, su acceso a la educación y su sentimiento de constituir una sola comunidad.

(...) En las líneas que siguen propondré seis tesis con el fin de contextualizar la situación que vive hoy el español en Estados Unidos.

1. Lengua materna a la vez que extranjera. Como muestra el mapa, con nombres tan resonantemente hispánicos como Florida, San Francisco, Los Ángeles, Colorado o Nevada, en Estados Unidos el español no ha sido nunca una lengua extranjera. Tras la entrega de más de la mitad del territorio mexicano cuando tuvo lugar la firma del Tratado de Guadalupe-Hidalgo en 1848, un gran número de hispanohablantes pasaron a ser estadounidenses de la noche a la mañana. El siglo y medio largo que ha transcurrido desde entonces ha estado marcado por una serie de movimientos migratorios que han reforzado la categoría de lengua materna que tiene en aquel país el español. (...) Por eso en Estados Unidos el español tiene un estatus doble: es, a la vez, un idioma materno y una lengua extranjera.

2. País bilingüe y bicultural. Para el año 2050, los hispanos constituirán la cuarta parte de la población estadounidense, es decir, que el país está destinado a convertirse en una sociedad bilingüe y bicultural. (...)

3. La segunda "latinitas". En mi opinión, en Estados Unidos se está desarrollando hoy una "latinitas" de signo opuesto a la primera, cuando el latín dio lugar al nacimiento de las diversas lenguas románicas. Al encontrarse en territorio estadounidense, las distintas identidades latinoamericanas reducen distancias entre sí, lo que hace que mexicanos, puertorriqueños, dominicanos, salvadoreños, colombianos y otros, se sientan hispanos de los Estados Unidos, tanto lingüística como culturalmente.

4. Desplazamientos del centro de gravedad. (...) Según las estadísticas, en algún momento del siglo XXI, Estados Unidos será el país con mayor número de hispanohablantes. En mi opinión, ello significará el desplazamiento del centro de gravedad hacia Norteamérica, no solo de la lengua, sino también de una cultura de signo panhispánico.

5. El español como territorio de afirmación y resistencia. (...) Hoy día, aunque a nadie se le pasa por la cabeza el error que supondría dejar de lado el inglés, se observa entre los latinos, sobre todo en los que tienen acceso a la educación superior, un claro orgullo por la cultura originaria y la voluntad de conservar el uso del español, que se desea mantener vivo, especialmente en las siguientes generaciones.

6. Cristalización de una nueva lengua: el español de Estados Unidos. En último lugar, afirmo que de la misma manera a como se está creando una identidad latina, en Estados Unidos se está desarrollando una nueva variedad lingüística, resultante de la integración de las distintas hablas nacionales que se dan cita en aquel país. (...)

Y a modo de conclusión, son muchos los indicios que permiten expresar con toda claridad que nos encontramos en un proceso en el que el español está obteniendo cada vez más prestigio cultural. (...) Nos encontramos al comienzo de un proceso histórico que dentro de unas décadas convertirá a Estados Unidos en el centro de gravedad del mundo hispánico.

www.elpais.com

D. Fíjate en las expresiones marcadas y clasifícalas según su función en el texto.

E. ¿A qué se refieren las siguientes expresiones en el texto? ¿Crees que dan más cohesión?

- El gigante norteamericano (entradilla)
- Desde entonces (1)
- Ello (4)
- En aquel país (6)

9. Nuestro personaje de la semana

A. La revista incluye una entrevista al Ministro de Educación español, Ángel Gabilondo. Antes de leerla fíjate en estas afirmaciones. ¿Estás de acuerdo con ellas? Coméntalo.

"En la vida hay que esforzarse por lo que uno quiere."
"Sin formación no hay futuro, ni para el país ni para uno mismo."
"Los chavales (chicos) deben luchar en la vida para salir adelante."
"No todos hemos nacido para tener éxito y dinero."

- Yo estoy harto de que me hablen de esfuerzo.
- Sí, pero es que realmente, para conseguir las cosas importantes hay que esforzarse.

B. Ahora lee la entrevista y comprueba si las opiniones del ministro coinciden con las tuyas.

¿Qué está fallando para que haya tanto fracaso escolar?
Hemos socializado y universalizado la educación. En España hay casi nueve millones de personas estudiando, 300 000 profesores. Pero ahora tenemos que realizar muchos más procesos de calidad, de esfuerzo, de rigor... Gracias a la democracia, la evolución de la sociedad española, que venía de un sistema autoritario, se ha liberado. Y la educación no es solo un asunto escolar...

Claro, en la vida hay que esforzarse por lo que uno quiere.
Exacto. Antes, si un niño sacaba malas notas, enseguida lo ponían a trabajar creyendo que en la construcción o en el turismo iba a salir adelante... Ahora hemos visto que sin formación no hay nada que hacer. En 2025, casi el 80% de los puestos de trabajo serán cualificados, requerirán formación. Sin formación no hay futuro, ni para el país ni para uno mismo. Y en estos años el abandono escolar ha sido tremendo, en gran parte, por esta voluntad de ir inmediatamente a trabajos más fáciles.(...)

También hay una reivindicación por recuperar la autoridad del profesor. El respeto.
Este es un debate fantástico. ¿Cuál es el concepto de autoridad en una sociedad democrática madura? No hay que tener nostalgia del autoritarismo, pero sí fijar la necesidad del respeto a este concepto. Porque este es un problema que no vivimos solo en las escuelas, también en la calle y en nuestras casas. Todos. (...)

Pero más que pérdida de valores, ¿no hay que hablar de desencanto, de que los chavales no ven claro su futuro?
También. Pero siempre ha sido así. (...). No ignoro que los jóvenes tienen dificultades, y no ignoro que debemos apoyarlos porque hay mucho paro juvenil... pero dejemos los discursos paternalistas y proteccionistas, eso de que tus padres te tienen que sacar adelante... Los chavales también deben luchar en la vida para hacerlo, como lo hemos hecho todos. A muchos de nosotros nos han dado formación, pero luego hemos peleado solos. Esta idea comodona de la existencia no me parece muy educativa.

Vuestra familia es un ejemplo. Tu padre era carnicero y sois nueve hermanos...
En mi familia todos hemos luchado mucho.(...)

Quizá la educación no depende sólo de los padres o la escuela. También de los medios, los líderes...
Los medios de comunicación, las películas, los videojuegos, los lugares donde uno va... todo eso educa. Y, desde luego, los seres ejemplares a los que yo llamo 'seres horizonte'. Para los chavales debe de ser difícil buscar referencias humanas. A veces miran a los deportistas de élite y está bien, porque preconizan el esfuerzo, el trabajo en equipo, el éxito... pero puede parecer que en esta vida todos hemos nacido para tener éxito y mucho dinero, y no es así.

Pero, ¿dónde están esos 'seres horizonte'?
Yo me lo pregunto muchas veces. No siempre en la tele, sino mucho más cerca de lo que pensamos. Quizá es alguien de nuestro entorno. El escritor uruguayo Eduardo Galeano se preguntaba para qué sirve el horizonte porque, si lo piensas, nunca llegas a él, ya que cuando lo haces se desplaza. Y está muy claro: el horizonte sirve para caminar. Eso es lo hermoso. Lo importante. (...)

http://www.ar-revista.com/ana_rosa/entrevistas/angel_gabilondo/el_placer_de_querer_no_se_valora_lo_suficiente

C. ¿Qué personajes del mundo de la universidad y la educación te parecen interesantes? En grupos, pensad en cinco personajes a los que os gustaría entrevistar. Después, entre toda la clase escoged al personaje del número siguiente.

10. El origen de las palabras

A. **Al español se han incorporado muchas palabras de otros idiomas. Por parejas, intentad relacionar cada una con su origen.**

Del griego, los helenismos
Algunas palabras griegas ya aparecían en el latín, pero otras se inventaron más tarde para hablar de ciencia y tecnología. A veces terminan en **-sis** o tienen prefijos típicos como **meta-** o **demo-**. *democracia...*

Del árabe, los arabismos
La península ibérica estuvo bajo dominación árabe durante ocho siglos (711-1492). Los árabes trajeron los números actuales y muchas palabras relacionadas con la arquitectura y el comercio. Muchas de ellas contienen el sonido de la **j**, que en latín no existía, o comienzan por **-al**, el artículo en árabe.

De las lenguas indígenas americanas, los americanismos
Después de 1492, el español adoptó muchas palabras de las lenguas americanas, la mayoría relacionadas con alimentos, tipos de música y baile, etc.

Del inglés, los anglicismos
Muchas de las palabras que utilizamos hoy en día relacionadas con la técnica y la informática vienen del inglés. Algunas están españolizadas en su escritura.

Del francés, los galicismos
La cultura francesa dominó la vida intelectual europea durante varios siglos, durante los cuales se incorporaron palabras relacionadas con la administración, la moda, la comida, el arte, etc.

Del italiano, los italianismos
Desde el Renacimiento se incorporaron palabras del italiano relacionadas especialmente con el arte y con la comida.

~~democracia~~, tomate, ópera, alfajor, cero, patata, crisis, aceituna, fachada, ateo, fútbol, gramática, arqueología, au pair, líder, chef, chat, ananás, tesis, alcaldía, alojar, novela, antibiótico, lasaña, alcancía, cóndor, diéresis, ketchup, alquilar, ojalá, ahorro, chocolate, autonomía, hotel, chófer, estrés, menú, puma, cacao, carné, CD, diseño, pizza, alcohol, chalet, perífrasis, espagueti, criollo, xenofobia, web, anarquía, pasta, festejar, estándar

Muchas de las palabras que se incorporaron al español son internacionalismos, como **pizza** u **hotel**. Si recuerdas el origen de las palabras y observas los cambios respecto a tu lengua, las recordarás mejor.

- Me parece que **democracia** es una palabra griega.
- Entonces la ponemos en los helenismos.

B. **¿Sabes de qué lenguas bebe tu lengua materna? ¿Puedes poner algunos ejemplos? Ponlo en común con el resto de la clase.**

11. Bilingüismo

A. Revisa tus apuntes sobre el bilingüismo de la actividad **6** y completa el esquema.

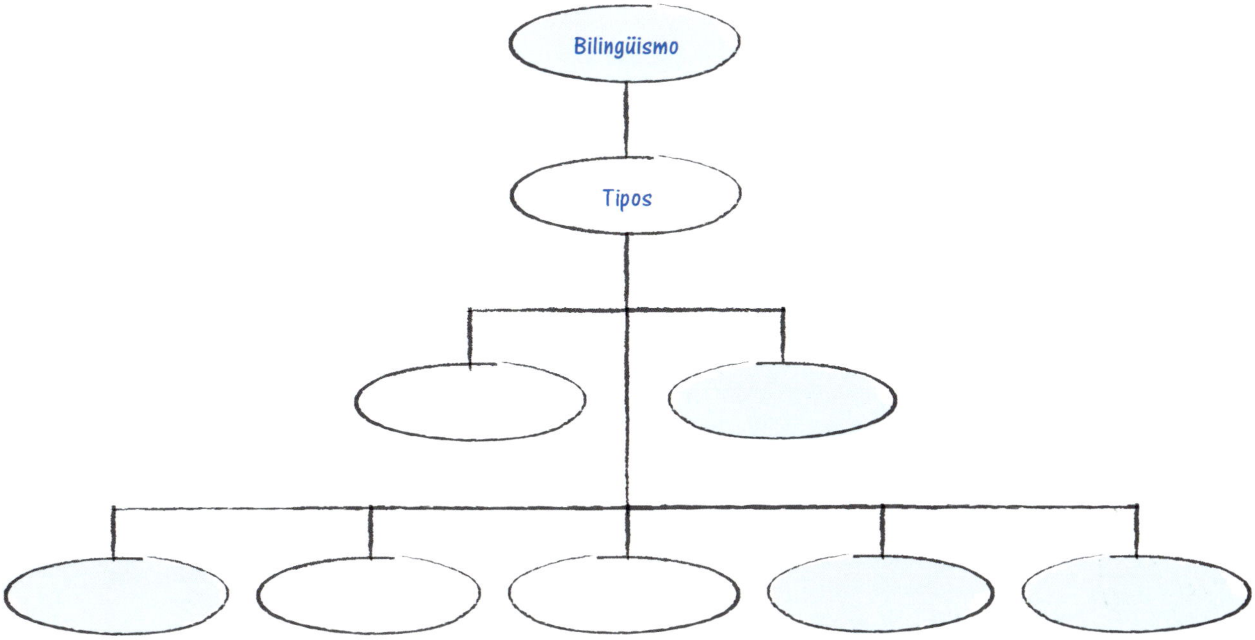

B. Las siguientes expresiones se usaron en la clase que escuchaste. ¿Podrías escribir algún sinónimo para cada una?

1. *Tiene que ver con* →	Tiene relación con
2. *Desde un punto de vista*	...
3. *Da lugar a*	
4. *Se desprende de*	
5. *Depende de*	
6. *Lleva a*	
7. *Poner en práctica*	
8. *Obliga a que*	

C. Ahora escribe una frase con cada expresión para que te ayude a recordarlas.

1. Die Information strukturieren

Zur besseren Strukturierung eines Textes sollten sprachliche Mittel verwendet werden, die die Textkohärenz und -kohäsion, d.h. den inhaltlichen und sprachlichen Zusammenhang, sicherstellen.

Konjunktionen und Konnektoren	**y** (**e**), **o** (**u**), **pero**, **sino**, **también**, **tampoco**, **aunque**, **sin embargo**, **a pesar de que**, **en cambio**, **por eso**, **como**, **porque**
adverbial bestimmte Nebensätze	**antes de** / **después de**, **en cuanto**, **cuando**, **hasta** (**que**), **mientras**, **así que**, **para que**, **si**
erklärende Ausdrücke	**o sea**, **es decir**, **en otras palabras**, **o lo que es lo mismo**, **mejor dicho**, **como ya ha dicho...**, **por citar algunos ejemplos**
zusammenfassende Ausdrücke	**en resumen**, **en ese sentido**, **en pocas palabras**, **pensándolo bien**, **en el fondo**, **al fin y al cabo**, **sea lo que sea**, **de cualquier modo**
ordnende Ausdrücke	**en primer lugar**, **en tercer lugar**, **por último**, **por un lado... por otro lado...**
fokussierende Ausdrücke	**en cuanto a**, **en lo que se refiere a**
spezifizierende Ausdrücke	**en concreto**, **en particular**
ausschließende Ausdrücke	**solamente**, **solo**
hervorhebende Ausdrücke	**sobre todo**, **especialmente**
Synonyme	Utilizar el "**tuteo**", o la "**forma tú**" es muy común entre personas amigas o de la misma edad.
deiktische Pronomen (Pronomen, deren Bedeutung aus dem Textzusammenhang deutlich wird)	Pero el buen humor no siempre es un elemento positivo en los exámenes, sobre todo cuando se requiere orientación a los detalles y precisión. **Esto** demuestra que la influencia de las emociones es muy variada.
Substantivierung	En mi trabajo se describe la población latina en California. Esa **descripción** se basa en algunos artículos que he leído.

El voseo, o sea el uso de "vos" en lugar de "tú", es uno de los fenómenos más característicos del castellano del Río de la Plata, pero también existe en Centroamérica, en Paraguay, en la zona andina de Colombia y Venezuela y en la sierra y costa de Ecuador, por citar algunos ejemplos.
En esas regiones, sin embargo, no pertenece a la lengua culta como en el Río de la Plata.
En cuanto al uso del "tú", Argentina, Paraguay y Costa Rica son los únicos países que lo han excluido de su paradigma, es decir que allí se usa solamente "vos". En todos los países el "vos" o el "tú" se utiliza en situaciones de confianza o igualitarias. "Usted" es la forma de respeto o se utiliza en relaciones no simétricas. El pronombre "vosotros/-as" no se utiliza en ningún país, y su función la cumple el pronombre "ustedes". En resumen, en América Latina existen cuatro pronombres personales para la segunda persona: "tú", "vos", "usted" y "ustedes".

2. Nuancierung oder Modalisierung

Die sprachlichen Mittel zur Modalisierung sollen die Aussagen verstärken oder abschwächen. Sie sollten mit Vorsicht verwendet werden. Bei zu häufigem Gebrauch können sie ein unbeabsichtigtes Gefühl von großer Sicherheit oder Unsicherheit vermitteln.

Intensivierung

das Suffix **-ísimo/-a/-os/-as**: der absolute Superlativ	▫ En la redacción de cartas formales es importantísimo aplicar las reglas de cortesía.
Adverbien auf **-mente** und die Modalverben **deber** und **poder**	▫ Si realmente queremos conservar el medio ambiente, debemos empezar cambiando nuestra forma de vida cotidiana.

Abschwächung

der Gebrauch des Konditional	▫ Yo diría que no es así. ▫ Yo, en tu lugar, no estaría muy segura.
einige Verben wie **creer** oder **parecer**	▫ Creo que esto es importante. ▫ Me parece que hay que tener en cuenta otras críticas.

Bewertende Kommentare

por supuesto
como es lógico
evidentemente
sin duda
poco se critica + Substantiv / **que**
nadie discute + Substantiv / **que**
es interesante observar + Substantiv / **que**
llama la atención + Substantiv / **que**

Es folgt ein Textauszug ohne Modalisierung, d.h. ohne Intensivierung oder Abschwächung des Ausdrucks in einem neutralen Ton.

(Text ohne Modalisierung → neutraler Ton)

> La función de la matización se relaciona con la conciencia que tiene la persona que escribe un texto académico de que todo saber es provisorio. Para evitar errores (y también críticas), la autora de un trabajo donde se presentan teorías, hipótesis o ideas novedosas, o en aquellos textos en los que se expone un debate abierto, utiliza recursos de modalización no sólo para no arriesgarse sino también cooperar con quienes leen, invitando así a la reflexión y no cerrando puertas al diálogo con un tono categórico.

Und hier der gleiche Textauszug mit den Mitteln der Modalisierung, der einen sicheren, selbstbewussten Ton ausstrahlt.

(Modalisierter Text → spiegelt das wider, was der/die Autor/in denkt)

> Es interesante observar que la función de la matización se relaciona con la conciencia que tiene la persona que escribe un texto académico de que todo saber es realmente provisorio. Nadie discute que para evitar errores (y también críticas), la autora de un trabajo donde se presentan teorías, hipótesis, ideas novedosas o textos en los que se expone un debate abierto utiliza recursos de modalización, no sólo para no arriesgarse a las posibles críticas, sino para crear un diálogo. De esta manera se invita a la reflexión y no se cierran puertas al diálogo con un tono categórico.

Nun ein Beispiel für eine nicht gelungene Modalisierung. Es wird nicht klar, was der/die Autor/in des Textes wirklich denkt.

> ~~A mí me parece (aunque no lo afirmaría) que la función de la matización podría relacionarse con la conciencia que tiene la persona que escribe un texto académico de que todo saber es provisorio. Para evitar muchísimos errores (y también muchísimas críticas), es posible que la autora de un trabajo donde se presentan teorías, hipótesis o ideas novedosas, o en textos en los que se expone un debate abierto, utilice recursos de modalización, no sólo para no arriesgarse a las posibles críticas sino para crear un diálogo. De esta manera se invita a la reflexión y no se cierran puertas al diálogo con un tono categórico.~~

3. Weitere Verwendungen von **ser**

ser

Es de noche
Es tarde
Es una pena
Es obvio que + Indikativ
No **es** obvio que + Indikativ / Substantiv
Es capaz de... + Infinitiv / Substantiv
Es consciente de... + Infinitiv / Substantiv
Es seguro que... + Indikativ

4. Weitere Verwendungen von **estar**

estar

Está claro que + Indikativ
No **está** claro que + Substantiv
El euro **está** a + Menge
Está de camarero/-a.
Estamos a + Datum
¿A cuánto **estamos**?
Está seguro/-a.
Está ocupado/-a.
Está por verse.

ENTRADA
1
2
3
4
5
6
7
8
9
10
11
12
13
14
15
16

17
18
19
20
21
22
23
24
25
26
27
28
29
30
31
32
33
34
35
36
37
LLEGADA
B1

Instrucciones

1. Das Spiel besteht darin, in möglichst kurzer Zeit von "Entrada" zu "B1" zu gelangen.
2. Am besten spielen immer drei Personen zusammen: eine schlägt die Seiten mit dem Spielplan auf, die andere Seite 242, die dritte Person hält die Lösungen parat.
3. Es beginnt die Person mit dem kürzesten Namen und es wird im Uhrzeigersinn gespielt.
4. Auf dem Weg befinden sich Hindernisse mit Figuren, die ab dieser Seite vorgestellt werden.
5. Manchmal muss man eine Aufgabe lösen, um das Hindernis zu überwinden und auf dem gewählten Weg weiterlaufen zu können. Ist der Weg versperrt, muss man "Pfand zahlen", d. h. eine Aufgabe lösen, kann aber nicht weiter. Jede/r hat drei Minuten, um die Aufgabe zu lösen.
6. Wird die Aufgabe richtig gelöst, geht es zur nächsten Figur. Ist die Lösung falsch, verliert man die Runde und muss zurück, um es auf einem anderen Weg zu versuchen. Jede/r darf nur 3 Aufgaben hintereinander lösen.
7. Die Aufgaben und die "Pfandforderung" werden laut vorgelesen.
8. Kann jemand seine Aufgabe nicht lösen und der/die andere kennt die Antwort, hebt er/sie die Hand, korrigiert, gewinnt die Runde und macht weiter.
9. Gewinner/in ist die Person, die "B1" zuerst erreicht hat.

Fichas y actividades

1. Mono de Nazca
Es una figura muy especial. Nazca está en los Andes peruanos y es una enorme zona bastante plana entre las montañas. Allí hay una gran cantidad de dibujos muy grandes, hechos con piedras más claras, que representan casi siempre animales. Lo divertido es que para verlos es necesario hacerlo desde arriba: desde las montañas, desde un avión... ¿Para qué se hicieron? Nadie lo sabe, algunos dicen que es para orientar a los extraterrestres.

Dale la tarjeta a otra persona del grupo. Ella lee el texto y tú decides qué te gustaría hacer el fin de semana. Para ello toma nota de las actividades que anuncia la radio y dónde y cuándo tendrán lugar.

Radio Universitaria
¡Hola a todas y a todos en la noche universitaria!
Por fin, por fin, se acaba el invierno. Llega la primavera y con ella las ganas de salir, ¿verdad? Este fin de semana no va a haber lluvias. Durante el día vamos a tener sol y buenas temperaturas, hasta 22 grados. Si estáis pensando adónde ir este fin de semana, seguid conectados con nosotros porque os damos toda la información. Lo mejor del sábado: "Rock continuado" las 24 horas en el auditorio del campus. Rock del mejor al aire libre. ¡A partir de las diez de la noche! Y el domingo, música clásica. A las seis, en la Sala de Música de Cámara, el Cuarteto Mayor, de nuestra universidad. Ah, y además de los conciertos, también tenemos fiesta. La facultad de Filosofía, este fin de semana, celebra su famosa fiesta de primavera. El sábado por la noche, a partir de las once, en la discoteca Palmeras.

2. Palmera
Hay muchas especies de palmeras. Son árboles que se encuentran en zonas cálidas y tropicales. Algunas dan alimento (cocos, dátiles), otras son decorativas y se ven en los parques de las ciudades. Hay palmeras en toda América Latina y también en España. El bosque más grande de palmeras de Europa está en Elche (España). Algunas de sus palmeras tienen más de 300 años.

¡Uy! Este no es el camino... Pagas prenda. A la sombra de esta palmera, adivina la respuesta y también te quedas.

Adivina, adivinanza
Célebre escritor hispanohablante, creador del primer "best-seller" en castellano. Nunca obtuvo un título universitario, ni recibió el Premio Nobel y aunque solo podía usar una mano, escribió muchísimo.

3. Guagua

La palabra "guagua" tiene varios significados. En Chile, p.ej., significa "bebé". Pero en las Islas Canarias y en el Caribe, "guagua" es un transporte público, un autobús. Casi siempre van muy llenos. En las guaguas de la República Dominica podemos ver a veces a un hombre joven en la puerta que nombra a gritos los lugares por los que pasa.

¡Uy! Este no es el camino… Pagas prenda. Te ha tocado… ¡el baile cruzado!

Ponte de pie, toca la rodilla derecha con el codo izquierdo y luego la rodilla izquierda con el codo derecho. Al menos diez veces. Ah, y mejor si le pones música. Puedes cantar tu canción favorita.

4. La Mezquita

La Mezquita de Córdoba (España) es, desde el siglo XIII, la catedral de Santa María. Junto con la Alhambra es el monumento más importante de la arquitectura de Andalucía. Está formada por 850 columnas de piedras diferentes.

5. Zampoña

Zampoña, también llamada "siku", es un instrumento musical que produce un sonido particular, similar al canto de algunos animales. Existe desde la época precolombina y su nombre es probablemente la deformación de la palabra española "sinfonía". Los indios del alto Perú creían que se llamaba así la música de los españoles.

6. Bananas

¡Qué ricas! Son un fruto tropical que se exporta a todo el mundo porque se mantiene muy bien cuando se recoge verde y se coloca en cajas. Luego, cuando ve la luz, madura y se hace comestible. En el resto del mundo se conocen las bananas amarillas, que son las que se exportan más, pero las hay marrones, verdes y negras; enormes y muy pequeñitas. ¿Sabes qué diferencia hay entre una banana y un plátano?

7. El cóndor

Es el pájaro más grande del planeta: vuela hasta a 7 000 metros de altura y cuando extiende las alas llega a medir casi tres metros. La cabeza es rojiza y no muy grande y cambia de color según el estado de ánimo del animal. Hay una canción peruana muy conocida "El cóndor pasa", declarada Patrimonio Cultural de la Nación en 2004.

¿Has tenido alguna vez un choque intercultural? Cuéntanoslo. Aquí tienes un ejemplo. Léelo en voz alta. Si no se te ocurre nada, no puedes seguir jugando: El cóndor pasa ¡Pero tú, no!

A mí me pasó una cosa muy rara en Francia con los besos. En España damos dos besos para saludar. Y en Francia dan tres y a veces cuatro, creo. ¡No sé! Siempre era muy complicado… Además yo venía de Argentina, donde la gente se besa mucho, pero sólo dan un beso… ¡Qué lío!

8. Mate

Es una bebida que se toma en el sur de Brasil, en Paraguay, Uruguay y Argentina. Para servirla, se usa una especie de vaso que también se llama mate: puede ser de madera, de metal, pero tradicionalmente era una calabaza vacía. Tiene un sabor amargo parecido al del té verde y por eso algunos lo toman con azúcar. Compartir el mate es un verdadero rito de amistad en el sur de América.

¡Uy! Este no es el camino… Pagas prenda. Mientras te tomas un mate, colocas los espacios o "divides las palabras" que le faltan a esta frase. Una vez que tengas la versión correcta, explícasela a tus compañeros/-as de juego.

"YonosesiDiosexisteperosiexistesequenolevaamolestarmiduda". *Mario Benedetti.* Poeta y escritor uruguayo.

9. Gorra boliviana o peruana

La "gorrita de alpaca" es un accesorio de vestir muy extendido en toda la zona de los Andes peruanos y bolivianos. Las partes largas permiten protegerse mejor del frío de esta región.

Si entiendes parte de una frase, muchas veces puedes predecir cómo sigue. El comienzo te abre una perspectiva. Además sabes cómo se construyen frases. Así podrás reconstruir la información perdida. Lee en voz alta.

Evo Morales presenta la Constitución Política boliviana en lengua quechua

El Alto, Bolivia, 8 de febrero 2008. Este sábado se publicó la primera edición en idioma quechua de la nueva .... del Estado de Bolivia. El presidente Evo Morales presentó la nueva Carta Magna en la .... andina de El Alto. En la ciudad de Cochabamba, el delegado presidencial Marco Carrillo, presentó la primera edición en quechua, uno de los 35 .... originarios de habla mayoritaria en Bolivia. En esa ocasión Carrillo explicó que el texto en .... había sido traducido al quechua y que la .... contenía los 411 artículos de la nueva Constitución.
"A partir de hoy la vamos a poner en circulación a nivel nacional e ...., para que el mundo se entere de que Bolivia es plurinacional", dijo Carrillo. El dirigente explicó que la traducción de la Carta Magna al quechua "y otras lenguas de nuestros pueblos", es el primer paso para constitucionalizar los idiomas que .... en el país.

10. Quetzal
Quetzal: pájaro que se encuentra en las regiones tropicales de Latinoamérica. Es el símbolo de la República de Guatemala y nombre de su moneda. Los aztecas y mayas creían que era una forma animal del dios del aire. Su nombre viene del náhuatl.

11. Cabeza Olmeca
La cultura olmeca aparece como una unidad multiétnica y plurilingüística que se extendía sobre la mayor parte de América Central, desde 1200 hasta 500 a. C. Entre otras cosas, se considera que los olmecas desarrollaron el juego de pelota e inventaron el cero, el calendario y la escritura. Las famosas esculturas representan a personas importantes de la comunidad y dioses. Llaman la atención los rasgos negroides de algunas de ellas.

La terapia del beso

Aunque parezca extraño, personas expertas aseguran que besar a su pareja es el mejor medicamento contra la depresión y una excelente forma de mejorar la salud.
El beso estimula la parte del cerebro que libera la hormona oxitocina, creando así una sensación de bienestar. Algunas funciones como, por ejemplo, el enamoramiento, el orgasmo o el *parto* están asociadas a los sentimientos, la ternura y al acto de tocar. La sexóloga británica Denise Knowles es una *ferviente* partidaria de que las parejas se besen y no sólo junten los labios, como un acto *reflejo*, sin emociones. "Se pone mucho énfasis en tener muy buenas relaciones sexuales y muchos se olvidan de que un simple beso es una fácil manera de mantener el contacto".

Adaptado de BBCMUNDO.com

Elige el sinónimo que, en tu opinión, es adecuado para este contexto.

parto (sustantivo masculino)
salida — división — nacimiento

ferviente (adjetivo)
indiferente — tolerante — entusiasta

reflejo (adjetivo)
inconsciente — planeado — continuado

12. La iguana
Es un animal de regiones tropicales, un reptil. Le encanta tomar sol. Las hay de diferentes tamaños y colores: verdes y grises, pero el color de la piel puede cambiar. Eso depende de la edad, la alimentación y factores ambientales. También de la temperatura. Algunas se alimentan de insectos, otras de hierbas o pequeños animales. Miden desde 7,5 centímetros hasta 2 metros. No producen sonidos.

Di quiénes son estas personas.

Algunas de estas personas huyen de la guerra y otras porque no tienen tierra o agua para cultivarla. La mayoría lo hace por alguna razón que tiene que ver con la política o con buscar mejores oportunidades. Su corazón está al Sur pero la necesidad las lleva al Norte. Entre ellas hay algunas bastante ingenuas que abandonan su patria creyendo que existen otras mejores.

13. La Sagrada Familia de Barcelona
Es una basílica construida por Gaudí a finales del siglo XIX y que todavía no está terminada. Es la obra maestra de este arquitecto barcelonés, el máximo representante del modernismo catalán. Otras obras famosas de Gaudí son: La Pedrera, el parque Güell, la Casa Batlló y la Casa Vicens.

Dale la tarjeta a otra persona del grupo. Ella leerá el texto. Escucha, reacciona, y si no entiendes, pide ayuda.

¡Bienvenido al aeropuerto de Barcelona!

- Hola, buenos días.
- ....
- ¿Tiene un minuto? Estamos haciendo una encuesta entre las personas que viajan a nuestro país. ¿Quiere contestar a nuestras preguntas? Son muy cortas...
- ....
- ¿Por qué le gusta viajar al extranjero?
- ....
- ¿Trabaja o estudia?
- ....

- ¿Cuántos años tiene?
- ....
- ¿Qué le gusta hacer en su tiempo libre?
- ....
- ¿Puede darnos su número de teléfono? Es para entrar en un concurso. Puede ganar un viaje fantástico...
- ....
- Muchas gracias por su ayuda.
- ....

14. El bombo

Es un instrumento musical con el que solo se puede marcar el ritmo. Puede tocarse en las orquestas y acompañar el rock y el pop modernos. También es muy común en la música folclórica latinoamericana, especialmente la de la región andina. Los hay de diferentes tamaños y de acuerdo al lugar puede cambiar de nombre. Hay un dicho en español, "tener la cabeza como un bombo", que quiere decir que uno está confundido.

Cada una de las letras de la frase está representada con una línea. Quien juega pregunta si hay una determinada letra del alfabeto en esa frase. Si hay una persona que controle, la coloca en todos los lugares donde aparece. Si esa persona no existe, dibuja una parte del ahorcado (la cabeza, el cuerpo, las dos piernas y los dos brazos). Para ganar, quien adivina tiene que terminar la frase antes de que la controladora o el controlador termine de colgarlo.

¡C _ _ _ _ _ _ _ A _ _ _ _ _ _ _ _ _ Á _
C _ _ _ A _ _ _ A _ _ _ _ _ _ _ A _ _ _ A!

15. Bandoneón

Es uno de los instrumentos que caracteriza los grupos musicales que se dedican al tango. Tiene un sonido profundo y un poco triste que ha dado al tango moderno su típica melancolía. ¿Sabes quién es Piazzola? Tal vez sea el bandoneonista más conocido en el mundo.

¡Uy! Este no es el camino... Pagas prenda.
Tienes que trabajar un poco. En la siguiente poesía se hace alusión a algunos signos de puntuación que conoces. Di de qué signos se trata y para qué se usan.

Una paloma,
punto y coma,
hace su nido,
punto y seguido,
con mucho arte,
punto y aparte,
en diagonal
punto y final.

Si lo haces mal, tienes que "tocar" un tango. A ver cómo te sale. Sin bandoneón, por supuesto.

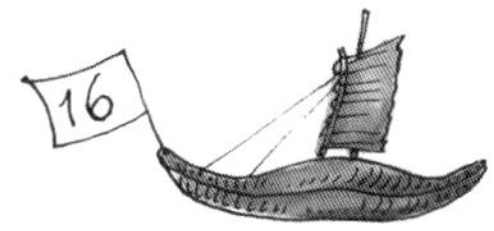

16. Totorita o caballito de totora

Barcas del lago Titicaca. No están hechas de madera sino de juncos de totora. El lago Titicaca está entre Bolivia y Perú, a unos 3800 metros sobre el nivel del mar; por eso es el lago navegable más alto del mundo. Es el segundo lago más grande de Sudamérica (8562 km^2) después del lago de Maracaibo. Por la pureza del aire, el lago es especialmente transparente y la calidad de la luz es excepcional; las montañas parecen estar muy cerca, aunque en realidad están a 20 o 30 km del lago.

¡Uy! Este no es el camino... Pagas prenda.
Le das un abrazo a tu profesor/a y al mismo tiempo le dices que el curso te ha gustado mucho. Sin embargo, le haces tres sugerencias para que sea mejor:
1- Habría que...
2- Tendría que...
3- Me gustaría + Infinitivo...

17. Jaguar

El jaguar es un animal del Nuevo Mundo. Es un felino grande, que caza y vive en solitario y que no tiene enemigos naturales. Vive en todo el continente americano, pero ahora está en peligro de extinción, sobre todo porque su hábitat, la selva, está desapareciendo. Antiguamente formaba parte de la mitología de muchos pueblos indígenas, y estaba relacionado también con los chamanes.

¡Uy! Este no es el camino... Pagas prenda.
¡Existe un solo modo de tranquilizar a los animales peligrosos cuando nos observan! Abre la ventana o la puerta de la clase y mirando hacia fuera, canta durante treinta segundos una canción en español ¡No muy fuerte, por favor! ¡Las agresiones producen agresiones!

18. Loro

Es una de las sorpresas del Nuevo Mundo. Un pájaro casi siempre verde que repite las palabras que le dicen. Vive en las selvas tropicales, pero se adapta bastante bien a climas un poco más fríos. En el siglo XVIII muchos circos europeos tenían números con loros, nadie creía lo que escuchaba: ¡un pájaro que hablaba! Y claro, el dueño del circo no decía que solo repetía lo que le habían enseñado.

¡Este loro es un artista! Entonando una frase de diferentes maneras, logra expresar 3 estados de ánimo: alegría, desconcierto y enamoramiento. ¿Cómo lo hace?

He encontrado al amor de mi vida.

19. Cacao

El cacao es una planta y al mismo tiempo una bebida que lleva el mismo nombre. Llegó a Europa desde América. Los mayas lo cultivaban desde hacía muchísimo tiempo. El nombre "que se usa en muchas lenguas" deriva de una palabra maya: **cac-** significa "rojo" y se refiere al color del fruto y **-cau** expresa las ideas de "fuerza y fuego".

Lee en voz alta.

Cuando los españoles llegaron a México, conocieron una bebida aromática que se tomaba caliente. La base era del fruto molido de una planta que se preparaba con agua, miel y especias. Los aztecas, que mantenían relaciones comerciales con los diferentes pueblos mayas, compraban de ellos los frutos. La bebida la llamaban "xocolatl". En aquellos tiempos el "xocolatl" se veía como alimento que daba fuerza y despertaba el apetito sexual. Las semillas de la planta también se utilizaban como monedas de cambio, costumbre que se mantuvo hasta mucho después de la colonización de los españoles. Dicen que Hernán Cortés pagaba a sus soldados con esas semillas.
¿De qué fruto estamos hablando?

20. Pirámide de Palenque

El sitio arqueológico de Palenque se encuentra en lo que es hoy el estado mexicano de Chiapas. Tiene una extensión de unos 2,5 km^2 con más de 200 estructuras arquitectónicas, diferentes en tamaño y complejidad: palacios, templos y un observatorio. En lo alto de esta Pirámide de Palenque está el Templo de las Inscripciones. En sus muros interiores se encuentran 620 jeroglíficos. Con su interpretación y el resto de la información arqueológica, se conocen hoy los nombres de los gobernantes y personajes principales, fechas de nacimiento, celebración de matrimonios y muchos datos más, que permiten caracterizar con cierta exactitud un período importante de la historia centroamericana.

¿El lenguaje humano es un producto de la genética?

Lee el siguiente párrafo, detecta las palabras que garantizan la cohesión del texto y díselas a tus compañeros/-as de juego.

La evolución del lenguaje humano se debe a la cultura y no a la genética, señala un estudio realizado por el University College London (UCL). Aunque exista una base genética relacionada con el lenguaje, que incluso existió antes de la aparición de este, los cambios lingüísticos son demasiado rápidos para quedar codificados en nuestros genes. A esta conclusión se llegó gracias a un modelo teórico "basado en simulaciones informáticas" que permitió comparar el ritmo de la evolución del lenguaje y el de la evolución genética. La conclusión es que el lenguaje humano es un sistema evolucionado culturalmente y no un producto de la adaptación biológica.

21. Suri

Es un pájaro enorme que no vuela y que corre mucho, muchísimo, sobre todo antes de que llegue la lluvia, por eso los indios Quilmes del norte de Argentina lo llamaban "suri", que en quechua quiere decir "el que anuncia la lluvia". Después de correr se detiene y realiza una especie de baile: según cuanto dura... así durará la lluvia.

¡Uy! Este no es el camino... Pagas prenda.
Lee este trabalenguas.

Había una caracatrepa
con tres caracatrepitos
cuando la caracatrepa trepa
trepan los tres caracatrepitos

22. Hamaca

La hamaca sirve para dormir o descansar. Originalmente se hacían de un material vegetal. Esta red se cuelga entre dos puntos firmes. La hamaca viene de Centroamérica y todavía hoy se usa en muchos lugares en lugar de la cama, porque es más cómoda y más fresca.

¡Uy! Este no es el camino... Pagas prenda.
Una hamaca paraguaya para descansar en medio del camino... que no es el correcto. Mientras tus compañeros/-as siguen jugando, vete corriendo a la cafetería y cómprales un café. Cuanto más tiempo tardes, peor, porque pierdes turnos.

23. Pingüino

Es un habitante de las zonas frías del hemisferio sur. Tiene alas, pero no vuela. Al igual que otros animales de climas fríos tiene incorporada una serie de características que le permiten una regulación muy precisa del calor y del gasto energético del cuerpo; es capaz de producir un aceite con el que protege sus plumas.

¡Uy! Este no es el camino... Pagas prenda.
Tienes que adivinar la solución de esta adivinanza.

Cinco hermanos muy unidos
que no se pueden mirar,
cuando pelean aunque quieras
no los puedes separar.

24. Maíz

El maíz ha sido y sigue siendo la base de la alimentación de muchos pueblos latinoamericanos. En Guatemala, por ejemplo, se encontraron pruebas del cultivo de esta planta por poblaciones que habitaban esa zona 5000 años antes de Cristo. La palabra "maíz" deriva de "mahís", un vocablo con el que los Caribes denominaban esta planta. Sin embargo, en Bolivia y Perú, se le llama "sara", del quechua; en Oaxaca (México) se le llama "tlayoli", del náhuatl y en Canarias se llama "millo", del portugués "milho".

Los incas, cuando una persona era muy sincera, decían que era "como de maíz".

Tú tienes que completar estas frases en un minuto, pero tienes que hacerlo en imperfecto.

.... como un burro.
.... blanca como la nieve.
.... como un loro.

25. El charango

Es un instrumento musical. Se parece a una guitarra, pero es más pequeño. Se toca en las regiones del Altiplano de la Cordillera de los Andes, en América del Sur. Es de origen boliviano, pero también está muy presente en la música folclórica del Perú, Argentina, Chile, Ecuador y Colombia. Antes se construía con un animal: el quirquincho. Hoy día ya no: se hace de madera.

¡Uy! Este no es el camino... Pagas prenda.
El charango parece una guitarra, pero no lo es. Todo lo que parece igual puede no serlo: como este camino que no es el correcto. Haz frases con los verbos "ser" y "estar" para que estos adjetivos adquieran diferente significado. Tienes dos minutos.

abierto | despierto | rico | claro

26. La Catrina

Es una dama-esqueleto. Su autor, el gráfico mexicano José Guadalupe Posada (1852–1913), famoso por sus dibujos, la creó como representación irónica de la clase social alta de México, antes de la revolución mexicana de 1910. En la actualidad es el símbolo del día de Muertos en México, el 2 de noviembre.

La falta de memoria no es la muerte de nadie.

Tienes que suponer que tu compañero/-a tiene una pérdida de memoria absoluta en los próximos tres minutos. Debes darle las instrucciones completas para... ¡Eso lo decide una persona del grupo!

27. Gran Pacal

Pacal el Grande o K'inich J'anaab Pakal (603–683), es el más conocido de los Señores de Palenque, ciudad en el actual estado mexicano de Chiapas y uno de los sitios arqueológicos más impresionantes de la cultura maya. Durante el gobierno de Pacal el Grande, la arquitectura y el arte en general recibieron importantes impulsos y la ciudad floreció como nunca antes. En 1987 la UNESCO la declaró Patrimonio Cultural de la Humanidad.

El Gran Pacal ordena:
Serás El Gran Pacal durante unos minutos y le darás órdenes a tu compañero/-a.
Podrás dar órdenes de movimiento como: El gran Pacal dice "Ponte de pie y baila" y tus compañeros/-as deberán cumplir la orden. Podrás decir también "Ponte de pie y baila" (sin decir que lo ordena el Gran Pacal) y no deberán obedecerte. Si te obedecen, puedes seguir con el laberinto y el compañero/-a que tú elijas tendrá que dar tu próxima prenda.

28. Colibrí

El colibrí es el símbolo de la ciudad de Quito, la capital de Ecuador. Aunque es muy pequeño, posee una gran fuerza y poder de vuelo debido a que sus alas pueden girar totalmente (como las de un helicóptero). Esto es lo que le permite quedarse durante largo tiempo como quieto y colgado inmóvil en el aire. En los Andes ecuatorianos existe una gran familia de colibríes de colores brillantes que cambian con la luz del sol.

Dale la tarjeta a otra persona del grupo. Ella leerá el texto. Escucha y toma nota. ¿Qué salas de la biblioteca puedes usar sin ningún permiso especial y cómo puedes llegar a ellas?

En la biblioteca...

Estimadas y estimados estudiantes:
Les doy la bienvenida a la Biblioteca Universitaria. Como saben, esta es una biblioteca muy antigua y tiene libros de gran valor. Ustedes, como estudiantes, pueden usar muchas de sus salas, aunque no todas.
La sala más importante es la sala de lectura. Allí pueden usar todos los libros que hayan pedido. Está situada en el primer piso. Tienen que usar la escalera de la derecha.
En el segundo piso tienen la sala de prensa. Allí hay prensa nacional e internacional. Además de periódicos, hay revistas científicas en castellano y en inglés. Se sube a la sala también por la escalera de la derecha.
Además de estas salas, tenemos las salas históricas.
Solo se pueden usar con un permiso especial, por ejemplo, una carta de su profesor, explicando el motivo.

29. Tumi

El Tumi es un tipo de cuchillo que se usaba en ceremonias religiosas en el antiguo Perú. Normalmente es de una sola pieza metálica. Una parte del cuchillo tiene forma de figura humana y la otra, de media luna.

¡Uy! Este no es el camino... Pagas prenda. Aprende de memoria estos versos y busca a alguien de la clase que tenga sentido del humor y se los recitas antes de seguir jugando. Tienes solo un minuto.

Pasado, presente y futuro.
Mi pasado fue muy triste.
Mi futuro no lo sé.
Mi presente es que te quiero
y que nunca te olvidaré.

30. Llama

La llama es un animal doméstico muy resistente, originario de América del Sur. Convive con los indígenas desde el tiempo de los incas y tal vez antes. Hoy día se sigue utilizando como animal de carga en los Andes. También sirve de símbolo en muchos países sudamericanos.

¿Conoces los cuatro significados de la palabra que se repite en la siguiente frase?

La llama que llama se llama "Llama Amorosa".

31. Galápago

El galápago es una tortuga marina. Hay más de 80 especies en el mundo. Muchas de ellas están en peligro de extinción. La más famosa es la tortuga gigante o galápago, animal que dio nombre a las Islas Galápagos, que hoy forman parte de Ecuador y que son Patrimonio de la Humanidad.

Lento pero seguro: tienes que definir tres de estas palabras, pero sin decir la palabra que es. Tus compañeros/-as te dirán a qué te refieres para ver si lo has hecho correctamente.

fundar · comenzar · finca · chalet · dictador · urbanización · zar · baronesa · cortijo · posada

32. Tucán

Es uno de los habitantes más simpáticos de las selvas tropicales americanas. Es negro, blanco y amarillo-naranja. No parece un ser viviente: ¡Parece inventado! Come mucha fruta y hace muy poco ruido, apenas un cru-cru-cru. No canta y le gusta estar al sol en la parte más alta de los árboles.

¡Uy! Este no es el camino... Pagas prenda. Lee los versos y haz lo que se te pide:

Camina como un conejo
y sin mirar para atrás
a todos los de tu clase
un besito les darás

33. Sombrero Panamá

Es el sombrero con el que siempre imaginamos a los hombres de Centroamérica, con traje y sombrero panameño ¡y no es solo un invento de Hollywood! Se hace con las hojas de una planta que parece una palmera y, a pesar del nombre, se empezaron a fabricar en Ecuador, solo que cuando construyeron el canal de Panamá, todos los trabajadores y hasta el mismo Roosevelt los usaron y eso aumentó su popularidad en el resto del mundo.

Dale la tarjeta a las otras personas del grupo. Cada una de ellas lee una parte del texto. Escucha y decide con quién prefieres compartir piso. Luego explica por qué te has decidido así.

¿Orden o creatividad?

- Mira, para mí, lo más importante es el orden. Me gusta tenerlo todo organizado. Es que tengo que estudiar mucho y si no me organizo, es imposible... Lo primero es que el día esté bien estructurado: me levanto pronto, para tener tiempo de hacer deporte, luego desayuno y voy a la universidad.
- A mí me gusta estudiar, pero siempre lo hago en el último momento, justo antes del examen. A veces tomo mi sombrero, la crema solar y los apuntes y me voy a la playa a estudiar. Durante el curso no estudio mucho.

34. Ombú

El ombú es un árbol que se encuentra en Argentina y Uruguay: simboliza la pampa. La palabra es de origen guaraní y significa sombra. Puede tener de 10 a 15 metros. Crece muy rápido. Puede vivir en zonas con muy poca agua.

35. Burro
El burro catalán nace como una propuesta de reivindicación que pretende luchar contra el centralismo uniformizante, expresado por símbolos como el toro o las castañuelas, defendiendo así las diferentes identidades y culturas que habitan la península ibérica.

¿Qué tiene de particular esta palabra? Observa las vocales.

Murciélago

¿Y esta frase? Mira las consonantes.

Me llamo Alex Koch. Vivo en Ávila (España), una famosa ciudad con historia y naturaleza. Tengo una página web que anuncia alojamientos en hoteles y casas rurales.

36. Chamán
Los chamanes son personas sabias que cumplen funciones muy importantes en las comunidades indígenas. Algunas de sus tareas son: comunicarse con los espíritus para corregir los errores de la comunidad a la que pertenecen y garantizar la armonía entre las personas, su mundo espiritual y el mundo físico. A veces pueden curar algunas enfermedades.

Este texto está "un poquito enfermo": cúrale los errores. Son cuatro. Tienes un minuto y medio, en este caso.

Andreu es estudiante de Economía. Esta es su primer semana en la facultad. Se levanta a las ocho, toma un café, busca a su mochila y en moto llega a la zona universitaria. Entre carteles de protestas para Bolonia y el problema de la vivienda, llega al aula donde tiene su primera clase. Aunque sea temprano, la clase está casi llena y muchos estudiantes ya no tienen sitio. La profesora llega, presenta el programa en valenciano y algunos estudiantes protestan porque no la entienden. A esas personas les dice que hablan con ella en su hora de tutoría. Les recomienda una bibliografía, les explica cuándo y cómo son los exámenes y que existe la posibilidad de trabajos escritos o ponencias en clase.

37. Timbales
Los timbales son un instrumento de percusión y sirven para marcar el ritmo. Están formados por dos tambores. Son de origen cubano y se usan mucho en la música latina de baile.

Lee en voz alta las preguntas y di a tus compañeros/-as cómo es la entonación de cada una de ellas y por qué.

Un detective está hablando con personas sospechosas:
¿Dónde estaba la noche del robo?
¿Conoce a los Erasmus del último piso?
¿Y quién es Sócrates, si se puede saber?
¿Se puede…?
¿Cómo dice?
¿Qué tipo de gafas? ¿Gafas redondas?

El recorrido correcto:

1, 7, 12, 11, 9, 13, 19, 20, 26, 28, 25, 24, 18, 27, 30, 31, 33, 35, 37, 36

1 elegir entre concierto de rock, concierto de música clásica y fiesta en una discoteca.
2 Cervantes
3 prenda
4 distractor
5 distractor
6 distractor
7 sin clave
8 "Yo no sé si Dios existe, pero si existe, sé que no le va a molestar mi duda."
9 de la nueva **Constitución** del Estado de Bolivia / **ciudad** andina de El Alto / los 35 **idiomas** / el texto en **castellano** / y que la **traducción** / a nivel nacional e internacional / constitucionalizar los idiomas que **se hablan** en el país
10 distractor
11 parto / nacimiento, ferviente / entusiasta, reflejo / inconsciente
12 emigrantes, refugiados, exiliados
13 Buenos días / Sí / Me gusta viajar al extranjero porque… / Estudio… / Tengo XXX años / Me gusta… / No, prefiero no dar el teléfono / Sí, mi número es el… / De nada.
14 ¡Cuelguen a los que están contaminando el planeta!
15 punto y coma, punto y seguido, punto y aparte y punto final.
16 prenda
17 prenda
18 ¡He encontrado el amor de mi vida! / ¿He encontrado el amor de mi vida? / He encontrado el amor de mi vida (entonación plana)
19 cacao
20 "antes de la aparición de este" se refiere a "lenguaje" y "el de la evolución genética" se refiere a "ritmo"
21 El grupo decide si la pronunciación es correcta.
22 prenda
23 los dedos de la mano (prenda)
24 1. Trabajaba como un burro. 2. Era blanca como la nieve. 3. Hablaba como un loro.
25 1. abierto/sociable/lo contrario de cerrado, 2. despierta/inteligente/lo contrario de dormida, 3. rico con mucho dinero/de buen sabor, 4. claro/obvio/lo contrario de oscuro
26 sin clave
27 juego
28 Se puede usar: sala de lectura (primer piso, escalera de la derecha) y sala de prensa (segundo piso, escalera de la derecha)
29 prenda
30 llama: animal, gritar / producir un sonido, tener / llevar el nombre de, fuego
31 ejemplos: 1. finca: una casa con tierra cultivada, 2. chalet: una casa con jardín, 3. fundar: comenzar una actividad, 4. comenzar: iniciar, 5. posada: un tipo de casa de campo, 6. dictador: un gobernante con poder absoluto, 7. baronesa: un título de nobleza femenino, 8. zar: título de los emperadores de Rusia, 9. urbanización: conjunto de viviendas en las afueras de una ciudad, 10. cortijo: finca extensa típica del sur de España
32 Hay que darle un beso a cada persona de la clase.
33 Hay que elegir para compartir piso a la persona organizada y sistemática o a la persona más divertida y desorganizada y explicar por qué.
34 distractor
35 Tiene todas las vocales. / Tiene todas las consonantes.
36 primer/primera, busca a/busca, para/por, hablan/hablen
37 1, 3, 6: descendente 2, 4: ascendente, 5: otra función (controlar la información).

1. ¿Reconoces el español?

116 **A.** Du suchst ein Radioprogramm in spanischer Sprache. Findest du es? Wie hast du die Sprache erkannt? Hast du einige Wörter verstanden? Welche?

B. Höre die Aufnahme noch einmal. Erkennst du andere Sprachen? Welche? Wie bist du darauf gekommen? Wie klingen sie in deinen Ohren?

2. Las vocales

117 **A.** Die spanische Sprache hat fünf Vokale, die entweder stark oder schwach sind. Sie werden normalerweise kurz und halboffen ausgesprochen. Höre die Beispiele.

117 **B.** Höre sie noch einmal und wiederhole. Erkennst du Unterschiede zu den Vokalen deiner Muttersprache? Welche? Tausche dich mit einem Kursmitglied aus.

Aufgepasst!
Die Vokale am Ende eines Wortes werden immer ausgesprochen. Sie werden nicht schwächer und auch nicht verschluckt, z. B. coch**e**.

3. El alfabeto

A. Sieh dir das spanische Alphabet und die Namen der einzelnen Buchstaben genau an. Hat deine Sprache die gleichen Buchstaben? Heißen sie genauso?

Aa	a	Jj	jota	Rr	erre
Bb	be	Kk	ka	Ss	ese
Cc	ce	Ll	ele	Tt	te
Dd	de	Mm	eme	Uu	u
Ee	e	Nn	ene	Vv	uve
Ff	efe	Ññ	eñe	Ww	doble uve
Gg	ge	Oo	o	Xx	equis
Hh	hache	Pp	pe	Yy	ye
Ii	i	Qq	cu	Zz	zeta

118

B. Höre jetzt die Namen der Buchstaben und achte auf die Aussprache.

C. Zu zweit. Überlegt euch andere spanische Wörter und füllt die Tabelle aus. Ihr könnt auch das Wörterbuch zu Hilfe nehmen.

E de estudiante
M de Madrid

Se escribe	Se llama	Se pronuncia	Tus propias palabras
A a	a		*Arquitectura*
B b	be	[b] o [β]	
C c	ce	[θ] o [s] o [k]	
D d	de	[d] o [ð]	
E e	e		*estudiante*
F f	efe		
G g	ge	[x] o [g] o [γ]	
H h	hache		
I i	i		
J j	jota	[x]	
K k	ka	[k]	
L l	ele		
M m	eme		*Madrid*
N n	ene		
Ñ ñ	eñe	[ɲ]	*español*
O o	o		
P p	pe		
Q q	cu	[ku]	
R r	erre	[r] o [R]	
S s	ese		
T t	te		
U u	u		
V v	uve	[b] o [β]	
W w	doble uve		
X x	equis		
Y y	ye		
Z z	zeta		

4. ¿Deletreamos?

Jetzt kannst du bereits deinen Vor- und Nachnamen buchstabieren. Diktiere sie einem Kursmitglied und überprüfe, ob es sie richtig schreibt. Tauscht dann die Rollen.

- ¿Cómo se deletrea "Pilar"?
- Muy fácil: pe-i-ele-a-erre.

5. ¿Cómo se pronuncia la c?

119 **A.** Der Buchstabe **c** wird auf zwei unterschiedliche Weisen ausgesprochen: wie im Wort **casa** [k] oder wie im Wort **cena** [θ]. Höre zu und wiederhole die folgenden Wörter. Höre sie ein zweites Mal und ordne sie je nach Klang des **c**.

....	**casa** [k]	....	....	**cena** [θ]	....
....		....	....		....
....		....	....		....

B. Zu zweit. Überlegt euch weitere Wörter mit **c** und tragt sie oben ein.
Ihr könnt dazu eure Notizen durchsehen und im Buch nachschlagen.

C. Worin besteht der Unterschied? Vervollständige die Regel.

c + **e**, **i** = [.........]
c + **a**, **o**, **u** = [.........]

120 **D.** Höre und wiederhole, was die Spanierin Marta und der Argentinier Pablo sagen. Merkst du einen Unterschied? Tausche dich mit der Gruppe aus und vervollständige die Regel.

- Carlos es de Colombia
- Ella es de Nicaragua.
- Cecilia estudia Arquitectura.
- ¿Cómo te llamas?
- Omara vive en Santiago de Cuba.

c + **e**, **i** = [.........] in Lateinamerika, in Teilen Andalusiens und auf den Kanarischen Inseln, und [.........] in Spanien.
c + **a**, **o**, **u** = [.........] in Lateinamerika, in Teilen Andalusiens und auf den Kanarischen Inseln, und [.........] in Spanien.

6. ¿Pronunciamos [s] o [θ]?

121 - 123 **Erinnerst du dich, wie die Silben ce und ci ausgesprochen werden? Falls nicht, dann sieh erst einmal nach. Höre dann diesen Personen zu und achte darauf, wie sie sie aussprechen.**

1. Para mí, las ciudades grandes siempre tienen problemas sociales y precios muy altos… y esos son los problemas del D.F., ¿no?

2. A decir verdad, para mí lo más importante de una ciudad es una buena sala de conciertos porque a mí me gusta mucho la música. Ah… y también algunos bares para conocer gente, ¡claro! ¡Pero de eso Madrid tiene tanto…!

3. Yo… no sé… a mí me gustan las ciudades con ambiente internacional y no con aire de campo, donde la gente es sociable y tolerante… pero eso sí, no me gustan las ciudades donde necesitas mucho tiempo para desplazarte, como acá en Buenos Aires…

c + **e**, **i** = [........] in Lateinamerika, auf den Kanarischen Inseln und im Westen von Andalusien, und [........] im übrigen Spanien.
Wollen wir **[θ]** + **a**, **o**, **u** schreiben, benutzen wir den Buchstaben .... und so wird es in .... ausgesprochen.
Aber in Lateinamerika, auf den Kanarischen Inseln und in einigen Teilen Andalusiens werden **c** + **e**, **i** und **z** + **a**, **o**, **u** [........] ausgesprochen.

In Lateinamerika, auf den Kanarischen Inseln und in einigen Teilen Andalusiens wird der Laut **[θ]** nicht ausgesprochen.

7. ¿Cómo se pronuncia la q?

124 **A. Höre und wiederhole diesen kurzen Dialog und achte auf den Buchstaben q.**

- ¿Qué estudias?
- Arquitectura. ¿Y vosotras?
- Yo, Arqueología y ella, Química.

Der Buchstabe **q** steht immer mit einem **u**, das nicht ausgesprochen wird.

B. Vervollständige jetzt die Regel zusammen mit einem Kursmitglied.

qu wird [........] ausgesprochen und steht nur vor den Vokalen **i** und **e**.

8. ¿Pronunciamos [g] o [x]?

A. Der Buchstabe g kann wie im Wort gato [g] oder wie im Wort gente [x] ausgesprochen werden. Wie werden folgende Wörter ausgesprochen? Ordne sie.

Nicaragua | amigo | argentino | gustar | Ingeniería

delgado | lengua | inteligente | Santiago

página | Uruguay | Biología | antigua | diálogo

gato [g]

gente [x]

125 **B. Höre und wiederhole jetzt die Wörter. Hast du sie richtig zugeordnet? Kannst du die Regel vervollständigen?**

g wird **[x]** vor .... und .... ausgesprochen.
Vor **a**, **o** und **u** wird [.......] **g** ausgesprochen.

9. ¿[r] o [R]?

126 **A. Der Buchstabe r kann wie im dem Wort perro [R] oder wie im Wort cero [r] klingen. Höre und wiederhole die folgenden Wörter und achte auf die Aussprache. Unterstreiche die Wörter, die wie perro klingen, in einer Farbe und die, die wie cero klingen, in einer anderen.**

Beachte, dass die eine oder andere Aussprache die Bedeutung des Wortes verändern können.

- pero > perro
- ahora > ahorra
- para > parra

pero | correo | interesar | ahora | gustaría

guitarra | europeo | Costa Rica | dirección | ruta

ruido | ritmo | racista | carrera | barrio

Derecho | realidad | receptor

In vier Fällen wird **[r]** geschrieben und **[R]** ausgesprochen:

- Wortanfang: **R**oma
- nach **[n]**: En**r**ique
- nach **[l]**: al**r**ededor
- nach **[s]**: Is**r**ael

B. Versuche, die Regel zusammen mit einem Kursmitglied zu vervollständigen.

Spricht man es **[r]** aus und steht es zwischen Vokalen, so schreibt man ....
Spricht man es **[R]** aus und steht es zwischen Vokalen, schreibt man ....

10. ¿[d] o [ð]?

127 **A. Steht ein d zwischen zwei Vokalen, verändert sich die Aussprache und ähnelt der Aussprache des th im Englischen, wie in another oder this. Das phonetische Symbol ist [ð]. Höre und beobachte.**

[d]	[ð]
Dios	adiós
Dora	adora
demás	además
buscando	buscadores
dice	contradice

Dies ist nicht nur der Fall, wenn das **d** zwischen zwei Vokalen innerhalb eines Wortes steht. Denke daran, dass im Spanischen die Wörter miteinander verbunden sind und Wortgruppen bilden, die so gesprochen werden, als seien sie ein einziges Wort. Dieses Phänomen führt dazu, dass auch innerhalb eines Satzes ein **d** wie **[ð]** ausgesprochen wird, wenn ein Wort auf Vokal endet und das nächste mit **d** + Vokal beginnt.

128 **B. Notiere vor dem Hören, ob deiner Meinung nach [d] oder [ð] ausgesprochen werden muss, und vergleiche dann mit der Aufnahme.**

Algunos estudiantes tienen dificultades cuando aprenden español. Los problemas con los que se encuentran son diferentes: para unos lo más difícil es la ortografía, para otros la semántica de la lengua y para algunos grupos, lo más complicado es adaptarse a los métodos de enseñanza. Cuando para la enseñanza de la lengua se utilizan métodos comunicativos, los estudiantes acostumbrados a un trabajo de repetición más sistemático detectan dificultades en la nueva metodología.

C. Zu zweit. Ein Kursmitglied liest den Text und das andere hört zu und korrigiert. Dann tauscht ihr die Rollen und wiederholt die Übung.

11. ¿[g] o [ɣ]?

129 **A. Höre aufmerksam zu und versuche, bei diesen Wortpaaren die beiden Aussprachen des Buchstabens g herauszuhören.**

[g]	[ɣ]
gusto	agosto
grande	agronomía
gratuito	albergue
tango	Hamburgo
lingüístico	llegar

B. Hast du den Unterschied in der Aussprache gemerkt? Siehst du dir die Wörter noch einmal genau an und hörst noch einmal aufmerksam zu, wirst du die Regel ableiten können.

Der Buchstabe **g** wird **[g]** ausgesprochen, wenn ....
Der Buchstabe **g** wird **[ɣ]** ausgesprochen, wenn ....

Aufgepasst! Vergiss nicht, dass die Wörter im Spanischen miteinander verbunden sind. Deshalb ist es möglich, dass viele Wörter, die mit **g** beginnen, **[ɣ]** ausgesprochen werden.

12. La b y la v

130 **A. Das b in buscar [b] wird nicht wie im Wort habitación [β] ausgesprochen. Höre folgende Wörter und versuche, den Unterschied herauszuhören.**

[b]	[β]
buscar	disponibilidad
baño	aburrido
bar	grabar
también	habitación
bastante	amueblado
balcón	libro

In den meisten Sprachvarianten des Spanischen werden die Buchstaben **b** und **v** gleich ausgesprochen.

B. Zu zweit. Überlegt euch weitere Wörter, die ihr kennt, und erweitert so die Liste der obigen Beispiele.

13. La letra ñ

131 **A. Weißt du, wie der Buchstabe ñ ausgesprochen wird? Höre folgende Wörter mit diesem typisch spanischen Buchstaben und wiederhole sie.**

año · añadir · compañera · cumpleaños · español · niña

pequeño · salvadoreña · señor · campaña · enseñanza

niños · acompañar · mañana · montaña · sueño

132 **B. Höre die Beispiele und vergleiche. Merkst du einen Unterschied?**

alimaña – Alemania
doña – colonia
Begoña – Babilonia
niño – dominio
enseñe – ingeniero

C. Existieren in deiner Sprache ähnliche Laute wie dieser? Tausche dich mit anderen Kursmitgliedern aus.

14. El sonido [ĉ]

133 **A. Die Kombination der Buchstaben c und h wird im Spanischen [ĉ] ausgesprochen. Höre und wiederhole die folgenden Wörter.**

chapaneca · chico · coche · checa

Chiapas · chiquito · fichas

chófer · Chivilcoy · echa

Pass auf, dass du beim Sprechen dieses Lautes die Lippen nicht zu rund machst: es kommt dann ein italienischer, aber kein spanischer Laut heraus. Versuche zu lächeln, wenn du ihn aussprichst, und es klappt mühelos.

B. Kennst du weitere spanische Wörter mit diesem Laut? Welche? Tausche dich mit anderen Kurstmitgliedern aus.

15. La letra x

134 **A. Das x wird am Wortanfang [s] ausgesprochen und [gs] oder [ks], wenn es zwischen zwei Vokalen steht. Beobachte, höre und wiederhole.**

En Latinoamérica:	En algunas zonas de España:
examen	examen
existir	existir
exilio	exilio
léxico	léxico
exagerar	exagerar
máximo	máximo
próxima	próxima
taxi	taxi

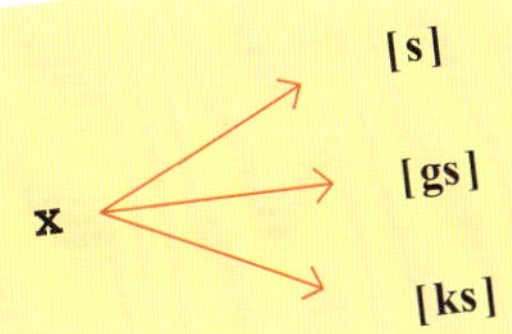

135 **B. Höre einige der obigen Wörter im Zusammenhang.**

El examen de lengua que exigen en la Universidad de San Juan es una exageración.
Roxana vivió muchos años en el exilio y para poder vivir conducía un taxi.

C. Vervollständige nun die Regel mit einem Kursmitglied.

Wir können also sagen, dass der Buchstabe **x** in Lateinamerika [.........] ausgesprochen wird, und in einigen Teilen Spaniens [.........].

Das **x** vor Konsonanten (**explica**, **expone**) wird in Spanien [s] ausgesprochen und in Lateinamerika normalerweise aspiriert. In einer formellen und gepflegten Sprache ist das nicht der Fall.

16. La ll y la y

A. Auch wenn dem ll der Laut [ʎ] und dem y der Laut [ʝ], entspricht, so sprechen fast alle Muttersprachler das ll wie y [ʝ] aus.
Zu zweit. Überlegt euch einige Wörter, die diese Buchstaben haben.

Die Laute des **ll** → [ʎ] / [ʝ]

136
B. Höre nun die folgenden Wörter, wiederhole sie und achte dabei auf die Aussprache von ll.

[ʎ]	[ʝ]
desarrollar	desarrollar
llamamos	llamamos
conlleva	conlleva
ellas	ellas
llegar	llegar
llevamos	llevamos
detallada	detallada

137
C. Steht nach dem y ein Vokal, so wird es in den meisten spanischsprachigen Ländern [λ] ausgesprochen und [ʃ] in den Ländern entlang des Río de la Plata. Beobachte, höre zu, vergleiche und wiederhole.

[ʝ]	[ʃ]
leyenda	leyenda
ya	ya
influye	influye
mayores	mayores

Keine der beiden Aussprachemöglichkeiten ist „korrekter" als die andere. Du musst aber den Laut der Variante benutzen, die du lernst. Wichtig ist, dass du sie nicht vermischt.

138
D. Am Wortende wird das y wie ein Vokal ausgesprochen. Höre die Beispiele und wiederhole.

Paraguay	buey
rey	voy
hoy	soy

17. Consonantes dobles en español

In diesem Text sind einige Wörter falsch geschrieben. Welche?

Hola, me llamo Helene. Soy alemana y este año hago un máster de Filología Inglesa en Inglaterra. Vivo en Alemania y soy professora de inglés. Me gustaría encontrar personas de differentes países para apprender otra lengua y conocer mejor este interessante mundo universitario europeo. Me encanta leer, viajar, tocar la guitarra y ver cine de acción. Creo que soy simpática y tolerante. Mi dirección electrónica es ahelene@red.de.

In der spanischen Sprache gibt es nur 4 Doppelkonsonanten: **c** (acción, dirección), **r** (guitarra, carrera), **l** (llamarse, allí) und **n** (innecesario, connotación). Damit du sie nicht vergisst, kannst du dir den Namen **CaRoLiNa** merken. Bist du unsicher, dann denk an den Namen und sie fallen dir sofort wieder ein.

18. La entonación de las frases

139 **A. Höre, wie diese Aufzählungen klingen.**

Yo prefiero las ciudades grandes, con universidades,
teatros, cines, clubes y una buena gastronomía.

B. Suche weitere Aufzählungsbeispiele im Buch und übe mit einem Kursmitglied die Aussprache. Halte dich dabei an die Intonation, die du gerade gelernt hast. Vergiss nicht, dass viele Wörter beim Sprechen miteinander verbunden werden.

140 **C. Höre jetzt, wie diese Fragen ausgesprochen werden.**

¿Dónde está? ¿Cuántos habitantes tiene?

¿Sabes bailar el tango? ¿Quieres aprender?

Aufgepasst!
Vergiss von jetzt an nicht, diese Regeln immer dann anzuwenden, wenn du im Unterricht eine Frage stellst.

140 **D. Höre die vier Fragen noch einmal und vergleiche die Intonation derer, die mit einem Interrogativpronomen beginnen, mit der Intonation der anderen. Wie ist die jeweilige Satzmelodie? Wiederhole sie so oft wie nötig laut.**

19. ¡Atención a la entonación!

141 **A. Manchmal endet ein bejahter Satz mit einem Ausdruck, der das Gesagte verstärken soll. Oder eine Frage endet mit einem Wort, das sich direkt an den / die Zuhörer/in wendet. Höre aufmerksam zu und wiederhole die Sätze.**

Tú vives en un piso compartido, ¿no?

¿Usted qué está esperando, señora?

B. Bilde Sätze wie in Übung A und nimm dazu aus jeder Spalte jeweils ein Element. Lies die Sätze laut vor.

Tú no tienes mi lámpara.	¿no?
¿Estás buscando una compañera de piso?	..., Alessandra?
Las llaves del coche las necesitas tú.	..., señora?
¿Usted llama por el anuncio?	¿verdad?

20. Entonación con grupos fónicos

142 **Höre die Beispiele und sieh dir die Satzmelodie der bejahten Sätze mit zwei Lautgruppen an. Überlegt euch zu zweit weitere Beispiele.**

Los días 1 y 2 de noviembre se celebra en México el día de Muertos.

A las ocho de la tarde se encienden las velas.

Eine Lautgruppe ist ein Teil eines Satzes, der durch zwei Pausen abgegrenzt wird.

21. No solo palabras

143 **A. Du hörst jetzt einen Satz von einer Person, die diesen in unterschiedlichen Stimmungen sagt. Höre gut zu und überlege, wie sich die Person jeweils fühlt.**

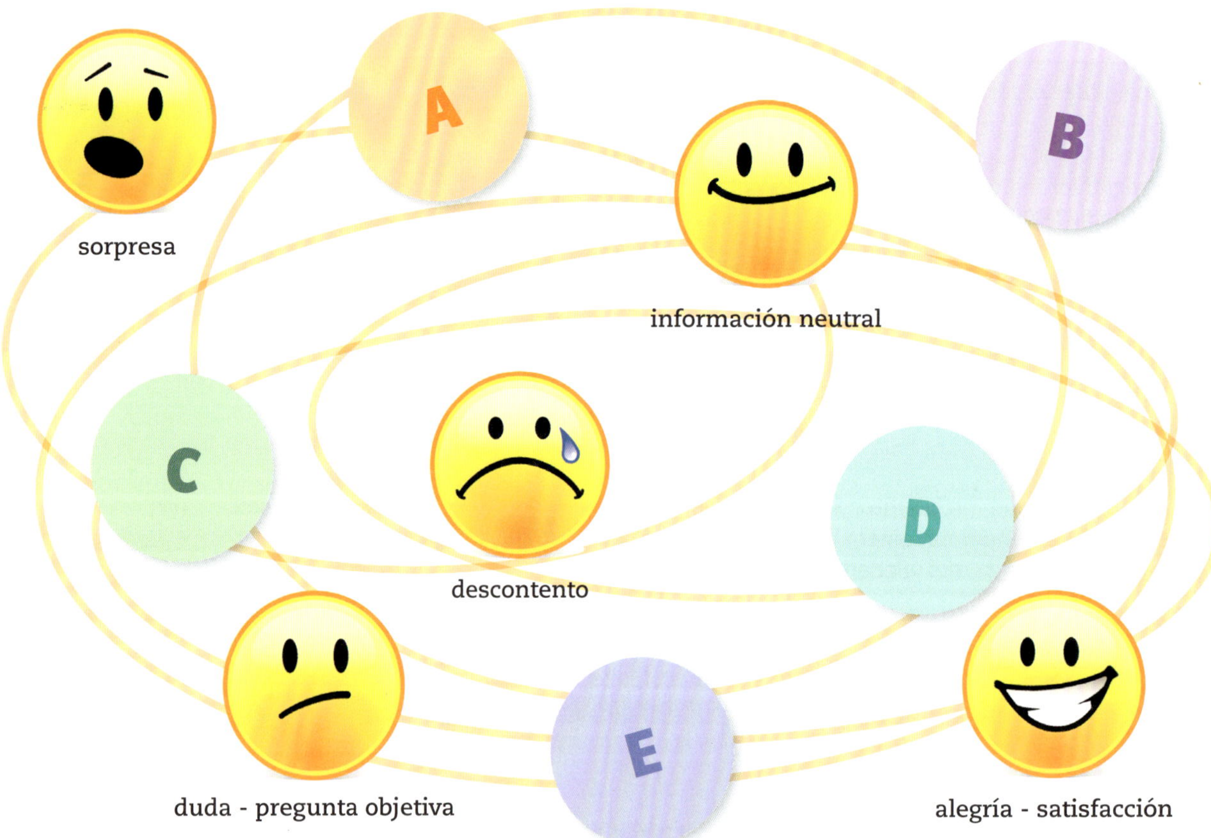

144 **B. Bestimmt hast du schon gemerkt, dass wir, je nach Tonfall, unsere Botschaft ändern. Sieh dir folgende Sätze genau an und lies sie, wie beschrieben, laut vor. Arbeitet zu zweit und vergleicht anschließend mit der Aufnahme.**

a. Mis compañeras de piso llegan mañana. (descontento) (duda)
b. Mi familia ha decidido que viajemos todos juntos a Israel. (alegría) (sorpresa)
c. El Gobierno de la Ciudad organiza este año el Festival de Rock. (duda) (descontento)
d. Me han dado una beca para estudiar en Honduras. (alegría) (sorpresa)

22. Agrupando las palabras

145 **A. Im Spanischen werden viele Wörter miteinander verbunden. Höre die Beispiele und übe anschließend die Verbindung von Wörtern.**

En‿el‿este‿del país puedes‿estudiar‿Arqueología.

Es‿una‿ciudad‿antigua vamos‿al‿cine amigos‿españoles.

Es‿una‿ciudad‿universitaria en‿el‿oeste‿de‿México.

Si‿buscas‿un‿curso para‿aprender‿español...

146 **B. Zu zweit. Verbindet im folgenden Text die Wörter so, wie ihr es für richtig haltet, und überprüft es dann mithilfe der Aufnahme.**

Mi abuelo Gilberto tenía seis hermanos. Vivían bastante bien. Sin embargo, siempre discutían por cuestiones de dinero. Tanto discutían que ya ni se hablaban. Es por eso que una noche de enero de 1925 tomaron una decisión: para no discutir más repartieron su fortuna en partes iguales, pero con una condición: uno de ellos se quedaba en Italia y todos los demás tenían que emigrar.

23. La sinalefa

147 **A. Nicht nur Wörter verbinden sich in der spanischen Sprache. Endet ein Wort auf Vokal und das nächste beginnt mit einem Vokal, bilden diese beiden Vokale zusammen eine Silbe. Dieses Phänomen nennt man auf Spanisch sinalefa, d.h. Krasis. Höre ein Beispiel.**

Mark enseña en una escuela de idiomas. Lars va directo a la universidad.

Aufgepasst!
Die **sinalefas** werden nur innerhalb derselben Lautgruppe gebildet.

148 **B. Markiere die sinalefas im folgenden Text und überprüfe dann mithilfe der Aufnahme, ob sie richtig sind. Lest euch dann den Text zur Übung gegenseitig laut vor.**

Daniela, Ana y Hannele viven con dos chicos en un piso compartido en Buenos Aires. Cada una de ellas es de un país diferente y esto a las tres les parece una experiencia muy buena. Ana no estudia, ella hace teatro y, además, toma algunas clases de tango. Daniela y Hannele estudian con muchas ganas pero, a veces, solo quieren estar en un café, hablar con una amiga o simplemente salir a bailar con amigas. Para esta noche ya tienen un plan: van a estar en el ensayo que presentan Ana y su grupo.

24. La reducción

149 Höre zu und achte auf die folgenden Beispiele. Hast du gemerkt, was mit den Vokalen oder Konsonanten geschieht, die sich wiederholen? Ein Hinweis: dieses Phänomen nennt man **Reduktion** oder **Elision**.

voy a hablar | comen nopales | este espacio

hacen natación | lo objetivo

Dieses Phänomen tritt nicht ein, wenn:
- die Kollision zwischen zwei phonetischen Gruppen erfolgt.
- die erste Silbe des zweiten Wortes betont ist: **lo obvio, para agua, de este lado**.

25. Repasamos

A. **Weißt du noch, worauf sich diese phonetischen Phänomene beziehen? Tausche dich mit einem Kursmitglied darüber aus.**

el encadenamiento

"… preferido‿de‿Víctor‿Hugo"

vocal - consonante - vocal

la sinalefa

"… te llama‿inculto"

dos vocales diferentes

la reducción

"… el dulce‿encanto"

dos vocales iguales

B. **Lies nun die folgenden Strophen und markiere mit drei unterschiedlichen Farben die Phänomene der vorherigen Übung. Übe sie dann mit einem Kursmitglied.**

Quiero una huelga donde vayamos todos.
Una huelga de brazos, de piernas, de cabellos,
una huelga naciendo en cada cuerpo.
Quiero una huelga
de obreros
de palomas
de choferes
de flores
de técnicos
de niños
(...)

© Gioconda Belli, c/o Guillermo Schavelzon & Asociados, Agencia Literaria, info@schavelzon.com

Yo, como tú,
amo el amor, la vida, el dulce encanto
de las cosas, el paisaje
celeste de los días de enero.

Roque Dalton, Ed. *Poemas clandestinos*, Baile del sol, 2008.

Bueno ¿y qué?
Cuando te toque a ti,
mándales decir cacarajícara
y que dónde está el Aconcagua,
y que quién era Sucre,
y que en qué lugar de este planeta
murió Martí.

Nicolás Guillén en, *La rueda dentada*, La Habana, ed. Unión, col. Contemporáneos, 1972.

26. Contar sílabas

A. Lies die folgenden Wörter laut vor und trenne die Silben.

restaurante	casa	elefante	bolsa	
garaje	arroz	perro	castillo	chocolate
botella	amigo	ojo	luz	necesitar
ordenador	familia	lápiz	calle	
lámpara	identificación	rueda	diccionario	
moto	café	cuaderno	chaqueta	examen
universidad	gafas	tijeras	caramelo	
paella	avenida	auriculares	libreta	
regalos	playa	discoteca	pirámide	
hablante	marioneta	ascensor	jeroglífico	
agua	matricularse	pendiente	responsabilidad	
transporte	pacíficamente	contrarrevolucionario		

Im Spanischen können die Silben folgende Strukturen haben:

V: **a**-re-na, **o**-ve-ja
VV: **au**-la, **Eu**-ro-pa
VC: **ár**-bol, **al**-muer-zo
CV: **co**-che, te-lé-**fo**-no
CVV: **cie**-lo, **fue**-go
CVVC: **tien**-da, **fuen**-te
CVC: **man**-za-na, sa-**lud**
CCV: li-**bro**, **gri**-tar
CCVC: **plan**-ta, **blan**-co
CCVCC: **trans**-bor-do

150

B. Trage jetzt die obigen Wörter gemäß der Silbenzahl in die Tabelle ein. Richte dich nach dem Beispiel und kontrolliere anschließend mithilfe der Aufnahme.

1 sílaba	2 sílabas	3 sílabas	4 sílabas
	ca-sa		

5 sílabas	6 sílabas	7 sílabas	8 sílabas

27. La sílaba tónica

151 **A. In der spanischen Sprache haben alle Wörter eine starke oder betonte Silbe, die manchmal durch einen grafischen Akzent gekennzeichnet ist. Höre folgende Wörter und markiere die betonte Silbe.**

hermano	calcetín	sillón	maleta	profesora
cómpraselo	alumnos	exámenes	pasillo	
Argentina	clase	vosotros	campus	alternativa
jóvenes	zapatos	felicidad	fórmula	montaña
amarillo	flamenco	multicultural	frontera	
gramática	menú	palabra		

B. Schreibe zehn Wörter, die du kennst, und markiere ihre betonte Silbe.

C. Im Spanischen gibt es vier Wortarten, die nach ihrer betonten Silbe eingeteilt werden in: agudas, llanas, esdrújulas und sobresdrújulas. Folge dem Beispiel und vervollständige die Tabelle mit den oben genannten Wörtern.

agudas: sílaba tónica en la última posición	**llanas:** sílaba tónica en la penúltima posición	**esdrújulas:** sílaba tónica en la antepenúltima posición	**sobresdrújulas:** sílaba tónica antes de la antepenúltima posición
	fron<u>te</u>ra		

28. Las reglas de acentuación

A. Das sind die Grundregeln der Akzentsetzung. Lies sie und erweitere sie um jeweils zwei Beispiele.

- Las palabras con la sílaba tónica en la última posición (agudas) y que acaban en **-n**, **-s** o **vocal** llevan acento gráfico o tilde (´).

me-lón lla-ma-rás ca-fé ....

- Las palabras con la sílaba tónica en la penúltima posición (llanas) y que acaban en consonante (excepto **-n** o **-s**), llevan acento gráfico o tilde (´).

ár-bol lápiz automóvil ....

- Las palabras con la sílaba tónica en la penúltima sílaba (esdrújulas) o antes (sobresdrújulas) siempre llevan acento gráfico o tilde (´).

pe-lí-cula lám-pa-ra e-léc-tri-co co-mén-ta-se-lo ....

- En general, las palabras de una sola sílaba no llevan acento.

tres con sin dos ....

152 **B. Höre die folgenden Wörter und markiere die betonte Silbe. Setze dann, wenn nötig, einen grafischen Akzent.**

autentico laboratorio deporte votos horario

estudiantado contestar noche reloj sabado

ingles salon portugues estadistica arbol

fantastica mapa bulgaro aburrido diccionario

raton didactico excursiones semaforo

29. El acento diacrítico

Im allgemeinen tragen einsilbige Wörter keinen Akzent. Kann man aber zwei gleichlautende Wörter verwechseln, dann trägt eines der Wörter einen Akzent, damit man sie auseinanderhalten kann. Sieh dir die folgenden Wörter an und schreibe mit jedem Wort einen Satz.

tú (pronombre personal) → **tu** (posesivo)
él (pronombre personal) → **el** (artículo)
sé (verbo saber) → **se** (pronombre)
mí (pronombre) → **mi** (posesivo)
dé (verbo dar) → **de** (preposición)
té (bebida) → **te** (pronombre)

Aufgepasst!
Es gibt noch weitere Wörter, die zur Unterscheidung einen Akzent tragen. Das sind z. B. die Frage- und Ausrufewörter **qué**, **cuándo**, **cómo**, **dónde**, **cuál**, **por qué...**

30. Los diptongos

Stehen in einem Wort zwei Vokale hintereinander, können diese eine oder zwei Silben bilden. Bilden sie nur eine Silbe, spricht man von einem Diphthong und er wird in einem Atemzug gesprochen. Sieh dir die Beispiele genau an und wiederhole sie, um die Aussprache zu üben.

Diptongo

a / e / o + **i / u**	**i / u** + **a / e / o**	**iu / ui**
necesit**ái**s	contrar**ia**	c**iu**dad
tr**ei**nta	qu**ie**res	r**ui**do
hoy*	barr**io**	
aunque	ag**ua**	
Europa	p**ue**des	
estad**ou**nidense	antig**uo**	

Denke daran
Steht das **i** am Ende des Wortes, wird es zu **y**.

hoy – hay – soy – estoy*

31. El acento en los diptongos

A. **Sieh dir diese Wörter genau an. Weißt du, wie man Wörter mit Diphthong betont? Formuliere deine Hypothese.**

andáis | avión | también | Sebastián | solución | después

Hiatus: Stehen in einem Wort ein offener Vokal (**a**, **e**, **o**) und ein geschlossener (**i**, **u**) zusammen und letzterer trägt einen Akzent, so bricht der Diphthong auf. Das bedeutet, dass die beiden Vokale nicht **eine**, sondern **zwei** Silben bilden. In diesem Fall trägt der geschlossene Vokal einen Akzent.

maíz – raíz – Raúl – días – leído – decía – queríamos – alegría – frío

153

B. **Höre folgende Wörter und markiere diejenigen mit Hiatus. Entscheidet dann zu zweit, welches Wort einen grafischen Akzent trägt und welches nicht.**

horario | gerundio | genio | estudiantado

fria | cuesta | guacamole | pais

mediodia | frecuencia | veias | vacio

tias | rio | muestra | sabia | vacio

excursiones | habituales | diccionario

tutoria | laud | genealogia

Es gibt auch den Hiatus, der durch zwei offene Vokale gebildet wird. Dann zählen sie wie zwei Silben und es werden die allgemeinen Regeln der Akzentsetzung angewandt.

geóloga – traer – paella

32. Los triptongos

154

A. Einige Wörter haben drei Vokale in nur einer Silbe, sogenannte **triptongos**. Höre zu, wie diese Wörter ausgesprochen werden und wiederhole sie.

estudiáis | Uruguay | averigüéis | Paraguay | cambiáis

B. Im Spanischen gibt es sieben **triptongos**. Kannst du zu jedem ein Wort finden?

iai | iau | iei | ioi | uai o uay | uau | uei o uey

Einige **triptongos** wie **uau** und **iau** sind in ganz wenigen Wörtern zu finden.

Die **triptongos** folgen auch den allgemeinen Regeln zur Akzentsetzung.

C. Vervollständige die Regel mit folgenden Verben.

forman | abierta | triptongo | sílaba | tres | vocal | cerradas

Un .... es un grupo de .... vocales que .... una sola .... En el triptongo hay una .... abierta entre dos .... La vocal .... es siempre la acentuada y la que lleva tilde si es necesario.

33. ¡Atención a la acentuación!

A. Die Adverbien, die auf **-mente** enden, haben zwei betonte Silben. Sieh dir das Beispiel an. Erinnerst du dich an weitere?

cronológica<u>mente</u> – fácil<u>mente</u>

1 .... mente   3 .... mente

2 .... mente   4 .... mente

B. Einige Adverbien, die auf **-mente** enden, tragen Akzent, andere nicht. Weshalb? Wir geben dir einen Tipp: Teile das Adverb in zwei Teile, der erste wird das Adjektiv, der zweite die Endung **-mente** sein. Trägt das Adjektiv einen Akzent? Tausche dich mit einem Kursmitglied aus.

34. Una sola palabra

In jedem der folgenden Sätze ist ein Wort enthalten, das auf drei Arten betont werden kann. Welches entspricht dem Kontext? Unterstreiche es.

1 El Sr. González Lara es un **crítico - critico - criticó** literario muy conocido.

2 El **público - publico - publicó** aplaudió a la artista durante cinco minutos.

3 El **límite - limite - limité** entre Nicaragua y Costa Rica es una zona con muchos ríos.

4 Si no **término - termino - terminó** con este trabajo, este trabajo terminará conmigo.

5 Cuando **cálculo - calculo - calculó,** el tiempo ya era demasiado tarde.

35. Repasamos

Der Computer, auf dem dieser Artikel geschrieben wurde, hatte eine defekte Taste, so dass die Akzente fehlen. Könntest du sie setzen? Sieh dir den Kontext genau an. Mit seiner Hilfe wirst du erkennen, um welches Wort es geht. Wenn du möchtest, kannst du die Regeln zur Akzentsetzung vorher noch einmal durchgehen.

El verano pasado, la prensa chilena publico un articulo llamando la atencion acerca del peligro de extincion en el que se encuentra actualmente la ballena azul. Estos animales, que habitan el Atlantico chileno, cerca de la isla de Chiloe, han perdido ya un 99% de su poblacion debido a la caza comercial de la que han sido victimas. Segun el articulo, dos biologas chilenas, Barbara Galletti y Elsa Cabrera, luchan por salvar a la ballena azul de su total extincion. Pero su lucha no se centra solamente en mantener la prohibicion de la caza de la ballena azul, sino ademas, en denunciar las consecuencias negativas de la salmonicultura intensiva para el habitat de estos animales. Esta industria, con sus antibioticos y sustancias toxicas, contamina mucho las aguas y los suelos marinos, dejando a los demas habitantes del mar sin un lugar saludable donde vivir y reproducirse.

Ellas esperan que, a traves de su lucha, aumente la conciencia hacia otros temas ambientales menos conocidos por el publico y se les de la importancia que merecen.

Si ellas logran tener exito con su campaña, si podremos recuperar una parte de la naturaleza perdida.

- Hier findest du die in *Vía Rápida* neu vorkommenden Wörter und Ausdrücke in chronologischer Reihenfolge.
- Die spanische Substantive sind mit Artikel aufgeführt, denn es empfiehlt sich, diesen gleich mit zu lernen, da das Geschlecht häufig vom Deutschen abweicht.
- Die deutsche Übersetzung gibt die Bedeutung im jeweiligen Zusammenhang wieder.
- Zu Verben mit unregelmäßigen Präsensformen (i), (ie), (ue), (y), (zc), (g), (í), (ú) findet sich ein Hinweis.
- Solltest du bei der Bearbeitung eines Textes einmal ein Wort nicht finden, so ist es wahrscheinlich in einer vorherigen Lektion vorgekommen. Im Internet kannst du eine alphabetische Wortliste unter www.klett.de/viarapida herunterladen.
- Abkürzungen: f (feminin), fam (familiär, umgangsprachlich), LA (lateinamerikanische Variante), m (maskulin).

Hora 0

Tu primera clase

la hora Stunde
tu dein/e
primer(o)/-a erste/r
la clase Unterricht
A **hola** hallo
¿Qué tal? Wie geht's?
muy bien sehr gut
bien gut
gracias danke
¿y tú? und du?
tú du
yo soy ich bin
yo ich
la chilena Chilenin
el colombiano Kolumbianer
¿Cómo te llamas? Wie heißt du?
¿De dónde eres? Woher kommst du?
de aus, von
Argentina Argentinien

¿Cómo se dice ... en español?

B **¿Cómo se dice...?** Wie sagt man ...?
en español auf Spanisch
el libro Buch
se llama er/sie/es heißt
¿Qué significa? Was bedeutet?
la vía Weg
rápido/-a schnell
¿Puede repetirlo? Können Sie es wiederholen?
por favor bitte
¿Cómo se escribe? Wie schreibt man?

1

1. Primeras palabras

1A **el día** Tag
la propuesta Vorschlag
el trabajo Arbeit
la palabra Wort
el pasaporte Reisepass
la universidad Universität
la radio Radio
el restaurante Restaurant
el hospital Krankenhaus
el taxi Taxi
el hotel Hotel
el concierto Konzert
el chocolate Schokolade
el teatro Theater
1B **el inglés** Englisch
el italiano Italienisch
creo (creer) ich glaube
creer glauben

2. Cuatro estudiantes

cuatro vier
el/la estudiante Student/in, Schüler/in
2A **hola** hallo
me llamo (llamarse) ich heiße
llamarse heißen
en in, an, auf
tengo ... años ich bin ... Jahre alt
Perú Peru
estudio (estudiar) ich studiere
estudiar studieren
la Biología Biologie
un, una ein, eine
la carrera Studium, Karriere
muy sehr
interesante interessant
hablo (hablar) ich spreche
hablar sprechen
e und *(vor i und hi)*
¡Hasta luego! Bis später!
el Diseño Industrial Industriedesign
bastante bien ziemlich gut
pero aber
quiero (querer) ich möchte
querer (ie) wollen, mögen, lieben
aprender lernen
el árabe Arabisch
y und
el chino Chinesisch
son (ser) sie sind
ser sein
la lengua Sprache
del des
el futuro Zukunft
mexicana Mexikanerin
ahora jetzt
vivo ich lebe
vivir leben, wohnen
las Ciencias Económicas Wirtschaftswissenschaften
mi mein/e
el tiempo libre Freizeit
el alemán Deutsch
difícil schwer
¿Que hay? Was gibt´s?
la Historia del Arte Kunstgeschichte
el ruso Russisch
como wie, als
2C **el nombre** Name
el apellido Familienname
el país de origen Herkunftsland
el lugar de residencia Wohnort
la edad Alter
la carrera universitaria Universitätsstudium
que der, die, das
el año Jahr
2E **¿Cuántos años tienes?** Wie alt bist du?
¿Qué estudias? Was studierst du?
¿Y de apellido? Und wie heißt du mit Nachnamen?
¿Qué lenguas hablas? Welche Sprachen sprichst du?
¿Dónde vives? Wo wohnst du?
2F **el/la compañero/-a** (Studien)kollege/in, Mitschüler/in
es (ser) er, sie, es ist

3. Tiempo libre

el tiempo libre Freizeit
3A **ir** gehen, fahren
a nach, zu
el gimnasio Fitnesscenter
escuchar (zu)hören
la música Musik
el cine Kino
la excursión Ausflug
quedar con sich verabreden mit
el/la amigo/-a Freund/in
leer lesen
tocar *hier:* Instrument spielen
el instrumento Instrument
3B **la guitarra** Gitarre
voy (ir) ich gehe

4. ¿Para qué?

¿Para qué? wofür?
4 A **para** um zu
trabajar arbeiten
con mit
el animal Tier
la Sociología Soziologie
el actor/la actriz Schauspieler/in
el Arte Dramático Schauspielkunst
viajar reisen
Latinoamérica Lateinamerika
la Veterinaria Tiermedizin
la empresa Unternehmen
internacional international
el español Spanisch
comprender verstehen
la sociedad Gesellschaft
el mundo Welt

5. Cuatro universidades

5 A **la escuela** Schule
la televisión Fernsehen
nacional national
5 B **antiguo/-a** alt
la facultad Fakultät
ofrecer (zc) (an)bieten
el curso Kurs
el español para extranjeros Spanisch als Fremdsprache
el/la extranjero/-a Ausländer/in
bueno/-a gut
sabes (saber) du weißt
saber wissen
¿cómo? wie?
está (estar) a ... km es ist ... Km entfernt
estar sein, sich befinden
a unos/-as *hier*: in ungefähr
grande groß
moderno/-a modern
el centro universitario Universität
puedes (poder) du kannst
poder (ue) können
todos/-as alle
el Arte Kunst
la Arquitectura Architektur
el Diseño Design
no nicht, nein
tiene (tener) er, sie, es hat
tener haben
menos de weniger als
el campus Universitätsstandort, -gelände
diferente verschieden
el norte Norden

6. En la academia

la comprensión auditiva Hörverstehen
la academia Sprachenschule
la fecha de nacimiento Geburtsdatum
la dirección de correo electrónico E-Mail Adresse
el número de teléfono Telefonnummer

7. El número de teléfono

7 B **tienes (tener)** du hast
¡Equivocarse es de sabios! *Span. Wortspiel, etwa: Auch der Kluge kann sich irren.*
equivocarse sich irren
el/la sabio/-a der/die Kluge, Weise

8. Vosotros, ustedes

la otra mirada der andere Blickwinkel
vosotros/-as ihr
usted/es Sie
8 A **Guinea Ecuatorial** Äquatorialguinea
México Mexiko
Bolivia Bolivien
la República Dominicana Dominikanische Republik
Cuba Kuba
Nicaragua Nicaragua
Panamá Panama
Ecuador Ekuador
Colombia Kolumbien

9. Carlos García Robledo

9 A **el/la alumno/-a** Schüler/in, Student/in
el código del alumno *etwa*: Immatrikulationsdaten
la firma Unterschrift

10. ¿El o la?

10 A **tu/s** dein/e
la palabra Wort
el der
o oder
la die
la ciudad Stadt
el carné Ausweis
10 B **los/las** die *(Pl.)*
10 D **favorito/-a** bevorzugt
el portugués Portugiesisch

11. ¿Tiempo libre o estudio?

11 A **el estudio** Studium
navegar surfen
participar teilnehmen
escribir schreiben
hacer (g) machen, tun
chatear chatten
el mail Mail
las Matemáticas Mathematik
el grupo Gruppe
el deporte Sport
11 D **sí** ja, schon
también auch

Recursos gramaticales

los recursos gramaticales grammatikalische Strukturen
1 **el barrio** Stadtteil
el menú Menü
el paisaje Landschaft
el programa Programm
el problema Problem
el/la turista Tourist/in
el semestre Semester
la tarde Nachmittag
la moto (f) Motorrad
la mano (f) Hand
el mapa (m) Landkarte
el agua (f) Wasser
el hambre (f) Hunger
el águila (f) Adler
limpio/-a sauber
mucho/-a viel
el águila real Steinadler
2 **el color** Farbe
el corazón Herz
la información Information
la excursión Ausflug
la crisis Krise
el móvil Mobiltelefon
el examen Prüfung
el/la andaluza Andalusier/in
el autobús Autobus
la capital Hauptstadt
la imagen Bild
la vez Mal
la tos Husten
la clase Klasse
el coche Auto
los hermanos Geschwister, Brüder
simpático/-a sympathisch
3 **el/la novio/-a** feste/r Freund/in
España Spanien
mediterráneo/-a mediterran
Inglaterra England
industrial industriell
modernista Jugendstil-
el/la señor/a Herr, Frau

el/la profesor/a Professor/in, Lehrer/in
¿Cómo se pronuncia...? Wie spricht man ... aus?
el zapato Schuh
¿Tienes...? Hast du ...?
¿Quieres...? Möchtest du ...?
4 **tengo (tener)** ich habe
la biblioteca Bibliothek
¿llevas? (llevar) bringst du?
llevar bringen
el/la gato/-a Kater, Katze
blanco/-a weiß
el/la jugador/a Spieler/in
el baloncesto Basketball
¿no? nicht wahr?
el/la escritor/a Schriftsteller/in
otro/-a ein/e andere/r
medio/-a halb
cien/to einhundert
mil eintausend
5 **él** er
ella sie
nosotros/-as wir
ellos/-as sie *(Pl.)*
7 **llamarse** heißen
8 **el/la chico/-a** Junge, Mädchen; junger Mann, junge Frau
amable liebenswürdig, nett
el/la abuelo/-a Großvater, Großmutter
joven jung
el partido Partei
socialista sozialistisch
mexicano/-a mexikanisch
la idea Idee
el francés, la francesa Franzose, Französin
el/la belga Belgier/in
el/la nicaragüense Nicaraguaner/in
el francés Französisch
9 **sino** sondern
nada nichts
nadie niemand
ningún(o)/-a kein/e
nunca nie(mals)
el café Kaffee

2

la ciudad Stadt
ideal ideal

1. Ciudades que no te puedes perder

ciudades que no te puedes perder *Städte, die du dir nicht entgehen lassen solltest*
1B **el flamenco** Flamenco
el sol Sonne
el mar Meer, die See
la montaña Berg
el color Farbe
la historia Geschichte
la ciudadela Festung
inca Inka-
cosmopolita kosmopolitisch
el tesoro Schatz
colonial kolonial
perder (ie) verlieren
el/la artista Künstler/in
el/la segundo/a más grande der/die zweitgrößte
el lugar Ort, Stelle
pintoresco/-a malerisch
si wenn, ob
quieres (querer) du willst
querer (ie) wollen, mögen, lieben
descansar ausruhen
disfrutar genießen
comer essen
bien gut
pequeño/-a klein
¡Olé! Bravo!
visitar besuchen
durante während
la feria Jahrmarkt, Messe
su/s sein/e, ihr/e
la luz Licht, Strom
la simpatía Sympathie
la gente Leute
te dich, dir
esperar (er)warten, hoffen
el Imperio inca Inkareich
la sede Sitz
famoso/-a berühmt
la historia Geschichte
la naturaleza Natur
la aventura Abenteuer
todo alles
declarado/-a deklariert
el Patrimonio Histórico de la Humanidad Weltkulturerbe
la visita Besuch
inolvidable unvergesslich
el café-concierto Konzertcafé
el tango Tango
la vida Leben
cultural kulturell
el turismo Tourismus
de primera clase erstklassig

2. Los jóvenes y la ciudad

los jóvenes junge Leute
2A **intelectual** intellektuell
tranquilo/-a ruhig
marchoso/-a unternehmungslustig
encantar gefallen
sobre todo vor allem
la versión original Originalversion
aburrirse sich langweilen
mucho sehr
fascinar faszinieren
la vida nocturna Nachtleben
interesar interessieren
gustar gefallen
en casa zu Hause
charlar sich unterhalten, plaudern
cenar zu Abend essen
juntos/-as gemeinsam, zusammen
la música clásica klassische Musik
caro/-a teuer
ir de bares *etwa*: trinken gehen
caminar gehen, wandern
preferir (ie) bevorzugen
la compra Einkauf
tener (g) haben, besitzen
cerca in der Nähe, nahe
poder (ue) können
a pie zu Fuß
necesitar brauchen
el verano Sommer
el invierno Winter
la medicina Medizin
vivir leben, wohnen
sin ohne
el/la urbanita urbaner Mensch
a mí mir
2B **la infraestructura** Infrastruktur

3. Anuncios

3A **el anuncio** Anzeige
sociable gesellig
optimista optimistisch
sé (saber) ich kann
saber wissen, können
buscar suchen
el intercambio Austausch
el correo electrónico E-Mail
las vacaciones Ferien, Urlaub
las Ciencias del Medioambiente Umweltwissenschaften
activo/-a aktiv
el contacto Kontakt
la organización Organisation
las prácticas Praktikum
el proyecto Projekt
ecológico/-a ökologisch
la persona Person, Mensch
tolerante tolerant
practicar deporte Sport treiben
practicar praktizieren, üben
hablar sprechen
el/la argentino/-a Argentinier/in
bailar tanzen
enseñar zeigen
dar clases unterrichten
la gramática Grammatik

alemán, alemana deutsch
la dirección Adresse
la ecología Ökologie
la ONG (organización no gubernamental) Nichtregierungsorganisation
el/la voluntario/-a der/die Freiwillige
el parque nacional Nationalpark
las Ciencias de la Información Informationswissenschaften
este dieser
conozco ich kenne
conocer (zc) kennen, kennen lernen
alguien jemand
la Filología Alemana Germanistik
mal schlecht
además außerdem
jugar (ue) spielen
el ajedrez Schach
el ritmo Rythmus
latinoamericano/-a lateinamerikanisch
especialmente speziell
3 B **presentarse** sich vorstellen
el gusto Geschmack
el interés Interesse, Bedeutung
la habilidad Talent
la necesidad Bedürfnis
el deseo Wunsch

4. ¿Qué ciudad es?

4 A **México D. F. (Distrito Federal)** Mexiko Stadt
4 C **por fin** endlich, schließlich
aquí hier
maravilloso/-a wunderschön
por eso deshalb, deswegen
enorme rießig, übermäßig
el millón Million
el/la habitante Einwohner/in
algunos/-as einige
hay es gibt
es una lástima schade
porque weil, da
el agua (f) Wasser
ya schon
la semana que viene nächste Woche
la semana Woche
la costa Küste
el Pacífico Pazifik
el este Osten
allí dort
la playa Strand
bonito/-a schön
ver sehen
¡Anímate! Entschließ dich!
animarse sich entschließen, sich aufraffen
el beso Kuss

5. La ciudad ideal

5 A **alguno/-a** irgendein/e
muchos/-as viele
el parque Park
el río Fluss
el lago Binnensee
el centro comercial Einkaufszentrum
la calle Straße
el polideportivo Sportanlage
las afueras Außenbezirk
pues aber, also
5 B **para ello** dazu, dafür
el tamaño Größe
simpático/-a sympathisch

6. Erasmus

6 C **la Filología Inglesa** Anglistik
irlandés, irlandesa irisch
mejorar verbessern
me gustaría mir würde gefallen
reconocido/-a anerkannt
voy a estudiar ich werde studieren
la nota Note
conseguir erreichen, bekommen
la beca Stipendium
el plan Plan
con respecto a hinsichtlich, bezüglich
u oder *(vor -o und -ho)*
otro/-a der/die andere
similar ähnlich
el fin de semana Wochenende
pensar (ie) beabsichtigen, denken
próximo/-a der/die nächste

7. Salamanca, una ciudad para estudiar y vivir

7 A **cómodo/-a** bequem
el edificio Gebäude

8. El correo

el correo Post
8 A **la planta baja** Erdgeschoss
el departamento (LA) Wohnung
la puerta Tür
la plaza Platz
el interior (LA) *Wohnung im Innenhof*
el piso Wohnung
la avenida Allee

9. Saludos y despedidas

el saludo Begrüßung
la despedida Verabschiedung
9 A **el ambiente** Stimmung
conversar sich unterhalten
fantástico/-a fabelhaft, fantastisch
estoy aprendiendo ich lerne gerade
hoy heute
el cumpleaños Geburtstag
¡Felicidades! Herzlichen Glückwunsch!
precioso/-a wunderschön
el mes que viene nächsten Monat
el mes Monat
nos uns
pronto bald, früh
el abrazo Umarmung
fuerte fest, stark
9 B **Buenos días.** Guten Tag.
¡Hasta pronto! Bis bald!
¿Qué hubo? (LA) Was war los?
¿Qué onda? (LA) Wie geht es dir?
¡Adiós! Auf Wiedersehen!

10. Movilidad estudiantil

la movilidad Mobilität
estudiantil studentisch, Studenten-
10 A **los Estados Unidos** Vereinigte Staaten
10 B **¿dónde?** wo?
estudiar studieren
el país Land
significar bedeuten
esto dies, das
esencial wesentlich, *hier*: wichtig
la actualidad Gegenwart
el/la mismo/-a der/die gleiche
según laut, gemäß, entsprechend
cada jede/r/es
concentrarse sich konzentrieren
el oeste Westen
América del Norte Nordamerika
solo nur
de ellos/-as von ihnen
el/la chino/-a Chinese/in
recibir empfangen, bekommen
más *hier*: am meisten
el Reino Unido Großbritannien
Alemania Deutschland
Francia Frankreich
el/la indio/-a Inder/in
el/la coreano/-a Koreaner/in
el japonés, la japonesa Japaner/in
el alemán, la alemana der/die Deutsche
seguido/-a de gefolgt von
seguir (i) folgen
en cuanto a hinsichtlich, bezüglich
la preferencia Präferenz, Vorliebe
el/la africano/-a Afrikaner/in
europeo/-a europäisch
Londres London
París Paris
Europa del Este Osteuropa
Corea Korea
la India Indien
Asia Central Zentralasien
Rusia Russland
10 D **por** wegen, durch

(a mí) me gustaría... ich würde gerne...
10 E **la lengua oficial** Amtssprache
la situación Situation
geográfica/-o geografisch
el lugar de interés Sehenswürdigkeit
los datos Angaben, Daten

11. Tres personas
eso parece so scheint es
parecer (zc) (er)scheinen

12. Los países, sus habitantes y sus lenguas
Holanda Holland
Bélgica Belgien
Austria Österreich
Polonia Polen
la República Checa Tschechische Republik
Canadá Kanada
el/la griego/-a der Grieche, die Griechin
el neerlandés Niederländisch

13. Mi familia
la familia Familie
13 A **el/la hermano/-a** Bruder, Schwester
el/la nieto/-a Enkel/in
el padre Vater
la madre Mutter
el/la hijo/-a Sohn, Tochter
el marido Ehemann
la mujer Ehefrau, Frau
13 B **los abuelos** Großeltern

14. Asociograma
el asociograma Wortnetz
el servicio *hier:* Dienstleistung

Recursos gramaticales
1 **acá (LA)** hier
ahí da
allá dort
ese/esa diese/r da
aquel/aquella jene/r
2 **entender (ie)** verstehen
volver (ue) zurückkehren
3 **pedir (i)** bitten
decir (i, g) sagen
elegir (i) (aus)wählen
corregir (i) korrigieren
salir (g) hinausgehen, ausgehen, entkommen
5 **por aquí cerca** hier in der Nähe
mira (mirar) schau
mirar schauen
contigo mit dir
¿quién? wer?
claro klar
¿Por qué? Warum?
¿te gusta? gefällt (es) dir?
los Pirineos Pyrenäen
6 **a ti** dir
la oferta cultura Kulturangebot
7 **tampoco** auch nicht
además außerdem
ni... ni... weder ... noch ...
no... ni... weder ... noch ...
la Navidad Weihnachten
diciembre Dezember
guapo/-a hübsch
igual que genauso wie
mañana morgen
8 **la parte** Teil
la plaza de toros Stierkampfarena
la entrada Eingang
la sala de estudio Arbeitsraum
9 **el aymara** Aymara, *indian. Sprache*
el quechua Quechua, *indian. Sprache*
10 **¿qué?** was?
Sudamérica Südamerika
la medicina Medizin
el martes Dienstag
11 **nuestro/-a** unser/e
vuestro/-a euer/e
el ojo Auge
verde grün

3

1. Formas de aprender
la forma Art (und Weise)
1 A **quizá** vielleicht
solo/-a allein
1 B **disciplinado/-a** diszipliniert
funcionar funktionieren
le ihm, ihr
ayudar helfen
la explicación Erklärung
extrovertido/-a extrovertiert
el idioma Sprache
entre zwischen, unter, *hier*: mit
la actividad Aktivität
artificial künstlich
divertirse (ie) sich amüsieren
práctico/-a praktisch
en los/las que in denen
la teoría Theorie
el ejemplo Beispiel
el/la autodidacta Autodidakt
mejor besser
cuando wenn, als
organizar organisieren
propio/-a der/die eigene
decidir entscheiden
qué hacer was zu machen ist
el momento Moment
usar (be)nutzen
el diccionario Wörterbuch

2. Mi estilo de aprendizaje
el estilo de aprendizaje Lernstil
2 A **el perfil** Profil
el/la conversador/a der/die Kommunikative
la persona nativa Muttersprachler/in
grabar aufzeichnen
el error Fehler, Irrtum
el/la lector/a Leser/in
para mí für mich
importante wichtig
el periódico Zeitung
la novela Roman
la regla gramatical Grammatikregel
el internet Internet
el/la gramático/-a Grammatiker/in
el libro de texto Lehrbuch
descubrir entdecken
la lengua nativa Muttersprache
monolingüe einsprachig
bilingüe zweisprachig
el/la lúdico/-a der/die Spielerische
el pasatiempo Freizeitbeschäftigung
el crucigrama Kreuzworträtsel
la sopa de letras Buchstabensuppe
fácil leicht
la película Spielfilm
divertido/-a amüsant, lustig
el juego Spiel
el concurso Wettbewerb
2 B **la marca** Markierung, *hier*: angekreuzt

3. Mis objetivos de aprendizaje
el objetivo de aprendizaje Lernziel
3 A **el nivel** Niveau
el Marco Común Europeo de Referencia Gemeinsamer Europäischer Referenzrahmen
la motivación Motivation
el tiempo Zeit
el método Methode
sonar (ue) klingen, klingeln
la cultura Kultur
el valor añadido Mehrwert, *hier*: Aufwertung
el currículum Lebenslauf
el intercambio lingüístico Sprachaustausch
lingüístico/-a linguistisch, Sprach-
el/la hispanohablante der/die Spanischsprachige
la razón Grund
lograr erreichen

¿En cuánto tiempo? In welchem Zeitraum
elegir (i) (aus)wählen
tener (g, ie) en cuenta berücksichtigen

4. Elegir un curso

4A **el precio** Preis
acompañar begleiten
el número Nummer
por pro
combinar kombinieren
las clases presenciales Präsenzunterricht
las clases virtuales virtueller Unterricht
virtual virtuell
el material didáctico Lehrmaterial
la sala Raum
el ocio Freizeit
organizado/-a (por) organisiert (von)
4C **estar de acuerdo** übereinstimmen, einverstanden sein
4D **el castellano** Kastilisch, Spanisch
la cena Abendessen
típico/-a typisch
el viernes Freitag
los viernes freitags
la literatura Literatur
gratuito/-a gratis
intensivo/-a intensiv
incluido/-a inbegriffen
el alojamiento Unterkunft
el descuento Rabatt
de... a... von ... bis ...

5. Mis "favoritos" para aprender español

5A **en línea** online
el vídeo Video
la fonética Phonetik
las noticias Nachrichten
la revista Zeitschrift
5B **el ejercicio** Übung
El País *spanische Tageszeitung*
la Real Academia Española *Königlich Spanische Akademie für Sprache*

6. La semana de Inés

6A **la nacionalidad** Staatsangehörigkeit
cuidar betreuen, hüten
la afición Hobby
correr schnell laufen
el lunes Montag
llevar (hin)bringen, mitnehmen
el/la niño/-a Junge, Mädchen
la guardería Kindergarten
limpiar putzen
libre frei
recoger abholen
preparar zubereiten, vorbereiten
dar geben
en adelante von nun an, ab dann
el sábado Samstag
al mes pro Monat
el domingo Sonntag

7. Un curso para Valentina

7A **el teléfono** Telefon
el horario Öffnungszeiten
7B **el certificado** Zeugnis, Zertifikat
tener (g, ie) que müssen
hay que man muss
reservar reservieren
con antelación im Voraus
informar informieren
sobre über
abrir öffnen
7C **la ficha** Karteikarte, Personalbogen
el conocimiento Kenntnis
soler (ue) pflegen zu, gewohnt sein zu tun
el resultado Ergebnis

8. Cada estudiante es un mundo

8A **el laboratorio de idiomas** Sprachlabor
venir (g, ie) (her)kommen
sorprender überraschen, erstaunen
la capacidad Fähigkeit
argentino/-a argentinisch
improvisar improvisieren
tomar una decisión eine Entscheidung treffen
tomar nehmen
la decisión Entscheidung
rápidamente schnell
la instrucción Anweisung
preciso/-a präzise
estructurado/-a strukturiert
relajarse sich ausruhen, entspannen
la anécdota Anekdote
en particular besonders, im Besonderen
salgo (salir) ich gehe hinaus
cruzar kreuzen, überqueren
algo etwas
prohibido/-a verboten
adorar verehren, schätzen
la lengua extranjera Fremdsprache
lo mismo das gleiche, ebenso
la escuela de secundaria Sekundarstufe
demasiado *hier*: allzu sehr
puntual pünktlich
la estrategia Strategie
el tema Thema
aceptar akzeptieren
comunicativo/-a kommunikativ
la experiencia Erfahrung
por ejemplo zum Beispiel
el diario Tagebuch

9. Cómo aprender a conducir

conducir (zc) fahren
aprender a conducir fahren lernen
el miedo Angst
nadar schwimmen
suficiente genug
sentir(se) (ie) (sich) fühlen
el movimiento Bewegung
el cuerpo Körper
el cerebro Gehirn
olvidar vergessen
la regla Regel
automatizar automatisieren
fundamental grundlegend
la actitud Haltung, Verhalten
positivo/-a positiv
hacia *hier*: gegenüber
la salsa Salsa (*Tanz und Musik*)
real wirklich
seguramente sicherlich
el factor Faktor
afectar betreffen, *hier*: bestimmen
pasado/-a vergangen
negativo/-a negativ
la lengua materna Muttersprache
el hablante Sprecher
por último zu guter Letzt, schließlich
el/la último/-a der/die letzte
experimentar experimentieren
probar (ue) (aus)probieren

10. Lenguas distintas, culturas distintas

distinto/-a verschieden
10A **resultar** resultieren, sich erweisen, *hier*: sein
valorar schätzen
el elemento Bestandteil, Faktor, Element
la cultura general Allgemeinbildung
para ti für dich
más... que... mehr ... als ...
10B **bastante** ziemlich (viel), genug
la escritura Schrift
totalmente vollkommen
sin embargo trotzdem, jedoch
la mayoría Mehrheit
la encuesta Umfrage
necesario/-a nützlich, notwendig
el valor agregado *hier*: zusätzliche Qualifikation
adaptar(se) (sich) anpassen
el fútbol Fußball
el aspecto Erscheinung, Aspekt

atractivo/-a attraktiv, anziehend, reizvoll
la dificultad Schwierigkeit
concreto/-a konkret
el vocabulario Vokabular
la orientación Ausrichtung, Orientierung
chocar erstaunen, schockieren
sistemático/-a systhematisch
la repetición Wiederholung
la enseñanza Unterricht, Lehre
caótico/-a chaotisch
el texto Text

11. Sufijos
el sufijo Suffix
reconocer (zc) erkennen, eingestehen
la raíz Wurzel, *hier*: Stamm
el tipo de palabra Wortart
anotar (auf)schreiben
para cada uno/-a für jede/n
la lectura Lesen, Lektüre

12. Aprender palabras
12 B **la lista** Liste
recordar (ue) erinnern

13. ¿Cómo es tu horario?
el horario Stundenplan
13 A **el footing** Jogging
avisar benachrichtigen
el/la canguro Babysitter/in
esta noche heute Nacht
la noche Nacht
la reunión Sitzung, Versammlung
la franquicia *hier*: Franchising
el/la gerente Geschäftsführer/in
la cadena Kette
la feria Messe
la cena Abendessen
comprar (ein)kaufen
el vino Wein
el postre Nachtisch
la sesión Sitzung, Vorstellung
el yoga Yoga
el saxo Saxophon
el/la músico/-a Musiker
la comida Essen
la gira Rundfahrt
el ensayo Probe
despertar (ie) aufwecken
el colegio Schule
la cita Termin, Verabredung
el banco Bank
la nevera Kühlschrank
vacío/-a leer
el ama (f) de casa Hausfrau
reparar reparieren
la conexión a internet Internetverbindung
la natación Schwimmsport
el entrenamiento Training
13 B **estresante** stressig, anstrengend
relajado/-a entspannt

Recursos gramaticales
1 **dormir (ue)** schlafen
repetir (i) wiederholen
2 **¿Cuál/es?** Welche/r/s?
3 **la cosa** Sache, Ding
un poco más ein wenig mehr
más que mehr als
menos que weniger als
que als
más de mehr als
4 **el/la mejor** der/die/das beste
el/la peor der/die/das schlechteste
barato/-a billig
el tándem Tandem
la física Physik
5 **siempre** immer
casi fast
normalmente normalerweise
con frecuencia oft
a veces manchmal
por/a la mañana/tarde/noche morgens, nachmittags, nachts
enero Januar
marzo März
la discoteca Diskothek
¿Cuándo? Wann?
empezar (ie) beginnen
la literatura Literatur
a la/s ... hora/s um ... Uhr
¿Qué hora es? Wieviel Uhr ist es?
Es la una. Es ist ein Uhr.
Son las tres. Es ist drei Uhr.
las dos y media halb drei
febrero Februar
junio Juni
7 **la cafetería** das Café
al lado de neben
pasear spazieren gehen
¿De quién? Von wem?
lejos weit (entfernt)
el centro Mitte, Zentrum
llegar ankommen
El Cairo Kairo
el artículo Artikel

4

1. La maleta de Teresa
la maleta Koffer

2. El diario de Ana
el diario Tagebuch
2 A **abril** April
el desayuno Frühstück
común gemeinsam, üblich
completo/-a vollständig
compartir miteinander teilen
Hamburgo Hamburg
Estocolmo Stockholm
la Enología Weinkunde
seguro sicherlich
la Agronomía Landwirtschaft
Filosofía y Letras Humanwissenschaften
todavía noch
la UBA (Universidad de Buenos Aires) *Universität von Buenos Aires*
alegrarse de sich freuen
tantos/-as so viele
está de mal humor er/sie hat schlechte Laune
se acaba de ir er ist gerade weggegangen
acabar de (+ infinitivo) gerade etw. getan haben
irse weggehen
renovar (ue) erneuern
el permiso de residencia Aufenthaltserlaubnis
complicado/-a kompliziert
aburrido/-a langweilig
el transporte público öffentliche Verkehrsmittel
porteño/-a aus Buenos Aires
el subte (subterráneo) (Arg) U-Bahn
coger nehmen
la línea Linie
hasta bis
a pie zu Fuß
así que sodass
desde allí von dort
el tren Zug
la suerte Glück
cansado/-a müde
contento/-a zufrieden
la oficina Büro
contestar antworten
la pregunta Frage
el tablón de anuncios schwarzes Brett
vender verkaufen
los apuntes Aufzeichnungen, Skript
empezar (ie) beginnen
la asamblea Versammlung
gracioso/-a spaßig, witzig

político/-a politisch
por todas partes überall
desorientado/-a desorientiert
curioso/-a neugierig, wissbegierig
tener ganas de Lust haben auf
2 B **la impresión** Eindruck

3. La Boca
3 A **La Boca** *Stadtteil von Buenos Aires*
pintado/-a bemalt
el estadio Stadium
el/la artista callejero/-a Straßenkünstler/in
aparecer (zc) erscheinen
natural natürlich

4. ¿Qué tal si cenamos esta noche?
¿Qué tal si...? Wie wäre es, wenn ...?
4 A **la llamada** Anruf
Finlandia Finnland
genial genial
apetecer (zc) Lust haben
por cierto übrigens, apropos
delante de vor
tarde spät
¡Abrazos! Ich umarme dich!
quedarse bleiben
4 C **último/-a** der/die letzte
a las ... de la tarde um ... Uhr am Abend

5. Perdón, ¿dónde está la Facultad de Ingeniería?
perdón Entschuldigung
la Ingeniería Ingenieurwesen
5 A **la iglesia** Kirche
dinamarqués, dinamarquesa dänisch
5 B **disculpa (disculpar)** entschuldige
disculpar entschuldigen
oye (oír) hör
oír (g) hören
seguir (i) weitergehen, -fahren
(todo) recto (ganz) geradeaus
la dirección Richtung, Adresse
contrario/-a entgegengesetzt
5 C **el bar** Kneipe, Bar
la tienda Geschäft
original originell
la fotocopia Fotokopie
de moda in Mode sein

6. Las necesito para el verano
6 A **el avión** Flugzeug
entrar hineingehen, *hier*: einreisen
desde (hace) seit
viejo/-a alt
el sitio Platz
turístico/-a touristisch
acerca de über
para für
peligroso/-a gefährlich
los ojos claros helle Augen

7. Mochila Erasmus
la mochila Rücksack
el visado Visum
es (muy) importante es ist (sehr) wichtig
la documentación Unterlagen, Dokumentation
existe(n) es gibt
llamar por teléfono telefonieren
escoger aussuchen
el formulario Formular
específico/-a spezifisch
el seguro médico Krankenversicherung
el seguro Versicherung
académico/-a akademisch
el plan de estudios Studienplan
la asignatura Studienfach
la fecha Datum
la evaluación Evaluierung
la residencia de estudiantes Studentenwohnheim
la habitación Zimmer
el piso compartido Wohngemeinschaft
el albergue juvenil Jugendherberge
la posibilidad Möglichkeit
útil nützlich

8. ¿Me las das?
¿Me las das? Gibst du sie mir?
8 A **la llave** Schlüssel
el/la tutor/a Tutor/in
mandar schicken, senden
a tu lado neben dir
la tarjeta de crédito Kreditkarte
8 C **la guía** der Reiseführer (*Buch*)
regalar schenken

9. El primer día en el Campus
el autoservicio Selbstbedienung
las instalaciones deportivas Sportanlage

10. Perdona, ¿sabes dónde está?
bajarse aussteigen
la parada Haltestelle
a la derecha nach rechts
subir hinaufgehen
ir andando laufen
el metro U-Bahn

11. ¿Cómo vuelves a casa?
a casa nach Hause

12. El calendario laboral
el calendario Kalender
laboral Arbeits-
12 A **el día festivo** Feiertag
local örtlich, Lokal-
regional regional
corresponder gehören zu, passen, entsprechen
la celebración Feier
religioso/-a religiös
noviembre November
celebrar feiern
Todos los Santos Allerheiligen
la Inmaculada Concepción Unbefleckte Empfängnis
por supuesto selbstverständlich
publicar veröffenlichen
el día de Reyes Dreikönigsfest
alegre fröhlich
el regalo Geschenk
la festividad Festlichkeit
laico/-a Laien-, weltlich
la firma Unterschrift
la constitución Verfassung
democrático/-a demokratisch
mayo Mai
académico/-a akademisch
comenzar (ie) beginnen
a mediados de Mitte
septiembre September
a principios de Anfang
octubre Oktober
terminar abschließen, (be)enden
julio Juli
agosto August

13. Barcelona con otros ojos
13 B **el/la inmigrante** Immigrant/in, Einwander/in
recientemente vor kurzem
contar (ue) (er)zählen
explicar erklären
la diferencia Unterschied
la ciudad natal Geburtsort
principal Haupt-, hauptsächlich
el sur Süden
el Cono Sur *südl. Teil Südamerikas (Argentinien, Uruguay, Paraguay, Chile)*
multicultural multikulturell
multiétnico/-a Vielvölker-
el continente Kontinent
el clima Klima
la tolerancia Toleranz
agradable angenehm
excelente hervorragend

la gastronomía Gastronomie
la oferta Angebot
exagerar übertreiben
el/la caribeño/-a Einwohner/in der Karibik
afirmar bestätigen
la opinión Meinung
el/la estadounidense US-Amerikaner
lo contrario das Gegenteil
a la hora de comer zu den Mahlzeiten
lleno/-a voll
el primer plato Vorspeise
el plato Teller, Gericht
el sándwich Sandwich
impresionante beeindruckend
destacar herausragen
la seguridad Sicherheit
la comparación Vergleich
incluso sogar
la calidad Qualität
acabar(se) enden
existir existieren, vorhanden sein
el holandés, la holandesa Holländer/in
así so
el tráfico Verkehr
el ruido Geräusch
la casa Haus, Zuhause, Heim
criticar kritisieren
el alquiler Miete
en general im Allgemeinen
el/la marroquí Marrokkaner/in
señalar signalisieren, hinweisen
la contaminación Verschmutzung
la vivienda Wohnung, Wohnhaus
el catalán, la catalana Katalane, Katalanin
tratar behandeln
norteafricano/-a nordafrikanisch
hispanoamericano/-a hispanoamerikanisch
mayor älter, größer
la residencia para ancianos Altenheim
la función Funktion
en conclusión letztendlich
resumir zusammenfassen
económico/-a ökonomisch, wirtschaftlich
aunque obwohl, auch wenn, aber
en cambio stattdessen, hingegen, dagegen

14. Es cosmopolita...

la fiesta Fest

15. Trabajar en el extranjero

en el extranjero im Ausland
15 A **el/la camarero/-a** Kellner/in
el/la cocinero/-a Koch, Köchin
el/la dependiente/-a Verkäufer/in, Angestellte/r
el/la abogado/-a Rechtsanwalt, -anwältin
el/la médico/-a Arzt, Ärztin
el/la empresario/-a Unternehmer/in
el/la programador/a Programmierer/in
informático/-a Informatik-
el/la administrativo/-a Verwaltungsangestellte/r
15 B **fuera** außerhalb, draußen
encontrar (ue) finden, treffen
cuánto tiempo wie lange
cualificado/-a qualifiziert
relacionado/-a con zusammenhängen mit, in Verbindung mit
el/la limpiador/a Raumpfleger/in
el/la animador/a Animateur/in
el comercio Handel
el/la cajero/-a Kassierer/in
el supermercado Supermarkt
directamente direkt
el sector Sektor
el puesto Arbeitsstelle
en cualquier caso in jedem Fall
la agencia de trabajo temporal Zeitarbeitsagentur
el enlace Link
acceder a Zugang haben zu
la agencia Agentur
el servicio de autobuses Autobusbetrieb

16. Prefijos

16 B **el prefijo** Präfix
¡Bienvenido/-a! Willkommen!
el mapamundi Weltkarte
el mediodía Mittag
el/la pelirrojo/-a der/die Rothaarige
agridulce süß-sauer
la carta Spielkarte, Brief
el póker Poker
la piel Haut
le peca Sommersprosse

17. Acrónimos

el acrónimo Akronym *(aus Anfangsbuchstaben von Wörtern zusammengesetztes Wort)*
17 A **la ONU (Organización de las Naciones Unidas)** UNO
la UE (Unión Europea) EU
17 B **universitario/-a** Universitäts-
imagina stell dir vor
imaginar(se) sich vorstellen
hacer preguntas Fragen stellen
la respuesta Antwort
preguntar fragen
el tipo Typ, Art
dile (decir) sag ihm/ihr
decir (i, g) sagen
la pensión Pension
el albergue Herberge
la residencia Wohnheim, Wohnsitz
el hostal Gasthaus
el/la siguiente der/die folgende
las Humanidades Humanwissenschaften
contesta (contestar) antworte
contestar (antworten)
la inicial Anfangsbuchstabe
encontrarse en (ue) sich befinden in
la sílaba Silbe

18 Palabras para un currículum

18 A **la descripción** Beschreibung
físico/-a physisch
la informática Informatik
el hobby Hobby
la creencia Glaube
el carácter Charakter
el estado civil Familienstand
la formación (Aus)bildung
la educación primaria Grundschule
la educación secundaria Sekundarstufe
18 B **la asociación** Verein
solicitar beantragen, sich bewerben
18 C **los datos personales** Angaben zur Person
el manejo (a nivel de usuario) *hier*: (Anwender) Kenntnisse
el/la usuario/-a Anwender/in
avanzado/-a fortgeschritten

Recursos gramaticales

1 **el disco** Schallplatte
dame (dar) gib mir
dar (doy) geben
la estación Bahnhof
traigo ich bringe mit
traer (her/mit)bringen
subir einsteigen
bajar aussteigen
doblar abbiegen
a la izquierda nach links
girar abbiegen
cambiar umsteigen
la esquina Ecke
3 **el reloj** Uhr
recomendar (ie) empfehlen
la librería Buchhandlung
prestar (aus)leihen

el viaje Reise
enseguida sofort, gleich
4 **América Latina** Lateinamerika
la estructura Struktur
gramatical grammatikalisch, Grammatik-
5 **entregar** einreichen, abgeben
la maleta Koffer
la ropa Kleidung
revisar überprüfen, überarbeiten
imprimir (aus)drucken
el billete Fahrkarte, Flugticket
despedirse (i) sich verabschieden

5

1. Mi casa ideal

1A **la torre** Turm
el solar Grundstück
la nave Industriehalle, (Lager)halle
la venta Verkauf
la decoración Dekoration
la piedra Stein
la madera Holz
1B **la cocina** Küche
el jardín Garten
el comedor Speisezimmer
el baño Bad
el salón Wohnzimmer
la sala de estar Wohnzimmer
la terraza Terasse
el pasillo Flur
el dormitorio Schlafzimmer
el sofá Sofa

2. Se alquila habitación

alquilar (ver)mieten
2A **luminoso/-a** hell, lichtdurchflutet
estar bien comunicado/-a gute Verkehrsanbindung haben
amueblado/-a möbliert
el ascensor Fahrstuhl
2C **preferible** vorzugsweise
ordenado/-a ordentlich
respetuoso/-a respektvoll
el/la dueño/-a Besitzer/in
los gastos Ausgaben, Kosten
la electricidad Strom
caliente warm, heiß
el depósito (LA) Kaution
el estudio Appartement
al mes pro Monat
da a (dar) liegen zu
el patio interior Innenhof
el patio Hof
a cinco minutos fünf Minuten entfernt
el equipo de música Musikanlage
el chalet Chalet, Landhaus
la calefacción Heizung
el encanto Charme
el estado Zustand
la zona residencial Wohngegend
el aire acondicionado Klimaanlage
equipado/-a ausgestattet
la lavadora Waschmaschine

4. Llama a Roberto

el favor Gefallen, Hilfe
regar (ie) gießen
la planta Pflanze
invitar einladen
reenviar weiterleiten, zurückschicken
el mensaje Mitteilung, *hier*: E-Mail
el amor Liebe
levantarse aufstehen
la foto Foto
la ensalada Salat
rico/-a lecker
¿Te importa? Macht es dir etwas aus?
la mesa Tisch
en total insgesamt
hasta mañana bis morgen

5. Mi mueble preferido

5A **el mueble** Möbel(stück)
la silla Stuhl
la cama Bett
la ducha Dusche
la bañera Badewanne
la alfombra Teppich
la mesilla Nachttisch
la estantería Regal
el armario Schrank
la cortina Vorhang
la cómoda Kommode
el sillón Sessel
la librería Bücherregal
5C **encima de** auf
5D **junto a** bei
5E **quedar bien** gut passen

7. El primer día de universidad

7A **la Economía** Wirtschaftswissenschaften
arreglarse sich zurechtmachen
el despertador Wecker
lavarse sich waschen
la cara Gesicht
el diente Zahn
vestirse (i) sich (an)kleiden
el café con leche Milchkaffee
la leche Milch
beber trinken
el minuto Minute
mientras während
animado/-a belebt
fijarse en den Blick richten auf
el cartel Plakat
protestar protestieren
la subida Erhöhung
las tasas universitarias Studiengebühren
de pie stehend
serio/-a ernst
luego dann
el trabajo escrito schriftliche Arbeit
la presentación Präsentation
la bibliografía Bibliografie
el rato Weile
el instituto Gymnasium, Sekundarstufe
aún noch
repetirse (i) sich wiederholen
anterior vorherige
7B **ducharse** sich duschen
acostarse (ue) zu Bett gehen
afeitarse sich rasieren
peinarse sich kämmen
7C **antes de** vor, bevor

9. La llamada

9A **las comunicaciones** *hier*: Verkehrsverbindungen

10. Recados

el recado Nachricht

11. Personas diferentes, casas diferentes

11B **el portal** Hauseingang
el barrio cerrado (LA) *abgeschlossenes Wohngebiet*
la urbanización (Wohn)siedlung
la posición Position
el campo Land
11C **es decir** das heißt
el apartamento Wohnung
varios/-as mehrere
la planta Stockwerk
el salón comedor Esszimmer
el despacho Büro, Arbeitszimmer
por lo general im Allgemeinen
el bloque de viviendas Wohnblock
la placa Schild
el buzón Briefkasten
al contrario que anders als
frecuente üblich, häufig
la inseguridad Unsicherheit
la casa chorizo (Arg) *typisches argentinisches Haus*
el chorizo *luftgetrocknete Paprikawurst*
la fila Reihe
igual gleich

individual individuell
el área Bereich
la piscina Schwimmbad
la clase media-alta gehobene Mittelschicht
la finca Landhaus
la hacienda (LA) (Land)gut
la estancia (LA) (Land)gut
la pareja Paar, Partner/in
estable stabil
seguro/-a sicher
entonces dann
la hipoteca Hypothek
convertirse (ie) en werden
el crecimiento Wachstum
migratorio/-a Wanderungs-
causar verursachen
el cambio (Ver)änderung
bajo/-a niedrig, kleingewachsen
el/la vecino/-a Nachbar/in
el mercado Markt
el negocio de comestibles Lebensmittelgeschäft
permitir(se) (sich) erlauben, leisten
la educación Bildung, Erziehung
la pobreza Armut

12. Hoy ha sido un buen día

Hoy ha sido un buen día Es war ein guter Tag
12 A **desayunar** frühstücken
con tiempo zeitig
tranquilamente in Ruhe
el temario Themenkreis
encontrarse (ue) con jemanden treffen
unos/-as einige
no te preocupes mach dir keine Sorgen
preocuparse por sich Sorgen machen um

13. Cartas al director

13 A **la carta al director** Leserbrief
¡Menuda decepción! Was für eine Enttäuschung!
la decepción Enttäuschung
soltero/-a ledig
emanciparse sich emanzipieren
a día de hoy am heutigen Tag
las inmobiliarias Immobilienfirma
la facilidad Erleichterung
reírse (í) lachen
el/la loco/-a der/die Verrückte
merecer (zc) verdienen, gebühren
ayer gestern
la cola Schlange (*Reihe*)
correspondiente entsprechend, passend
la solicitud Antrag
la compra-alquiler Mietkauf
la EMV (Empresa Municipal de la Vivienda) *Kommunaler Wohnungsbau*
optar (por) sich entscheiden (für), wählen
los ingresos Einkünfte
tener derecho a Recht haben auf
el derecho Recht
la ayuda Hilfe
prometer versprechen

14. Los jóvenes y la vivienda

14 A **imposible** unmöglich
14 B **el/la presidente/-a** der/die Vorsitzende, Präsident/in
el Consejo de la Juventud *etwa*: Jugendrat
de media im Durchschnitt
menor jünger
dedicar(se) a (sich) widmen
el sueldo Gehalt
el endeudamiento Verschuldung
superior a höher als
mensual monatlich
abandonar verlassen
el domicilio Wohnsitz, Wohnung
el crédito Kredit
pagar bezahlen
el estudio Studie
la comunidad autónoma autonome Region
invertir investieren
el País Vasco Baskenland
las Islas Baleares Balearen Inseln
Cataluña Katalonien
(las Islas) Canarias Kanarische Inseln
ganar verdienen, gewinnen
el extremo Extrem
Galicia Galicien
a esa hora zu dieser Zeit
céntrico/-a zentral

15. Familias de palabras

la familia de palabras Wortfamilie
15 A **habitar** bewohnen
habitable bewohnbar
el hábitat Lebensraum
el hábito (An)gewohnheit
cocer (ue) kochen, garen, backen
cocinar kochen, zubereiten
la cocinilla Campingkocher
el cocido Eintopf
pasar vorbeilaufen, passieren
el pasaje Passage, Flugticket
el paso Schritt
el paseo Spaziergang
el/la pasajero/-a Passagier/in,
el paseante Spaziergänger/in
el pasado Vergangenheit
bañar baden
el bañador Badeanzug
el comedero Futterstelle
el comensal (Tisch)gast
el domingo Sonntag

16. Inventario

el inventario Inventar
16 B **al lado de** neben

17. Cuando voy a estudiar

encender (ie) anzünden, einschalten
el ordenador Personalcomputer
la ventana Fenster
ponerse (g) (Kleidung) anziehen
el lápiz Bleistift
el papel Papier
apagar ausschalten
ordenar ordnen
después danach

18. ¿Con qué frecuencia?

¿Con qué frecuencia? Wie oft?
la frecuencia Häufigkeit
18 A **fumar** rauchen
la escalera Treppe
la cerveza Bier
salir de fiesta feiern gehen
el pelo Haar
a veces manchmal

Recursos gramaticales

3 **la Historia Contemporánea** Zeitgenössische Geschichte
4 **debajo de** unter
recoger aufräumen
5 **devolver (ue)** zurückgeben
el jueves Donnerstag
6 **poner (g)** setzen, stellen, legen, einschalten
romper kaputtmachen
morir (ue) sterben
7 **esta mañana** heute Morgen

6

Cuando estuve en Als ich in ... war

1. ¿En qué países has estado?

¿En qué...? In welchem/r/n ...?
1 B **coméntalo** sprich darüber
comentar besprechen, kommentieren
el/la compañero/-a *hier*: Partner/in

1C **la costumbre** Gewohnheit, Brauch, Sitte
1D **¿te gustaría (gustar)...?** würdest du gerne ...?
la cosa Sache, Ding
rellenar ausfüllen
la tabla Tabelle
pasar verbringen, geschehen

2. Experiencias

2A **identificarse** sich identifizieren
costar (ue) kosten
de todas formas auf jeden Fall
arrepentirse (ie) bereuen
duro/-a hart
entero/-a ganz
el irlandés, la irlandesa Ir(e)/in
el sistema System
Salzburgo Salzburg
fenomenal großartig, herrlich
2B **el tiempo verbal** Zeitform
añadir hinzufügen
2C **la frase** Satz
2D **echar de menos** vermissen

3. Un día en mi viaje

el fragmento Auszug, Bruchstück
narrar erzählen
incluir (y) einschließen, *hier*: einbauen
la bienvenida Willkommen
la sensación Gefühl, Sensation
los alrededores Umgebung

4. Campañas de prevención

la campaña Kampagne, Werbeaktion
la prevención Prävention, Vorbeugung
4A **el dedo** *Finger*
la espuma *Schaum*
tener dos dedos de frente *Sprichwort, etwa: gesunden Menschenverstand haben*
hace vor *(zeitl.)*
el/la egipcio/-a Ägypter/in
elaborar herstellen
responsable verantwortlich
el preservativo Präservativ
la droga Droge
el eslogan Slogan, Werbespruch
referirse (ie) a sich beziehen auf
4B **proteger** beschützen
convencer (zc) überzeugen
con moderación in Maßen
refrescarse sich erfrischen
el placer Vergnügen, Freude, Lust
el aperitivo Aperitif
el alcohol Alkohol
eludir meiden, ausweichen
impresionar beeindrucken
en ayunas auf nüchternen Magen
el fármaco Medikament
el sedante Schlafmittel
mezclar mischen
la bebida Getränk
alcohólico/-a alkoholisch
el uso Gebrauch
el temor Furcht, Angst
el embarazo Schwangerschaft
el contagio Ansteckung
la infección Entzündung
tener a mano zur Hand haben
cortar(se) (sich) schneiden, *fam*: verlegen werden
con gracia mit Spaß
formar parte Teil sein
erótico/-a erotisch
comprobar (ue) kontrollieren, prüfen
estar caducado/-a abgelaufen sein
deteriorado/-a schadhaft
ahora jetzt
la iniciativa Initiative
la salud pública öffentliche Gesundheit
el gobierno Regierung
la colaboración Zusammenarbeit
el Colegio Oficial de Farmaceúticos Apothekerkammer
el presente Gegenwart
conservar erhalten
el/la tuyo/-a dein/e
la web Internet
el premio Preis, Gewinn
el/la ganador/a Gewinner/in
el sorteo Auslosung
el/la participante der/die Teilnehmer/in
4C **prevenir (g, ie)** vorbeugen

5. La gente joven y sus valores

el valor Wert, Wertvorstellung
5A **casarse** heiraten
el padre soltero alleinerziehender Vater
la madre soltera alleinerziehende Mutter
sexual sexuell, Sexual-
el consumo Konsum
moderado/-a gemäßigt, maßvoll
la prohibición Verbot
público/-a öffentlich
estar a favor de für ... sein
el tabaco Tabak
estar en contra (de) gegen ... sein
5B **casi** fast
la juventud Jugend
definir definieren, *hier*: erklären
el centro Mitte
la izquierda die Linke
las cifras Zahlen
la confianza Vertrauen
el matrimonio Ehe
homosexual homosexuell
la adopción Adoption
por parte de seitens
la llegada Ankunft
la legalización Legalisierung
el aborto Abtreibung
católico/-a katholisch
el/la político/-a Politiker/in
el/la ecologista der/die Ökologe/in
fascinante faszinierend
la ruina Ruine
romano/-a römisch

6. El Sirvinacuy

6A **el hombre** Mann, Mensch
importar wichtig sein
inteligente intelligent
6B **a prueba** zur Probe
incaico/-a Inka-
el/la campesino/-a Bauer, Bäuerin
los Andes Anden
tratarse de sich handeln um
el período Zeitraum
la convivencia Zusammenleben
atraído/-a angezogen
espiritualmente geistig
casado/-a verheiratet
andino/-a Anden-
quien/es der, die, das; die
ocuparse de sich kümmern um
el asunto Angelegenheit
matrimonial Ehe-, ehelich
la virginidad Jungfräulichkeit
la sociedad Gesellschaft
el pueblo Volk, Dorf
el busto Brust
abundante reichhaltig, groß
la cadera Hüfte
ancho/-a breit
tejer weben
el ganado Vieh
por su parte ihrerseits, seinerseits
trabajador/a fleißig
honrado/-a ehrlich, ehrenhaft
encerrar (ie) einschließen
la luna de miel Flitterwochen
en ese caso in diesem Fall
la consecuencia Folge, Auswirkung
la norma Norm, Regel
respetar respektieren
demostrar (ue) beweisen, zeigen
ser capaz fähig sein
formar bilden
6C **completar** vervollständigen

la expresión Ausdruck
de acuerdo einverstanden
6 E **regular** halbwegs, mittel
fenomenal wunderbar
la tarjeta Karte
cocinar kochen
6 F **igual de bien** genauso gut

8. En la cafetería

la cafetería Café, Cafeteria
8 A **marcar** markieren
tomar nota Aufzeichnungen machen
el debate Diskussion

9. Erasmus, un balance positivo

el balance Bilanz
desde luego selbstverständlich, natürlich
9 A **tan** so
largo/-a lang
llover (ue) regnen
amarillo/-a gelb
marrón braun
el tono Ton
admirar bewundern
la facilidad Talent, Leichtigkeit
poco/-a wenig
dominar beherrschen
la verdad Wahrheit
el inglés, la inglesa der/die Engländer/in
el/la ruso/-a der/die Russ(e)/in
el/la italiano/-a der/die Italiener/in
el/la español/a der/die Spanier/in
mudarse umziehen
la manera Art und Weise
deshacerse (g) de loswerden, sich entledigen
el prejuicio Vorurteil
Pentecostés Pfingsten
la ventaja Vorteil
la disposición Verfügung
desde … a … von … bis …
el húngaro Ungarisch
el enfoque Fokussierung, *hier:* Ansatz
la desventaja Nachteil
hace frío es ist kalt
gris grau
acostumbrarse a sich gewöhnen an
la contribución Beitrag
el foro Forum
más o menos mehr oder weniger
el camino Weg
la rosa Rose
servir (i) dienen
apreciar schätzen
la temporada Zeit, Saison
cierto/-a gewiss
Es obvio que … Es ist offensichtlich, dass …
obvio/-a offensichtlich
Supongo que … Ich nehme an, dass …
suponer (g) annehmen, vermuten
Es un hecho conocido que … Es ist eine bekannte Tatsache, dass …
el hecho Tatsache, Ereignis
9 B **el extranjero** Ausland
extranjero/-a ausländisch

10. Viajes que te cambian la vida

10 A **el personaje** Persönlichkeit
10 B **el medio de transporte** Transportmittel
la condición Bedingung
10 C **la sinopsis** Zusammenfassung, Synopse
la hipótesis Hypothese
la motocicleta Motorrad
verdadero/-a wirklich, wahr
especializarse en spezialisieren
la leprología Leprologie
el/la bioquímico/-a Biochemiker/in
mostrar (ue) zeigen
el descubrimiento Entdeckung
poderoso/-a mächtig
la avería Panne
continuar weitermachen, fortsetzen
poco a poco nach und nach
majestuoso/-a majästetisch
extraordinario/-a außergewöhnlich
la presencia Erscheinungsbild
inca Inca
profundamente tief
la selva (dichter) Wald
amazónico/-a Amazonas-
el asilo Heim
el/la leproso/-a der/die Leprakranke
el/la viajero/-a der/die Reisende/r
reflexionar nachdenken
el progreso Fortschritt
dejar lassen, verlassen
la miseria Armut, Elend
ético/-a ethisch

11. El diario

11 A **intentar** versuchen
la definición Definition
el refrigerador (LA) Kühlschrank
la tribu Stamm
el caserío (LA) Gehöft
el barrigón dicker Mann
la escopeta Gewehr
el/la enfermo/-a der/die Kranke
la investigación Forschung
el análisis Analyse
la tripa Bauch, Darm
el arma (f) (de fuego) Schusswaffe
cazar jagen
sano/-a gesund
gozar de buena salud sich bester Gesundheit erfreuen
gozar genießen
la salud Gesundheit
el electrodoméstico (elektrisches) Haushaltsgerät
los alimentos Nahrungsmittel
frío/-a kalt
benéfico/-a wohltätig
étnico/-a ethnisch
rural ländlich
11 B **independiente** unabhängig
ejercer ausüben
la característica Charakteristik
el respeto Respekt
el/la coordinador/a Koordinator/in
la colonia Kolonie
el doctor Doktor, Arzt
la ocasión Gelegenheit
notable beachtlich, bemerkenswert
la población Bevölkerung
faltar fehlen
observar beachten
la comodidad Komfort
eléctrico/-a elektrisch
el laboratorio Labor
el microscopio Mikroskop
el/la laboratorista Laborant/in
esquelético/-a spindeldürr, Skelett-
mientras que während
el/la viejo/-a der/die Alte
presentar zeigen, vorstellen
el signo Zeichen
la avitaminosis Vitaminmangel
al contrario im Gegenteil
suceder geschehen, passieren
la base Basis, Grundlage
la alimentación Ernährung
constituir (y) bilden
la yuca Maniok
el plátano Banane
el fruto Frucht
la palmera Palme
el dialecto Dialekt
el sistema nervioso Nervensystem
las formas nerviosas nervöse (Erscheinungs)formen
basarse en basieren auf
el caso Fall
11 D **la página** Seite

12. Es una persona muy responsable

responsable verantwortungsvoll, -bewusst

12 A **el adjetivo** Adjektiv
el sustantivo Substantiv
el ejemplo Beispiel
la responsabilidad Verantwortung
oportuno/-a geeignet
¡Ojo! Aufgepasst!
la bondad Güte
sensible sensibel
creativo/-a kreativ
pasivo/-a passiv
el/la idealista der/die Idealist/in
el idealismo Idealismus
nervioso/-a nervös
el/la pesimista der/die Pessimist/in
el/la egoísta der/die Egoist/in
el/la racista der/die Rassist/in
el/la optimista der/die Optimist/in
sencillo/-a einfach
la honradez Ehrlichkeit, Ehrenhaftigkeit
la vejez Alter
sensato/-a besonnen
ambicioso/-a ehrgeizig
comprensivo/-a verständnisvoll
pasional leidenschaftlich
preocupado/-a besorgt
apático/-a apathisch
triste traurig
la tristeza Traurigkeit
torpe ungeschickt
12 C **¿Cuál/es?** Welche/r/s?
la cualidad Qualität
anterior vorherig
masculino/-a männlich
femenino/-a weiblich
12 F **cuéntaselo (contar)** erzähl es (ihm / ihr)

14. Diez consejos

el consejo Rat
utilizar benutzen
mantener (g, ie) bewahren

15. Cosas nuestras

la frase Satz
personal persönlich

Recursos gramaticales

3 **por el momento** momentan, im Augenblick
el negocio Geschäft
4 **dormir (ue)** schlafen
sentarse (ie) sich setzen
7 **anoche** gestern Abend
anteayer vorgestern

7

1. ¡A comer!

1 B **relacionar** zuordnen
la tortilla Omelett (*Sp*), Maisfladen (*LA*)
la patata Kartoffel
el huevo Ei
el aceite Öl
la sal Salz
el pescado Fisch
el marisco Meeresfrucht
el cilantro Koriander
el tomate Tomate
el chile Chili
la cebolla Zwiebel
la pimienta Pfeffer
el pollo Hähnchen
el pimentón Paprika edelsüß
el azafrán Safran
el perejil Petersilie
el ajo Knoblauch
el limón Zitrone
el pastel Gebäckstück, Torte, Pastete
la carne Fleisch
la harina Mehl
1 C **el ingrediente** Zutat
la cesta Korb

2. ¿Nos trae la carta, por favor?

2 A **la conversación** Unterhaltung
2 B **la tapa** Häppchen
la ración Portion
en realidad Wirklichkeit
2 C **de nuevo** von neuem
la audición Aufnahme, Hörverstehensübung
la expresión Ausdruck
la carta Speisekarte
la recomendación Empfehlung
el comentario Kommentar, Bemerkung
la cuenta Rechnung

3. Sobremesa

3 B **la sobremesa** *gemütliches Beisammensein nach dem Essen*
la intervención Einmischung, *hier*: Beitrag
coincidir übereinstimmen
la suposición Vermutung, Annahme
añorar sich sehnen nach
al final am Ende
una familia unida *etwa*: gutes Familienleben
unido/-a eng verbunden
afortunadamente glücklicherweise
la política Politik
el abrazo Umarmung
3 C **la importancia** Stellenwert, Wichtigkeit

4. Menú del día

el menú del día Tagesmenü
4 A **colombiano/-a** kolumbianisch
la papa (LA) Kartoffel
relleno/-a gefüllt
la sopa Suppe
la entrada Vorspeise
el acompañamiento Beilage
la arepa (LA) *Maisfladen, gebraten*
la masa Teig
el maíz Mais
el queso Käse
la crema (LA) Creme
el choclo (LA) Maiskolben
el envuelto de pescado Fisch in der Teigrolle
el plátano maduro reife Banane *(gebraten oder gebacken)*
maduro/-a reif
la tostada de plátano *gebratene Kochbananen*
el guacamole *Avocadocreme*
el plato principal Hauptgericht
el ajiaco (LA) *Hühnersuppe*
el aguacate Avocado
la bandeja paisa *großer Teller mit Fleisch, Bohnen, Reis , Banane, Ei, Chorizo*
la bandeja Tablett, Platte
el arroz Reis
el chorizo Paprikawurst
la ropa vieja *Fleischeintopf*
revuelto/-a durcheinander, *hier*: gemischt
el sancocho (LA) *Suppe mit Gemüse, Kochbanane und Fleisch oder Fisch*
costeño/-a Küsten-
el coco Kokosnuss
frito/-a gebraten
el flan *etwa*: Pudding
el mango Mango
el salpicón de frutas (LA) Obstsalat
la macedonia Obstsalat
tropical tropisch
el aguardiente Schnaps
el valle Tal
el zumo (natural) Saft (*frischgepresst*)
la limonada Limonade
la canela Zimt
4 B **el presupuesto** Budget, Kostenvoranschlag
tener en cuenta berücksichtigen
el/la vegetariano/-a Vegetarier/in

el sabor Geschmack
exótico/-a exotisch

5. Propina

la propina Trinkgeld

6. Los sabores de mi infancia

6E **la infancia** Kindheit
la definición Definition, Begriffserklärung
espeso/-a dickflüssig
violeta violett
negro/-a schwarz
la mora Brombeere
la especia Gewürz
la bolsa Tüte, Beutel
la marca Marke
el bollo Gebäck
la pasa Rosine
el helado Speiseeis
tradicional traditionell
la magdalena Madeleine
la loza (Steingut)geschirr
paterno/-a väterlicherseits
materno/-a mütterlicherseits
la papa fosforito (LA) Pommes Frites
volver (ue) loco/-a verrückt machen
la fresa Erdbeere
la crema (LA) Sahne
el azúcar Zucker
botánico/-a botanisch
delicioso/-a köstlich
la guagua (LA) *hier: aus Teig geformte Figuren*
el día de Finados (LA) Allerseelen *(2.11.)*
amasar (durch)kneten
el aniversario Jahrestag
la tumba Grab
la flor Blume
el/la conocido/-a Bekannte
almorzar (ue) essen
la colada morada (LA) *Beerenpunsch*
la piña Ananas
la frutilla (LA) Erdbeere
la hierba Kraut
aromático/-a aromatisch
el fuego Feuer
acordarse (ue) sich erinnern
vivo/-a lebendig
6C **la croqueta** Krokette

7. Cuando era pequeño...

7A **el/la editor/a** Verleger/in, Herausgeber/in
la posguerra Nachkriegszeit
la época Zeitraum, Epoche
feliz glücklich
la monja Nonne
el sentimiento Gefühl
la culpa Schuld
7E **el colegio mixto** koedukative Schule
separar trennen
7C **¿Con quién?** Mit wem?
de mayor als Erwachsener

8 ¿A qué hora se come en tu país?

¿A qué hora...? Um wie viel Uhr...?
8A **hacia las 6** gegen 6 Uhr
8B **el almuerzo** MIttagessen
8C **cualquier/a** irgendein/e
el bocadillo *belegtes Brötchen*
la merienda *kl. Zwischenmahlzeit am späten Nachmittag*

9. Me encanta la fruta

9A **el hábito alimentario** Essgewohnheit
representar **darstellen**
identificarse (con) sich identifizieren (mit)
la sandía Wassermelone

10. Diccionario de diferencias

10A **la intuición** Sprachgefühl, Intuition
el boniato Süßkartoffel
el albaricoque Aprikose
la judía Bohne
la infusión Kräutertee
la mantequilla Butter
la calabaza Kürbis
la palta (LA) Avocado
el damasco (LA) Aprikose
la manteca Schweineschmalz (*Sp*), Butter (*LA*)
el zapallo (LA) Kürbis
dulce süß
el frijol (LA) Bohne
el té Tee
el alfajor *Mandel-Nuss-Honig-Gebäck*
ser originario de stammen aus
árabe arabisch
provenir (ie) de stammen von
la mermelada Marmelade
la caña Zuckerrohr, schmales Glas
chico/-a klein
la voz quechua Vokabel aus dem Quechua
el elote (LA) Maiskolben
la mazorca Maiskolben
el chabacano (LA) Aprikose
la verdura Gemüse
el atún Tunfisch
el horno Ofen
el poroto (LA) Bohne
la alubia Bohne
la guinda Sauerkirsche (*Sp*), Kaffeebohne (*LA*)
la cáscara Schale
el grano Bohne, Kern, Getreide
la cereza Süßkirsche
el humita (LA) *Maisblatt mit einer Maisschrotfüllung*
el tamal (LA) *Maispastete*
la hoja Blatt
las chauchas (LA) Bohnen
el poroto verde (LA) grüne Bohne
el ejote (LA) Bohne
la vainita (LA) Bohne
la habichuela (LA) Bohne
el lomo Filetsteak
el cerdo Schwein
la ternera Kalb
la costilla Rippe
la grasa Fett
las natillas *etwa*: Pudding
la yema de huevo Eigelb
el ñame Jamswurzel
el tubérculo Knolle
comestible essbar
la batata (LA) Süßkartoffel
la oliva Olive
la aceituna Olive
el queque (LA) Rührkuchen
el bizcocho Zwieback, Rührkuchen
el refrigerio (LA) Snack
generalmente im Allgemeinen
el tentempié Snack
la seta Pilz
el hongo Pilz (*Sp*), Speisepilz (*LA*)
la sombrilla Sonnenschirm, *hier*: Pilzhut
el pan Brot
plano/-a flach
redondo/-a rund
América Central Zentralamerika
el taco *gefüllter Maisfladen*
la quesadilla *mit Käse gefüllter Maisfladen*
el burrito *gewickelter Maisfladen mit Füllung*
la enchilada *Maisfladen mit Chili und Füllung*
batido/-a gemixt, geschlagen
la tortilla a la francesa Omelett natur
conocido/-a bekannt
el tinto *Tasse schwarzer Kaffee (LA)*, Rotwein (*Sp*)
la taza Tasse
el ulpo (LA) *Getränk*
tostado/-a getoastet
añadir hinzufügen
el trigo Weizen
el vaquero Viehhirte

hacer referencia a sich beziehen auf
el fiambre Wurst(ware)
el condimento Gewürz
arrollar (LA) zusammenrollen
la rodaja Scheibe
el matambre (LA) Fleischroulade
la yerba mate Mate(tee)
moler (ue) mahlen
secar trocknen
consumir konsumieren
el/la guaraní *Angehörige einer indian. Volksgruppe*
nombrar (be/er)nennen
salado/-a salzig

11. Comida rápida

la comida rápida Schnellgericht
11 A **sugerir (ie)** erinnern, andeuten
el título Titel
11 B **el artículo** Artikel
11 C **el guion** Konzept
el/la especialista Spezialist/in
respaldar unterstützen, decken
la relación Beziehung
la medida Maßnahme
el sobrepeso Übergewicht
la generación Generation
la enfermedad Krankheit
diagnosticar diagnostizieren
únicamente nur
el/la adulto/-a der/die Erwachsene
el Seguro Social Sozialversicherung
la Organización Mundial de la Salud (OMS) Weltgesundheitsorganisation (WHO)
el peso Gewicht
la obesidad Fettleibigkeit
la influencia Einfluss
la comida chatarra (LA) Junkfood
la chatarra Schrott
la comida basura Junkfood
la basura Müll
la dieta Diät, Ernährung
urbano/-a städtisch, Stadt-
el/la consumidor/a Verbraucher/in
la hamburguesa Hamburger
el refresco Erfrischungsgetränk
el alimento Nahrung
contener (g, ie) beinhalten
el mililitro Milliliter
la caloría Kalorie
el siglo Jahrhundert
aumentar ansteigen
procesado/-a verarbeitet
el/la adolescente Jugendliche/r
alarmante besorgniserregend
cursar *hier*: besuchen
crecer (zc) (auf)wachsen
estimar schätzen
sufrir leiden an, erleiden
padecer (zc) leiden an
el producto Produkt
alto/-a hoch
el contenido Gehalt, Anteil
la falta (de) Mangel
el ejercicio físico Sport
evitar vermeiden
lo tiene claro er / sie sieht es klar
la lenteja Linse
saludable gesund
la premisa Voraussetzung
incluir (y) aufnehmen
considerado/-a erachtet
extraído/-a entnommen
llevar a cabo durchführen
realizar durchführen
subrayar unterstreichen
adoptar medidas Maßnahme ergreifen
acercar näher bringen
citado/-a erwähnte
el informe Bericht
a diario täglich
los ganchitos Erdnussflips
alejarse sich entfernen
informal unkonventionell
plenamente voll
la publicidad Werbung
transmitir übertragen
la práctica Gewohnheit, Übung
con frecuencia oft
educar erziehen
el/la médico/-a de familia Hausarzt, -ärztin
promocionar fördern, werben für
el consultorio Arztpraxis
el exceso Übermaß
la regularidad Regelmäßigkeit
de hecho tatsächlich
intenso/-a intensiv, stark
pese a que obwohl
11 D **consultar** konsultieren, um Rat fragen
la nota Aufzeichnung
11 E **exponer** vortragen, darlegen
el recurso *hier*: Sprachmittel
el cuadro Grafik, Rechteck, Gemälde
lateral seitlich

12. ¡Qué recuerdos!

qué welche/r/n, was für (ein/e)
el recuerdo Erinnerung
12 A **parecido/-a** ähnlich
el/la primo/-a Cousin/e
travieso/-a frech
el alita (f) de pollo Hähnchenflügel
el ala (f) Flügel
raro/-a merkwürdig
confesar (ie) gestehen, beichten
el anca (f) de rana Froschschenkel
la rana Frosch
12 B **el superlativo** Superlativ
derivar de sich ableiten aus
el antónimo Antonym

13. Prefijos y antónimos

13 A **crear** kreieren
completar vervollständigen
la frase Satz
incómodo/-a unbequem
el cojín Sofakissen
compuesto/-a zusammengesetzt
correcto/-a korrekt
directo/-a direkt
empleado/-a angestellt
orientado/-a tendiert, ausgerichtet
13 B **inteligente** intelligent
inseguro/-a unsicher
impaciente ungeduldig
descubrir entdecken
describir beschreiben
desaparecer (zc) verschwinden
desconocer (zc) nicht kennen
imperfecto/-a mangelhaft

14. Comida rápida ayer y hoy

de pequeño/-a als Kind
hoy en día heutzutage

Recursos gramaticales

2 **el robo** Diebstahl
llevarse bien sich gut vertragen, miteinader auskommen
mantenerse (g) en forma fit bleiben
accesible verständlich
relativizar relativieren
la prueba Beweis
consistente stimmig

8

1. Momentos inolvidables

1C **Tailandia** Thailand
tocar *hier:* gewinnen

2. Una vida en imágenes

2 A **volar (ue)** fliegen
el parapente Paragliding
la pirámide Pyramide
montar en monociclo Einrad fahren
hacer (g) surf surfen
el/la mejor der/die beste
2 B **la grabación** Ton-, Filmaufnahme
el orden Reihenfolge, Ordnung
tener (g, ie) lugar stattfinden

3. El cásting

el cásting Casting
3A **encajar** passen
la productora (Film)produzent
moreno/-a dunkelhaarig, -häutig
liso-/a glatt
delgado/-a schlank, dünn
el/la interesado/-a der/die Interessierte
canoso/-a grauhaarig
representar un papel eine Rolle spielen
el papel *hier*: Rolle
la serie de televisión Fernsehserie
rizado/-a lockig
el champú Shampoo
la estatura Körpergröße
indiferente egal
3B **observar** feststellen, beobachten
comentar besprechen, erläutern
rubio/-a blond
3C **a los ... años** mit ... Jahren
cuéntaselo (contar) erzähl es (ihm / ihr / ihnen)
llevar gafas Brille tragen
llevar *hier:* tragen
las gafas Brille
odiar hassen
3D **antes** früher, vorher
lo sigo llevando largo ich trage es (das Haar) weiterhin lang
seguir + gerundio weiterhin etwas tun

4. Dos artistas de Latinoamérica

4A **la biografía** Biografie
el/la pintor/a Maler/in
el/la escultor/a Bildhauer/in
trasladarse a umziehen nach
la pintura Malerei
la pasión Leidenschaft
entrar en contacto in Kontakt kommen
considerar(se) halten für
pintar malen
la exposición Ausstellung
el fracaso Misserfolg
tras nach
el comienzo Beginn
el éxito Erfolg
trágicamente auf tragische Weise
caracterizarse por sich kennzeichnen durch
extremadamente extrem
gordo/-a dick
la cabeza Kopf
desproporcionado/-a unverhältnismäßig, *hier*: unförmig
satírico/-a satirisch, spöttisch
exponer (g) ausstellen
la obra Werk
nacer (zc) geboren werden
trágico/-a tragisch
sufrir un accidente einen Unfall erleiden
el accidente Unfall
obligar zwingen
permanecer (zc) bleiben
influido/-a beeinflusst
el poeta, la poetisa Dichter/in
surrealista surrealistisch
calificar bezeichnen
el sueño Traum
la realidad Wirklichkeit
protagonizar (die Hauptrolle) spielen
la paloma Taube
el odio Hass
la infidelidad Untreue
la Galería de Arte Contemporáneo Galerie für zeitgenössische Kunst
la ambulancia Krankenwagen
el sufrimiento Leid(en)
la salida Ausgang
no... jamás nie wieder ...
4B **el apartado** Absatz
colocar (an)ordnen
obeso/-a fettleibig
favorable vorteilhaft
malo/-a schlecht, böse
asistir teilnehmen
por todos los medios mit allen Mitteln
la vanguardia Avantgarde
el/la intelectual der/die Intellektuelle
4C **la acción** Handlung
la circunstancia (Begleit)umstand, Begebenheit
rodear umgeben
ilustrar veranschaulichen
el álbum Album

5. Mi biografía lingüística

la biografía lingüística Sprachbiografie
5A **el contexto** Kontext, Zusammenhang
5B **abordar** ansprechen, anschneiden
el Portfolio Europeo de las Lenguas Europäisches Sprachenportfolio
el formulario Formular
guardar aufbewahren
el dossier Dossier, Dokumentensammlung
el fin Ziel, Ende
alcanzar erreichen
obtener (g, ie) erlangen
¿Cuándo? Wann?
la prensa Presse

6. Cruzar el charco

cruzar el charco *etwa*: nach Amerika reisen
el charco Pfütze, *hier*: Ozean
6A **la cita** Zitat
el barco Schiff
6B **el testimonio** Aussage, *hier*: Bericht
Génova Genua
emigrar auswandern
discutir (sich) streiten
la cuestión Angelegenheit, Frage
el dinero Geld
repartir verteilen
la fortuna Vermögen
la decisión Entscheidung
radical radikal
6C **curioso/-a** kurios, merkwürdig

7. ¿Qué pasó?

7B **el final** Ende
7C **el audio** Tonaufnahme
la reacción Reaktion

10. Luis Sepúlveda

10B **el/la periodista** Journalist/in
el/la director/a Direktor/in
el/la militante Mitglied
las Juventudes Comunistas kommunistische Jugend
la Federación Juvenil Socialista Verband der sozialistischen Jugend
el/la dirigente Leiter/in
gobernar (ie) regieren
el golpe de estado Staatsstreich
la escolta Leibwächter
el golpe militar Militärputsch
encarcelar inhaftieren
condenar verurteilen
la cárcel Gefängnis
la presión Druck
Amnistía Internacional Amnesty International
describir beschreiben
encerrar (ie) einschließen
miserable miserabel
chileno/-a chilenisch
lo peor das schlimmste
el encierro Haft
en sí mismo/-a an sich
proseguir (i) fortführen, *hier*: weiter gehen
el/la prisionero/-a Häftling
la guerra Krieg
la preparación Vorbereitung; Bildung
el/la docente Dozent/in
la física cuántica Quantenphysik

el regimiento Regiment
el interrogatorio Verhör
a ninguna parte nirgendwohin
luchar kämpfen
la Brigada Internacional Internationale Brigade
derrocar stürzen
el asistente de dirección Direktionsassistent
las Ciencias de la Comunicación Kommunikationswissenschaften
Cabo Verde Kap Verde
unirse sich anschließen
la región amazónica Amazonasgebiet
la muerte Tod
el cazador Jäger
10 C **apasionante** überwältigend
activo/-a aktiv
comprometido/-a involviert, engagiert

11. El cartero y Pablo Neruda

el/la cartero/-a Briefträger/in
11 A **la isla** Insel
11 B **el/la pescador/a** Fischer/in
la inspiración Eingebung
a lo mejor vielleicht
11 C **el oficio** (handwerklicher) Beruf
familiar Familien-
napolitano/-a aus Neapel
el/la destinatario/-a Empfänger/in
ambos/-as beide
aislado/-a isoliert
la amistad Freundschaft
el punto de unión Gemeinsamkeit
la poesía Poesie
la herramienta Werkzeug
entender (ie) verstehen
cambiar ändern
enamorado/-a verliebt
hermoso/-a schön
conquistar erobern
al principio am Anfang
reacio/-a abgeneigt
darse cuenta (de) bemerken
sincero/-a ehrlich
tierno/-a zart
unir vereinen
aparentemente scheinbar
alejado/-a entfernt
el detalle Detail
el matiz Nuance
sentimental sentimental
el homenaje Huldigung
el poder Macht
recomendable empfehlenswert
11 D **Vuelve a leer el texto.** Lies den Text wieder.
volver a (ue) + infinitivo wieder etwas machen
narrar erzählen
el argumento Handlung, Argument
la valoración Bewertung, Analyse
11 E **¿a qué?** auf was?, worauf?
¿a quién? auf wen?
marcar markieren
en negrita fett gedruckt
11 F **la verdad** Wahrheit
el/la protagonista Hauptdarsteller/in
11 G **a continuación** danach, anschließend
recopilar sammeln, zusammenstellen
originario/-a Original-
el/la autor/a Autor/in
11 H **el/la portavoz** Sprecher/in

12. Una vida en palabras

12 A **al menos** wenigstens
céntrate konzentrier dich
centrarse sich konzentrieren
12 B **conjunto/-a** einheitlich, gemeinsam
la pizarra Tafel
clasificar klassifizieren, sortieren
la tabla Tabelle

14. El pelo rubio

agrupar zusammenstellen
la categoría Kategorie
comparar vergleichen
azul blau
el bigote Schnurrbart
las gafas Brille
la barba Bart
gordito/-a Dickerchen
castaño/-a braun
ondulado/-a wellig
corto/-a kurz

Recursos gramaticales

1 **El autobús para…** Der Bus nach …
salir (g) abfahren
Estambul Istanbul
por la tarde am Nachmittag
siempre immer
desayunar frühstücken
el boli (bolígrafo) Kuli
con prisa in Eile
hecho/-a a mano handgefertigt
el vaso Trinkglas
el plástico Plastik
la chaqueta Jacke, Jackett
la película de terror Horrorfilm
desde… hasta… von … bis …
2 **el estudio de arquitecto** Architekturbüro
el/la arquitecto/-a Architekt/in
oler (ue) riechen
3 **la cartera** Akten-, Brieftasche
la dictadura Diktatur
de repente plötzlich
interrumpir unterbrechen
4 **desde que** seitdem
a partir de ab
los medios de comunicación Massenmedien

9

1. Cultura

la cultura Kultur
1 A **el cuaderno de viaje** Reisetagebuch
asociar assoziieren
el desfile Modenschau, Umzug
la Semana Santa Karwoche
¡Menudo/-a… ! Was für ein/e große/r/s …!
el (Campeonato) Mundial Weltmeisterschaft
la tira gráfica Karikatur, Comic
1 B **llegar a un acuerdo** sich auf etwas verständigen
1 C **modificar** verändern, bearbeiten

2. ¿Sabes de cultura de España y Latinoamérica?

2 A **¿Cuántos puntos has sacado?** Wieviele Punkte hast du erzielt?
sacar *hier:* erzielen
“La tierra es de quien la trabaja” Das Land gehört dem, der es bearbeitet
la civilización Zivilisation
construir (y) (er)bauen
el/la futbolista Fußballer/in
la pulga Floh
por excelencia schlechthin, überhaupt
el piano Klavier
el bandoneón Bandoneon
el/la artífice Urheber/in, Künstler/in
la revolución Revolution
las (Islas) Malvinas Falklandinseln, Malvinen
la independencia Unabhängigkeit
la Patagonia Patagonien
el/la director/a de cine Regisseur/in
musulmán, musulmana muslimisch
cristiano/-a christlich
judío/-a jüdisch
budista buddhistisch
considerar halten für
el cubismo Kubismus
la señorita Fräulein
el arlequín Harlekin
el/la experto/-a Expert(e)/in

el acontecimiento Ereignis
te suena/n es kommt dir bekannt vor
profundizar vertiefen
la ciencia Wissenschaft
la geografía Geografie
2B **pasádselo (pasar)** gebt es weiter

3. Mafalda: un cómic para niños y adultos

el cómic Comic
3A **el/la dibujante** Zeichner/in
infantil kindlich
enfadado/-a verärgert
irónico/-a ironisch
superficial oberflächlich
3B **el/la emigrante** Auswanderer, Auswanderin
la Escuela de Bellas artes Kunsthochschule
dibujar zeichnen
la historieta cómica Comicstrip
la seda Seide
la página Seite
el semanario Wochenzeitung
encargar in Auftrag geben
la humanidad Menschheit
agotarse sich erschöpfen, ausgehen
la tira (de humor) (humoristische) Comiczeichnung
la escena Szene
alegórico/-a allegorisch
a menudo oft
ácido/-a sauer, *hier*: bissig
cínico/-a zynisch
la ternura Zärtlichkeit
la edición Ausgabe
posterior spätere/r
estupendo/-a wunderbar
solucionar una situación eine Situation bewältigen
solucionar lösen
el silencio Stille, Schweigen
incorrecto/-a falsch, unhöflich
el bien das Gute
el mal das Schlechte
el panorama Panorama, *hier*: Weltbild
complicarse sich verschlimmern
robar stehlen
defender (ie) verteidigen
la agresión Angriff
japonés, japonesa japanisch
el/la norteamericano/a der/die Nordamerikaner/in
resolver (ue) lösen
el problema Problem
3D **simultáneo/-a** gleichzeitig
en cursiva kursiv
el paso Schritt
ya que da

4. Detalles

4A **últimamente** in letzter Zeit
4B **la crítica** Kritik

5. El deporte rey

el deporte rey König Fußball
el rey König
5A **la importancia** Stellenwert, Bedeutung
5B **la entrevista** Interview
el/la sociólogo/-a der/die Soziologe/in
analizar analysieren
la afirmación Behauptung, Feststellung
popular beliebt, volkstümlich
Es cierto que ... Es trifft zu, dass ..., Es ist gewiss, dass ...
en sí an sich
la fuerza Kraft
simbólico/-a symbolisch
el sentido Sinn
estar en juego auf dem Spiel stehen
la camiseta T-Shirt, Trikot
la bandera Fahne
la patria Vaterland
la manifestación Demonstration
el patriotismo Patriotismus
necesariamente zwangsläufig, unbedingt
la identificación Identifikation
la selección Auswahl(mannschaft)
italiano/-a italienisch
la concordia Eintracht
juntar sammeln, zusammenführen
el equipo Mannschaft, Team
el/la rival Rival(e)/in
la etiqueta Etikett
tender (ie) a neigen zu
la violencia Gewalt
desatar entfesseln
el control Kontrolle
tener que ver con mit etw. zu tun haben
el/la aficionado/-a Fan
quedar claro klar sein
pacífico/-a friedlich
el deber Pflicht
moral moralisch
pelearse sich streiten
todo el mundo jedermann, die ganze Welt
increíble unglaublich
la tradición Tradition
la ilusión Illusion, Hoffnung
se inventa wird erfunden
inventar erfinden
a mediados de Mitte
el régimen System, Ordnung
diseñar entwerfen
competir (i) wetteifern
la igualdad Gleichheit
el partido Spiel (*Sport*); Partei
el campeonato Meisterschaft
la victoria Sieg
el efecto Wirkung, Effekt
opinar meinen, denken
ridículo/-a lächerlich
tal vez vielleicht
el ánimo Lebensmut
por lo tanto folglich, somit
considerar meinen
el opio Opium
el consenso Übereinstimmung
simplemente nur
el balón Ball
el prisma Prisma
observar beobachten
la cantidad Anzahl
el hecho Tatsache, Ereignis
social sozial
el/la llamado/-a der/die sogenannte
5C **expresar** ausdrücken
la duda Zweifel
la afirmación Feststellung, Bestätigung
previo/-a vorherige/r/s
la probabilidad Wahrscheinlichkeit, Chance
absurdo/-a absurd
5D **el recuadro** *hier:* Kästchen
el/la pensador/a Denker/in
el grado Grad, Stufe
máximo/-a der/die höchste
el/la árbitro/-a Schiedsrichter/in
el/la humorista Komiker/in
la estupidez Dummheit, Blödsinn
todo cuanto sé alles was ich weiß
la certeza Gewissheit
la moral Moral
la obligación Pflicht
deber schulden, sollen
dividir teilen
el/la entrenador/a Trainer/in
jamás nie(mals)
el fenómeno Phänomen
impulsado/-a vorantreiben, veranlassen
Es probable que ... Es ist wahrscheinlich, dass ...
Es posible que ... es ist möglich, dass ...
el/la enemigo/-a Feind/in
suponer (g) bedeuten
el avance Fortschritt
preocupante Besorgnis erregend
a mano mit der Hand

6. El misterio de Nazca
el misterio Geheimnis, Rätsel
6B **la línea** Linie
6C **el resto** Rest
el monstruo Ungeheuer
la leyenda Legende

7. Las tinieblas de tu memoria negra
7B **la tiniebla** Finsternis, Ignoranz
el/la misionero/-a Missionar/in
el bachillerato Abitur, Matura
la década Jahrzehnt
adjunto/-a stellvertretend, beiliegend
el colegio mayor Studentenwohnheim
el/la visitante Gast-
el seminario Seminar
africano/-a afrikanisch
el/la delegado/-a der/die Delegierte
la agencia de noticias Nachrichtenagentur
fundar gründen
exiliarse ins Exil gehen
la oposición Opposition
mordaz bissig
la mirada Blick
inocente unschuldig
la contradicción Widersprüchlichkeit
el régimen colonial Kolonialsystem
7C **el colonialismo** Kolonialismus
el narrador/a der/die Erzähler/in
el/la colonizador/a Kolonist/in
firme fest, unerschütterlich
impreciso/-a ungewiss
pactar paktieren
el cemento Zement
el techo Dach, Zimmerdecke
el cinc Zink
distinguir erkennen, unterscheiden
desde lejos von weitem
inequívoco/-a eindeutig
la comarca Landkreis, Gegend
el símbolo Symbol
anunciar ankündigen
la modernidad Moderne
a la vista vor den Augen aller
imperceptiblemente nicht wahrnehmbar, unmerklich
insertarse einfügen

8. Ramona, adiós
8A **literario/-a** literarisch, Literatur-
catalán, catalana Katalan(e)/in
la prosa Prosa
histórico/-a historisch
periodístico/-a journalistisch
el feminismo Feminismus, Frauenbewegung
el ciclo Zyklus
la burguesía Bürgertum
barcelonés, barcelonesa aus Barcelona
el franquismo Franco-Ära, Franquismus
el rol Rolle
adjudicar zuweisen, verleihen
la sexualidad Sexualität
femenino/-a weiblich
la literatura Literatur
la búsqueda Suche
el sexo Geschlecht
aburrirse sich langweilen
entretenido/-a unterhaltsam
8B **en plena época franquista** mitten in der Franco-Zeit
pleno/-a voll, ganz
franquista franquistisch
oir (oigo) hören
mentir (ie) lügen
Suerte tienes que... Du hast Glück, dass ...
me da igual es ist mir egal
enfadar ärgern, böse werden
llegar (an)kommen
el rosario Rosenkranz
Cuando yo tenía tu edad... Als ich in deinem Alter war ...
me importa un bledo das ist mir egal
¡Ya estamos en lo de siempre! *etwa:* Jetzt ist es wieder einmal so weit ...
venga (venir)... komm(t), ...
dejémoslo *etwa:* lasst es gut sein
precisamente genau, eben deshalb
meter hineinziehen, -legen, -stecken
la discusión Streit
hacerse la víctima das Opfer spielen
la víctima Opfer
la policía Polizei
8C **falso/-a** falsch
el resumen Zusammenfassung
la corrección Korrektur
8E **desarrollarse** sich abspielen
la guía Leitfaden
8F **dramatizar** dramatisieren
la entonación Intonation, Tonfall
el estado de ánimo Gemütslage, Stimmung

9. Dominó de palabras
el dominó Domino
9A **fotocopiar** fotokopieren
recortar ausschneiden
justificar beweisen, belegen
el/la emperador/a Kaiser/in
9B **a lo largo de** im Laufe von
la unidad Einheit, *hier*: Lektion
9C **establecer relación** Kontakt/Beziehung aufnehmen

10. Palabras encadenadas
encadenado/-a verknüpft

11. Acrósticos
el acróstico Akrostichon
11A **la composición** Komposition, Werk
vertical vertikal
diagonal diagonal
el universo Universum
sonoro/-a laut, akustisch
la alegría Freude, Heiterkeit
11B **original** originell

10

la felicidad Glück

1. Citas
la cita Zitat
1A **la portadilla** Auftaktseite
1B **el testimonio** Erklärung, Aussage
célebre berühmt, bekannt
en absoluto überhaupt nicht
el gen Gen
el/la psiquiatra Psychiater/in
la ausencia Abwesenheit
el dolor Schmerz
el/la ensayista Essayist/in
el golpe Schlag, *hier*: Coup
ocurrir geschehen
amar lieben
el/la novelista Romanautor/in
el/la filósofo/-a Philosoph/in
1C **la visión** Vision
parecerse (zc) sich ähneln

2. ¿Tú cómo lo ves?
2A **llamar la atención** auffallen

3. Pequeños obstáculos en el camino a la felicidad
el obstáculo Hindernis
3A **el día a día** Alltag
conveniente zweckmäßig
¿Qué te parece si...? Was meinst du, wenn ...?
parecer (zc) meinen
3B **la postura** Haltung
el/la psicólogo/-a Psycholog(e)/in
muscular Muskel-
el insomnio Schlafstörung
evaluar (ú) bewerten, benoten, evaluieren

jugárselo todo a una carta alles auf eine Karte setzen
justo/-a gerecht

4. ¿Son más felices los jóvenes de hoy?

4 A **los derechos humanos** Menschenrechte
la personalidad Persönlichkeit
el bienestar Wohlstand
los bienes materiales materielle Güter
objetivo/-a objektiv
subjetivo/-a subjektiv
el prestigio Prestige
adecuado/-a angemessen
gratificante befriedigend
la vocación Berufung
la autoestima Selbstwertgefühl
la fórmula Ansatz, Formel
4 B **a grandes rasgos** im Großen und Ganzen
tratar de versuchen zu
el/la catedrático/-a Professor/in
infeliz unglücklich
la clave Schlüssel
romper (con) brechen (mit)
el tópico Klischee
fabricar herstellen
solidario/-a solidarisch
la lucha Kampf
basarse en basieren auf
asegurar versichern
el/la psicopedagogo/-a *etwa*: Schulsozialarbeiter/in, Schulpsycholog(e)/in
el criterio Kriterium
la pauta Grundsatz, Vorbild
la percepción Wahrnehmung, Eindruck
personal persönlich
la valoración Gewichtung, Bewertung
por poner un ejemplo um ein Beispiel zu erwähnen
el/la mileurista *Person, die etwa 1000 netto pro Monat verdient*
4 D **el desacuerdo** Uneinigkeit
externo/-a extern
obvio/-a offensichtlich

5. ¿Qué significa triunfar en la vida?

triunfar Erfolg haben
5 A **contribuir (y)** beitragen
autosuficiente selbstgenügsam
darse por vencido/-a sich geschlagen geben
la religión Religion

6. Felicidad y filosofía

la filosofía Philosophie
el/la científico/-a Wissenschaftler/in
enviar senden, schicken
responder antworten
Santo Tomás de Aquino Hl. Thomas von Aquin
dios Gott
contemplativo/-a kontemplativ, besinnlich
el ser humano das menschliche Wesen
el equilibrio Gleichgewicht
el alma (f) Seele
la mente Denken, Verstand
determinado/-a bestimmt, festgelegt
matemático/-a mathematisch
la característica personal Persönlichkeitmerkmal
la capacidad de adaptación Anpassungsfähigkeit
la adaptación Anpassung
la resistencia Widerstand
el sentido del humor Sinn für Humor
el estado general Allgemeinzustand
el empleo Arbeitsstelle
la ambición Ehrgeiz
la expectativa Erwartung

7. ¿Cuál es el país más feliz?

7 A **la exposición** Bericht, Referat

8. La psicología de la felicidad

la psicología Psychologie
8 A **enfermo/-a** krank
la lotería Lotterie
tocar la lotería bei der Lotterie gewinnen
8 B **la conferencia** Vortrag
influir (y) beeinflussen

9. Supersticiones

9 A **la superstición** Aberglaube
clasificar sortieren
el espejo Spiegel
la moneda Münze, Währung
el paraguas Schirm
9 B **embarcarse** (sich) einschiffen
atraer anziehen, anlocken
actuar wirken, handeln
los tiempos remotos ferne Zeit
todo lo demás alles andere
el amuleto Amulett
la pata Bein (*Möbel, Tier*)
el conejo Kaninchen
la herradura Hufeisen
derramar vergießen, schütten
controlar kontrollieren
por si ... für den Fall, dass ...
la creencia Glaube
atrás nach hinten, vorher
a través de durch, über
el dicho Sprichwort
el/la cantautor/a Liedermacher/in

10. ¿Se puede ser feliz en época de exámenes?

10 A **desarrollar** entwickeln, darlegen
aislar(se) (sich) abschotten, isolieren
el acento Akzent
injusto/-a ungerecht
productivo/-a produktiv
suprimir abschaffen
eficaz effizient, wirksam
10 B **emocional** emotional, Gefühls-
teórico/-a theoretisch
el rendimiento (Leistungs)fähigkeit, Ertrag
la concentración Konzentration
por el contrario im Gegensatz dazu, stattdessen
relajado/-a entspannt
capaz fähig, imstande
establecer (zc) relaciones Kontakt aufbauen
la precisión Genauigkeit
la emoción Emotion
variado/-a unterschiedlich
depender de abhängen von
la intensidad Stärke, Intensität
la tarea Aufgabe
reciente jüngst, neu
temeroso/-a ängstlich
el estrés Stress
el requisito Anforderung, Voraussetzung
problemático/-a problematisch
el/la examinador/a Prüfer/in
por otra parte andererseits
movilizar mobilisieren
la energía Kraft, Energie
bastar genügen
relevante wichtig, relevant
seleccionar auswählen, selektieren
apto/-a geeignet
tales como solche wie
examinar prüfen
la prueba Prüfung, Test
la claridad Klarheit
la objetividad Sachlichkeit, Objektivität
por un lado ... por otro (lado) einerseits ... andererseits
óptimo/-a optimal, bestmöglich

la competencia Fähigkeit, Kompetenz
10 D **el párrafo** Absatz, Abschnitt
la palabra clave Schlüsselwort
el margen Rand
sintetizar zusammenfassen
10 E **ante** vor, angesichts
aconsejar (be)raten
afrontar in Angriff nehmen

12. ¿Cómo te sientes?

12 A **el emoticón** Emoticon
12 B **por turnos** abwechselnd, reihum
el turno Reihenfolge, Schicht

13. Polos opuestos

el polo Pol
opuesto/-a entgegengesetzt
13 A **el retrato** Bild
deprimido/-a bedrückt, deprimiert
13 B **colgar (ue)** aufhängen

Recursos gramaticales

2 **molestar** stören
dar vergüenza sich schämen, peinlich sein
Es una pena. Es ist schade.

11

global global

1. Actívate

activar in Gang kommen
1 A **el aluminio** Aluminium
reciclar wiederverwerten, aufbereiten
ser consciente de sich etw. bewusst sein
tirar (weg)werfen
reducir (zc) verringern
reutilizar wiederverwerten
¿Cuánto/-a/-os/-as? Wie viel/e?
la energía Energie
hacer falta nötig sein
el árbol Baum
la temporada Saison, Jahreszeit
auténtico/-a echt, wahr
el territorio Gebiet, hier: Land
gastar verbrauchen
el combustible Kraftstoff
aparcar parken
emitir hier: ausstoßen
el humo Rauch
plantearse überdenken
la acumulación Anhäufung
el residuo Abfall
la construcción Bau
el medio ambiente Umwelt

2. ¿Qué tipo de turista eres?

2 A **la promoción** Werbung, Förderung
sostenible nachhaltig
ajustarse a *hier:* passen
el complejo turístico Ferienanlage
diverso/-a vielfältig, verschieden
el plan Plan
ligar anbändeln
evidentemente *hier:* natürlich
cercano/-a nahe(gelegen)
tecno Techno-
pasear spazieren gehen
la excursión organizada organisierter Ausflug
la fotografía Foto
ahorrar sparen
derrochar verschwenden
el cuidado Vorsicht
el esfuerzo Mühe, Anstrengung
dar un paseo einen Spaziergang machen
pararse anhalten
perdonar verzeihen
la zona Gegend, Region
el coral Koralle
la reproducción Reproduktion
el monumento Denkmal
el llavero Schlüsselanhänger
2 C **la puntuación** Punktzahl
el retrato robot Phantombild

3. Responsables de nuestro futuro

3 A **ensuciar** verschmutzen
poco masificado/-a *hier*: ohne Massentourismus
favorecer (zc) begünstigen, helfen
3 B **más adelante** später, in Zukunft
3 C **producirse (zc)** sich ereignen, vorkommen
3 D **notar** wahrnehmen, (be)merken
el entorno Umgebung, Umfeld
deteriorar verschlechtern
el desarrollo Entwicklung

4. En peligro de extinción

en peligro de extinción vom Aussterben bedroht
el peligro Gefahr
la extinción Aussterben
4 A **la especie** Art
el oso panda Pandabär
hace poco vor kurzem
la cría Jungtier
el zoológico Zoo
4 B **la ballena** Wahl
amenazado/-a bedroht
el pez Fisch
el mamífero Säugetier
el anfibio Amphibie
alimentarse sich ernähren
el vegetal Pflanze
el alga (f) marina Meeresalge
el krill Krill
el crustáceo Krustentier
calcular schätzen
quedar übrig sein
medir (i) messen
el metro Meter
la reducción Rückgang
el número (An)zahl
el cambio climático Klimawandel
la caza Jagd
comercial kommerziell
el proceso Prozess
Dinamarca Dänemark
Islandia Island
Noruega Norwegen
(el) Japón Japan
la causa Ursache, Grund
contaminado/-a verunreinigt
la salmonicultura Lachszucht
consistir en bestehen aus, gründen auf
el salmón Lachs
sobrevivir überleben
4 C **el/la activista** Aktivist/in
4 D **el esquema** Schema, Konzept
actual aktuell
la conclusión (Schluss)folgerung
la propuesta Vorschlag
el turno de preguntas Fragerunde

5. Unas prácticas

5 B **la carta** Brief
el Centro de Conservación Cetácea *Einrichtung zum Schutz von Walen und Delfinen*
dirigirse a sich wenden an
con mucho interés sehr interessiert
detallar einzeln aufführen
adjuntar beifügen
Dra. (Doctora) Dr. (*weibl*)
el asunto Betreff
el centro Einrichtung
la labor Arbeit
la conservación Erhaltung, *hier*: Schutz
especializarse sich spezialisieren
la Biología Marina Meeresbiologie
el acuario Aquarium
colaborar zusammenarbeiten
habitualmente gewöhnlich
desear wünschen
le agradezco su atención ich danke für Ihre Aufmerksamkeit

agradecer (zc) danken
de antemano im Voraus
la atención Aufmerksamkeit
cordialmente herzlich, *hier*: mit freundlichen Grüßen
5C **el centro educativo** Bildungseinrichtung

6. El progreso

6B **medioambiental** Umwelt-
la instalación Anlage, Installation
papelero/-a Papier-
el crecimiento urbanístico Städtewachstum
la destrucción Zerstörung
6C **el recurso natural** natürliche Vorkommen/Ressourcen

7. El tiempo a través de las culturas

7A **el malentendido** Missverständnis
la entrevista de trabajo Vorstellungsgespräch
7B **el/la brasileño/-a** Brasilianer/in
el significado Bedeutung
la traducción Übersetzung
la expresión idiomática idiomatischer Ausdruck
los tiempos verbales Zeitformen
la declinación Deklination
y cosas por el estilo und dergleichen mehr
a costa de auf Kosten von, zu Lasten
por parte de quien seitens des / der
traducir (zc) übersetzen
más bien eher, vielmehr
la imposibilidad Unmöglichkeit
la equivalencia Gleichwertigkeit
aparentemente scheinbar
el portugués Portugiesisch
vacilar zögern, schwanken
el portugués, la portuguesa der / die Portugies(e)/in
es verdad es ist wahr
entre otras cosas unter anderem
el año que viene nächstes Jahr
excepcional außergewöhnlich, Ausnahme-
cortés höflich
incomprensible unverständlich
descortés unhöflich
el/la interlocutor/a Gesprächspartner/in
el segundo Sekunde
el tornillo Schraube
¿Te falta un tornillo?(fam) Ist bei dir eine Schraube locker?
poético/-a poetisch
eterno/-a ewig
hasta tal punto bis zu dem Punkt
en medio de mitten in
organizado/-a organisiert, ordentlich
la vergüenza Schande
planear planen

8. Defensa del agua

la defensa Verteidigung
8A **autónomo/-a** autonom, selbständig
8B **verificar** kontrollieren, (über)prüfen
el/la uruguayo/-a Uruguayer/in
la Reforma Constitucional Verfassungsänderung
agregar hinzufügen
el artículo Artikel
la gestión Verwaltung, Management
exclusivamente ausschließlich
participativo/-a partizipativ, beteiligt sein
breve kurz
la definición Definition
8C **la privatización** Privatisierung
quiénes die(jenigen)
a favor de zugunsten von
el bando Seite, Partei
de acuerdo con nach, gemäß
ser aprobado/-a angenommen/beschlossen werden
el apoyo Unterstützung
poner (g) en marcha in Gang setzen
el mecanismo Mechanismus
la comisión Kommission
la Carta de Intención Absichtserklärung
el Fondo Monetario Internacional (FMI) Internatonaler Währungsfond (IWF)
extender (ie) ausweiten
el agua potable Trinkwasser
la presencia Anwesenheit
francés, francesa französisch
al igual que genauso wie
excluir (y) ausschließen
amplio/-a weit
el sector hier: Teil
la conexión Verbindung
empeorar (sich) verschlechtern
considerablemente deutlich
tanto, que... so sehr, dass ...
el organismo de control Kontrollorganismus
presentar bieten
la potabilidad Trinkbarkeit
el punto de vista Standpunkt
cumplir einhalten
la fecha Termin
acordado/-a vereinbart
el contrato Vertrag
operar (Geschäfte) tätigen
desde el punto de vista ambiental aus Umweltgesichtspunkten
destruir (y) zerstören
la fuente Quelle
el/la vecino/-a Bewohner/-in
el departamento Bezirk
iniciar beginnen
el proceso por daño Schadensverfahren
el plebiscito Volksbefragung
enfrentarse (a) sich entgegenstellen
la concepción Auffassung, Konzept
mercantilista merkantilistisch
la empresa privatizadora Privatisierungsunternehmen
el lobby Lobby
mediático/-a Medien-
la reforma Reform
imponer (g) aufzwingen, auferlegen
uruguayo/-a uruguayisch
el contenido Inhalt
el espíritu Geist
acordar (ue) vereinbaren

9. Se buscan voluntarios

9A **el logo** Logo
la comunidad Gemeinschaft
andino/-a Anden-
el SIDA (Síndrome de Inmunodeficiencia Adquirida) AIDS, Immunschwächekrankheit
9B **acertar (ie)** etw. treffen, erraten
el/la obrero/-a Arbeiter/in
la lluvia Regen
la limpieza Säuberung
la cocina comunitaria Gemeinschaftsküche
la dirección Leitung
el congreso Kongress
el foro de discusión Diskussionsforum
el horario de trabajo Arbeitszeit
la preferencia Vorrang
disponer (g) de verfügen über
al menos wenigstens
continuo/-a ununterbrochen
ya sea... o... sei es ... oder ...
hacer frente a dificultades Schwierigkeiten angehen, sich stellen
la tienda de campaña Zelt
atrapar fangen
la iguana Leguan
el mantenimiento Unterhalt
la estancia Aufenthalt
el guante Handschuh
la bolsa Tüte
coordinado/-a koordiniert
la jornada Arbeitstag
el impacto de la basura Abfallbelastung

el ecosistema Ökosystem
al aire libre unter freiem Himmel
el amanecer Tagesanbruch
alternativo/-a alternativ
el petróleo Erdöl
el certificado médico ärztliches Attest, Gesundheitszeugnis
la carta de motivación Anschreiben (*Bewerbung*)
9C **conjugar** konjugieren
el modo Modus
arreglar reparieren, in Ordnung bringen
9D **la papelera** Papierkorb
la solidaridad Solidarität
escondido/-a versteckt
el volcán Vulkan
boliviano/-a bolivianisch
la estación Station
centroamericano/-a mittelamerikanisch
la Antártida Antarktis
9E **renovable** erneuerungsfähig
9F **el destino** Zielort
el olor Geruch

Recursos gramaticales

3 **la garganta** Kehle, Hals
6 **el jamón** Schinken
¿Qué le pasa? Was ist mit ihm / ihr los?
está enfadado/-a conmigo er/sie ist böse auf mich
conmigo mit mir
¿De verdad? Wirklich?
7 **el trayecto** Strecke
el secreto Geheimnis
ser capaz de fähig sein zu
8 **la esperanza de vida** Lebenserwartung
el día de mañana in der Zukunft
dentro de unos años in einigen Jahren
acabar abschließen, beenden
9 **ya no** nicht mehr

12

¿A qué dedicas el tiempo libre? Was machst du in deiner Freizeit?

1.¿Qué es lo que más te gusta hacer, si puedes?

lo que más te gusta hacer was dir am meisten gefällt
lo que das, was
1A **el videojuego** Videospiel
1B **cada uno/-a** jede/-r
1C **el blog** Blog
me resulta (resultar) *hier*: ich finde es
1D **la novedad** Neuigkeit
¡Hombre! (fam) Mensch

2. Tendencias: jóvenes y tiempo libre

2A **el lujo** Luxus
el hábito Gewohnheit
relacionarse con Kontakt haben zu
desconocido/-a unbekannt
el chat Chat
el e-mail E-Mail
pasado/-a de moda unmodern, veraltet
la consola Video-Konsole
pasarlo bien sich amüsieren
lo cual was
con respecto a in Bezug auf
descender (ie) zurückgehen, abnehmen
generalizar(se) (sich) verbreiten
el porro (fam) Joint
a punto de kurz davor zu
la preocupación Sorge
doble doppelt
en resumen zusammengefasst
la prioridad Priorität
equivalente gleichwertig, entsprechend
sustituir ersetzen
2B **dejar de ser** nicht mehr sein, aufhören zu sein

3. Un fin de semana ideal

3A **negociar** (aus)handeln, verabreden
encargarse übernehmen, sich kümmern um
la ruta Route
¿Qué te parece…? Wie findest du …?
3C **el atletismo** Leichtathletik
el ciclismo Radsport
ir de compras einen Einkaufsbummel machen
el escaparate Schaufenster
el regalo Geschenk
el mercadillo Straßen-, Flohmarkt
de segunda mano aus zweiter Hand
es que… es ist (nämlich) so, …

4. ¿Bailamos?

4B **el baile** Tanz
4D **la instrucción** Anleitung
el pie Fuß
el dibujo Zeichnung

5. Te tengo que contar una cosa

5A **la conversación telefónica** Telefongespräch
5B **¿Cómo andas?** Wie läuft es?
enamorarse sich verlieben
la red social soziales Netzwerk
a ver mal sehen
5D **el estilo indirecto** indirekte Rede
el pasado Vergangenheit
el cuaderno Heft
5E **el brazo** Arm

6. Radio Ocio

el ocio Freizeit
6A **proponer** vorschlagen
el/la locutor/a Sprecher/in
6B **mencionar** erwähnen
6C **el/la responsable de comunicación** der/die Kommunikationsverantwortliche
la comunicación Kommunikation
la editorial Verlag
el/la director/a de proyectos Projektleiter/in
6E **formar parte de** dazugehören, *hier*: teilnehmen

7. El Caribe: una cuestión de perspectivas

7A **el concepto** Vorstellung, Image
7B **nombrar** erwähnen
provisional provisorisch
el Caribe Karibik
el parámetro Parameter, Kenngröße
caribeño/-a Karibik-
es sabido bekanntlich
en tromba stürmisch
el/la esclavo/-a Sklav(e)/in
el/la europeo/-a der/die Europäer/in
el Atlántico Atlantik
el puerto Hafen
Zanzíbar Sansibar
el Océano Índico Indischer Ozean
apenas kaum
la extensión Fläche
precolombino/-a präkolumbisch
chino/-a chinesisch
la mezcla Mischung
la raza Rasse
convivir zusammenleben
el huracán Orkan
el fundamento Grundlage
la explosión de colores Farbenpracht
la provisionalidad Vorläufigkeit
la fantasía Phantasie
la magia negra schwarze Magie
el Premio Nobel Nobelpreisträger

los cartesianos *hier*: die Rationalisten
el margen Rand, *hier*: Begrenzung
estrecho/-a eng
caber dentro (hinein)passen
dentro (dr)innen
considerar halten für, betrachten
inverosímil unglaubwürdig, -wahrscheinlich
aun cuando selbst wenn, wenn auch
la sospecha Verdacht
afirmar behaupten, bestätigen
el límite Grenze, Schranke
más allá jenseits
la frontera Grenze
la estación Jahreszeit
el verano Sommer
la irrealidad Irrealität
sensual sinnlich
ilógico/-a unlogisch
en definitiva letzten Endes
aplicable anwendbar, übertragbar
el contexto Kontext
la tormenta social soziale Unruhen
la tormenta Sturm, Gewitter
generar erzeugen, hervorrufen
especial besondere/r
ciclónico/-a Wirbelsturm-
evitar vermeiden
la planificación Planung
la improvisación Improvisation
estar listo/-a bereit sein
la debilidad Schwäche
las Antillas Antillen
compartir teilen
la perspectiva Sichtweise, Blickwinkel

8. Festival de cine en español

el festival Festival
8A **el crimen** Verbrechen
la relación pasional leidenschaftliche Beziehung
musical Musik-
el documental Dokumentarfilm
retratar porträtieren
la clase alta Oberschicht
peruano/-a peruanisch
el enredo Verwicklung
premiado/-a jem./etw. prämieren
la ficción Fiktion
enfrentar sich stellen
provocar provozieren, hervorrufen
ocupar belegen, ausfüllen
esconder verstecken
la condición social soziales Umfeld
humilde bescheiden, einfach
la dama de sociedad Dame der Gesellschaft
rígido/-a rigide, steif
la decadencia Dekadenz
la hipocresía Heuchelei, Scheinheiligkeit
el conformismo Konformismus
frívolo/-a frivol
hermético/-a *hier*: verschlossen
atropellar überfahren
la conmoción (Gehirn)erschütterung
desentrañar ergründen
pendiente unerledigt
sobre sí mismo/-a über sich selbst
el naranjo Orangenbaum
en flor in Blüte
el/la psicoanalista Psychoanalytiker/in
el/la tanguero/-a Tangotänzer/in, -autor/in
la devoción Zuneigung, Verehrung
matar töten
accidentalmente zufällig
ocultar verbergen
encargado/-a zuständig
investigar erforschen
la desaparición Verschwinden
el origen Abstammung
vasco/-a baskisch
el verso Vers
la canción Lied
extraño/-a merkwürdig
la fascinación Faszination
apoderarse de sich bemächtigen
detener (g, ie) festnehmen
el principio Anfang
surgir entstehen, sich ergeben
apasionado/-a leidenschaftlich
transgresor/a überschreiten
sobrevolar (ue) überfliegen
la mitad Mitte
el hit Hit
detrás (da)hinter
sagrado/-a heilig, ehrwürdig
profano/-a weltlich
la saga Saga
la coca Koka(strauch)
entretejer verflechten, einweben
el eje Achse, *hier*: Handlungsstrang
el espacio Raum, Platz
la medicina Medizin
la explotación Ausbeutung
la injusticia Unrecht
el instrumento de poder Machtinstrument
el instrumento Instrument
el poder Macht
el demonio Dämon
el asedio Belagerung
el/la pirata Pirat/in
el inquisidor Inquisitor
la mordedura Biss(wunde)
el/la perro/-a Hund, Hündin
la rabia Tollwut, Wut
el exorcismo Exorzismus
homónimo/-a Homonym (*Wort, das für verschiedene Begriffe steht)*
8B **la cartelera** Kinoprogramm

9. Instrucciones para subir una escalera

9A **de frente** von vorne
hacia atrás nach hinten
de lado seitlich
particularmente besonders
incómodo/-a unbequem
mantenerse (g, ie) sich halten
colgado/-a (herunter)hängen
en alto erhoben
el escalón (Treppen)stufe
inmediatamente sofort
superior höher
pisar (be)treten
respirar atmen
levantar (hoch)heben
la parte Teil
situado/-a (sich) platzieren, (sich) stellen
a la derecha (nach) rechts
abajo unten
envuelto/-a eingehüllt
el cuero Leder
salvo außer
la excepción Ausnahme
caber (quepo) passen
exactamente genau
dicho/-a besagte
abreviar abkürzen
llamar nennen
recoger (auf)nehmen
a la izquierda (nach) links
confundirse verwechseln
la altura Höhe
colocar stellen, legen
con lo cual woraufhin, womit
la coordinación Koordination
la coincidencia Übereinstimmung
la explicación Erklärung
cuidarse sich hüten
9B **serio/-a** ernst
exhaustivo/-a gründlich, detailliert
humorístico/-a humoristisch
absurdo/-a absurd
inútil unnütz
9C **comerse** (auf)essen
la naranja Orange
el cigarrillo Zigarette

10. Homófonos

el homófono Homophon (*Wörter mit derselben Aussprache bei verschiedener Schreibweise)*

10 A **idéntico/-a** identisch
la preposición Präposition
la interjección Interjektion, Ausrufewort
los bienes Vermögen, Güter
la fortuna Vermögen, Besitz
el capital Kapital
el Presente de Indicativo Indikativ Präsens
la ola Welle
10 C **el fenómeno** Phänomen

11. He empezado a aprender chino

he empezado a aprender chino ich habe angefangen, Chinesisch zu lernen
empezar (ie) a beginnen zu
11 A **el curso académico** akademisches Jahr
11 B **un rato** eine Weile
el rato Weile, Moment

Recursos gramaticales

1 **aclarar** erklären
negar (ie) verneinen, verleugnen
sostener (g, ie) festhalten
el éxito Erfolg
el resultado Ergebnis
estatal staatlich
la transcripción Transkription
el/la portavoz Sprecher/in
la comisión Kommission
afirmativamente bestätigend
2 **el sueco** Schwedisch
llorar weinen
la mancha Fleck
la humedad Feuchtigkeit
darse prisa sich beeilen

13

ciego/-a blind

1. Por amor al arte

por amor al arte *Wortspiel: Aus Liebe zur Kunst, (fam) umsonst*
1 A **el bailarín, la bailarina** Tänzer/in
el/la amante der/die Liebende
abrazarse sich umarmen
besarse sich küssen
acariciarse sich streicheln, schmusen
1 B **la escultura** Skulptur
transmitir übermitteln
1 C **más** am meisten
la paz Frieden

2. Las costumbres en el amor

2 B **el pololo (LA)** Verehrer
a quien den, die
la interrupción Unterbrechung
el drama Drama
el escándalo Skandal
donde wo
compenetrarse sich von Grund auf verstehen
los celos Eifersucht
el/la pretendiente Verehrer/in
prestigioso/-a angesehen
la agencia de contactos Heiratsvermittlung
ocasional gelegentlich, zufällig
entrevistar interviewen
de los/las cuales von denen
el porcentaje Prozentsatz
esporádico/-a gelegentlich
el/la mexicano/-a Mexikaner/in
una media de im Durchschnitt
el peso Peso *(verschiedene südam. Währungen)*
el dólar Dollar
oficial offiziell, amtlich
incluir (y) einschließen, beinhalten
el/la divorciado/-a der/die Geschiedene
el/la viudo/-a der/die Witwe/r
indirectamente indirekt
someterse (a) sich unterziehen
el tratamiento Behandlung
la belleza Schönheit
el cosmético Kosmetik
el/la entrevistado/-a Interviewpartner/in
gastar ausgeben
2 D **procedente de** aus
el pronombre Pronomen
la caja Kasten
2 E **el monólogo** Monolog
con eso damit

3. Taller de escritura creativa: una historia de amor

la escritura Schreiben
creativo/-a kreativ
3 A **el microamor** kleine Liebe
el relato Kurzgeschichte, Erzählung
el tren de cercanías Nahverkehrszug
el compartimento Abteil
la pinta (fam) Aussehen
la barba Bart
la espalda Rücken
saludarse sich (be)grüßen
tímidamente schüchtern
la tarjeta de viaje múltiple Mehrfahrtenkarte
la hora punta Spitzenzeit
ponerse (g) en marcha in Gang setzen
mirar de reojo verstohlen/schief ansehen
atento/-a aufmerksam
de vez en cuando ab und zu
la mirada Blick
sonreír (í) lächeln
atreverse sich trauen, wagen
el reflejo Reflex
el/la revisor/a Schaffner/in
a cambio dafür, im Umtausch gegen
el chicle Kaugummi
la menta Pfefferminz
alejarse sich entfernen
efectivamente offensichtlich
pasár(se)lo en grande sich großartig amüsieren
de pronto plötzlich
al volverse als sie sich umdrehte
levantar la vista hinaufblicken
la vista Sicht, Blick
3 B **por aquel entonces** damals
el conflicto Konflikt
3 C **al cabo de** nach *(zeitlich)*
el/la vagabundo/-a Vagabund/in
el/la viudo/-a Witwer, Witwe
el/la jubilado/-a Rentner/in
invidente blind
parecerse (zc) a jem. ähnlich sehen
misterioso/-a geheimnisvoll
llevar tragen
quedar bien/mal gut/schlecht stehen
acercarse sich (an)nähern
la cima Spitze, Gipfel
el vagón Waggon
el atasco Stau
la madrugada Tagesanbruch

4. Familias de hoy

4 A **la familia política** durch Heirat verbundene Familie
la pareja de hecho eingetragene Partnerschaft
el/la hijo/-a adoptado/-a Adoptivsohn, -tochter
4 B **la herencia** Erbe
extenso/-a weit, ausgedehnt
el/la tío/-a Onkel, Tante
el/la sobrino/-a Neffe, Nichte
el/la cuñado/-a Schwager, Schwägerin
la nuera Schwiegertochter
el yerno Schwiegersohn
la familia nuclear Kernfamilie
el/la pariente der/die Verwandte
la sangre Blut
la familia monoparental Familie mit einem Elternteil

el vínculo Beziehung, *hier*: Familienbande
clásico/-a klassisch
el/la canadiense Kanadier/in
multicultural multikulturell

5. Familias multiculturales

5 C **emplear** benutzen, verwenden
introducir (zc) einführen
el acuerdo Übereinstimmung

6. Formas de saludarse

6 B **frotar** reiben
la nariz Nase
cariñoso/-a liebevoll, zärtlich
generalizar(se) (sich) verbreiten
la cortesía Höflichkeit
la cercanía Nähe
el este Osten
el oeste Westen
el Occidente Westen, Abendland
oriental fernöstlich, östlich, orientalisch
bien/mal visto/-a gut/schlecht angesehen
estrechar la mano Hand schütteln
en lugar de anstatt
higiénico/-a hygienisch
discreto/-a diskret
lejano/-a entfernt
el/la indígena der/die Eingeborene/r
Oceanía Ozeanien
la reverencia Verbeugung
la jerarquía Hierarchie
6 C **el/la jefe/-a** Chef/in, Vorgesetzte/r

7. El amor y la amistad

7 B **inclinarse** zu etw. geneigt sein
a favor de zu Gunsten von
frente a angesichts, gegenüber
amoroso/-a Liebes-
insulso/-a fad(e), langweilig
discutible zweifelhaft, fraglich
la reciprocidad Gegenseitigkeit
alimentarse de sich (er)nähren von
la desdicha Elend, Unglück
desgraciado/-a unglücklich, tragisch
el resorte Triebfeder
la tragedia Tragödie
ser amado/-a geliebt werden
por desgracia unglücklicherweise
raramente selten
apostar (ue) setzen auf
exagerado/-a übertrieben
la fiebre Fieber
pasajero/-a vorübergehend
apuntar hinweisen auf
fortificar stärken
debilitar schwächen
material materiell
cumplir erfüllen
el flechazo Liebe auf den ersten Blick
el divorcio Scheidung
declarar erklären
fiel treu
7 C **el tono** Stimmung, Tonlage
pesimista pessimistisch
indeciso/-a unklar, unentschlossen
sarcástico/-a sarkastisch
moderado/-a gemäßigt, milde
por antigüedad aufgrund des Alters, *hier*: Dienstalter, Berufserfahrung
la invención Erfindung
mover (ue) bewegen
el inconveniente Nachteil, Schwachpunkt

8. En lo bueno y en lo malo

En lo bueno y en lo malo In guten und in schlechten Zeiten
8 A **el/la amado/-a** der/die Geliebte
la tontería Dummheit, Nichtigkeit
meter la pata ins Fettnäpfchen treten
cubrir bedecken
la tarta Torte
la risa Lachen
la ducha Dusche
el infierno Hölle
el olvido Vergesslichkeit
aún ... más noch mehr
resistir widerstehen, aushalten
feroz riesig
8 B **la muestra** Modell
8 C **el poema** Gedicht
el apartado Absatz

9. Poemas de amor

9 B **reflejar** wiederspiegeln
el torbellino Wirbel(wind)
el soneto Sonett
desmayarse ohnmächtig werden
furioso/-a wütend
áspero/-a rau, barsch, bitter
liberal *hier*: großzügig
esquivo/-a ausweichend, vermeidend
alentado/-a mutig
mortal tödlich
difunto/-a verstorben
leal treu
traidor verräterisch, falsch
cobarde feige
animoso/-a tatkräftig, mutig
hallar finden
el reposo Ruhe, Erholung
altivo/-a hochmütig
enojar (ver)ärgern
valiente mutig
fugitivo/-a flüchtig
satisfecho/-a zufrieden
ofendido/-a gekränkt, beleidigt
receloso/-a misstrauisch
huir el rostro das Gesicht verbergen
huir fliehen
el rostro Gesicht
el desengaño Enttäuschung
el veneno Gift
el licor Likör
suave sanft
el provecho Vorteil
el daño Schmerz
el cielo Himmel
la distancia Entfernung
justo/-a richtig, genau
el boxeo Boxkampf
excitarse sich aufregen, erregt werden
asustarse sich erschrecken
obnubilarse nicht klar denken können, fasziniert sein
echar a beginnen zu
temblar zittern
lejos weit weg
entristecer (zc) traurig werden
desvelarse aufwachen
9 C **arriesgarse** sich einer Gefahr aussetzen
la tranquilidad Ruhe
arrogante arrogant
desconfiado/-a misstrauisch, argwöhnisch
ligero/-a leicht
saborear genießen, auskosten
el sinónimo Synonym

10. El amor en la sabiduría popular

la sabiduría popular Volksweisheit
la sabiduría Weisheit, Wissen
10 A **el refrán** Sprichwort
la barriga Bauch
vos (LA) du, dich
curarse heilen

11. Rimas para recordar

la rima Reim
11 B **la indiferencia** Gleichgültigkeit
el milagro Wunder
soportar ertragen
pesado/-a bleiern
enderezar wiedergutmachen, berichtigen
el defecto Fehler
al fin y al cabo letzten Endes, schließlich
un par ein paar
el/la extraño/-a der/die Fremde

alzar la vista aufblicken
dar el brazo a torcer klein beigeben
superfluo/-a überflüssig, gegenstandslos
marchar weggehen
la joya Schmuck
ausente abwesend
11C **componer (g)** *hier:* dichten

Recursos gramaticales

3 **la oración de relativo** Relativsatz
el/la colaborador/a Mitarbeiter/in
el público Publikum
adonde wohin

14

1. De aquí para allá

De aquí para allá von hier nach da
1A **el enriquecimiento** Bereicherung

2. La historia de Apus

2A **el/la extraterrestre** der/die Außerirdische
el cosmos Kosmos
sin principio ni final *hier*: das weder Anfang noch Ende kennt
la Luna Mond
Marte Mars
el anillo Ring
Urano Uranus
el planeta Planet
hacía ya tiempo seit längerer Zeit
volador/a Flug-
torpe ungeschickt, schwerfällig
alunizar auf dem Mond landen
el cráter Krater
alargado/-a länglich, verlängert
el palo Stock
Nueva York New York
la antena Antenne
devolver (ue) imágenes *hier*: Bilder zurücksenden
contradictorio/-a widersprüchlich
constantemente konstant
el ser Wesen
móvil beweglich
silencioso/-a lautlos, schweigsam
la máquina Maschine
enfrente gegenüber
mutuamente gegenseitig
la crueldad Grausamkeit
entre sí unter sich, untereinander
agruparse sich gruppieren
indefenso/-a hilflos
en fin nun ja
la curiosidad Neugier
la Tierra Erde
la pantalla Bildschirm
la catástrofe Katastrophe
lógico/-a logisch
indicar etw. andeuten, etw. anzeigen
equivocarse sich irren
por lo menos wenigstens
aterrizar landen
cósmico/-a kosmisch
insistir insistieren, beharren, betonen
quejarse sich beschweren
el alunizaje Mondlandung
al rato nach einer Weile
la jaula Käfig
el/la terrestre der/die Irdische
vestido/-a gekleidet
doler (ue) schmerzen
interno/-a innere
la nave (Raum)schiff
el espacio Weltraum
2B **la gasolina** Benzin
el gasóleo Diesel(öl)

3. Sin fronteras

3A **intercultural** interkulturell
la orquesta Orchester
el/la israelí der/die Israeli
el/la palestino/-a der/die Palästinenser/in
el taller Workshop, *hier*: Übungstreffen
el/la músico/-a Musiker/in
el Oriente Próximo der Nahe Osten
enfrentado/-a entzweit
tener lugar stattfinden
el/la fundador/a Gründer/in
el árabe Arabisch
educativo/-a Bildungs-
promovido/-a gefördert
la Comisión Europea Europäische Kommission
promover (ue) fördern
la tecnología de la información Informationstechnologie
apuntarse sich einschreiben, anmelden
existente bestehend
la galería de imágenes Bildergalerie
el/la gestor/a de contenido Administrator/in
el diario de progreso Arbeitstagebuch
el progreso Fortschritt
dejar constancia protokollieren, etw. vermerken
contar (ue) con verfügen über
la cooperación Kooperation, Zusammenarbeit
mutuo/-a gegenseitig
realzar betonen, unterstreichen
el/la transmisor/a Überträger/in
la memoria Gedächtnis
contemporáneo/-a zeitgenössisch
asimismo gleichfalls, auch
la censura Zensur
la tortura Folter
el encarcelamiento Inhaftierung, Haft
el asesinato Mord
la tiranía Tyrannei
la dictadura Diktatur

4. En cifras

4A **el Banco Mundial** Weltbank
arriesgado/-a gefährlich, riskant
ambos/-as beide
frecuentado/-a frequentiert
el cruce *hier:* Grenzüberschreitung
ilegal illegal
la corriente Strom
la temperatura Temperatur
nocturno/-a nächtlich, Nacht-
el desierto Wüste
la falta de agua Wassermangel
la falta Fehlen
Kazakhstan Kasachstan
respectivamente jeweils, beziehungsweise
4B **Ucrania** Ukraine
Turquía Türkei
4D **contextualizar** in den Kontext stellen
el/la polaco/-a Pol(e)/in
el/la ruso/-a Russ(e)/in
el/la yugoslavo/-a Jugoslaw(e)/in
el/la checo/-a Tschech(e)/in

5. Una presentación

5A **la audiencia** Zuhörerschaft
la retórica rhetorisch
citar zitieren
el discurso Rede, Ansprache, Gespräch
aludir erwähnen, anspielen
reformular umformulieren
contraargumentar dagegen argumentieren
más adelante später
la charla *hier*: Vortrag
5B **la pauta** Grundsatz, Richtlinie
el guion Konzept
la sección Abschnitt, *hier*: Gliederungspunkt
la definición Definition
la contextualización Kontextualisierung
ensayar üben

5C **recopilar** zusammenstellen, sammeln
oral mündlich

6. Música sin fronteras

6A **dar lugar a** hervorrufen, verursachen
latino/-a Latino- *(Nachkommen, deren Sprache auf Latein beruht)*
la fusión Fusion, Verschmelzung
6B **el ritmo** Rythmus
si bien obwohl, auch wenn
originariamente ursprünglich
afrocubano/-a afrokubanisch
denominar nennen
africano/-a afrikanisch
la potencia Macht
entonces damals
el mestizaje Vermischung
la armonía *hier*: musikalische Harmonie
África Afrika
sumarse sich anschließen, hinzukommen
poco a poco nach und nach
el joropo (LA) *Musik und Tanz*
la bomba (LA) *Musikrichtung*
la plena (LA) *Tanz*
la cumbia (LA) *Musik und Tanz*
el vallenato (LA) *Musik*
el merengue (LA) *Musik und Tanz*
el festejo (LA) *Musik und Tanz*
finalizar beenden
la esclavitud Sklaverei
Nueva Orleans New Orleans
pertenecer (zc) gehören zu
orientarse sich orientieren
el sabor Geschmack
hispanoamericano/-a hispanoamerikanisch
mediante mittels, durch
el tratado Abkommen
renunciar verzichten auf, aufgeben
la soberanía Hoheit
ser ocupado/-a por besetzt werden
ceder abgeben an, überlassen
el/la estadounidense US-Amerikaner/in
el banyo Banjo
el foxtrot Foxtrott
la ley Gesetz
conceder verleihen
el/la cubano/-a Kubaner/in
por su parte ihrerseits
clandestino/-a heimlich
ganarse la vida seinen Lebensunterhalt verdienen
consolidar festigen, verstärken
consagrado/-a gesegnet
el género Gattung
jazzístico/-a Jazz-
la vena Ader, Vene
correr rennen, *hier*: laufen
irrefrenable unaufhaltsam
el aliento Atem, Hauch
el tronco Stamm
latir (Herz) schlagen
el/la intérprete der/die Interpret/in
6D **el ámbito** Bereich
impersonal unpersönlich
el Presente Histórico Historisches Präsens
definir definieren

7. Políticas de inmigración

la política de inmigración Einwanderungspolitik
la inmigración Einwanderung
7A **la ciudadanía** Staatsbürgerschaft
pleno/-a vollständig
el ejercicio Ausübung
el derecho civil Bürgerrecht
establecer (zc) errichten, einführen
la acogida Aufnahme
fomentar fördern
la discriminación Diskriminierung
el racismo Rassismus
la xenobia Fremdenfeindlichkeit
incorporar aufnehmen
la perspectiva de género Gender Perspektive
el género Genus, Gender
la integración Integration
el derecho a votar Wahlrecht
7B **el/la representante** Vertreter/in
conservador/a konservativ
el miembro Mitglied
autónomo/-a autonom

8. Un testimonio desde la frontera

8A **engañar** *hier:* täuschen
miope kurzsichtig, myopisch
el/la esposo/-a Ehegatte, -gattin
el padre de familia Familienvater
diseccionado/-a zerlegt, zerschnitten
la bisección Halbierung
atravesar (ie) durchqueren, überqueren
tatuado/-a tätowiert
el pescuezo Nacken, Genick
el bolsillo Jacken-, Hosentasche
el pedazo Stück, Teil
doblado/-a gefaltet
el hemisferio (Erd)halbkugel, Hemisphäre
el imperio Imperium
la podredumbre Fäulnis, Verkommenheit
(ahí) mero (LA) genau da
pretender streben, vorhaben, behaupten
chiquito/-a kleiner/s Junge Mädchen
la fila Reihe, Schlange
el/la gringo/-a (fam) US-Amerikaner/in
naiden (fam, LA) niemand
festejar feiern
aparte de außer
ni siquiera noch nicht einmal
impedir (i) verhindern
el desprecio Verachtung, Geringschätzung
fronterizo/-a Grenz-

9. ¿Fuga o circulación de cerebros?

la fuga Flucht, *hier*: Abwanderung
el cerebro Gehirn, *hier*: kluger Kopf
la circulación Umlauf, *hier*: Wanderung
9B **el éxodo** Exodus
el/la investigador/a Forscher/in
liderar anführen
la estadística Statistik
el/la licenciado/-a en ciencias Naturwissenschaftler/in
la publicación científica wissenschaftliche Veröffentlichung
el/la doctor/a der/die Doktor/in
el informe Bericht, Gutachten
revelar offen legen, enthüllen
la inversión Investition
I+D (Investigación y Desarrollo) Forschung und Entwicklung
tecnológico/-a technologisch
la biotecnología Biotechnologie
competitivo/-a konkurrenzfähig
la patente Patent
deficitario/-a defizitär
la comercialización Vermarktung
puesto que da
destacar hervorheben
la nanotecnología Nanotechnologie
el retraso Rückstand, Verspätung

10. Los jóvenes investigadores en España

el titular Aufmacher
la pérdida Verlust
escaso/-a gering, dürftig
precario/-a prekär, unsicher
10B **usar** benutzen
conectar verbinden, verknüpfen
sorprendente erstaunlich, verwunderlich
estar vinculado/-a a in enger Verbindung zu etw. stehen

seguir de cerca aus der Nähe (ver)folgen
la evolución Evolution
afectar betreffen
a pesar de que obwohl
sensiblemente spürbar
la promesa electoral Wahlversprechen
satisfactorio/-a befriedigend
el indicio Indiz
estar por venir bald kommen
el departamento Abteilung
la biomédica Biomedizin
el/la estudiante de doctorado Doktorand/in
anunciar ankündigen
la retirada Entzug
incluso sogar
situar platzieren
financiar finanzieren
que sus cuentas cuadren dass die Bilanz stimmt
la cuenta Rechnung
cuadrar passen, ausgeglichen sein
desmantelar abbauen
lograr erreichen
sacrificar opfern
urgente dringend
dejar lugar Platz lassen
10 C **el acceso** Zugang

11. Definiciones

11 A **la deportación** Ausweisung
el rechazo Zurückweisung
el asesoramiento Beratung
expulsar ausweisen
el castigo Strafe
11 B **adivinar** (er)raten

12. Es una cosa que sirve para...

12 A **específico/-a** spezifisch
12 B **recurrir** ausweichen, zurückgreifen

13. Con la llegada de...

con la llegada de... bei der Ankunft von ...
13 A **la finalización** Beendigung
la publicación Veröffentlichung, Bekanntgabe
reconocer (zc) anerkennen
el traslado Umzug
dar pistas Hinweise geben
la atracción Anziehungskraft
13 B **la normalización** Normalisierung

14. ¿Ese es mi abrigo o es el tuyo?

el abrigo Mantel
14 A **los gemelos** Zwillinge
14 B **acogedor/a** gemütlich

Recursos gramaticales

1 **esquiar** skifahren
el bono de autobús Mehrfahrtenkarte
el móvil Mobiltelefon
2 **la elaboración** Bearbeitung
3 **el paraíso** Paradies

15

ELE (español como lengua extranjera) Spanisch als Fremdsprache

1. Revistas

1 A **la prensa rosa** Klatschpresse
(la revista de) divulgación científica wissenschaftliche Publikation
la divulgación Verbreitung
1 D **apropiado/-a** geeignet, passend
la portada Titelseite

2. Los estudiantes opinan

2 A **la niebla** Nebel
el viento Wind
el sol Sonne
el estrés Stress
la nieve Schnee
el calor Wärme, Hitze
aprobar (ue) (Klausur) bestehen
ser capaz de fähig sein zu
sobre/bajo cero über/unter Null
el rayo Blitz
el trueno Donner
2 D **el pronóstico** (Wetter)Vorhersage
2 E **la primavera** Frühling
el otoño Herbst

3. Premios, becas, concursos

3 B **el cuestionario** Fragebogen
sortear verlosen
el Premio Nobel de la Paz Friedensnobelpreis
limitar con (an)grenzen an
ardiente glühend, brennend
la paciencia Geduld

4. Consultorio universitario

el consultorio Beratungsstelle
4 A **la bibliografía** Bibliographie
facilitar erleichtern
suspender durchfallen, nicht bestehen
tratar behandeln
nativo/-a einheimisch
la tutoría Tutorium
4 B **asimilar** aufnehmen
expresado/-a ausgedrückt
aconsejable ratsam
repetir (i) wiederholen
aportar beitragen
4 C **averiguar** ergründen, feststellen
perseguir (i) verfolgen
continuo/-a fortwährend, ständig
irse por las ramas ausschweifen
sugerencia Vorschlag, Anregung
demasiado/-a zu viel/e

5. Siguiente número de *Campus ELE*

asignar bestimmen, zuweisen
coherente passend, im Zusammenhang stehen
sobrar überflüssig sein, stören

6. Curso: técnicas para tomar apuntes

tomar apuntes notieren
6 A **la abreviatura** Abkürzung
la disminución Verminderung, Rückgang
6 B **el concepto** Begriff
6 C **el bilingüismo** Zweisprachigkeit
la migración Migration
la nota Notiz
la Filología Hispánica Hispanistik
la Sociología del Lenguaje Soziolinguistik

7. Entrevista: "hablamos distinto; nos entendemos igual"

7 A **la variedad** Vielfalt, Varietät
7 B **homogéneo/-a** homogen
en serio im Ernst
7 C **el/la sociolingüista** der/die Soziolinguist/in

8. Editorial

el editorial Leitartikel
8 B **el subtítulo** Untertitel
8 C **la tesis** These
el gigante Riese
el centro de gravedad Schwerpunkt
con el fin de mit dem Ziel, in der Absicht zu

resonantemente *hier*: offensichtlich, klar erkennbar
la entrega Übergabe
pasaron a ser estadounidenses wurden US-Amerikaner
pasar a ser werden
transcurrir vergehen, verstreichen
marcado/-a gezeichnet
migratorio/-a Migrations-
reforzar (ue) verstärken
a la vez zugleich
bicultural bikulturell
la población Bevölkerung
estar destinado/-a a bestimmt sein zu
el nacimiento Geburt
románico/-a romanisch
encontrarse (ue) sich treffen
la identidad Identität
hispano/-a Hispano-, hispanoamerikanisch
el desplazamiento Verlagerung, Verschiebung
Norteamérica Nordamerika
panhispánico/-a panhispanisch
la afirmación Bejahung, Bestätigung
la resistencia Widerstand
dejar de lado vernachlässigen, aussparen
el orgullo Stolz
la voluntad Wille
la cristalización *hier:* Herausbildung
la manera Art und Weise
y a modo de conclusión und um zum Schluss zu kommen
la claridad Klarheit
obtener (g, ie) erhalten, bekommen
8 E **la cohesión** Kohäsion, Zusammenhalt

9. Nuestro personaje de la semana

9 A **el/la Ministro/-a de Educación** Bildungsminister/in
esforzarse (ue) (por) sich anstrengen
el/la chaval/a Junge, Mädchen
estar harto/-a de jem./etw. satt haben
harto/-a satt
salir adelante vorankommen
realmente wirklich
9 B **fallar** versagen
el fracaso escolar Schulversagen, Schulabbruch
escolar Schul-
socializado/-a sozialisiert
universalizar verallgemeinern
el rigor Strenge, Härte, Genauigkeit
autoritario/-a autoritär
liberarse sich befreien
por lo que *hier:* wofür
exacto genau
sacar buenas/malas notas gute / schlechte Note bekommen
poner a trabajar *hier*: wurde gezwingen zu arbeiten
no hay nada que hacer man kann nichts machen
el puesto de trabajo Arbeitsstelle
requerir (ie) erfordern
el abandono escolar Schulabbruch
tremendo/-a enorm, fürchterlich
la reivindicación Forderung
recuperar wiedererlangen
la autoridad Autorität
el debate Diskussion
la nostalgia Sehnsucht, Nachtrauern
el autoritarismo Autoritarismus
fijar festsetzen
el desencanto Enttäuschung, Ernüchterung
no ignoro que ich weiß sehr wohl, dass
ignorar ignorieren
apoyar unterstützen
el paro juvenil Jugendarbeitslosigkeit
el paro Arbeitlosigkeit
paternalista bevormundend
proteccionista protektionistisch
eso de que hier: dass
sacar adelante vorwärts bringen, durchschleppen
pelear kämpfen
comodón, comodona faul, bequem
el carnicero Fleischer
los medios Medien
el líder Idol, Anführer
desde luego selbstverständlich, aber natürlich
el ser ejemplar *hier*: Vorbild
los seres horizonte *hier*: menschliches Vorbild
la referencia Bezug
humano/-a menschlich
a veces manchmal
el/la deportista Sportler/in
la élite Elite
el/la deportista de élite Spitzensportler/in
preconizar befürworten
uruguayo/-a uruguayisch
ya que cuando denn, wenn
desplazarse sich fortbewegen, verlagern

10. El origen de las palabras

10 A **por parejas** zu zweit
el griego Griechisch
el helenismo *Wort aus der griechischen Sprache*
el latín Latein
la tecnología Technologie
el arabismo *Wort aus der arabischen Sprache*
la Península Ibérica Iberische Halbinsel
la dominación Vorherrschaft
el sonido Ton, Laut, Klang
indígena indigen
americano/-a amerikanisch
adoptar aufnehmen
la mayoría Mehrheit
el anglicismo Anglizismus
la técnica Technik
la informática Informatik
españolizado/-a in die spanische Sprache übertragen
el galicismo *Wort aus der französischen Sprache*
la administración Verwaltung
la moda Mode
el italianismo *Wort aus der italienischen Sprache*
el Renacimiento Renaissance
el internacionalismo internationales Wort
(con) respecto a (de) bezüglich, hinsichtlich
la fachada Fassade
el/la ateo/-a Atheist/in
la arqueología Archäologie
el chef Küchenchef
el ananás (LA) Ananas
la alcaldía Bürgermeisteramt
el antibiótico Antibiotikum
la alcancía (LA) Sparbüchse
la lasaña Lasagne
el cóndor Kondor
la diéresis Diäresis
ojalá hoffentlich
el ahorro Sparen
la autonomía Autonomie
el chófer/chofer (LA) Chauffeur
el cacao Kakao
el alcohol Alkohol
el espagueti Spagetti
el/la criollo/-a Kreol(e)/in
la anarquía Anarchie
la pasta Nudel
el estándar Standart

11. Bilinguismo

11 B **desprenderse** sich (ab)lösen
poner (g) en práctica realisieren, verwirklichen

Recursos gramaticales

1 **en otras palabras** mit anderen Worten
o lo que es lo mismo oder was das Gleiche ist
en ese sentido in diesem Sinne
pensándolo bien richtig bedacht
en el fondo eigentlich, im Grunde
sea lo que sea wie dem auch sei
de cualquier modo irgendwie, jedenfalls
en lo que se refiere a in puncto, was ... betrifft
en concreto konkret
la precisión Genauigkeit
característico/-a charakteristisch
la sierra Gebirge
el paradigma Modell
igualitario/-a egalitär
simétrico/-a symmetrisch
2 **la redacción** Abfassung, Aufsatz
formal förmlich
aplicar anwenden
cotidiano/-a (all)täglich
la matización Abstufung
la conciencia Erkenntnis, Bewusstsein, Gewissen
provisorio/-a vorläufig, provisorisch
la hipótesis Hypothese
novedoso/-a neuartig
cooperar kooperieren
la reflexión Überlegung, Reflexion
categórico/-a kategorisch unvollkommen
irresponsable unverantwortlich
insuficiente unzureichend, ungenügend
dependiente abhängig

Bildnachweis
Umschlag Álvaro Germán Vilela/Dreamstime, Andres Rodríguez/Dreamstime; **Unidad 0** S. 12 James Pauls/ Istockphoto, Andrew Marginean/Dreamstime, Feverpitched/ Dreamstime, Osvaldo Baratucci, Shelly Perry/Istockphoto, Jamie Carroll/Istockphoto; **Unidad 1** S. 14 Enrique Gómez/ Dreamstime, Ralfpoller/Dreamstime, Vladyslav Morozov/ shutterstock, Rade Kovac/shutterstock, Felix Mizioznikov/ Dreamstime; S. 15 Kevin George/Dreamstime, Kevin George/Dreamstime, aguilarphoto/shutterstock, Starblue/ Dreamstime, tribalmark/shutterstock, Tom Davison/ shutterstock; S. 16 Osvaldo Baratucci, Osvaldo Baratucci, Osvaldo Baratucci, Osvaldo Baratucci; S. 17 Klett-Archiv, Klett-Archiv; S. 18 zhang bo/Istockphoto, Maksym Gorpenyuk/Dreamstime, Oleg Kozlov/Dreamstime, Thinkstock (iStockphoto), shutterstock, Fernando Carniel Machado/Dreamstime, Geanina Bechea/Dreamstime, Andres Rodriguez/Dreamstime; S. 19 Osvaldo Baratucci, Latitude Stock/Alamy Images, Marlene Pohle/Klett-Archiv; S. 21 Graciela Vázquez, Lucia Borrero, Klett-Archiv; S. 22 aguilarphoto/shutterstock, Noam Armonn/Dreamstime, carmelo Gil/Istockphoto, Klett-Archiv, Alfredo Ragazzoni/ Dreamstime, Klett-Archiv, Svyatoslav Lypynskyy/Dreamstime, digítalas; **Unidad 2** S. 28 Amy Nichole Harris/shutterstock, BreAnn Mueller/Istockphoto, Rami Katzav/iStockphoto, King Ho Yim/Dreamstime; S. 29 Luis Sandoval Mandujano/ Istockphoto, Dario Diament/shutterstock, Kristian Peetz/ Dreamstime, Lunamarina/Dreamstime; S. 30 Eduard Titov/ Dreamstime; S. 30 Eduard Titov/Dreamstime; S. 32 Klett-Archiv, Ulrike Weizsäcker/Klett-Archiv, Yahoo! Deutschland GmbH (flickr.com/Gregor D.), Toon Possemiers/Istockphoto; S. 34 PHB.cz (Richard Semik)/shutterstock; S. 36 Mikhail Zahranichny/shutterstock, Kalvis Kalsers/Dreamstime, Guopeng/Dreamstime; S. 37 Noamfein/Dreamstime LLC, shutterstock, New York, NY, Karen Stapff Estefanell/ Klett-Archiv, Thinkstock (iStockphoto); S. 38 Briancweed/ Dreamstime, Nyul/Dreamstime, Troels Graugaard; S. 39 Monkey Business Images/Dreamstime; **Unidad 3** S. 44 Robert Adrian Hillman/Dreamstime, Monkey Business Images/ shutterstock, Marcelo Bernardelli; S. 45 Herbert Bias/Istockphoto; Lyuba Dimitrova/LADA film; S. 46 Ove Tøpfer, Zsuzsanna Kilian; S. 48 Pavel Losevsky/Dreamstime, Pavel Losevsky/Dreamstime, Pavel Losevsky/Dreamstime, Pavel Losevsky/Dreamstime, Pavel Losevsky/Dreamstime; S. 50 García Ortega; S. 51 Tony Wear/shutterstock, william casey/Istockphoto, Eric Hood/Istockphoto; S. 52 Springfield Gallery: S. 53 Willie B. Thomas/Istockphoto, Cristina Palaoro/ Klett-Archiv, Cristina Palaoro/Klett-Archiv, Grigory Bibikov/ Istockphoto; S. 54 zhang bo/Istockphoto; **Unidad 4** S. 60 Kota; S. 62 Cristina Palaoro/Klett-Archiv, Graciela Vázquez; S. 66 Birgit Hoffmann/Klett-Archiv, Friedemann Bröckel/ Klett-Archiv; S. 67 Karen Stapff Estefanell; S. 70 Sean Nel/ Istockphoto, Corey Sundahl/Istockphoto; **Unidad 5** S. 76 Mario Curcio/Dreamstime, Paolo De Santis/Dreamstime, Linqong/Dreamstime, Terry J Alcorn/iStockphoto; S. 77 Knud Nielsen/iStockphoto, Acik/Dreamstime, Chris Rodenberg Photography/shutterstock, Piotr Antonów/Dreamstime; S. 81 Leopollo/Dreamstime; S. 82 Monkey Business Images/ Dreamstime; S. 83 Cristina Palaoro/Klett-Archiv, Osvaldo Baratucci; **Unidad 6** S. 90 digiatlas; S. 92 Jasmina Car/Klett-Archiv, Marcelo Bernardelli, Sarah Musselman/Istockphoto; S. 93 Klett-Archiv, Klett-Archiv, Klett-Archiv, Klett-Archiv, Klett-Archiv; S. 95 David Parsons/Istockphoto; S. 96 Birgit Hoffmann/Klett-Archiv; S. 98 http://eldetalleahiesta.blogspot.com/2010/05/ernesto-che-guevara.html, Cinetext GmbH, Constantin/Cinetext GMBH; **Unidad 7** S. 106 Carmen Martínez Banús/Istockphoto, Elke Dennis/Istockphoto, Graca Victoria/ shutterstock; S. 107 Ildi Papp/shutterstock; Laia Sant, Nell Redmond/Istockphoto; S. 109 Ileanaolaru/Dreamstime; S. 110 Andre B./Fotolia LLC, Cristina Palaoro/Klett-Archiv; S. 112 Andrejs Pidjass/Dreamstime, Osvaldo Baratucci, KreCi. net/Istockphoto, Lise Gagne/Istockphoto, Monkey Business Images/Dreamstime, Yahoo! Deutschland GmbH (flickr/ CC/Zeitfixierer); S. 113 eyewave/Istockphoto; Kostiantyn Postumitenko/Istockphoto; Elena Elisseeva/Istockphoto; Maceofoto/Istockphoto, Grigory Bibikov/Istockphoto, bojan fatur/Istockphoto, Deborah Cheramie/Istockphoto, Sebastian Kaulitzki/Istockphoto; S. 114 Kmitu/Dreamstime; S. 115 JULA/ Fotolia LLC; S. 116 princessdlaf/Istockphoto; **Unidad 8** S. 120 Pere Cobacho; S. 121 Pere Cobacho, Pere Cobacho; S. 122 Aina Gallart, Andrea Saitta, Aina Gallart, Andrea Saitta, Aina Gallart, Andrea Saitta; S. 123 Teresa Fínez, Teresa Núñez, Fernando

Domínguez, Teresa Núñez, María Teresa Domínguez, Teresa Fínez; S. 126 Graciela Vázquez; **Unidad 9** S. 136 Geanina Bechea/shutterstock, J.J.Guillén; S. 137 Rocky33/shutterstock, Forges, Bjeayes/Dreamstime; S. 139 Quino; S. 140 Losevsky Pavel/shutterstock; S. 142 Jarno González Zarraonandia/ shutterstock, Thinkstock (iStockphoto), Hemera/Thinkstock, Maria Pavlova/iStockphoto; S. 143 http://biografiasde. com/biografia/donato-ndongo+bidyogo/; **Unidad 10** S. 150 Margouillat/Dreamstime; S. 152 quavondo/Istockphoto, digitalskillet/Istockphoto, Anna Bryukhanova/Istockphoto; S. 157 Janine Lamontagne/Istockphoto, DJClaassen/ Istockphoto; S. 160 Everaldo Coelho, Everaldo Coelho, Everaldo Coelho, Everaldo Coelho, Everaldo Coelho, Everaldo Coelho; S. 161 Gudrun107/Dreamstime, Bowie15/Dreamstime; **Unidad 11** S. 164 frogmo9/Fotolia LLC, Wrangler/Dreamstime, Nito100/ Dreamstime, Therry/Dreamstime; S. 165 Kodda/shutterstock, Idishka/Dreamstime, LordRunar/iStockphoto, Chrisdodutch/ Dreamstime; S. 167 Milkovasa/Dreamstime, Jasmina Car/ Klett-Archiv, Jasmina Car/Klett-Archiv, Karen Stapff Estefanell, Barcelona, TIM MCCAIG/Istockphoto, manuel velasco/ Istockphoto, Matty Symons/Dreamstime; S. 168 Edzard de Ranitz/Istockphoto; S. 169 Jarek Szymanski/Istockphoto, Marje Cannon/Istockphoto, Cristina Palaoro/Klett-Archiv; S. 170 Aldo; **Unidad 12** Murillo/Istockphoto, Sumnersgraphicsinc/ Dreamstime; S. 173 plrang/Fotolia LLC; S. 180 iStockphoto_ ssuni, Freefly/Dreamstime, 36clicks/Dreamstime; S. 181 Canakris/Fotolia, Jukov/Dreamstime, Shiningcolors/ Dreamstime; S. 182 bravobravo/Istockphoto; S. 184 Guillermo Perales Gonzalez/Istockphoto, cubamemucho/ Flickr, Grafissimo/Istockphoto; S. 185 Marcelo Bernardelli, ZoneCreative/Istockphoto, quavondo/Istockphoto; S. 188 Gan Hui/Dreamstime.com, Chullachaki Cine, Chullachaki Cine, Chullachaki Cine; S. Stock.XCHNG; **Unidad 13** S. 194 AKG, AKG, Klett-Archiv, AKG, Berlin, Copyright Succession Picasso/VG Bild-Kunst; S. 198 Marcelo Bernardelli, Klett-Archiv; S. 199 digitalskillet/Istockphoto, María Pilar Sánchez, Chris Graff/Dreamstime, Shelly Perry/Istockphoto, Karen Stapff Estefanell; S. 200 Ron Chapple Studios/Dreamstime; S. 201 Karen Stapff Estefanell, Karen Stapff Estefanell, Karen Stapff Estefanell; S. 203 Knud Nielsen/Dreamstime; **Unidad 14** S. 208 Okea/Dreamstime, Imago, taolmor/Istockphoto, jan kranendonk/shutterstock; S. 209 JHLloyd/Istockphoto, Minh Tang /Dreamstime, Arturo M. Enriquez/Istockphoto; S. 211 Peter Tambroni/Dreamstime, etwinning, penblub_es; S. 214 Chris Curtis/Dreamstime, Ron Chapple Studios/Dreamstime; S. 216 Paul Alhadef/Dreamstimefree, Swetlana Saratova/ Dreamstime; S. 217 Paul Erickson/Istockphoto, simeyla/ Istockphoto; S. 218 Konstantin Sutyagin/Dreamstime; S. 219 Svetlana Gryankina/Fotolia LLC; **Unidad 15** S. 224 Kota; S. 231 Andrey Tsidvintsev/Istockphoto; **¿Cómo se pronuncia? ¿Cómo se escribe?** S. 250 Kirby Hamilton/Istockphoto

Textquellen

S. 84: ¡Menuda decepción con los pisos!, www.20minutos. es; S. 143: Las tinieblas de tu memoria negra, Donato Ndongo, Editorial Fundamentos, Madrid, 1987; S. 144: Ramona, adiós, Montserrat Roig, © Herederos de Montserrat Roig, 2011; S. 171: Um brasileiro em Berlin, Joao Ubaldo Ribeiro, Editora Nova Fronteira, Rio de Janeiro, 1995; S. 187: El alma provisional del Caribe, Mauricio Vicent, El País, 2005; S. 190: Instrucciones para subir una escalera, in: Historias de Cronocopios y Famas, Julio Cortázar, © Herederos de Julio Cortázar, 2011; S. 202: El espejo de las ideas, Michel Tournier, © Mercure de France, 1994; S. 203: El desayuno, in: El hacha y la Rosa, Luis Alberto de Cuenca, Ed. Renacimiento, Sevilla, 1993; S.204: Distancia justa, in: Otra vez eros, Cristina Peri Rossi, Ed. Lumen, Barcelona, 1994; S. 205: Por tradición, ©The new Raemon (Ramón Rodríguez, Pablo Garrido , Federico Falkner, Ricardo Lavado), Barcelona, 2009; S. 217: La línea estaba allí para cruzarse, Luis Humberto Crosthwaite, Revista El malpensante; S. 232: Seis tesis sobre el español en EE.UU., Eduardo Lago, El País, 2008; S.233: (1) A solas con el ministro, La revista de Ana Rosa Quintana; S. 262: La huelga, in: Propuestas desde Nicaragua, Gioconda Belli, México, 1976, c/o Guillermo Schavelzon & Asociados, Agencia Literaria, info@schavelzon.com; (2) Poemas clandestinos, Roque Dalton, © Herederos de Roque Dalton; (3) La rueda dentada, Nicolás Guillén, Ed. Unión, col. Contemporáneos, La Habana, 1972.

Mar Cantábrico
Océano Atlántico
Mar Mediterráneo
PORTUGAL
FRANCIA
ANDORRA
Andorra La Vella
MARRUECOS
ARGELIA
Lisboa
GALICIA
LA CORUÑA
La Coruña
Santiago de Compostela
LUGO
Lugo
PONTEVEDRA
Pontevedra
ORENSE
Orense
ASTURIAS
Oviedo
CANTABRIA
Santander
PAÍS VASCO
VIZCAYA
Bilbao
GUIPÚZCOA
San Sebastián
ÁLAVA
Vitoria
NAVARRA
Pamplona
LA RIOJA
Logroño
CASTILLA Y LEÓN
LEÓN
León
ZAMORA
Zamora
PALENCIA
Palencia
BURGOS
Burgos
VALLADOLID
Valladolid
SORIA
Soria
SEGOVIA
Segovia
SALAMANCA
Salamanca
ÁVILA
Ávila
ARAGÓN
HUESCA
Huesca
ZARAGOZA
Zaragoza
TERUEL
Teruel
CATALUÑA
LÉRIDA
Lérida
GERONA
Gerona
BARCELONA
Barcelona
TARRAGONA
Tarragona
MADRID
Madrid
CASTILLA-LA MANCHA
GUADALAJARA
Guadalajara
TOLEDO
Toledo
CUENCA
Cuenca
CIUDAD REAL
Ciudad Real
ALBACETE
Albacete
EXTREMADURA
CÁCERES
Cáceres
BADAJOZ
Badajoz
Mérida
VALENCIA
CASTELLÓN
Castellón
Valencia
ALICANTE
Alicante
MURCIA
Murcia
ANDALUCÍA
HUELVA
Huelva
SEVILLA
Sevilla
CÓRDOBA
Córdoba
JAÉN
Jaén
CÁDIZ
Cádiz
MÁLAGA
Málaga
GRANADA
Granada
ALMERÍA
Almería
Gibraltar (G.B.)
Ceuta (ESP.)
Melilla (ESP.)
ISLAS BALEARES
Menorca
Mallorca
Palma de Mallorca
Ibiza
Formentera
100 km
ISLAS CANARIAS
Lanzarote
Fuerteventura
La Palma
Tenerife
Santa Cruz de Tenerife
La Gomera
El Hierro
Gran Canaria
Las Palmas

ESTADOS UNIDOS DE AMÉRICA
Golfo de México
MÉXICO
Guadalajara
Ciudad de México
La Habana
CUBA
JAMAICA
REPÚBLICA DOMINICANA
San Juan
HAITI
Santo Domingo
Puerto Rico
Océano Atlántico
BELICE
HONDURAS
Tegucigalpa
Guatemala
GUATEMALA
San Salvador
EL SALVADOR
NICARAGUA
Managua
Mar Caribe
San José
COSTA RICA
Panamá
PANAMÁ
Caracas
VENEZUELA
GUYANA
Georgetown
SURINAME
Paramaribo
Guayana Francesa
Cayena
Medellín
Bogotá
COLOMBIA
ECUADOR
Quito
Islas Galápagos
Manaus
Belém
Fortal
Piura
PERÚ
Recife
Lima
Cuzco
BRASIL
Salvador
La Paz
Arequipa
BOLIVIA
Brasília
Sucre
Océano Pacífico
PARAGUAY
Antofagasta
Asunción
Rio de Janeiro
São Paulo
CHILE
ARGENTINA
Córdoba
Valparaíso
Mendoza
Santiago
Islas Juan Fernández
Buenos Aires
Montevideo
URUGUAY
Concepción
Mar del Plata
Océano Atlántico
Península Valdés
Islas Malvinas o Falkland
Ushuaia
Punta Arenas
Isla Grande de Tierra del Fuego
Islas Georgias del Sud
1000 km